U0914752

融合创新　范式转型

——首都师范大学本科教育教学信息化论文集

孙士聪　主编

首都师范大学出版社
CAPITAL NORMAL UNIVERSITY PRESS

图书在版编目(CIP)数据

融合创新　范式转型：首都师范大学本科教育教学信息化论文集 / 孙士聪主编. —北京：首都师范大学出版社，2021.11

ISBN 978-7-5656-6684-1

Ⅰ. ①融…　Ⅱ. ①孙…　Ⅲ. ①高等学校－计算机辅助教学－北京－文集　Ⅳ. ①G434-53

中国版本图书馆 CIP 数据核字(2021)第 205663 号

RONGHE CHUANGXIN　FANSHI ZHUANXING

融合创新　范式转型

——首都师范大学本科教育教学信息化论文集

孙士聪　主编

责任编辑　李佳艺

首都师范大学出版社出版发行

地　址　北京西三环北路 105 号

邮　编　100048

电　话　68418523(总编室)　68982468(发行部)

网　址　http://cnupn.cnu.edu.cn

印　刷　中煤(北京)印务有限公司

经　销　全国新华书店

版　次　2021 年 11 月第 1 版

印　次　2021 年 11 月第 1 次印刷

开　本　787mm×1092mm　1/16

印　张　23.25

字　数　466 千

定　价　95.00 元

版权所有　违者必究

如有质量问题　请与出版社联系退换

融合创新　范式转型

——首都师范大学本科教育教学信息化论文集

编委会

主　编

孙士聪

编　委

（按姓氏笔画排列）

王建跃　王海燕　邝向雄　安寅杰

杜　娟　张　成　周　全　郑建峰

前　言

国运兴衰，系于教育；教育振兴，全民有责。党的十九大从新时代坚持和发展中国特色社会主义的战略高度，做出了优先发展教育事业、加快教育现代化、建设教育强国的重大部署。

在习近平新时代中国特色社会主义思想的指导下，首都师范大学深入贯彻落实党和国家的教育方针的政策，全力落实立德树人根本任务，围绕提高人才培养质量总体目标，全面深化教育教学改革，在不同层次、不同领域办出特色，争创一流，积极探索建设一流大学的发展之路。首都师范大学实施拔尖卓越人才培养模式改革，建设高水平的人才培养体系，积极成立“敬修书院”，推进建设“傅任敢书院”，筹备建立“中石书院”，并推进多形式拔尖人才实验班教学；优化专业结构布局，深化专业内涵建设；推动思政课程与课程思政工作，建设一批优势突出、特色鲜明的课程思政示范课，着力构建“三全”育人体制机制；落实国际化发展战略，依托各类国际化项目提高本科人才培养国际化水平；深化教学管理改革，推动“以学生为中心”的教学范式转型和教学管理水平提升。

时值“十三五”与“十四五”交汇之际，为总结过去、开启未来，以应对新时代高质量人才培养对教育教学提出的新挑战，首都师范大学将近期广大教师和教育管理工作者在教学研究工作中取得的研究成果汇编成册，出版了教育教学改革成果汇编系列，分别是：《春风化雨　铸魂育人——首都师范大学课程思政教学研究论文集》、《融合创新　范式转型——首都师范大学本科教育教学信息化论文集》和《协同创新　三全育人——首都师范大学本科教学管理研究论文集》。

本次论文集的汇编，不仅从课程思政建设、信息化模式改革、教学管理提升三个方面多维度地展示首都师范大学的教育教学改革成果，更旨在进一步激励首都师范大学新时代教育工作者在更广阔的领域、更深入的层面进行教育教学改革的研究和探索；引导广大师生进一步更新观念，统一思想，聚焦优先发展、育人为本、改革创新、促进公平、提高质量的发展方针；为全面提高人才培养质量、推进“双一流”建设贡献力量！

教育乃国之大计、党之大计，是民族振兴、社会进步的重要基石，是功在当代、利在千秋的德政工程。我校将紧紧围绕全面提高人才培养能力这个核心点，进一步深化教育改革，推动教育事业在新的历史起点上科学发展。希望与每一位在教育道路上砥砺前行的耕耘者携手，为加快我国从教育大国向教育强国迈进，为中华民族伟大复兴和人类文明进步做出更大的贡献。

本书编委会

目 录

网络辅助跨文化交流在英语专业教学中的应用
——以“网络辅助国际交流”课程为例 ………………………………… 赵　婴(1)
高校实验室管理工作的创新性探索 ……………………………………… 司治国(8)
国家精品资源共享课教学资源案例库建设及应用研究
——生成性和情境化视阈 ……… 刘　静　张志新　唐佳音　杜　慧　孙芳芳(15)
中国大学慕课“器乐－扬琴”的教学模式应用 …………………………… 史　玥(21)
后疫情时代中小学在线教育常态化应用的整体推进路径
——基于美国 K-12 在线教育的经验 …………… 朱永海　龚雨秋　徐莹莹(27)
智能教育时代下人机协同智能层级结构及教师职业形态新图景
………………………………………………… 朱永海　刘　慧　李云文　王　丽(36)
混合学习环境下项目式学习活动的设计与实施研究 ………… 刘　军　李清月(51)
翻转课堂教学模式在“C 语言程序设计”教学中的应用
……………………………………………………… 谭小慧　潘　巍　高　岚(62)
仪器分析线上线下混合式教学的探索与实践
………………………………………………… 叶能胜　林雨青　张　璐　周文娟(68)
数字化学习的 PES 三元框架理论 ……………………………………… 张晓龙(80)
计算机专业核心课程教学信息化融合创新探索
——以“数据结构与算法”课程为例 ……………………………………… 袁璐洁(86)
舞蹈教育在慕课时代的塑型与探索 ………………………………… 田培培　曾勤琴(94)
人工智能对教育的影响 ……………………………………………………… 底素然(108)
面向高等院校的心理学实验室信息化平台的设计与实现 ………………… 安寅杰(114)
善用“互联网＋”，积极探索程序设计课程教育服务新模式
……………………………………………………… 潘　巍　谭小慧　高　岚(122)
TESTII 框架：人工智能支持课堂教学分析的发展走向
……………………………………………… 孙　众　吕恺悦　施智平　骆力明(129)

基于人工智能的课堂教学分析
…………………… 孙　众　吕恺悦　骆力明　陈美玲　许　林　施智平(142)
立德树人　正性实践
——以学生学为中心的混合式教学模式在幸福心理学教学中的构建
…………………………………………………………………… 王　岩　师保国(158)
“互联网＋”构建阅读新生态 ………………………………… 蔡　可　李佳健(165)
利用智能化手段推动教育扶贫协作转型
——以“首都教育远程互助工程”和田项目为例 ………… 蔡　可　李佳健(169)
人工智能教育呼唤复合型人才与协同创新机制 ……………………… 蔡　可(173)
信息化赋能社会服务，深化中小学集团化办学 ……………… 蔡　可　李有增(177)
“互联网＋”多模式教学手段在“非营利组织管理学”教学过程中的应用 …… 李水金(181)
基于 IIPP 的智能管理系统研究与应用 …………………………… 彭　岩　涂序彦(187)
创新项目与学科竞赛相结合提升大学生的科研能力
…………………………………………… 苏　波　王福合　张盛博　何敬锁(195)
虚拟仿真实践教学与思想政治理论课的“四化”融合 ………………… 樊姗姗(201)
基于信息架构学的线上课程内容数字化呈现
——以“品牌设计”课程为例 ……………………………… 王　佳　张启源(208)
声乐在线课程教育提升教学效果分析 ……………………… 李媛媛　朱智楠(217)
依托慕课探究高等职业教育教学模式改革趋势 ………………… 赵　婷　李媛媛(222)
高校外语课堂信息技术融合的实践探索
——以“西班牙语听力”课程为例 ………………………………………… 奚晓清(226)
人工智能在西班牙语教学中的应用思考 ………………………… 刘　柳　刘春学(232)
“互联网＋”背景下高校提升师范生教育实践能力路径初探 ……………… 周　全(238)
优秀教师的实践性知识特征
——基于大数据的知识发现 ………… 王　陆　彭　玏　李　瑶　任　艺(243)
基于发展性督导，促进首都师范大学本科教学督导的实践研究 ………… 刘秀江(251)
基于小学语文教学大纲的古诗词教育游戏设计 ……………… 张诗芸　乔凤天(258)
教育游戏在基础教育中的研究现状与反思 … 李伊欣　乔凤天　陈宇晴　张诗芸(266)
基于超星泛雅平台的“教育学基础”在线教学的实践研究 ………………… 徐　玲(271)
课堂互动反馈系统在高校混合式教学中的应用研究 ………………… 张　鸽　陈勤霞(278)
视频创作类课程实践模式特征探究 ……………………………… 吴　陶　崔蕴鹏(287)
基于大数据的高校教学质量评价体系构建 ………………………… 马　星　王　楠(291)
新时代背景下，对高等教育质量监测数据的建设思考 ………………………… 杜　娟(299)

慕课背景下高校教学信息化规划的探索与实践
——以首都师范大学为例 …………………………………… 郑建峰　王建跃(304)
在线教学支撑人才培养的实践与建议浅析
——以地理信息科学、遥感科学与技术专业为例 ………… 王　涛　郑　倩(310)
文化产业专业精准教学与线上“自适应学习系统”建设 ……………………… 徐海龙(315)
大数据时代教科书研究范式的变革 …………………………………………… 王攀峰(321)
EI为高校教育信息化进一步融合赋能研究 ………………………… 张刚刚　胡雅鹏(332)
重构、拓展与融通
——“中国古代音乐史”课程的混合式教学探究 ……………………… 司冰琳(339)
基于现代教育信息化技术对“数学物理方法”课程教学提升的实践探索
………………………………… 胡　洁　纪安春　贺淑莉　吕睿洋　王欣琪(343)
深度学习视角下高校翻转课堂教学模式研究 ………… 王晓晨　张佳琪　杨　浩(350)

网络辅助跨文化交流在英语专业教学中的应用*

——以“网络辅助国际交流”课程为例

赵 婴①

摘要： 网络辅助跨文化交流是目前我国高校外语专业课堂中新兴的教学手段，体现外语教学范式改革信息化、国际化的重要趋势。本文关注网络辅助跨文化交流在英语专业课程教学中的应用，以首都师范大学外语学院英语专业“网络辅助国际交流”课程为例，分析交流活动方案设计及影响交流效果的因素，从外语学习动机、跨文化交际能力、交谈策略、互动深度等视角阐释网络辅助跨文化交流在外语课堂教学中的应用。

关键词： 网络辅助跨文化交流；外语学习动机；跨文化交际；交谈策略

一、引言

以网络辅助跨文化交流提升外语学习者的语言和跨文化交际能力是近年来新兴的外语教学模式。网络化外语教学的核心是交流，包括师生交流，学习者之间相互交流，以及学习者与母语人交流等。信息交流过程中思维外化为语言，再由形象化的语言内化并生成新信息，从而完成沟通。外语学习者在语言实践和信息交流过程中，使用目标语进行沟通，把语言知识转化为语言能力，从而提升外语水平、完成知识建构。如何在外语教学中应用网络交流是当前高校外语教学改革面临的新问题。

本文从交流活动设计及影响交流效果的因素出发，以外语学习动机、跨文化交际能力、交谈策略、互动深度等视角考察网络辅助跨文化交流在外语课程中的应用，为信息化外语教学研究提供实践依据。

* 本文属教育部学校规划建设发展中心委托项目“多学段英语测试平台建设课题”。

① 赵婴，首都师范大学外语学院副教授，研究方向：英语教育学、信息化外语教学。

二、网络辅助跨文化交流在外语课堂中的应用

1. 交流活动设计方案

任务型交流活动设计是网络辅助跨文化交流的重要应用形式。基于任务和问题的教学设计是指把教学置于有意义的、复杂的情景中，通过使用外语完成任务、解决问题来学习语言文化知识。有意义的任务和问题应该与现实生活相关，实际、真实，而不是单纯为教学设定的操练任务和简单问题。网络交流的优势是在学习者和母语人以及不同文化背景的其他学习者之间搭建桥梁。[1]与母语人及外国学习者沟通是学习者参与网络交流活动的初始动力，具有足够的吸引力激发学生主动参与，积极有效地进行意义建构。

任务型交流活动的完成形式通常是小组协作。协作过程中学习者与母语人混合分组，学习者直接与母语人交流合作，既锻炼了协作能力也增强了外语使用能力。在跨文化小组协作活动中应平衡学习者和母语人的话语权，鼓励学习者在保证语言流畅度的同时关注语言准确度。跨文化网络交流不仅是语言学习的有效手段，也能促进文化学习，提升学习者的文化意识。学习者通过与母语人分组协作了解母语人的学习方法、思考和解决问题的方式，不断修正针对母语人的印象固见，同时也会反观并相应地调整对自己国家的文化认知。

基于小组协作的任务型交流活动需要依托网络平台开展。目前我国许多高校的外语专业都建立了移动互联式网络学习平台，一些网络平台以多模式综合 App 形式运行，既有丰富的学习资料、成熟智能的操作及监控模块，又有教师在线指导。网络学习平台将传统课堂延展到了课外，成为传统课堂面对面教学的补充。网络平台 App 学习一般由学生独立自主完成，教师以在线交流为纽带对学生进行指导。

2. 交流效果影响因素

外语学习动机是影响网络交流效果的重要情感因素之一，也是信息化外语教学领域的研究热点。加拿大应用语言学家加德纳·R. C(Gardner R. C.)[2]从社会心理学角度出发，提出外语学习动机包含学习目标、努力行为、实现学习目标的愿望、学习语言的积极态度等四个方面。针对态度、兴趣等影响外语学习的主观因素研究一般以自我决定理论(Self-determination Theory)为主要依据。根据自我决定理论，如果学习者在自主(Autonomy)、关系(Relatedness)、能力(Competency)三方面的心理需要得到满足，就会表现出积极的学习态度并对学习产生兴趣，进而提升学习动机。其中，自主需要即自我决定的需要，即学习者能根据自己的意愿选择学习活动；关系需要指个体通过融入环境并建立与他人的关系，体验到归属感；能力需要指个体能够在一定程度上控制环境、解决问题，体验到胜任感。

跨文化交际能力是影响网络交流效果的另一重要因素。培养跨文化交际能力是高校英语专业教学目标之一，而模式固见(Stereotype)是跨文化交际研究中的一个核心概念。美国学者沃尔特·李普曼(Walter Lippmann)[3]首次把模式固见的概念引入社会科学研究，提出模式固见是对某一社会群体的预设判断和基于预设判断的观念和意见，具有僵化刻板的特征。跨文化交际中的模式固见具有一定的消极性，由模式固见引起的文化偏见是阻碍交际双方相互理解甚至造成误解的主要原因。研究者普遍认为接触和交往可以消解模式固见，减少偏见，直接接触不单是面对面交流。随着信息技术的迅猛发展，基于互联网的跨文化交流为英语学习者创造了与母语人直接接触的机会。

交谈策略也是影响网络交流效果的因素之一。尽管文字聊天和视频会议与面对面交谈既有相似性又有区别，二者都为练习交谈策略(Communication Strategy)提供了途径。交谈策略是指谈话参与者通过某种方式维持谈话正常进行，避免出现误解以致影响交流，是衡量口语水平的重要标志。交谈策略的主要形式包括：提示话题的开始和结束，与交流对象确认语意，使用非语言交流方式如表情和动作，向交流对象寻求帮助，以及填充谈话空档等。对文字聊天的研究还发现，文字聊天这种交流模式能有效促使学习者使用某些策略，如提起新话题、扩展话题、请求重复、确认语意等。[4]对视频会议中二语学习者交谈策略的研究尚不多见，但有研究者提出交谈对象的动态图像和声音往往令二语学习者感到紧张，需要使用相应的策略来控制紧张情绪。

互动深度对网络交流效果也有影响。首先，互动深度和互动数量直接相关。非实时交流活动中，互动数量是指学习者回复或评论他人发言的帖子数以及互动层数。博客等非实时交流活动中，一个主题帖得到他人回复即完成了一层互动循环，假如发帖人就他人回复进行评论，则发生二层互动循环，互动次数达到三次循环即视为深度互动。微信等实时交流活动与博客不同，多个话题可以同时进行并相互穿插，一次发言可以兼顾不止一个话题。同时，发言可以通过文字、语音、图片、短视频、文档链接、表情符等多种形式呈现。文字发言的表述趋向口语化，容易脱离主题。图片和表情符等意义含混不清，需要通过上下文判断发言人的意图。此外，互动深度与教学活动设计有关，协作问题解决式活动设计能够增强互动深度。一般的问题解决活动学习者可以单独完成，不一定需要协作。协作问题解决与一般的问题解决不同，学习者需要通过对话、协商，形成解决问题的方案，这个过程中的互动比一般问题解决活动中的互动更深入。协作问题解决活动的设计精髓在于促进社会化协作，制造并利用学习者之间的信息沟生成交流需求，促使学习者主动进行互动。[5]文化差异造成的天然信息沟为完成任务增加了难度，学习者需要与母语人进行充分沟通，才能在规定时间内完成具体任务，达成预期目标并产出成果。

三、“网络辅助国际交流”课程中交流活动的设计和实施

1. 交流活动设计方案

“网络辅助国际交流”是英语师范专业选修课，教学目标在于提升学生的跨文化交际能力和英语听说技能。该课程开设于2001年，20年来先后与7所海外高校实现线上直接交流，包括日本早稻田大学（2001—2012）、美国 Cleveland State University（2011—2012）、美国 Brown College（2013—2014）、美国 State University of New York at Oswego（2014—2016）、澳大利亚 University of Newcastle（2016—2018）、美国 State University of New York at Buffalo（2018年至今）、英国 University of Manchester（2020年至今）。中外教师共同设计教学方案，制订教学计划，组织学生通过网络进行跨文化交流。交流活动包括实时和非实时两种类型。实时活动以视频会议（见图1）、文字聊天（见图2）、交互 App 平台（见图3）等形式为主，非实时活动包括网络讨论板（见图4）、电子邮件、博客等。

图1　与美国 Brown College 合作视频会议（2014年）

图2　与日本早稻田大学合作文字聊天（2001年）

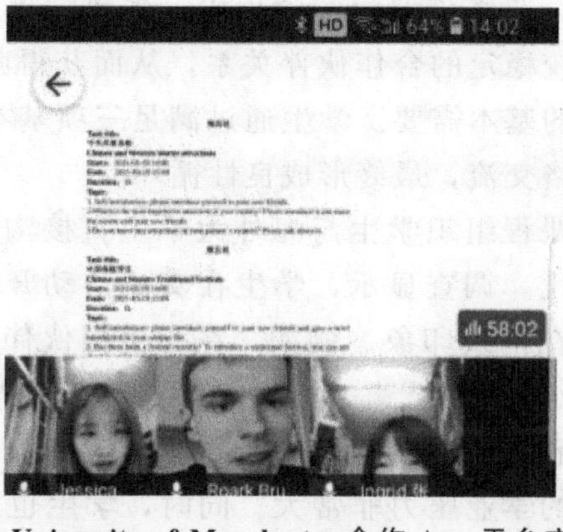

图 3　与英国 University of Manchester 合作 App 平台交流(2021 年)

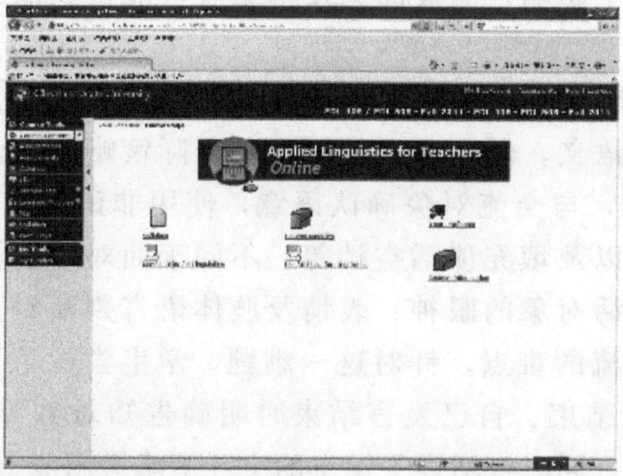

图 4　与美国 Cleveland State University 合作网络讨论板交流(2012 年)

交流活动使用英语进行，由学生自主完成，教师全程提供指导但不直接参与交流。以视频会议为例，中外学生轮流主持会议，掌控会议的进程与节奏。同时，学生分组自主选择讨论话题，自行设计辅助交流方法，如使用幻灯片、视频、实物等。学生通常能够有意识地选取中外双方都感兴趣的话题，并寻找最适合呈现自选话题的辅助交流工具。视频会议开始后，中外学生轮流主持，过渡自然。遇到听不懂的内容，双方一般能够协商解决。

2. 交流效果影响因素

“网络辅助国际交流”课程中的跨文化远程网络交流活动对学生的外语学习动机有积极影响。视频会议等活动为学生搭建起桥梁，创造了的与身在异地母语者的接触机会，有利于学习者进一步相互了解。以视频会议为例，学生既要与同组的中国同学合作，又要与海外学生互动，还要和教师积极保持联系——只有均衡处理好多方面关系，才能保障会议的顺利运行。选修该课程的学生中，多数学生能够在跨文化视频会议中与海外学生创建并达成比较稳定的合作伙伴关系，从而获得归属感，满足自主、关系、能力等三项影响学习动机的基本需要。学生通过满足三项基本需要提升外语学习动机，而后产生更大兴趣投入网络交流，最终形成良性循环。

"网络辅助国际交流"课程组织学生与海外大学生直接沟通，沟通之后学生针对外国人的模式固见发生了变化。调查显示，学生在交流活动开始前对交流伙伴所在的国家和人民在一定程度上存在消极印象。例如，在与美国伙伴交流前，学生对美国及美国人的印象主要包括"生活态度不严肃，恋爱婚姻过于随意""学习不努力""学校作业少，考试少"等。经过交流，学生的印象发生了改变，认为自己的美国伙伴家庭观念强，学习认真，而且学校的学业压力非常大。同时，学生也发现一些之前未曾意识到的问题，如自己的交流伙伴"过于热爱运动""不关心国际政治"等。由此可见，网络交流活动对模式固见产生了影响，消极固见及偏见有可能得到消减，但同时也会激发新的固见。

"网络辅助国际交流"课程中的交流活动为学生提供了应用交谈策略解决交际问题的机会。为更好地表达语义，学生通常使用多种交际策略与交流伙伴进行交流，例如提示话题的开始和结束，与交流对象确认语意，使用非语言交流方式如表情和动作，向交流对象寻求帮助，以及填充谈话空档等。不同于面对面交流，视频及文字交流中参与者无法通过观察谈话对象的眼神、表情及肢体语言判断对方是否已完成发言，寻找插话时机成为网络交流的难点。针对这一难题，学生尝试了不同策略，例如主动与交流对象确认话题是否结束、自己发言结束时明确告知对方等。通过使用这些策略，网络交流得以顺畅进行，同时也增强了学生的交际策略运用能力。

"网络辅助国际交流"课程的教学内容以网络互动为主，实时及非实时互动均达到了较高数量，客观上有利于增进互动深度。同时，中外教师合作设计教学活动，鼓励学生在完成教学活动时充分使用目标语言，而非仅通过文字、语音、图片、短视频、文档链接、表情符等形式表达语义，从而深化交流内容，加强深度互动。学生遇到理解困难或表达困难时，通常会停止交流，转而对引发交流困难的问题进行语义协商，通过语义协商解决问题后重新恢复正常交流。语义协商既是探讨语言及文化知识的过程，又是锻炼交际策略的机会，有效提升了互动深度。此外，中外学生所处文化环境不同，存在天然信息沟，网络交流对信息沟进行弥合的同时也增强了互动深度。

四、结语

随着我国国际化进程的加速和整体国力的全面提升，越来越多的英语国家高校寻求和我国高校进行合作，跨文化网络交流进入高校外语课堂的机会逐步增加。国内高校的外语学习者通过网络与母语人交流，不出国门就可以获得真实的语言使用体验，同时可以一定程度上了解目标语国家的文化，是受益较多的一方。在此背景下，首都师范大学外语学院“网络辅助国际交流”课程组织外语专业学生直接与海外高校学生进行交流，并从交流活动设计、影响交流效果的因素等层面证实跨文化网络交流对教学范式创新的影响，为高校外语专业信息化、国际化改革提供了实践依据。

参考文献：

[1]赵婴．网络交流在高校外语教学中的应用[J]．高等教育研究，2019(8)：48-50.

[2]Gardner R C. Social psychology and second language learning：The role of attitudes and motivation[M]. London：Edward Arnold，1985.

[3]Lippmann W. Public opinion[M]. New York：Macmillan，1922.

[4]赵婴．文字聊天和视频会议对英语口语交谈策略影响的一项对比研究[J]．电化教育研究，2011(10)：80-92.

[5]赵婴，何克抗．基于微信的跨文化网络交流互动深度研究[J]．电化教育研究，2019(10)：35-39.

高校实验室管理工作的创新性探索

司治国①

摘要： 在高校的正常运转范围之内，对实验室进行管理工作是非常重要的一件事情，而且高校实验室可以为学生培养综合能力以及实践操作提供一个非常优越的环境，大学生可以在实验室内培养自己的动手操作能力，通过所学习的理论上的知识，在实验室进行一个实践操作可以很好地提高学生的应用能力。就目前的发展而言，尽管随着形势不断改善，但是高校实验室在管理工作当中还存在很多问题和不足之处。

关键词： 高校实验室；管理工作；问题；措施

近些年来，随着高等教育的广泛普及，高校实验室也随之担当起为社会培养应用型人才的重大责任。在高等院校开展教学科研项目的过程中，实验室是非常重要的一个场所，由此也可以看出，实验室在整个科研工作当中的重要地位。另外，高校的实验室整体的水平也可以代表着高校的综合实力，以及办学的质量等。在当下这个时代，创新发展和完善已经成为每一个领域和工作当中非常重要的一个内容，在高校实验室的管理工作当中，已经不能够按照传统的方式进行相应的改善和发展，在这个崭新的时代，高等院校也应该以创新化的方式完善整个实验室管理工作的机制，为培养人才和服务社会提供更好的条件。

一、高校实验室管理工作创新的重要性

(一)有利于提高学校的综合竞争力

在高等院校的发展过程中，学校的整体教育水平和管理的层次高低会直接影响着整个学校的外部形象和名誉，再加上近些年来家长对于学生受教育程度的重视，很多家长都希望自己的孩子能够在一个学习氛围好、综合实力强的学校中学习，实验室的管理工作也是整个学校管理的一个重要环节。因此，对实验室的管理工作进行一个创新的发展至关重要。实验室管理水平可以直观地看出该学校的教育实力和管理的水平，

① 司治国，男，首都师范大学教育学院中级实验师。

从另一个角度上也能够影响该学校未来扩建的规模以及将来的学生来源。在当下这个社会背景下，高等学校与高等学校之间的竞争其实非常激烈，如果学校没有自己独特的优势就很难长时间地稳定发展下去，所以实现实验室的管理工作的创新，对于整个高校未来的发展至关重要。通过加强高校实验室管理工作创新，可更进一步地推动学校的综合实力。

（二）有利于高校实验室价值的实现

实验室建立的目的不仅仅是为了让学生进行相关的实践操作，也是为了给教师提供一个科研的优越环境。不管是学生还是老师，他们都需要通过相应的理论知识，结合自己的思维和逻辑能力进行相关的实践操作，想要完成某些科研项目就必须要在实验室中进行。所以实验室它的价值就在于培养更多的人才，这些人才所完成的科研成果，可以更好地推动社会的发展。由此也可以看出，在更好地推动社会发展方面，建立一个优越的实验室也是其中一个重要因素，具有一定积极的作用及价值。所以创新实验室的管理工作可以很好地实现实验室的本身价值，在一定程度上也能够维持高效的稳定发展。

（三）有利于高校实验室管理工作的持续发展

一般来说，管理层级上最重要也是一直被公认的方面就是创新管理，而高校实验室大的创新也是刻不容缓的，高校实验室要想实现管理可持续，就必须创新，开拓新思路，流入新思想。在当前国家的创新体系当中，高校的实验室管理创新是不可或缺的一部分，也是高校自身持续发展的必备条件。高校的实验室对于科研与学生的成长具有重大作用，实验室存在的意义就是造就学生们动手能力以及创新能力，是将课本的理论知识运用于实践的非常好的办法。也是巩固理论知识和加深理论知识理解的良好途径。所以，重视实验室的管理创新，是使实验教学和实验室的科学管理齐头并进、协调促进的必要步骤。只有进行实验室的管理模式以及制度的彻底改革和创新，高校实验室的管理水平和管理能力才能得到提升，才能营造出好的实验环境氛围，才能使实验室研究有质的飞跃，良好的研究场所才能出现，高校实验室管理工作上的持续发展才能得以实现。

二、高校实验室管理中存在的缺陷

（一）思想上缺乏重视

在传统教育的深远影响之下，新体制和旧体制之间的融合和转型并没有那么顺利，所以最终导致了管理工作并没有从根本上落实到位。如果管理工作者没有从思想上重视起来，创新管理，就会直接给高校的管理层在实验室的设备资金和人力资源上的配备带来很多问题。高校管理层并没有投入一定的资金、人力、物力用于完善实验室的设备上，就直接导致了很多科研工作无法正常进行，现在的实验设备比较落后，很多设备已经无法满足当下实验的相关要求。另外，高校管理层人员大多都是各自为营，个人主义严重，其中也有许多现实因素的影响。这样不仅造成了资源的浪费，实验设备资源的低利用率，而且在追究管理实验室的责任时也无法准确地落实到个人。管理思想没有与时俱进。长期以来，计划经济体制下的“物本管理”理念，给实验室管理工作的开展造成了一定的阻力。它过分强调目标管理、量化管理，忽视人本理念管理，很少关注人的需要和个体的个性发展，不重视团队长期研发能力的开发，目光过于局限，没有持续发展的思想觉悟。它认为管理组织成员之间是一种自上而下的管理与被管理的关系，没有形成平等的意识，导致实验队伍不稳定，制约了实验室的发展速度和创新的整体水平。这种情况对于实验室的管理和科研工作的开展有不小的阻力，当然也不可避免，但我们可以通过创新来缓解现状。我国高等教育重理论、轻实践现象普遍存在，因而形成了实验教学从属于理论教学的观念。对新形势下实验室工作的地位和作用认识不足，特别是对实验室管理工作在学生实践能力、创新能力培养和创新体系中的地位和作用认识不足，影响着实验室建设和管理的协调发展。

(二)内容上缺乏创新

高校所开展的很多实验内容都是按照课本的相关要求进行的，所以大多数学生在做实验的时候，内容上都非常单调，缺乏一定的创新性，而且实验开展的模式比较固定，这就大大地减少了学生对于实验操作的兴趣，除此之外，这种形式下的实验活动会限制学生的动手操作能力，学生也很难灵活地将相关的理论知识应用到生活实践上。除此之外，在受到传统理念物本管理的影响之下，高校实验室的管理工作遇到了很多不可抵挡的外来阻力，不仅仅是在思维上也在管理模式上缺乏一定的创新性。在传统模式下，注重纵向层级和单线条管理，影响了实验室的横向互动，难以充分整合和调动各种资源，大大降低了团队运行效率。从管理模式来看，主要是注重单打独斗、各自为阵，个人主义严重，很难形成强大的合力，齐心协力地搞科研。因此，对科研的发展产生了阻碍，科研工作也因为阻力不能高效地进行。

(三)制度尚缺乏科学合理的管理机制

对于实验室的管理工作来说，一个科学合理的管理机制至关重要也是必不可少的，但就目前的发展而言，由于高校缺乏一个有效的管理机制，直接影响了整个学校的综合实力的发展，除此之外，高校的技术人员，他们的工资待遇和专业的老师之间有非常大的差距，所以在管理上有很多技术人员，因为待遇太低而选择了其他的工作，所以导致整个实验室管理团队出现参差不齐、结构失调的现象。待遇太低会减少实验室工作人员的工作积极性，所以整个实验室队伍的管理能力会受到负面的影响。从而高校自身也受到不同程度的影响。

(四)高校实验室管理人员学历结构参差不齐

由于传统的管理体制的影响，高校技术人员的福利和待遇与专职教师尚有差距，因此，难免会有部分业务水平精、学历较高的优秀技术人员因为待遇的问题加上自身具有管理实验室的经验，就会跳槽到其他高校的其他岗位或者其他企业。实验室管理人员团队水平的参差不齐，优秀技术人员的流失，加上不能长期受到专业的培训或进修，使得高校实验室管理团队的整体发展受到了巨大的冲击，所以也更加体现出高校管理的创新的必要性。

三、高校实验室管理工作的创新性探索

(一)创新管理理念和内容

在实验室的管理工作当中实验室应该继续坚持以能力为根源的管理理念，只有这样才能够将资源进行合理的配置，充分调动每一个人的工作积极性，每个人各司其职，共同推进社会的进步。另外，在管理工作的过程当中也要积极地利用当下网络技术的发展，结合网络技术，可以很大程度上丰富整个实验的相关内容，管理工作人员可以结合各类多媒体终端和相关的社交软件进行有效的交流，在整个社交软件上，可以针对实验室的整个过程或者产生的相关结构，做一个全面的探讨和研究，实验室也可以在上面分享自己的个人心得和成功的经验，这样学生就能够得到一个比较全面的评价，在一定程度上也能够激发学生的主动性。除此之外，在管理工作内容上，可以根据不同专业和不同时期的学生制定一个比较有针对性的实验规划，这样不仅能够让学生更加准确地掌握重难点，还能够提高学生的逻辑思维能力。

(二)完善体制，加强管理队伍的建设

管理工作要想有据可依，就必须要制定一个科学合理的工作机制，另外，在针对管理人员的管理水平方面以及工作中的得失，相关部门可以制定一个奖罚制度，并进行一个全面的商讨，然后针对一些比较优秀的员工，可以适当地给予一些奖励，这样就可以很好地提高实验室管理工作人员的工作积极性，对于那些工作不认真的工作人员，给予一个工作警告，这样也能够从制度上规范管理人员的行为和思想。加强整个实验室管理人员队伍的建设过程当中，学校也可以开展一些培训，让管理人员学习到更多的管理理念和管理经验，进而运用到学校的实验室管理当中。除此之外，为了保证实验室设备的正常使用，学校也可以开展一些实验技术培训，让管理人员全面地了解各个仪器的性能和结构。如果实验设备在使用的过程中发生故障，实验管理人员可以根据自己的经验做出相应的维修工作，以免造成巨大的损失。

(三)加强重视

实验室对于培养人才是一个非常重要的地方，所以在实验室开展的过程当中，要

充分地体现出学生的主体地位，当学生进入实验室的过程当中，老师只不过是起到一个辅助的作用。除此之外，高等院校也要投入一定的资金用于购买先进的实验设备。另外，对于设备的维护工作也要定期地开展，这样才能确保实验室的各个资源达到一个比较理想的状态，另外注意每一个专业之间在使用资源上的沟通和交流，避免出现资源浪费这种现象。

(四)注重统筹管理

高校实验室的管理不是单打独斗，是需要团队合作的，但是因为传统思想的影响，难免会存在纵向组织层次。因此，高校实验室的管理创新不可忽视的一方面就是团队化。可以增强宣传团队化的理念，让更多的人加入团队中来，使人们意识到实验室是每个人共同的责任和义务，使人心和力量凝聚起来，强化人们对任务的认同度，增强完成任务的意识，是保证任务完美完成的必有条件。通过这种方式，每个成员的参与性、积极性、主动性还有自我满足感都得到提升，除此之外，成员的其他能力和潜力也会得到一定的开发，对其以后的学习生活和科研工作都具有不可忽视的影响。团队中每个人就会有自己的思想和观念，所以在管理高校实验室中，分享理念、共享资源就是不可忽略的方面。以此为基，将实验室中的仪器、资源等方面共享，将各种资源利用到位，每个人都能将资源最大限度地利用，可以实现实验的收益最大化。就目前形势来看，应该重点提升精密仪器设备的资源利用率，推动高校科研工作的顺利进行和高校发展。

(五)后勤保障

任何事情的进行都离不开经费的投入，因此，高校实验室进行试验的顺利开展也离不开经费的支持，这是其顺利进行的基础及必要条件。通过对实验室经费和物质的加大投入，最大化利用仪器设施的优势，积极进行科研工作，将学生及研究人员的被动科研转化为主动科研，增强人们的科研自主性、创造力和创新力。当然，经费从哪里来呢，就需要高校本身想办法了。除了固有的渠道外，高校应适当拓宽渠道，一方面整理综合实验室的实验资源，来加大实验的经济效益；另一方面，可以与外界加强联系，与各个事业单位、其他高校、企业等加强合作，利用自身实验室资源优势，在与其他单位合作时，除了能得到经济收益用于自身的实验室发展，也可以达到优势互补、互利共赢的目的，实现产学研一体化。实验室管理创新是一个机遇和挑战并存的创新过程，也是形势所需。那么管理者需要有实验室管理创新的意识，也要明白实验室创新对于本高校的重要性，有了此意识，管理者可将实验室管理创新纳入学校财务预算，加大对实验室的人力、财力、物力的投入，扩宽政策，使实验室人员可以放心地投入到科研中，不用担心经费的不足，为科研人员及学生的培养提供强大的物质后盾和保障。高校实验室的管理创新工作要顺承高校的改革和发展趋势，不局限于某种思想和模式中，要让新思想新理念流入到高校中，使师生更多地接触到新思想，从而解放思想，大胆改革，积极创新，顺承全新的管理理念，采用全新的管理方式，形成全新的模式。不断探索和研究，从而形成全新的、科学的、高效的实验室管理方式，不断提高科研能力，使自身高校的实力更进一步。

(六)加强文化建设

文化建设，也是我们不可忽略的一个重要步骤，无论做什么都需要一个良好的文化环境，那实验室的管理也是不可缺少的，所以加强文化建设刻不容缓。环境会影响实验室研究人员的思想、素质、态度、行为、精神等，这些是一个实验的成败因素之一，从而影响实验结果和实验效益。由此而看，优化实验室环境，加强实验室建设，打造一个规范、有序、团结、和谐、奋进、积极向上的实验环境刻不容缓。一旦这样的实验室文化环境形成了，对于科研人员和正在接受培养的学生，不仅能给他们身心上的激励，还能促使他们高效地进行实验研究，他们的积极性和创造性都可能会激发，一些潜力也可能被激发。除此之外，还能培养他们实事求是、勇于探索、不畏艰难、勇于探索的科学态度和精神。那么怎么建设一个良好的文化环境？具体措施有：在实验室的墙上粘贴名人名言，张挂科学巨匠画像、重大科技发明成果、最新研究动态等。当然还有其他措施。除了外部环境，内部环境也是很重要的。实验室中的前辈或者老师要坚持以德育人，用自身的高尚品德、规范言行来为学生及同事树立榜样，教育学生。用科学严谨、一丝不苟的态度，用积极进取、知难而上的精神鼓舞学生，用奉献科学、不计得失的个人魅力去感化学生。当然这些是在日常实验学习中可慢慢渗透的。那么其他方式，也要组织一些，比如采用专题讲座、外出考察、实验交流等方式，用丰富多彩的实验业务活动来激发实验工作者的创造性和积极性，大力推动实验改革与创新。同时也要加强日常文体活动的开展，以此打造素质高、凝聚力强、有合作意识的实验团队，营造良好的学术氛围、实验氛围，增强高校实验室队伍的感召力、凝聚力和战斗力。

四、结束语

高校实验室的管理工作仍然需要不断地创新和发展，只有这样才能够维持高校的稳定，为社会输送更多的实用型人才。实验室管理工作是一项技术性很强的工作，在新形势下，高校面临着新的历史任务，困难与希望同在，挑战与机遇并存。高校实验室管理工作应该结合各校实际，认清形势，明确方向，顺应高校改革和发展的步伐，积极探索、大胆创新，引入创新性管理理念，探究适应高校实验室自身管理发展的新途径，促使高校实验室管理工作步入规范化、科学化、创新化的轨道。高校实验室管理工作只有在创新中不断探索，才能在创新中不断前进。

参考文献：

[1]谢安建，王礼贵．高校实验室管理工作的创新性探索[J]．实验室研究与探索，2012(4)：271-273，288.

[2]赵阳．高校实验室管理创新探索与思考[J]．高校实验室工作研究，2015(2)：54-57.

[3]王鑫．浅析如何落实高校实验室管理的创新工作[J]．科技创新导报，2013(11)：141-142.

国家精品资源共享课教学资源案例库建设及应用研究*

——生成性和情境化视阈

刘　静　张志新　唐佳音　杜　慧　孙芳芳①

摘要：国家支持开发了 2883 门教师教育国家精品资源共享课，但高校师生的使用满意度并不高。主要原因在于这类课程的教学资源建设不是动态生成的，教学资源案例的情境化不够。本研究团队以其中“现代教育技术及应用”这门课为例，通过 4 个学期的教学，生成了多个专业的优秀教学资源案例，构建了教学设计、微课、数字故事、学生教学实践等案例库，之后总结了 3 种应用模式并开展了 3 学期的教学试验及效果评估。结果表明，在利用该门共享课开展教学时，合理使用生成性的教学资源案例库并采用情境化的教学方式，能够较好地激发学生学习兴趣，提高学生学习满意度，也有益于帮助本科师范生弥合理论与实践的鸿沟，更好地实现专业发展。

关键词：国家精品资源共享课；教学资源案例库；生成性教学；情境化教学

一、研究背景

2012 年教育部发布了《教育部办公厅关于开展教师教育国家级精品资源共享课建设工作的通知》(以下简称《通知》)，根据《通知》的精神，全国各高校共开发了 2883 门资源共享课。这些课程发布在“爱课程网”上供教师和学习者免费自主使用。

但是广大教师在使用这些资源的时候产生了困惑：虽然课程内容比较完整，但是学生的学习效果并不好，满意度也不高[1]。其中一个重要原因是这类课程缺乏生成性，教学资源建设不是动态的[2]，缺少持续更新的情境化案例资源。本研究团队在使用国

＊ 本文属 2018 年度北京市优秀人才培养资助项目“我国开放大学慕课课程体系的差异化规划与建设”(项目号：201800002O124G062)和首都师范大学教学改革项目“现代教育技术及应用国家精品资源共享课教学资源案例库建设及应用”(项目号：0041955029)。

① 刘静，女，北京开放大学助理研究员，研究方向：开放教育研究；张志新，男，首都师范大学副教授，研究方向：智能学习支持环境、课程教学论研究；唐佳音，女，首都师范大学研究生，研究方向：智能学习支持环境；杜慧，女，首都师范大学研究生，研究方向：智能学习支持环境；孙芳芳，女，河北科技师范学院副教授，研究方向：职业教育课程与教学。

家精品资源共享课“现代教育技术及应用”过程中，也遇到了上述问题。根据生成性和情境化教学理论[3-5]，我们整理了以往4学期的学生在课程学习过程中开发的优秀作品或附有师生共同修改建议的作品，构建了教学设计、微课、数字故事、学生教学实践等教学资源案例库，而后进行了3学期的应用和尝试，也积累了一系列经验。

二、案例库建设及应用

(一)案例库建设背景

“现代教育技术及应用”是一门连接教学理论和教学实践的重要课程，也是一门理论性和实践性都很强的教师教育类课程。为充分利用国家精品课程资源，并继续生成新资源，本研究团队及相关任课教师将它应用于首都师范大学多个院系本科师范生的教学。目前，该课主要讲授章节和内容包括教育技术概述、教学设计基础、媒体理论与实践、教育评价与评价量规、课堂观察方法与技术、教学反思方法与技术等。针对不同院系师范生的差异及实际需要，本研究团队还增补了教学理论与学习理论、教学设计方案编写、多媒体课件高级制作、课堂教学综合实践等内容和环节。自2014年下半年以来，已开课10轮，教学对象覆盖物理、化学、资源环境、美术、马克思主义、音乐、外语7个院系。经过多轮教学，发现学生学习相关内容时存在如下困难。

首先，学习了教学设计的理论和模型，但缺少对中小学教育实践中常用教学设计方案的直观认识，辨别不出来网络上哪些教学设计方案符合国家新课程标准和最新的课程改革理念而哪些不符合。其次，学过PowerPoint等办公软件，也能掌握常用的幻灯片制作技术，但不清楚课件与其他软件制品的本质区别；接触的优秀课件案例有限，学习了课件评价理论，但实际应用于课件评判时仍存在困难。再次，会视频制作技术，但不清楚微课与普通视频的区别；学了数字故事制作，但反思的深度提不上去；对优秀微课和数字故事的直观经验有限。最后，学习了教育理论、教学理论、教学设计理论、课件制作、微课制作、数字故事制作等零散的知识和技能，但是不能很好地整体联系起来，真正进行课堂教学时，把握不住教学节奏，漏洞百出；对课堂教学的评价及认识仍然处于盲人摸象阶段；教学实践与反思经验有限。总的来看，学生对教学设计、课件、微课、数字故事以及课堂教学的直观经验或亲身实践经验有限，难以把学习的理论和技术真正应用到教学中去，学与用脱节。因此，为这个阶段的学生提供优秀的教学设计、课件、微课、数字故事、课堂教学实践案例以及针对相关案例的反思与评价，显得尤为重要和必要。

此外，前期教学中研究团队还发现：当为学生提供教学设计、课件、微课等参考案例时，他们最感兴趣、反映最强烈、收获最多的是那些同龄人的、本院系的、本专业的，甚至熟悉的学长学姐或同班同学的作品案例。从原理上说，这符合情境学习理论的真实情境创设原理。根据这个经验，我们收集并为学生提供对应专业的往届生的作品案例就显得非常必要。

(二)案例库建设目标及意义

针对学生在学习“现代教育技术及应用”这门国家精品资源共享课过程中存在的问题，本研究团队确立了如下案例库建设和应用目标。

一是开发优秀教学设计案例库并实际应用，帮助学生弥合教学设计理论、教学设计模型与相应专业实际教学设计方案开发的鸿沟；二是开发优秀多媒体课件案例库并实际应用，帮助学生获取不同专业、不同教学内容、不同技术特色、不同艺术特色的多媒体课件制作直观经验，并在此基础上能结合自身技术和艺术特点，顺利地开发与自己专业和教学内容相关的多媒体课件；三是开发优秀微课案例库并实际应用，帮助学生获取不同专业、不同教学内容、不同技术特色、不同艺术特色的微课制作直观经验，并在此基础上能结合自身技术和艺术特点，顺利地开发与自己专业和教学内容相关的微视频、微教案和微课件；四是开发教学实践案例库并实际应用，帮助学生获取相应专业、相应教学内容、同龄人的课堂教学直观经验，包括成功的经验和失败的经验，同龄人教学存在的问题及教师和同龄人的改进建议，并在此基础上顺利完成1—2课时的真实教学实践；五是开发优秀数字故事案例库并实际应用，帮助学生获取教学反思、学习反思和数字故事制作方法与技术的直观经验，提升反思层级，并在此基础上制作自己的数字故事。

(三)案例库建设过程及成果

2018年8月，本研究团队系统整理了以往4个学期(2016年9月至2018年7月)的学生在课程学习过程中开发的优秀作品或附有师生共同修改建议的作品，构建了国家精品资源共享课“现代教育技术及应用”教学资源案例库。案例库包括：优秀教学设计案例库、(与教学设计配套的)优秀多媒体课件案例库、优秀微课案例库(含微视频、微教案、微课件等)、优秀数字故事案例库、学生教学实践案例库(含学生现场教学视频及配套的自我反思、教师评价、学生评价等)。

其中，教学设计案例是教师带领学生系统地学习了国际第三代教学设计理论“迪克凯瑞教学设计模型”后设计的，并保留了修改建议记录。教学设计的重要性在于，它是连接教学思想与教学实践的桥梁[6]，是师范生必须掌握的核心能力。

多媒体课件制作是实现信息化教学的基本工具。没有最好的课件，却有最合适的课件。在面临具体问题情境时，如何在教育性、科学性、技术性、艺术性、经济性、实用性、创新性之间取得平衡，需要具体问题具体分析，因此，它是一门需要长期探索和创新的学问。通过教育问题情境下多媒体课件制作的实践和反思，有助于学生在未来的教师职业生涯中提高课堂教学效果，并加深其对教学设计的理解和认识。

“微课”是指以视频为主要载体，记录教师围绕某个知识点或教学环节开展的简短、完整的教学活动[6]。微课已经在广大中小学教师的教育教学中较普遍地使用了。但是实践中，新手教师尤其在校师范生常常弄不清视频与微课的区别、微课设计与正常教学设计的区别、微课的设计要点和应用情境等。

数字故事叙事(Digital Storytelling)是把讲故事的艺术与多种媒体工具(图片、声音、视频、动画和网页)结合在一起形成的一种新的讲故事的方式。制作和使用数字故事有利于教师以新颖的形式反思教学内容和传播教学实践性知识，也有利于学生开展学习经验分享和投入式学习。对学生来说，数字故事的反思领域可以是对课程内容的反思，对自己的学习、教学以及生活经历的反思；制作数字故事的过程包括如何选择有意义的主题，如何创造性地设计故事的开头、过程和结尾，如何合理地选择多媒体技术来表达故事等。因此，这对提高学生的反思能力与创新能力、提升学习体验与兴趣有很大帮助。

按照知识结构的“冰山模型”，专家教师的绝大部分知识都属于实践性知识、缄默知识[7-8]。因此，本科师范生要想成为一名合格的人民教师，不但要学习教学设计的理论与方法、课件制作的理论与方法、微课设计的理论与方法、教学反思数字故事的理论与方法，还要综合运用这些知识进行实际教学，并经过多次实践与反思，才能获得实践性知识，从而形成综合职业能力。本研究录制的学生教学实践案例，多数都是本科师范生第一次大班授课的真实经历，能够比较充分地暴露学生教学设计和经验的不足。研究团队设计了以学生为主体开展现场点评的环节，从而使上课的学生和评课的学生都能从中获益。学生授课、同学点评和教师点评都录制到案例中，为授课同学后续的学习提供了持续和深入反思的条件，也为使用教学实践案例库的新生提供了系统的经验。

为了使教师和学生能够方便地查询所需要的教学资源，本研究团队按照专业、届别、资源类别、资源名称、作者名称的编码规则，对案例库的案例做了统一编码。目前，案例库已收集各类教学资源案例 61 件，随着每学期教学的推进，案例库内容仍在持续丰富。

(四)案例库应用模式

2018 年 9 月至 2019 年 12 月的 3 个学期里，本研究团队将案例库应用于 4 个专业、7 个班级、286 位本科师范生的学习。依据情境化教学理论，应根据教学对象和教学内容的不同特点采用不同的情境，本研究团队在教学实践中总结出了 3 种案例库应用模式(参见图 1)。

一是 B(Before)型，即在学生实践之前提供案例。例如，关于“教学设计案例编写”这一章节内容的学习，教师在讲授教学设计理论后，学生很难在短时间内就生成一份教学设计方案，这主要是因为他们缺乏足够的直观经验。因此，这时教师若能利用案例库，提供大量对应专业的规范的教学设计案例，那么无疑会对学生从理论到实践的

B 型　E ⟶ P

A 型　P ⟶ E

BA型　E a ⟶ P ⟶ E b

注: E-案例 P-实践

图 1　案例库应用模式

顺利转换起到巨大的帮助作用。

二是 A(After)型，即在学生实践之后提供案例。例如，在讲解“多媒体课件高级应用”这一章节内容时，由于学生在上大学前已经具备了多媒体课件制作技术基础，这时候教师若直接讲解多媒体课件制作步骤，学生可能不感兴趣。因此，教师可以选择一个开放式主题让学生自主设计一份多媒体课件，经过学生展示、教师点评和师生讨论找出这些课件的不足后，教师提供案例库中更优秀的案例供参考，从而将学生对多媒体课件的认识提升到一个新的高度。

三是 BA(Before and After)型，即根据资源本身的类别差异度大小和学生的经验基础，教师在学生实践之前和之后分别提供不同类型的案例。学生实践之前教师提供一种类型的参考案例(案例 a)，目的是帮助他们获取直观经验；学生实践之后教师提供另一种类型的案例(案例 b)，目的是帮助他们开阔视野。例如，数字故事一般可分为反思类和情感类，这两个类别差异较大。因此，教师在有限的课时内，可以以反思类为主、以情感类为辅。学生在教师的带领下经过直接经验获取(观看案例库中反思类数字故事案例)、理论学习、自我实践等步骤系统地学习并实际制作了反思类数字故事后，再通过自主学习案例库中情感类数字故事案例，从而开阔视野、完整地理解该主题的知识和技能。

三、案例库应用效果评估

为了考察案例库的应用效果，本研究团队设计了《“现代教育技术及应用”教学资源案例库应用效果满意度调查问卷》，内容涉及教学设计、课件制作、微课、数字故事和教学实践 5 个主要维度。调查问卷采用李克特量表形式，每道题目满分设置为 3 分，该课程对学生帮助很大计为 3 分、帮助较大计为 2 分、有点帮助计为 1 分、没有帮助计为 0 分。调查对象为 2017 级资环学院本科生、2018 级资环学院本科生、2018 级物理系本科生、2018 级化学系本科生、2018 级马克思主义学院本科生。问卷于每学期课程结束后发放，3 学期共回收问卷 286 份，有效问卷 279 份。数据统计结果显示(见图 2)：教学设计、课件、微课、数字故事、教学实践 5 个库应用效果学生满意度平均分分别为：2.37、2.34、2.33、

2.44、2.34 分，5 个库学生满意度的整体平均分为 2.37 分，而最高分是 3 分。可见，学生对案例库应用及教学方式变革的满意度较高。

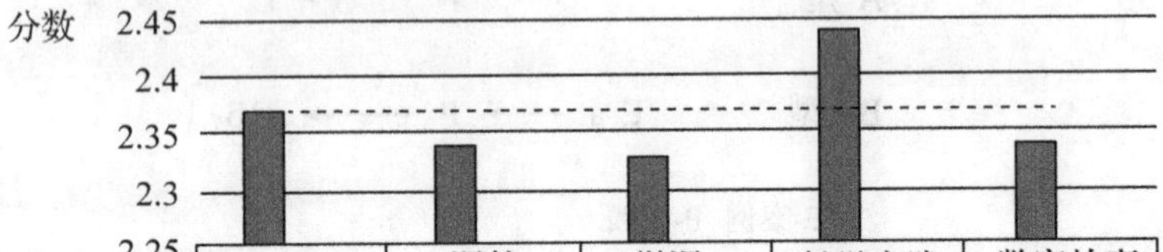

	教学设计	课件	微课	教学实践	数字故事
■各类平均分	2.37	2.34	2.33	2.44	2.34
总体平均分	2.37	2.37	2.37	2.37	2.37

■ 各类平均分　-------- 线性（总体平均分）

图 2　学生对案例库应用的满意度

另外，教学资源案例库应用及教学方式变革前后几学期学生评教成绩的变化，也在一定程度上提供了佐证。教学资源案例库应用及教学方式变革前 3 学期(2014 年 9 月至 2016 年 8 月)各专业学生对同一任课教师评教的平均分为 86.69 分，变革后 3 学期(2018 年 9 月至 2019 年 12 月)的平均分为 95.14 分；其中，变革前物理专业学生对同一教师评教的平均分为 86.77 分，变革后为 93.74 分；化学专业变革前为 86.54 分，变革后为 93.48 分。

上述数据表明，在利用国家精品资源共享课"现代教育技术及应用"开展教学过程中，合理使用生成性的教学资源案例库并采用情境化的教学方式是有效的。这样能够较好地激发学生的学习兴趣，提高学生的学习满意度。另外，这样也有益于帮助本科师范生获取不同专业、不同教学内容、不同技术特色、不同艺术特色的多媒体课件制作、微课制作、数字故事制作、教学方案设计以及教学实践方面的直观经验，弥合理论与实践之间的鸿沟，更好地实现专业发展。

参考文献：

[1]熊慕珲．国家精品资源共享课的现状与优化——基于学堂在线的比较[J]．教育现代化，2018，12(53)：179.

[2]王娟，刘名卓，祝智庭．高校精品课程应用调查及其对精品资源共享课建设的启示[J]．中国电化教育，2013，12(323)：44.

[3]孟凡丽，程良宏．生成性教学：含义与价值[J]．课程·教材·教法，2009，29(1)：22.

[4]王胜远，杨霞，王运武．生成性学习资源的设计与实施策略[J]．现代教育技术，2018(7)：99-100.

[5]张传新，李铂，刘莹，等．情境教学法在运动心理学教学中的运用[J]．中国成人教育，2012(1)：147.

[6]王陆，乔爱玲．现代教育技术应用[M]．北京：高等教育出版社，2015：23-88.

[7]李赛男，颜士刚．基于冰山模型的知能课程目标确定[J]．中国电化教育，2012(11)：23.

[8]马福贵，房彬．在线实践社区对区域教师实践性知识影响研究[J]．现代教育技术，2015(5)：72-73.

中国大学慕课“器乐一扬琴”的教学模式应用

史　玥①

摘要：目前，在现代教育领域，信息技术已经成为最重要的教学辅助手段之一，它以强大的数据处理技术、超大容量的存储空间以及实时多元的移动通信等多元技术一跃成为改革教学结构，构建有效课堂的关键技术。因此，现代教学模式与手段需要信息技术与教育活动实现深度整合，构建智能化、信息化教育环境，需要一线教师全面进行教育创新，发挥科学信息技术的教学辅助作用，以便切实优化学生的自主发展，促使学科教学实现素质教育转型。为此，教师便要客观分析信息技术的教育辅助作用，利用信息技术构建智慧课堂。

从2017年申报学校在线课程“器乐一扬琴”项目，到建立“器乐一扬琴”中国大学慕课，四年的线上线下混合式教学模式，已经逐步从雏形过渡到成熟。学生使用这种新型教学模式学习，已经逐步从不适应到喜欢。尤其是在疫情期间，现有教学模式充分利用了信息技术手段，取得了瞩目的效果。

关键词：中国大学慕课；器乐一扬琴；教学模式

目前，在现代教育领域，信息技术已经成为最重要的教学辅助手段之一，它以强大的数据处理技术、超大容量的存储空间以及实时多元的移动通信等多元技术一跃成为改革教学结构，构建有效课堂的关键技术。因此，现代教学模式与手段需要信息技术与教育活动实现深度整合，构建智能化、信息化教育环境，需要一线教师全面进行教育创新，发挥科学信息技术的教学辅助作用，以便切实优化学生的自主发展，促使学科教学实现素质教育转型。为此，教师便要客观分析信息技术的教育辅助作用，利用信息技术构建智慧课堂。

从2017年申报学校在线课程“器乐一扬琴”项目，到建立“器乐一扬琴”中国大学慕课，四年的线上线下混合式教学模式，已经逐步从雏形过渡到成熟。学生使用这种新型教学模式学习，已经逐步从不适应到喜欢。尤其是在疫情期间，现有教学模式充分利用了信息技术手段，取得了瞩目的效果。

在高师艺术类教学中，笔者执教的课程“器乐一扬琴”，可以说是艺术类课程中实践性和操作性兼备的课程，属于音乐表演类主修及必修课程。课程自始至终强调共性化和个性化教学双轨发展，也是学科领域中大家关注的热点。随着信息技术手段的发

① 史玥，女，首都师范大学音乐学院副教授。

展和提高，现代教学技术手段不断更新，扬琴教学也从原来的作坊式教学，逐渐发展成一对一教学为主、高科技手段为辅的多样化教学模式。现在的作坊式教学模式，已经不能满足和适应现代教学质量的要求。因此，发展和丰富新的教学手段，研究和开拓新的教学方法，就成为当今艺术门类学科教学研究的一个新课题。

一、线上线下混合式教学的意义

线上线下混合式教学这一行为，符合著名的建构主义理论[①]所述，学习方法是教师指导下的、以学生为中心的学习。学生是知识意义的主动建构者；教师是教学过程的组织者、帮助者、指导者和促进者；教材所提供的知识不再是教师讲授的内容，而是学生主动建构意义的对象；媒体也不再是帮助教师传授知识的手段、方法，而是用来创设情境、进行协作式学习和会话交流，即作为学生主动学习、协作式探索的认知的工具。在建构主义中首先提到的是意义上的建构，即学生是在有意义地学习，并在已知和未知中建立联系的过程。线下学习能够帮助学生明确学习的目标，针对不同的问题进行直观式的解决；线上学习提供了广阔的客观条件，学生在学习过程中选择进入到这种环境之下，为环境所动。线上线下混合式教学模式，把教师与学生间的教学关系改变成师生之间、教师与媒介之间和学生与媒介之间这三者间的关系。通过混合式教学，把枯燥乏味的语言讲述转变成栩栩如生的视频影像，用一种无形的力量来加强学生的学习能力。

通过使用中国大学慕课和校内 SPOC 课程，“器乐－扬琴”的线上线下混合式教学符合学生们的学习特点。对于学习器乐的同学来说，器乐主要是用来表达心理性的情绪、感情内容。它不得不离开抽象的概念和可见的具体视觉形象的表述和描绘，从而最大限度地转向人的心理世界的挖掘，倾注全力于内在感情的表现。当提供给学生的只有一些音符、节奏节拍、乐句、乐段等空泛的素材时，便能激发学生最大的想象力，这便是器乐这种音乐体裁能获得的不同于其他艺术、其他音乐体裁的特有的艺术感染力。同时，受器乐本身的局限性所决定，器乐的这种内容并不直接诉诸听者的概念世界，而是诉诸听者的感性的情绪、感情世界，这正是器乐反映现实时所具有的一个重要特征。高等师范院校中的大学生，由于在此方面已经具有了一定专业知识积累，对音乐的理解已经完全超出了传统意义上的水平，绝不能用初等教育模式进行教学，甚至运用死记硬背、强制接受等灌输式教学法，那样做只会适得其反；即便当时学生能够接受，待走向社会时也会显露出缺乏创造力的弊端。由此可见，传统教学模式已不能适应现在高师教学的发展，取而代之的应该是用更广泛更开阔的思路方式去教学。

① 建构主义理论：由皮亚杰所创立，代表人物是美国心理学家威特罗克。

线上线下混合式教学这种教学模式，从学习音乐的角度体现出听与看、模仿、再巩固的过程，已然为我们提供了一种更新的思路。当高科技发展到今天，高等师范大学已经提供了很多良好的教学环境和设施，我们应该充分地把它利用到教学中去。

二、线上线下混合式教学的背景及方法

(一)扬琴课堂教学的背景

扬琴作为中国民族乐器的一种，更是直接反映了中国民族器乐文化的特点。中国民族乐器，五声韵律，刚柔并济，既具有很强的独立性，即一件乐器就能表达一个完整的故事；同时，它又具有很强的融合性，如在广东音乐、江南丝竹音乐中，一首乐曲必须要通过多件乐器来完成，才能很好地体现作品的风格。本文无意在此方面做过多的探讨，只是想说明：扬琴这件乐器正是在中西方文化的碰撞之下，保留了西方乐器中精华的部分，又融进了民族地域的一件乐器。因此，扬琴教学质量的提高与了解扬琴的历史、扬琴音乐的地域特点、扬琴的发展现状是牢不可分的。

(二)扬琴教学的方法

我们通常会运用语言的表述来进行扬琴教学，这是必不可缺的手段之一。通过语言可以直接告诉学生该怎样做，如何提高，这带来的是一种启发式教学。那么文学的表现手段是语言，语言本身又具有高度的具体性和概括性。单纯以声音(乐音)作为表现手段的器乐，情况与文学有很大不同。它不像文字那样具有语义性，既不是概念的符号，又不能直接表现某种概念，更不能直接表述抽象的逻辑思维、复杂的思想观念。因此，仅仅用语言来讲述是不够的。这时，就需要多听、多看、多模仿来完成。传统理解这种方式，就是把教和学相结合，老师通过自己对音乐的理解弹奏出乐曲，可以是片段或完整的音乐，学生以听者的方式感受，再来模仿或深入理解弹奏以达到要求，这是一种直观式教学。而线上线下混合式教学及带入法包括以下几个方面：一、教师要求在学生慕课堂中观看带有字幕解说的视频，其中包含扬琴的历史、扬琴的起源、扬琴的流派等内容，让学生更加直观地了解扬琴；二、在有条件的情况下，一边演奏一边播放慕课堂中给其他同学讲解乐曲的视频，边播放边进行讲解，不受一对一式教学条件的限制，可以让学生开阔眼界，以最快的方式接触到最新最全面的音乐；三、学生参与慕课堂的录制及留言互动，既当老师又当学生，消除学生理解音乐的陌生感，使学生感觉在设身处地地学习。

三、线上线下混合式教学在教学中的优势

(一)问题清晰，一目了然

在练习中学生会遇到各种专业问题，学生自己弹奏并不能一下子找出自己问题的关键所在。糊涂的理解，错误的练习，不仅耽误时间，还使得问题得以巩固，加深了错误的理解，使一些可以简单解决的问题复杂化，变成了疑难杂症。这主要是因为，当演奏者本身在演奏时，他的大脑只专注于技法、节奏、音乐等方面的瞬间发挥，同一时刻却关注不到自己弹出的声音如何，因此很难发觉自身问题的所在。然而从另一角度讲，当听者在欣赏演奏的音乐时，他的想象力不被特定的具体概念、人物、情节所束缚，不必勉强自己去设身处地地体验某种环境、冲突中的人物感受。因此，听者的艺术想象力在音乐的激发下具有非常广阔的天地，他感到音乐中的一切都不是虚构的，自己不是旁观者，音乐中所表现的感情内容同自身的感情体验紧紧地融为一体。从被动弹奏到主动欣赏，这个过程的转变也是听者优越性的最大体现。因此，作为集学习者和欣赏者为一身的学生，在此时此刻通过慕课堂的讲解演奏后，会更容易清晰地了解自身的弱势，尽快地找到问题之所在。问题也很容易被予以归纳和总结，尽量避免问题扩大化，消除问题的出现。比如乐曲《海燕》①，我在慕课堂中分段进行了讲解，同时带有学生课堂的示范演奏，这样非常清晰直观，可以一目了然地了解乐曲的重点并练习。这种直观的感受，比起用语言来描述的指导更加生动有效。

(二)不易反复，一劳永逸

在实际的教学中，我所教授的学生均为大学生，他们已经掌握了一定的演奏技巧，并在音乐的处理、感情的把握、技术的运用等方面有了一定的基础，那么老师在此状况下起到的作用就是精辟总结、画龙点睛、高度概括的作用。在学习的过程中，容易出现时好时坏反反复复的状态，这也是广大从事教学和学习人士经常遇到的问题。在实际教学中，利用学习者的听、看，切身感受和体会，加强对音乐本身的一种理解和领悟，消除负面的理解，直接切入主题，以尽快找到正确学习方式的思维方法，从而形成永久式的正确记忆，避免反复所带来的一系列麻烦。在教授《黄土情》②这首乐曲时，其西北地方风格主要是通过节拍形式体现出来的。乐曲在快板中运用了复合节拍形式，其中包括了4/4和2/4拍的混用，西北音乐的地域特色由此而显现出来。我发现学生对于在快板中出现的节奏的变化掌握不好，我首先为学生播放慕课堂讲解《黄土情》风格的视频，使学生理解节奏在乐曲中的重要作用，同时请另外一位演奏技术较好

① 扬琴中专业演奏级别乐曲，由韩志明作曲。

② 扬琴中专业演奏级别乐曲，由黄河作曲。

的同学放慢速度演奏，使学生能够仔细听清楚其中的变化所在，充分理解其中的节奏节拍变化；如果理解还不够透彻，我就播放《黄土情》分段讲解视频，让学生反复收听，同时加进自己的讲解，回去之后再加以练习，这样做收到了较好的教学效果。

(三)打破地域，加强互动

慕课是网课的形式，人人可以选择性学习，也可以按兴趣学习。它扩大了学习者的范围，学习年龄不受任何限制，可以从几岁儿童到耄耋老人；学习时间和空间更加自由，可选择性强，学生在任何时候任何地点，用手机或者电脑，只要有网络存在的地方，有空就可以登录学习；它不受场地限制，无论你身处何地，都可以进行在线性学习。在实际操作中，这种网络课堂与现下的实际练习形成了很好的互补，加强了师生之间的互动与交流。通过线上慕课堂，学生可以通过网络近距离和老师接触，在讨论题和互动板块，学生们可以畅所欲言，提出多种问题，和老师交流自己的想法。尤其是校外学生，以前的形式无法与老师见面交流。通过慕课的学习，回答课上的问题，并且提交作业和测试，最终参与讨论并留言，都可以增加与老师交流的机会，让自己学习变得更加有价值，这是课下学习所达不到的效果。充分发挥学生以学为主、老师以教为辅的教学理念，促进了学生学习的主动性，更有取舍。尤其是疫情期间，在现有公益课堂的情况下，学生更加无负担地进行主动性学习，使提高兴趣变为了一种主动参与。因为目的性更强，所以收获就更多。

四、结语

因此，线上线下混合式教学模式，不仅利用语言去重点描述，更是针对这些比较重要的问题，细致描绘，直观了当，特别是某些容易被人忽视的却很常见的细节问题，如果得不到重视会直接影响演奏的发挥，在这些细节问题上，线上线下混合式教学都能够提供一种很好的帮助。如果把线上线下混合式教学比喻成一点的话，整个音乐演奏就称其为面，以点联结成面，逐步提高学生的理解创造、开阔思维的能力，使学生在学习中得到更多的启发。

作为一名长期从事扬琴教学及演奏的工作者来说，最大的愿望就是普及中国的扬琴事业，培养更多的扬琴爱好者及民族音乐工作者，使祖国的民族音乐事业蒸蒸日上。中国大学慕课“器乐－扬琴”，主要把线上教学与线下演奏适当结合，二者相得益彰，发挥出最大的优势。因此，线上线下混合式教学在扬琴教学中是非常必要的，无论如何，万变不离其宗，这种教学模式是从另一种角度来阐述教学的精髓、总结核心的理念，补充演奏的短板。但要想学好扬琴，还要广纳百川，博采众长，刻苦奋进，精益求精，才能达到预期的目标。总之，教师采用线上线下混合式教学，是在新形势下做出的变革与尝试，真正改变教师去教、学生去学的传统模式，让学生成为学习的主人。

参考文献：

[1]赵琨，李春子．“互联网＋”背景下学校教育的新特征与新发展[J]．教师，2021(7)：75-78.

[2]贝茜．MOOC环境下高校钢琴混合式教学的创新与实践研究[J]．黄河之声，2020(17)：48-49.

[3]董菁．打造基于SPOC的公共艺术“金课”——以《艺术导论》课程为例[J]．武夷学院学报，2020(8)：86-91.

[4]于润洋．音乐美学史学论稿[M]．北京：人民音乐出版社，2004.

[5]吴疆．现代教育技术教程[M]．北京：人民邮电出版社，2003.

[6]桂习礼．中央音乐学院海内外考级曲目(扬琴)[M]．北京：中央音乐学院出版社，2004.

[7]项祖华．扬琴曲集(全国民族乐器演奏业余考级)[M]．北京：北岳文艺出版社，1999.

后疫情时代中小学在线教育常态化应用的整体推进路径*

——基于美国 K-12 在线教育的经验

朱永海　龚雨秋　徐莹莹①

摘要：后疫情时代，中小学在线教育如何实现常态化应用，以利用优质的在线教育资源更好地促进课堂教学改革，值得研究者思考。在分析我国中小学在线教育应用研究现状并对"常态化应用"进行界定的基础上，文章提出了包含意识与目标、基建与政策、管理与组织三个模块的中小学在线教育常态化应用的整体推进路径。之后，文章借鉴美国 K-12 在线教育的经验，阐释了这三个模块下十个环节的操作内容与实践对策。厘清后疫情时代中小学在线教育常态化应用的具体推进路径，对于促进新时代"教育新常态"的改革具有重要意义。

关键词：中小学；在线教育；常态化应用；K-12；新冠疫情

一、我国中小学在线教育应用的相关问题

目前，我国中小学在线教育应用处于起步阶段，虽然新冠疫情期间全国各地都开展了在线教学，但多数是线下课堂教学的翻版。疫情后各地中小学重新回到传统课堂教学，如何推进后疫情时代中小学在线教育的常态化应用少有人问津。为此，"领导者必须决定新冠肺炎全球危机是否促使其机构今后全面推广在线学习"[1]，并着眼于长远目标，使其独特的模式得以制度化。疫情期间中小学在线教育匆忙上阵，凸显了系列问题，而国家相关政策如《关于促进在线教育健康发展的指导意见》(下称《意见》)对中小学在线教育做出了一系列规范化指导，但尚待细化落地；国外如美国 K-12 在线教育实践经验对我国中小学在线教育也提供了一定的参考，但尚待转化应用。基于此，本研究将重点探讨中小学在线教育常态化应用的整体推进路径。

---

* 本文为首都师范大学研究生高水平学术创新项目"基于中美比较视野下的我国中小学在线教育常态化应用对策研究"的阶段性研究成果。

① 朱永海，男，首都师范大学初等教育学院副教授，博士，研究方向：在线教育与混合教学；龚雨秋，女，深圳市龙华区第三实验学校数学教师，首都师范大学初等教育学院硕士研究生，研究方向：在线教育与混合教学；徐莹莹，女，首都师范大学初等教育学院在读硕士研究生，研究方向：在线教育与混合教学。

1. 我国中小学在线教育应用的研究现状

疫情期间，全国各地的在线教育工作积极稳妥地推进，最大限度地保障了学生的学习，但被视为“权宜之计”的看法仍然深入人心。近年来，我国对美国K-12在线教育的研究较多，如王正青[2]、方圆媛[3]、胡永斌[4]等的研究主要聚焦虚拟学校、基础设施、政策保障、运营机制、参与主体、教学模式、绩效评估等，为我国中小学在线教育的理论和实践研究提供了参考，同时也存在一些不足：①对美国K-12在线教育取得的成就进行了介绍，但没有将美国的在线教育相关经验有效转化为推动我国在线教育发展的相应对策；②未结合我国国情，对我国在线教育应用中的关键问题(如“体制外”在线教育企业优质资源准入机制、在线教育应用管理的机构设置与运营管理机制等)缺乏关注；③没有针对在线教育的常态化应用提出整体推进路径。

2. 我国中小学“在线教育常态化应用”的界定

在美国，有近75%的州为学生提供了在线教育[5]。在线教育对于促进基础教育优质均衡发展、推动课堂教学改革、应对师资或课程缺乏、提供选修或补习机会、解决学习时间冲突等[6]具有重要意义，我国中小学在线教育亟待推进常态化应用。“在线教育常态化应用”究竟应如何理解？本研究认为，我国中小学在线教育常态化应用可以体现为四种形式：师生利用在线教育开展混合教学，学生进行补充学习、完全在线自主学习、全日制在线学习。其中，完全在线自主学习是指已在学校注册，但出于各种原因未能到校学习的学生利用在线课程完成课程学习，如运动员学习；全日制在线学习是非义务教育阶段的学生在国家规定的在线教育网站注册，并按照全日制教学进程自主开展系统性学习，如以社会青年身份参加高考备考的在线学习。

3. 我国中小学在线教育常态化应用的整体推进路径

美国历届政府先后发布了不同版本的《国家教育技术计划》等政策，逐步实现了系统性变革，成为基础教育信息化程度最高的国家之一[7]。疫情期间，我国中小学在线教育“存在战略定位、发展路径和结构性盲区”[8]，可以借鉴美国的经验，针对问题从整体上加强推进。“信息化建设的宏观性、综合性、整体性越来越突出，需要整合各方需求把多方建设任务衔接起来”[9]，基于此，我国中小学在线教育需将牵一发动全身的重点工作拎出来，形成一条清晰的建设路径。参考《意见》从满足多样化教育需求、准入体系、基础设施、创新管理方式等维度提出的指导意见，结合前文我国对美国K-12在线教育研究聚焦的主题词，本研究提出了包含3个模块、共10个环节的中小学在线教育常态化应用的整体推进路径，如图1所示。

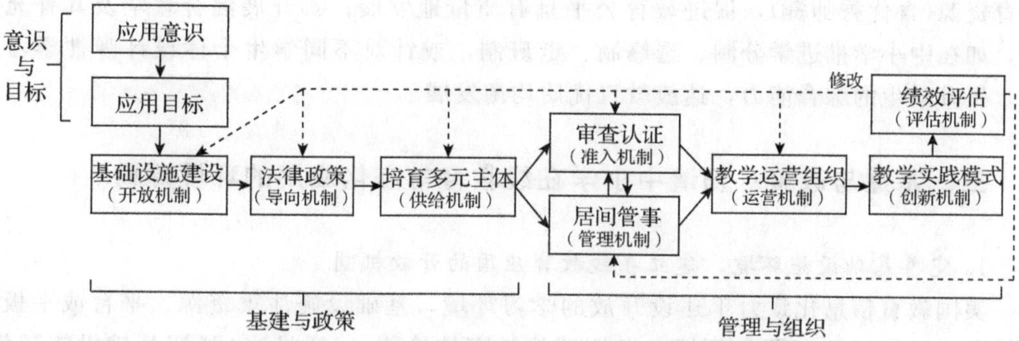

图1　中小学在线教育常态化应用的整体推进路径

二、意识与目标：明确中小学在线教育常态化的应用方向

1. 树立常态化应用意识，促进在线教育恰当应用

长期以来，我国中小学主要关注校园和教室的设备信息化，或使用PPT多媒体课件和电子白板资源等强化传统课堂教学。但是，这些课件和资源都无法独立组织教学，尤其是年龄偏小的中小学生无法利用课件等资源进行自学。即便是在疫情防控期间或之后，有些一线教师应用在线教育，也通常是把在线课程分解成音视频等多媒体资源来强化传统课堂。可以说，当前中小学电子白板和在线教育等并未从教学模式、人才培养方式等方面对传统教学进行根本性改革，没有体现互联网重塑教育的功能，这是当下在线教育的误区。因此，推动我国中小学在线教育的发展，首先需要树立常态化应用意识，要认识到在线教育不同于传统教育的信息化，在线课程或体系化的资源应具有独立于传统课堂之外的教学组织功能，要实现资源、课程与教学的统一，如支持学生自主学习、促进个性化学习等。只有明确在线教育与传统教育信息化的功能具有本质区别，我国中小学在线教育的常态化应用才能步入正轨。

2. 明确常态化应用目标，促进在线教育有效应用

美国K-12在线教育的主要工作是提供个性化的学习支持、满足农村地区学生的学习需求、实现学习机会均衡、提供定制教育服务[10]，为州内所有学生提供公平、有质量的在线课程学习机会[11]。国际K-12在线学习协会（International Association for K-12 Online Learning，iNACOL）的主要工作目标是推动以学生为中心的个性化学习方式转型[12]。而传统课堂教学无论是否信息化，基本上都是"统一批发式"，从学习内容、学习方式到学习时间、空间都不提供个性化选择。因此，我国中小学在线教育常态化应用需重点明确以下目标：①保障基本教学及其资源，如保证音、体、美课程正常开设；②开展个性化教学，如提供个性化选修课程、基于在线课程进行个性化答疑、校外教师提供个别指导等，以保护学生的个人兴趣，促进个性化教学；③共享优质在线

教育资源(含优秀师资)，促进教育公平且有质量地发展；④开展混合教学及其补充教学，如在中小学推进学分制、选修制、走班制，或针对不同学生个体设计弹性学习任务，提升学生的综合能力，达成教育优质均衡发展。

三、基建与政策：扫清中小学在线教育常态化应用的环境障碍

1. 完善基础设施环境，建立在线教育应用的开放机制

美国教育信息化致力于建设开放的学习环境，基础设施注重资源、平台或平板终端设备，链接开放资源和环境，发挥开放教育的价值。《意见》也强调基础设施建设，加快技术在教育领域的规模化应用，提升教育服务数字化和网络化水平等。而现实情况是，我国重在封闭的校园内打造智慧校园，但同一个学校内不同厂商设计的智慧教室和交互平台都成为了精致的“信息孤岛”，不能有效支持规模化应用和开放学习。后疫情时代亟待凸显两个转向：①由传统教育信息化转向在线开放教育基础设施建设，将在线教育设备更新和日常应用成本纳入生均公用经费，提高教育公用经费标准。构建以开放型学习空间为目标的学校教育信息化基础设施建设，为在线开放学习提供便捷的网络学习教室、移动学习终端等，建立泛在校园环境，推进教育优质均衡发展。②从城市转向农村，农村更应该利用在线教育优势，促进农村儿童享有公平而有质量的教育[13]。疫情期间，部分农村儿童数字化学习设备和条件还有一定的差距。亟待关注农村偏远地区家庭数字化学习(而非学校信息化)“最后一公里”的问题，通过政府购买、学校配置、企业赞助等形式，保障农村偏远地区学生享有平等获取优质教育资源的权利。

2. 推进政策立法环境，建立在线教育应用的导向机制

美国 K-12 在线教育的应用分为法律的约束性和政策的非约束性两种形态，而通过教育立法推进在线教育的州往往具有较高的在线教育发展水平，如佛罗里达州以立法形式确立了学生参与在线学习的合法权利和机会公平的原则[14]。通过立法确立在线学习的合法地位，可以规范并推动 K-12 在线教育的发展[15]。我国东西部差异和城乡差异仍然存在，基础教育公平和质量提升任务艰巨；同时，传统教育在线教学动力不足，应试压力较大，试错成本较高；教师信息技术应用能力不强，首次投入在线教育负担重等，都成为在线教育常态化应用的阻力。我国出台中小学在线教育政策文件少，且落实不够，又缺少立法支持，使中小学在线教育实施效果大打折扣。因此，应加强立法与政策制定，建立持续发展导向机制：①试点立法推进在线教育。如在北京、上海、深圳等大城市先行试点，高起点站位，推进在线教育立法，明文规定高中阶段必须选择 1—2 门在线课程，并修得学分，使中小学开展在线教育合规、合法，防止不必要的干扰。②政策引领推进在线教育。对于立法推进在线教育工作比较困难的地区，可以

强化制定系列相关政策，如中小学阶段可面向小学3年级以上，遴选或认定在线教学效果较好的授课教师，通过学科实践活动或研究性学习等每月开展1～2次混合教学，以推动后疫情时代在线教育逐渐融入日常教学。

3. 培育社会市场环境，健全在线教育应用的供给机制

美国在线教育的最大特点是主体构成的开放性和资源供给的多元化，在线学习供应商(Vendor)和居间服务提供方(Intermediate Provider)是主要的资源供应方，通过市场化的运作与广泛参与，促使在线教育深入应用[16]。疫情期间，我国市场机构的在线课程不能有效进入学校教学体系，无法与学校主导的在线教学建立起结构性的互补关系。因而亟待培育社会化供给市场，提升供给质量、调整供给结构、推进开放供给，健全在线教育供给机制：①培育多样化供给来源主体，包括在线教育供应商、虚拟学校等，促进教育资源个性化、多元化供给和跨界供给；②多元化供给资源类型，包括在线课程、校外师资、校外场馆、教学平台和支持服务等；③创新供给模式，使供给来源主体能以灵活方式创新性地为学校提供服务，包括校企合作研发、定制开发、企业研发、免费共享、政府采购、学生购买、第三方付费、课程联盟、附加增值等形式。为此，政府需要加大支持力度，积极采购在线教育市场服务，多渠道汇聚在线教育市场资源，协调学校与企业等多方教育供给，化解结构性矛盾，推动教育公共服务从以政府和学校为主体的僵化、封闭的供给体系转变为优质资源主导的跨界供给。当然，实现校内、校外在线教育的有机互补，除了要完善供给机制，还要进一步完善在线教育管理与组织。

四、管理与组织：健全中小学在线教育常态化应用的长效机制

1. 设计质量审查流程，健全在线教育应用的准入机制

美国中小学在线教育资源主要由教育供应商提供，并在各个层面建立了完善的在线教育供应商准入机制，尤其是作为核心在线课程的第三方供应商，在美国必须获得州一级教育局批准，并经过严格的审查程序[17]。如佛罗里达州每年都会在其官网上公布符合标准的认可课程及其在线课程供应商。目前，我国亟待利用相关企业提供的在线教育资源及其服务，为学校提供体系化的在线课程与资源。《意见》指出，要“完善在线教育准入制度，明确准入条件与资质认证流程，建立健全在线教育资源的备案审查制度”。根据我国国情，我国要尤其注重对课程进行审查，做好课程思政内容质量的把关工作。本研究借鉴QM(Quality Matters)同行评审流程，认为应该充分发挥教育主管或居间管理机构的监管职能，健全在线教育企业面向校内提供课程服务准入的审查机制：①选择或完善课程质量评价标准，如QM等机构在iNACOL的在线学习质量标准基础上修订后的标准；②制定完善的课程审查流程，即开发、评审、反馈、修改(可

选)、符合质量要求的课程，形成一个可持续的质量保证系统；③完善在线教育质量的同行评审，加强质量评审认证培训；④选用适当的评估工具，如评审过程中的项目工作表、项目评审申请表、叙述和证据表、补充证据申请表、评审项目报告表等；⑤开展评审，具体环节包括提交评审申请、进行评审、要求补充材料、重新再审、给出结论等，如果课程符合标准，将被授予认证标志。通过健全的审查认证流程形成准入机制，进入中小学的在线教学资源就有了质量保障。

2. 设立居间管理机构，建立在线教育应用的管理机制

美国在线教育常态化应用中的一个重要组织机构，就是居间服务提供方(Intermediate Provider)。除了与其他供应商一起共同向美国 K-12 在线教育提供学习资源，居间服务提供方还有一个重要的功能是为供应商和学校提供“居间服务”，帮助学校选择能满足其需求的在线课程，为学校提供有质量保障的在线学习产品[18]。目前，在全美33 个州大约有 1300 个这样的机构，具体又可分为州立虚拟学校、地区服务机构、多校在线服务联盟等多种形式，为推进美国在线教育发展起了重要作用。由于我国存在着显著的体制内外差异，相关企业的在线教育资源要想纳入学校教育体系面临重重困难。《意见》也指出，要鼓励社会力量开发在线教育资源、创新管理服务方式、加强部门协同监管等。我国可借鉴美国的经验，在企业和学校之间设置居间服务机构，搭建企业与学校之间的桥梁。具体来说，我国居间服务机构的相关职能可由以下部门承担：电教馆、教育信息中心，教育科学研究院、教研室，半官方或非营利组织(学会和协会等)，事业单位或高校校办企业、国有企业，大型互联网企业等。各省市也可以设立不同层次的、形式多元的居间服务机构，如北京数字学校等。为促进我国中小学在线教育的常态化应用，居间服务机构应主要发挥以下作用：①核心职责是审核在线教育供应商的资质和资源质量，并上报教育主管部门，为企业做信誉保证，协同在线教育企业积极为学校提供服务；②为学校日常在线教学培训、设计、组织、实施、评价和技术支持提供全方位的服务，解决中小学在线教育常态化应用的后顾之忧；③提供在线学习注册、学习质量监控、在线教学平台管理等功能；④开展在线学习内容的征集与建设，提供线上线下“双师”教学辅导服务等。

3. 完善组织管理方式，建立在线教育应用的运营机制

美国佛罗里达虚拟学校(Florida Virtual School，FLVS)在线课程都是由教师、网络开发专家、项目管理者和教学设计者组成的教学团队，各自担负不同的专门职责[19]，通常会联合线下教师共同制订学生辅导计划。而在我国在线教育应用的初期，各项配套资源、平台和师资能力等都存在不足，基层学校对在线教育产业链的特征把握不清，无法高效组织团队教学、形成协同效益、发挥规模优势。针对这些问题，借鉴美国的做法，本研究认为我国中小学在线教育需健全管理运营机制，一方面要把国家中小学网络云平台建设成为真正意义上的国家在线教育平台[20]，使中小学在线教育的常态化

应用有完善的平台和托底的资源支持；另一方面要加强在线教育供应商与学校的合作，从而为学校提供个性化、体系化的在线课程服务。具体来说，我国中小学在线教育管理可采用“省级托底教学资源＋市区级探究性学习设计＋校级在线教学组织＋教师测评与互动答疑”的原则，从4个方面健全管理运营机制：①“一省一方案”，即保障优质教学资源全省统一供给，促进教育公平；②“一市一策略”，即市区级统一组织，设计符合本市学生学情的探究性学习活动，让自主学习和自我管理倒逼教学方式与人才培养模式的改革；③“一师一计划”，即教师利用在线课程组织实施翻转课堂，并在课堂的前半段利用省市级统一供给的资源组织教学，后半段利用市区级提供的学习活动方案为不同学生提出不同层次的目标要求，促进深度学习；④“一生一保障”，即通过混合教学的形式，将教师从重复、烦琐的传统课堂讲授中解放出来，让教师有精力关注面向学习过程的测评和互动，学生也可改变被动学习的困境，通过自主在线学习培养自己的问题解决能力，获得线上、线下“双师”助学支持。

4. 提炼教学实践模式，健全在线教育应用的创新机制

美国中小学广泛采用了四类混合教学模式——旋转模式、弹性模式、菜单模式和富虚拟增强模式[21]，并充分考虑了每种模式在有限的信息化条件下如何帮助学生在多个教室进行时间和空间流转，具有较好的操作性。我国基础教育在线教学模式较少，并由研究者进行理论构建，一线教师难以有效转化利用。本研究认为，可从以下几个方面健全我国中小学在线教育的应用创新机制：①向一线教师广泛征集实践创新案例，形成“教学案例分享—经验理论提炼—模式优化重构—应用推广”的流程；②综合考虑学生在家学习与在校学习的环境，利用家庭的电脑、电视、智能手机和学校的图书馆、开放机房等，结合在线课程、微课、纸质材料等资源开展在线学习；③与家长沟通学生可利用智能手机的时间，设计基于课堂的或中长期跨学科的混合教学，推出课内翻转、校内翻转、家校翻转等形式，构建能真正落地的在线教学模式；④积极参考国内外相关研究成果，鼓励采用灵活多变的同步学习与异步学习方式，重点吸收精准化教学、强互动性教学、社交化学习和游戏化学习等能激发学生学习兴趣的案例经验，创新在线教学模式。

5. 开展教学绩效评估，健全在线教育应用的评估机制

在美国的在线教育实践中，每年都有评估咨询公司对在线教学团队进行评估，如“FLVS评估计划”主要针对教学人员、支持人员和行政管理人员进行评估。其中，对教学人员的评估是从教学实践（占55%）、其他绩效指标（占10%）、学生表现（占35%）等维度展开，每个维度又包含不同的子维度且其所占权重存在差异[22]，最后根据评估结果进行拨款。《意见》指出，要落实财政支持政策，完善政府购买优质在线教育资源与服务的相关制度。而购买在线教育资源与服务的财政拨款，应与教学绩效评估结果直接挂钩，以确保购买的在线教育资源与服务优质有效。参考美国经验，可从以下方面

健全我国中小学在线教育应用的评估机制：①从在线课程、线下课堂环境和教学互动三个维度进行评估。其中，在线课程评估包括确定面向未来的学习目标、学习内容分析与在线教学法、在线学习环境下学习者分析、展示资源和教学技术知识等四个子维度；线下课堂环境评估包括创设符合学生特征的学习预期、尊重和融洽的学习环境、与利益相关者定期沟通等三个子维度；教学互动评估则包括内容讲解、教学策略应用、提问和讨论技术等三个子维度；②综合考虑教师绩效评估的其他指标，包括反思性实践、专业成长、与利益相关者的沟通质量、教师的整体专业性等；③针对学生的先前知识水平和在线学习情况，制定个性化的学生表现评价方案，由教师根据各项得分及所占权重评定等级。

五、结语

本研究探讨了包含意识与目标、基建与政策、管理与组织 3 个模块的中小学在线教育常态化应用整体推进路径，并借鉴美国 K-12 在线教育的经验，对这三个模块中 10 个环节的操作与实践对策进行了阐释，分析了常态化应用的开放机制、导向机制、供给机制、准入机制、管理机制、运营机制、创新机制、评估机制等关键问题，明确了在线教育常态化应用就是新时代"教育新常态"的改革发展方向。当然，每个环节仍然需要进一步细化，并提出具有可操作性的步骤，这些均有待后续的进一步研究。

参考文献：

[1]唐·奥尔科特，肖俊洪．领导者当务之急：谋划后新冠疫情时期的在线学习[J]．中国远程教育，2020(7)：1-6.

[2][12][15][16]王正青，李飞，唐晓玲．K-12 在线学习的支持主体及其职能研究：以佛罗里达州为例[J]．外国教育研究，2018(1)：117-128.

[3][11][14]方圆媛．美国佛罗里达州 K-12 在线课程发展现状研究[J]．现代教育技术，2017(8)：80-87.

[4][7]胡永斌，龙陶陶．美国基础教育信息化的现状和启示[J]．中国电化教育，2017(3)：36-43.

[5]张宙．美国 K12 混合式学习的探究和启示[J]．外国中小学教育，2019(5)：76-82.

[6]Picciano A G，Seaman J. K-12 online learning：A 2008 follow-up of the survey of U. S. school district administrators[J/OL]．[2019-12-03]．http：//files. eric. ed. gov/fulltext/ED530104. pdf.

[8]吕文清．疫情催生在线教育 2.0 变革[J/OL]．https：//tech. sina. com. cn/roll/2020-03-19/doc-iimxxsth0099360. shtml.

[9]国防部．国防部：运用"路线图"方法推进信息化建设[EB/OL]．https：//news. qq. com/a/20110324/000533. htm.

[10]刘洋．美国农村 K-12 数字化学习最新进展——《美国农村数字化学习策略(2018 年度)》解读[J]．中国电化教育，2019(9)：91-97.

[13]中关村互联网教育创新中心．顾明远：用信息化推进公平且有质量的农村教育[EB/OL]．https：//mp. weixin. qq. com/s/Shns0rHXUWfm－ptAgkV5oQ。

[17]Digital Learning Collaborative. Course review requirements[EB/OL]. [2019-10-10]. https://www.digitallearningcollab.com/course-review-requirements.

[18]方圆媛，黄旭光．美国K-12数字学习产品供给现状的研究——基于K-12数字学习最新进展2015年度报告的分析解读[J]. 中国电化教育，2017(5)：123-130.

[19]陈维菊．美国南部地区虚拟学校建设与发展研究[D]. 曲阜：曲阜师范大学，2010.

[20]中商产业研究院．中国教育信息化十四五规划前瞻：教育信息化将呈现出服务型业务特征[EB/OL]. https://www.askci.com/news/chanye/20200525/1601001160828_2.shtml.

[21]Christensen C M，Horn M B，Staker H. Is K-12 blended learning disruptive? An introduction to the theory of hybrids[M]. Redwood City：Clayton Christensen Institute for Disruptive Innovation，2013.

[22]Florida Virtual School. FL department of education (DOE) policy [EB/OL]. [2020-01-18]. https://www.flvs.net/about/fldoe-policy? source=counselor-resources.

（本文发表于《现代教育技术》2020年第11期）

智能教育时代下人机协同智能层级结构及教师职业形态新图景*

朱永海　刘　慧　李云文　王　丽①

摘要： 人工智能逐渐成为国际竞争的新焦点和国家重大战略。文章通过文献分析和国家规划文件研究，指出智能教育既是指用人工智能技术辅助教育，也是指培养学生个体智能发展的教育。人工智能时代下的智能最终将进化成为由人的生命主导的"'机器智能＋'人"的人机协同智能层级结构(HISHMC)，即人机协同基础：计算思维；协同支撑：计算智能、感知智能、认知智能；协同接口：智能环境(智能系统、智能平台、智能媒体)；协同主体：认知智能、情感智能、志趣智能和创新智能。智能教育时代，教师的职业形态将变成人机协同工作，教师将聚焦于凸显生命特质的职业能力；提供高端服务品质；促进人机协同的智慧教育；探寻生命整体意义；师生共同感悟生命实践形成新的职业形态。

关键词： 智能教育；个体智能；人机协同智能层级结构；智慧教育；生命教育

人工智能成为国际竞争的新焦点，世界主要发达国家把发展人工智能作为提升国家竞争力、维护国家安全的重大战略。我国依托"互联网＋"这一国家战略，奠定了"人工智能＋"发展的良好基础，使人工智能技术得到了飞速发展，"未来已来"的世界图景已经展现在我们眼前。随着2017年国务院《新一代人工智能发展规划》发布，提出培育智能经济，建设智能社会，建设智能教育；2018年《教育信息化2.0行动计划》提出要大力推进智能教育，探索泛在、灵活、智能的教育教学新环境建设与应用模式。智能教育顺应智能环境下教育发展，顺应信息技术特别是智能技术的发展，成为"互联网＋"教育变革的又一个实践热点。2017年《地平线报告》都认同从移动学习进阶到了人工智能，以及从提升素养、整合学习形式到重塑教师角色的难度升级[1]。我们如果不快速提升自己，改变自己，就很可能会被外界强制性改变[2]，教师职业便会首先受到影

* 本文为教育部学校规划建设发展中心第二批未来学校(中小学、幼儿园)实验研究重点课题"开放融合的'互联网＋'学习生态研究"(课题编号：CSDP18FS1102)。

① 朱永海，男，首都师范大学初等教育学院副教授，博士，研究方向：在线教育与混合教学；刘慧，女，首都师范大学儿童生命与道德教育研究中心主任，初等教育学院院长，教授，博士生导师；李云文，男，首都师范大学初等教育学院副教授，硕士生导师，主要研究方向：教育技术理论、信息技术教育；王丽，女，北京师范大学厦门海沧附属学校英语教师，首都师范大学初等教育学院硕士研究生，研究方向：混合教学与在线学习。

响，本文抛砖引玉以期引起大家讨论。

一、未来已来：人工智能技术及其在教育中的应用

当前人工智能快速发展，呈现出深度学习、跨界融合、人机协同、群智开放及自主操控等新特征，推动经济社会各领域从数字化、网络化向智能化加速跃升[3]。人工智能关键技术主要有：知识表示方法、机器学习与深度学习、自然语言处理、智能代理和情感计算等[4]。智能校园、立体化综合教学场、基于大数据智能的在线学习平台、智能教育助理等是人工智能增强型教育的四种微观层次的应用形态[5]。伍尔夫(Beverly Park Woolf)等人总结了人工智能教育的五项关键研究挑战，包括个性化学习导师的研制、21 世纪核心能力培养的支持、基于学习交互数据的分析、服务的普及性、为终身学习服务[6]。近年来，基于海量结点的神经网络的机器翻译，实现自然语言处理，达到了人类专业水平；对话式人工智能系统，为用户带来包括情感语音讲解、声纹识别等能力在内的自然语言交互技术；移动 AR 技术与 AI 需要相互加持，二者信息相互补充、叠加，为人类感知信息提供了新的方式；生物特征识别技术，可以较为有效地识别即将要实施的人的行为，从而做出行为预测；像素级声源定位系统能识别出视频中发声的物体，并将声音分离出来；智能流程自动化(Intelligent Process Automation)增加基于深度学习和认知技术的推理、判断、决策能力；人性化和个性化的智能代理技术从经验中不断自我学习，根据环境调整自身的行为，可以在用户没有给出十分明确的需求时推测出用户的意图、兴趣或爱好，并按最佳方式代其完成任务；入耳式人工智能，作为一种常见的智能穿戴设备，可以无限延续使用时间和场景，可收集行走步数、心率和体温等，还可以通过内置陀螺仪捕捉用户头部移动和位置状况[6]。从 AlphaGo Zero 的设计来看，它不需要连入网络，不需要大量的数据支撑，而是“小数据”，完全从零开始自主学习和迁移学习，这种学习能力远远超出了过去对简单人工智能的想象[3]。人工智能在教育中有 12 种主要作用[7]，国外有关研究证明：将人工智能结合到在线测试系统设计中，能有效解决来自教师、单一教学模式以及当下其他大学英语教学存在的问题，诊断学习者的问题，并给予学习者行之有效的人工智能训练之体验，从而有效增强学习者的自主学习意识，强化学习者的自主学习能力，提高教学质量[8]。在当下在线教育基础之上探讨与人工智能相结合的应用成为重要研究热点之一[9]。未来已来，我们必须要对人工智能和人类智能发展有一个清晰的梳理，把握人工智能教育应用及教师的地位和作用。

二、本质回归：智能教育时代对人的本质再认识

(一)机器智能和人机协同智能层级结构

1. 机器智能

从技术的角度来看，人工智能的发展经历了三个阶段：计算智能、感知智能和认知智能。计算智能能存会算；感知智能能听会说；认知智能能理解会思考，即具有抽象思维、形象思维和灵感思维等思维能力[10]。目前，人工智能整体上还处于"感知智能"阶段，"认知智能"只是初期阶段。这三种智能主要是倾向于对"智力"的模拟，是一种狭义的智能，未涉及生物机体的情感和生命层面。

2. 人的本质

人工智能无法取代人类，就在于人类与机器之间有几大差异：机器鲜见发现问题的能力，机器不具备社会属性和心理属性[11]。人类的属性可分为生物属性和社会属性[12]。以人与机器、人与生物、人与人之间的差异来界定人的本质属性，具体包括：(1)人类和机器相比而呈现出的生物属性(包括情感属性)；(2)人类和动物相比而呈现出的(高级)思维属性；(3)人与人相比而呈现出的社会属性(包括文化属性)。所以，人应该具备基本的生物属性、思维属性和社会属性。

人类的生物属性是人之所以为人的生理基础，尤其是生物机体和情感特点是机器难以突破的。作为生物本能的人类应该保障自己的生物机体和情感特点不被替代，并得以继续强化。而人类的思维理性和文化倾向又在不断地引领或调节着人类适应社会发展。人类既要守卫着作为生物本能的有机体，又要不断调整自身以适应社会科技及环境发展，"生物本能"与"文化倾向"之间必然会形成张力而相互制衡，并借助"思维理性"在二者之间进行调节，影响人类在人工智能时代下何去何从的人类及社会发展方向。

3. 人机协同智能层级结构

在讨论人工智能时，我们必须对"人类智能"进行全面的界定，以便探讨人工智能对人类智能模拟以及智能教育培养对人类智能培养的广度和深度。智能，在《汉语大辞典》的解释是[13]：(1)智谋与才能；(2)指智力。百度百科的解释是：智能是智力和能力的总称[14]。从概念来看，智能不仅包括认知智能，还包括智谋、才能和能力。关于人类智能比较公认的理论有左脑智能和右脑智能，以及霍华德·加德纳提出的"多元智能理论"。

人工智能也不仅仅是在模拟人类的认知智能，还包括模拟人类的情感、社会交往等综合品性。Huang 等人提出了"人工智能工作替换(AI job replacement)"理论，指出服务性工作要求的四种智能，从低级到高级依次为：机械智能(Mechanical)、分析智能

(Analytical)、直觉智能(Intuitive)和移情智能(Empathetic)[15]。祝智庭指出：智能主要涵盖认知智能、情感智能和志趣智能，这些智能与品性的融合形成了智慧[16]。这恰好符合我们前文所述的人的思维属性、生物属性和社会属性；以上三种智能表现出来的一种综合体，即是人类智能和机器智能之间的重要差异——创新智能。智能社会下教育的基本理论应该是强调“知行创合一”[17]。整体上形成了广义的“智能”，或称为“智慧”。我们将人类智能和机器智能结合起来，构建了一个“人机协同智能层级结构模型”(Hierarchical Intelligent Structures in Human-machine Collaboration，HISHMC)，如图1所示，分四个部分。人机协同基础：计算思维、算法原理；协同支撑：计算智能、感知智能、认知智能；协同接口：智能环境(智能系统、智能平台、智能媒体)；协同主体：认知智能、情感智能、志趣智能和创新智能。每个部分又根据功能和层次的不同，分成若干个层级，简单地理解为低阶智能和高阶智能两个层级(具体高低层级限于篇幅不再赘述)。

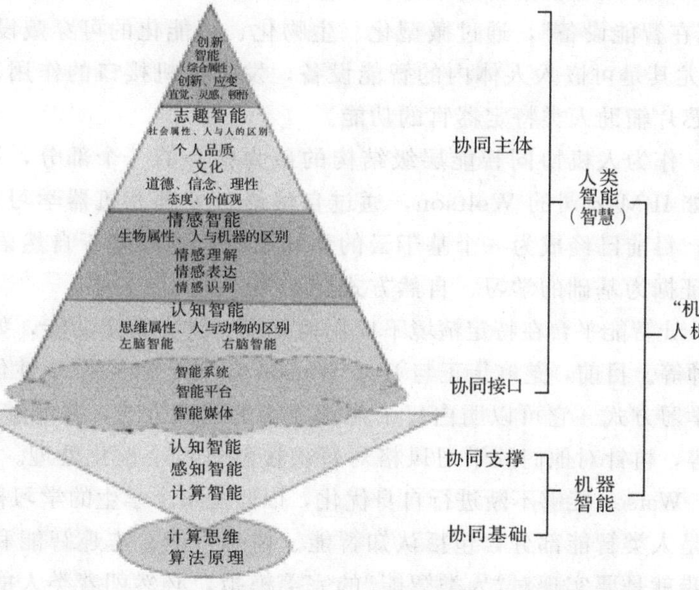

图1 人机协同智能层级结构模型

基础层。主要包括计算思维和算法原理，是人和机器共有的能力；既是人工智能的基础，也是人机协同智能的基础[18]。当前学界对此已经有了足够的认识，应用计算机科学的思想与方法来解决问题，以便人们更好地理解和分析复杂问题，形成具有形式化、模块化、自动化、系统化等计算特征的问题解决方案[19]。

支撑层。生物与机器联姻的时代，无论是生物还是机器，其实都是进化体。世界上所有对象的本质组成都是一样的，“生命”和“机器”都只不过是人类规定概念而已[20]。人工智能在计算智能方面进化速度已经远远超出了人类；在感知智能方面正在赶超人类，诸如人脸识别等，尤其是近些年来随着深度卷积神经网络（Deep Convolutional Neural Network，DCNN）的引入，人脸识别的准确率得到跨越式提升，已经应用在课堂教学中学生的脸部表情分析，将传统课堂教学进一步数据化，为大数据分析和智能教育奠定坚实的基础。人工智能技术已经强大到了一定的程度，可以极大地提高工作效率，帮助人类有效地解决问题，以至于不得不构建“人机协同智能层级结构”，走向人机统一，成为“人机协同智能层次结构”的重要支撑。

接口层。也可以称之为内部的智能环境，主要是各种智能媒体、智能平台和智能系统的集成体。人类和机器应该是相通的，“边界最精彩”。[20]在接口处，人类的认知智能和机器的认知智能最终将会走向无缝融合，借助于最为直接的嵌入式或者穿戴式智能设备，实现合二为一。“接口”在教育领域主要表现为以下几个方面。

一是智能媒体，未来人和机器智能结合，不仅仅借助于“场”和“空间”等虚拟方式，还更多地借助于“泛在智能设备”，通过微型化、生物化、智能化的可穿戴设备（如谷歌眼镜、VR头盔），尤其是可嵌入人体内的智能设备，发挥人机接口的作用，来实现人机智慧结合，智能芯片辅助人类特定器官的功能。

二是智能平台，作为人机协同智能层级结构的最为核心的一个部分，用于直接处理人机协同工作，如IBM公司的Woltson，通过自然语言处理和机器学习，从非结构化数据中揭示意义，目前已经成为一个基于云的认知系统，能够基于自然语言的理解、假设生成推理、以证据为基础的学习、自然方式交互等。

三是智能系统，让智能平台在特定情境下应用而开发，具有特定功能，如数字员工、智能助医和智能导师等。目前，芝麻街正与IBM Watson合作开发各种“个性化学习工具”以适应不同孩子的学习方式。它可以明白每个儿童独特的互动方式，并能够分析每位儿童输入和互动的内容，再针对他们的学习风格对每次接触进行个性化处理。同时，随着每一次互动的进行，Watson能够不断进行自身优化，以匹配每个学生的学习模式[21]。

主体层。主要是人类智能部分，包括认知智能、情感智能、志趣智能和创新智能。人工智能技术的进步就是要实现对“人类智能”的完美模拟，必然朝着类人的方向发展。随着人工智能技术被一个个地攻破，计算智能已经超过了人类，“感知智能”“认知智能”也可能会在将来逐步超越人类智能。这样便可能有三种结果：一是人在进化人工智能的同时，也在不断地改造自己，人将变成“人工智能＋”人，人机和谐相处，机器作为人类忠实的助手辅助人类。二是人类和机器和谐相处，二者互不隶属，自然界中又多了一个“智能物种”，都成为自然界中平等的主体，各司其职。三是机器智能全方位超过人类智能，机器智能将重新定义“人”，或者说人工智能机器就是新种类的人——机器人类，人就会从属于机器而成为机器的一个“附属物”，届时“生物人类”的价值和定位将会由未来"机器人类"去讨论和决定。如果出现了第三种情况，人的"主体性"地位已经丧失，人的主体价值已经不存在了，已经脱离了我们本文讨论的价值和意义；第二种情况不是本文探讨的范围；本文关注的是第一种情况，人类智能在"人机协同智能层级结构"中是"主体智能"，智能教育就是要夯实人机协同的基础——计算思维，并充分利用人工智能中的计算智能、感知智能和认知智能等机器智能，不断增强作为主体价值的人类智能中的认知智能、情感智能、志趣智能和创新智能。机器智能的发展目标是协同或辅助作用，不断地强化人类智能。

4. 机器智能的"天花板"是人的本质特征

对教师职业形态的研究，需要对人工智能能够达到的人类智能的水平要有一个定位：机器智能的"天花板"是人的本质特征——生命，机器智能难以拥有情感智能、志趣智能和创新智能中的高阶智能成分。譬如美国有个研究团队在探究人工智能是否可以替代课堂上的教师，迄今为止，尝试是不成功的。"最蹩脚的建筑师也比最巧妙的蜜蜂优越"，即便是像今日头条的人工智能实验室获得"吴文俊人工智能科学技术奖"的自动撰写新闻稿的人工智能技术及其发明，也是对"互联网信息摘要"，而不是创作[22]。人工智能技术或媒体终端可以嵌入人体，可以强化生命，但不能突破生命，不能改变生命的主要特征，本文的探讨是在人的主体地位得以确保的前提下展开的。幸运的是，人类除了"认知智能"之外，还有更加重要、更加高级、更加全面的生物特征和社会特征，这些都是非结构化的，极具个性化的智能特征的，机器智能在可预见的未来内无法超越的。

(二)智能教育界定及其本质回归

1. 智能教育定义

周建设指出：智能教育是利用人工智能技术，依据教育大数据，精准计算学生的知识基础、学科倾向、思维类型、情感偏好、能力潜质，结合习得规律和教育规律，合理配置教育教学内容，科学实施因材施教，促进学生个性化全面发展和核心素养的全面提升[23]。苏令银指出了对人工智能存在的两种理解[5]：狭义上，把人工智能看作是一种计算机程序，以智能的方式处理知识的特定方面，帮助人类执行特定的任务；广义上，是把人工智能理解成成功模仿人类认知的计算机程序。张进宝等人指出[24]：狭义的智能教育定位于"以人工智能为内容的教育"，培养掌握机器智能技术的专业化人才；广义的智能教育则定位于最终实现个体智能的提升，不仅掌握人工智能等技术，还能初步具备未来工作中实现人机合作的能力。《教育信息化2.0行动计划》指出，要充分利用智能技术加快推动人才培养模式、教学方法改革。基于此，智能教育的内涵包括对人工智能在教育中的三种理解：一是作为内容，以人工智能为内容的教育；二是作为手段，利用人工智能辅助教育；三是作为目的，促进学生智能发展的教育，在教育中培养学生的四种主要智能与智慧。本文主要探讨的是后两个维度之和，即智能教育是利用人工智能技术辅助教育，及其用于促进学习者智能发展的教育。有四个层面的意思：一是用人工智能技术辅助教育，但这是一种不完全的智能教育。二是促进学习者智能发展且用了人工智能技术，而不是泛泛地利用其他非智能技术，否则，就会使智能教育的范畴无限扩大，毕竟传统教育也是促进了学习者智能发展。三是利用人工智能技术创设环境等促进学习者生命特质的智能发展，包括认知智能的中高阶智能，如分析、综合、评价等批判性思维；情感智能中的高阶智能，如情感理解；志趣智能中的高阶智能，如文化品质与个性品质；创新智能的创新和应变等。四是智能教育的目的是促进人类智能主导的"'机器智能＋'人"的人机协同的智能结构，是AI＋BI的教育，即人工智能(AI)已经成为现实，但我们更加强调生物智能(BI)[25]。未来教育的重要特征是要基于脑、适于脑、促进脑[26]。

2. 智能教育是对人的本质回归——生命教育

真正智能教育的目的，应该是人类智能和机器智能的完美协调，让机器智能辅助人类智能发展，构建人机协同智能层级结构体，从而实现达成"完人"和"智慧"的教育，是完人教育、智慧教育、人性教育、生命教育，是一种有"温度"的教育。智能教育是教师在人工智能时代的突出任务。任何技术背景下，教师的核心任务都是聚焦在"人"的培养上。培养"完整人"这个根本的教育目的，不受"互联网＋"、大数据技术，或人工智能技术所干扰和束缚。随着人的寿命不断增长，当下出生的一代婴儿，他可能到2100年还是个活跃的公民，而仅在30年后，人工智能算法就可能比人类自己还了解自己，操纵人类最深层的情绪和欲望[16]。尤瓦尔·赫拉利指出，若想拼过人工智能，人类必须具备[16]：一是理解和辨别信息的能力；二是不断学习、适应变化和学会改变的能力；三是独立思考的能力，让自由天性自然绽放出来；四是一定要跑得比算法更快。这些不可替代的价值，就是人的生命内在的自由与活力，越是在机器智能飞速发展的时代，愈加彰显人类生命和智能的特殊性，引领社会的能力。项贤明认为：智能教育时代，德行和情感等人性特有的东西应当受到极大的重视，从现在起就建立一种"人性为王"的教育[27]。凯文·凯利指出：未来我们需要让自己做更感性、人情味更浓的事情，要活得更像人[20]。刘慧指出：如果我们想要回归人的本质，生命的学习就是返璞归真的途径，教育必须要回到生命本身和生命特性本身来认识与理解教育——生命教育[28]。

三、生命教育：智能教育时代教师实践新形态

人工智能时代教育的技术手段和目标重点都发生了一定的变化，智能教育背景下的教师职业图景的探讨，也是对新时代下的人才培养的全面思考，具体表现在以下几个方面。

(一)教师工作技能：更加聚焦于具有生命特征的职业分工，体现生命回归

教师的职业分工越来越细化。随着各国人工智能战略规划的逐步落实，人工智能逐步替代人类体力劳动和技能型工作。社会对从事低技能工作的劳动者需求将会大幅降低，人们更需要的是更高素质的劳动者[29]。智能教育会愈发呈现混合学习、在线学习、泛在学习、情境学习和非正式学习等"互联网＋"学习形态，学校将呈现开放办学状态，教师的职业分工将会更加精细化和个性化，而且这种分工在当下在线教育时代已经拉开了序幕。教师个体或人工智能都只从事其中某一个或几个环节，呈现特定局部功能化角色的特点。智能教育时代下，这种精细化的分工得以强化，借助于大数据"喂养"或迁移学习，人工智能将会替代教师实现录像、自动推荐和传播学习资源，甚至是有情感的讲解、智能助教答疑、自动命题与批阅、学习障碍自动诊断与及时反馈、心理素质测评、综合素质报告等，帮助学生发现自己潜在的兴趣特长，成为教师的有力工具和伙伴，并基于数据驱动决策等[7]。

教师承担的职业分工越来越凸显生命回归。有研究表明，不太可能被机器人取代的工作，其特征有[7]：社交能力、协商能力以及人情练达的艺术；同情心、扶助和关切；创意和审美。而教师职业恰好需要具备这些特征，教师的本质特征在于以人育人。实验表明：当使用者在实验中不是与人工智能交流时，使用者有更加开放、更加认同、更喜社交、更加认真以及自我揭示的倾向[30]。毕竟"人"具备之所以为"人"的关键特征，教师承担诸如能力培养、价值引领、情感感化、信念确立、德行养成等教育角色的现象将会日益凸显[5,7]。人工智能时代，教师要回归人性[11]。承担的角色分工将更加侧重于能够凸显认知智能、情感智能、志趣智能和创造智能等高阶能力定位。有些教师则可能在多个方面同时肩负责任，如教学、测评、身心健康和职业发展规划等。

(二)教师工作特点：更加聚焦于体现高端品质的职业特征，凸显生命价值

相关数据显示，教师职业的被取代率只有0.4%，虽然教师"职业"被取代的可能性非常小，但大量的教师"岗位"和"角色"都会逐渐被人工智能所淘汰与更新，人工智能向教育提出了新的诉求——个体智能的提升和对个体生命的关照，要求教师对传统教学部分角色进行替换、改造与螺旋提升。

首先，机器可以替代的、无须生命参与的、机械重复性的教师工作将会被淘汰。"人工智能工作替换"指出：人工智能工作替换基本上发生在任务(task)层面，而不是职务(job)层面，并且从较低级的智能工作开始取代人类的工作，分析智能也将变得不那么重要，会被人工智能逐渐替代[15]。当下在线教育中的教学团队中，主讲教师、助教、辅导教师、资料整理员等都普遍存在，都将由人工智能替代，而教师则需要利用学习诊断与分析工具，以及学习者个别特征，分析其中有价值的信息，再开展有针对性的教学，这对教师提出了更高的职业技能要求。

其次，呈现典型生命特质的教师多元化角色，有助于提升教师的高端品质。教师

角色分化精细，并转向特定功能的生命教育实践的感悟者，需要教师具有较高的职业素养，首先要具备教学研究素养。随着机器智能的发展，教育研究者需要不断地以“生命”和“机器”为对象开展研究，保证人之所以为人的核心品质。教学设计者与资源开发者的角色，必然是承接教学研究者的工作，将研究成果转化为教学方案和资源；依托教学者角色，以生命教育实践的形式参与到生命教育的活动之中。

再次，专业实践领域的教师跨界供给来源多样化，有助于提升教师整体质量。由于人工智能介入，教师存在的唯一理由必然是转向复杂性和综合性等高阶能力的发挥，或者由掌握专长及特殊实践领域的专业人群来承担，如某个领域的科学家、工程师、科技馆与博物馆馆员、为中小学提供AP(Advanced Placement)课程的高校教师、校外辅导机构名师，以及“身怀绝技”的独立教师个体户等，为在校学习者提供个性化、情境化、综合化的课程，或引入其相关在线课程等开展教学。人工智能时代下的跨界融合及开放办学理念下，这部分兼职专家会为传统课程注入教学活力，教师职业及教学团队构成都将发生明显变化。

最后，“互联网思维”和“后喻文化”会深刻影响学习者对高品质教学的需求。智能教育时代，学习者从“数字土著居民”进化成为特征更加明显的“App一代”，教育将会进入全虚拟时空，民主、平等、共享、去中心化等“互联网思维”和“后喻文化”会渗透进App一代的骨髓，这决定了他们对优质教育的需求。教师将变成一种具有生命价值的高端职业。不仅仅表现为要掌握复杂的信息技术等职业技能、使用各种学习分析工具，而且还要能够培养高阶思维、丰富情感和综合结构化认知等生命特点的“个体智能”，理解生命教育特征。未来教师资格证的取得，学科知识与传统教学技能不再是重要的门槛；衡量教师的标准主要是教师对网络文化的理解能力、自身生命特质的彰显能力、自身生命状态的活跃程度、对学生生命机能的挖掘能力、生命教育感悟与实践能力，这些才是人工智能时代教师之所以为“人师”，凸显生命价值的核心能力。

(三)教师工作目的：更加聚焦于追求人机协同的智慧教育，达成生命智慧

智能助教逐渐应用，人机结合的教师职业将是我们迎接智能时代最普遍的形式[3]。《教育信息化2.0行动计划》提出：以智能技术为手段、以融合创新为目标、以智慧教育为先导理念。“智慧”的背后，除了需要先进的教育教学理念，更是离不开人工智能技术的支撑[31]，教师团队是人工智能和人类智能协同完成的智慧性工作，体现在以下几个方面。

第一，在智慧教学环境方面的协同。人类智能和机器智能之间协同，离不开二者之间的有效接口，可通过多种方式开发和丰富人机协作的“智慧接口”。《新一代人工智能发展规划》指出，包括：一是开发基于大数据的在线教育平台；二是开发智能助教，建立智能、快速、全面的教育分析系统；三是建立以学习者为中心的智慧教育环境。随着人工智能研究的进步，网络虚拟空间的人机交互朝着人性化和个性化的方向迈进，

极大地改善了学习者的学习环境[32]。但目前已经建设的智慧校园，主要还是停留在统计和自动化层面上，智慧性和智能性都不足，尤其是在促进智慧的生成上，智能教育助理也亟待开发。

第二，在智慧教学手段方面的协同。除了被用于佐治亚理工学院 Watson 智能机器人助教外，还有多种“数字员工”，如奔驰公司销售代表 Sarah，Autodesk 软件公司客服 Ava，苏格兰皇家银行的数字银行家 Cora，她们已不再是简单的聊天机器，而是有着灵敏的“情感反应”的虚拟“数字员工”，能与人类交流，也可辅助人类决策，和人类员工将无缝对接[2]。未来教师规模会适当地减少，智慧教学手段成为主要方式。“人机双师”的协同将成为未来教师工作的新形态[18]。人工智能可以实现学习路径优化、自适应考试、自动任务建模等，并在测评领域实现过程的全自动化[7]。著名的“乔布斯之问”有望得到解决：未来教师工作模式就如同当前的医生和护理师，教师借助于各种人工智能和大数据技术等先进的仪器设备进行“体检”或“诊断病情”；确定“病症”；分析“病因”；开出个性化学习的“治疗方案”；进行“护理”。研究结果表明，人工智能能够帮助英语教师提升教学能力[33]，并越来越多地通过执行各种任务重塑服务，构成创新的一个主要来源，同时，也正威胁着人类的工作[15]。

第三，在智慧教学生成方面的协同。人机协同的教育不仅仅、也不应该停留在“诊断病情”层面上，而更应该放在“激发生命活力”层面上。对于教育来说，就是放在引导和启发学生形成创新观点和教学个性化层面上。教育的英文单词来源于拉丁文，其意义不是“赋予”，而是“激活”“点燃”。智能教育时代，教学应该是智慧的生成，对学习者进行精准“画像”，深入进行学习者特征分析，把握学习者的知识基础、认知特点、多元智能倾向、学习风格和学习态度等方面，推测出学习者的意图、兴趣或爱好，并将会按最佳方式提供学习方案，为人类教师主导方案设计和个性化项目学习提供参考和选择。尤其是线下课堂教学，生成性教学要求从生命的高度用动态生成的观点看待教与学，为学习者提供基于学习能力水平的个性化学习时空、学习需要、学习方式、学习资源和学习指导，找到学生的“痛点”和“启发”的时机，“不愤不启，不悱不发”，从而为学生思维生长提供固着点和“导火索”。机器短期内还很难替代人类提出深层次的尤其是由好奇心和兴趣驱动的问题[3]。作为教师应该充分发挥人类智能的作用，唤起学习者的感情参与，引导他们联想、想象和形成符号思维，合理有效地引导学生思维上的跨越，诱导学习行为和知识经验的生成，实现教学参与者之间的思想观念与情感体验的充分接触与碰撞，形成各种异质要素之间的互动、对话和交融，开启创新思维，产生创新火花，形成生成性资源，促进智慧教学生成。

第四，在智慧教学内容方面的协同。以人机协同智能层级结构体构建的智能教育，一方面，应该注重培养学习者和机器合作解决问题的方法与责任。一是培养一定的“计算思维”，教会学习者理解人工智能的逻辑过程，掌握机器学习的原理和机制；二是注入适度的“数字血液”：让学习者了解不同应用情境(或专业领域)中的深度学习等人工智能算法[5]，包括自适应机器人技术、机器学习系统、自然语言处理技术、情绪识别、预测性分析和增强智能等[2]，理解解决生产生活中的各种问题方法原理。另一方面，主要是培养以创新为特征的多元智能，注重培养学习者左右脑学习适当地互补，但不是强调齐头并进。人工智能与多元智能的空间结构之间有着一定的对应关系[34]，这已被广泛应用到各种右脑型教学之中，包括机器人能够动作捕捉、素描速写、钢琴弹奏评价，为运动员提供最佳教学方案[35]。

第五，在智慧教学目的方面的协同。人机协同教育是“1＋1＞2”，甚至是“人类智能机器智能”或“机器智能人类智能”，促进以“计算思维”为基础的“‘人工智能＋’人”的协同智能层级结构培养，真正实现人机结合、跨学科整合、左右脑多元智能结合，既实现了人工智能支持教学，又实现了个体个性化智能培养，促进了人类智慧和创新不断发展，推动人机共生的智慧社会建设。

(四)教师工作内容：更加聚焦于探寻人的生命整体意义，实现生命关照

“如果说人工智能让我们的机器越来越像人的话，在我看来，我们今天的教育却正在把人变得越来越像机器。”[27]智能教育时代，应该挖掘教育生命意义，不要被技术遮蔽生命的兴趣、价值和意义[28]。

首先，生命整体性包括个体智能中“逻辑思维”的生命特征。人类和人工智能在培养左右脑学习者方面也有一定的分工和擅长之处。以“语言”与“数理逻辑”为主要智能形态的左脑型学习，是可量化、可数字化的，人工智能可以对其进行无缝记录，提供强有力的分析与诊断，并基于此判断学习者的认知特点和兴趣特长。

其次，生命整体性包括个体智能中“丰富情感”的生命特征。教育的目的是促进思维能力和综合素养培养。生命的整体性是个人情感、价值观、人格等的综合表现，尤其情感是人与机器的主要区别之一，教育中情感培养主要包括：情感识别、情感表达和情感理解。情感形成的本质是“非逻辑推理可感形式”[36]。由于人工智能机器没有生物机体的生命特征，也难以在短时间内模拟出连人类自己到目前为止都尚不清楚的人的大脑的个体符号及其加工系统；而对于这种无意识的以“非推理逻辑形式”为主要特征的情感表达和理解，显然人工智能参与性比较低。而情感的另外一个特征就是“可感形式”，可以借助于人工智能较为有效地识别，包括人脸识别、声纹识别和眼球识别，为教学搜集较有价值的信息，也可以较为有效地识别人的情感特点，直接调整反馈到教学之中，辅助教师进行情感交流，优化情感价值观教育。在人机协同智能机构中，人类可以主要负责情感理解，识别与表达交给机器来做[18]，为培养“完整的人”提供所必要的基础。

再次，生命整体性包括个体智能中“创新思维”的生命特征。创新思维很大程度上体现在方法论的创新上，而机器学习的方法、规则目前都是人为规定好的，很难超越

自我、实现自我创新[3]。对于右脑型学习者，教学内容不易被机器和人工智能所量化处理，需要教师更多地进行个别化指导与评价，体现在多元智能中的空间、身体运动、音乐、人际、内省、自然探索等方面，这些方面恰好都是个体智能中的核心智能——创新能力所关注的思维特质，可以依据生物特征识别技术，为学习者呈现整体样貌，帮助学习者实现联想、直觉、灵感、顿悟等，从而为学习者创新思维的培养奠定基础。

最后，生命整体性包括人机协同智能层级结构构建，人要保持独立性和完整性。《纽约客》有一个画报：一群机器人匆忙地行走在大街上，只有一个人坐在地上进行乞讨。寓意当下教育培养的、生活在未来的学习者一定不能和机器"抢饭碗"，当下人类在体力和认知智能上都已经或者很快被淹没在人工智能的洪流中，沦落为向机器人行乞的"乞丐"和"机器附属物"。人要恰当地利用人工智能的人性化和个性化接口，保持适当的独立性。人机协同去中心化的时代，连接才是王道。在教学中，培养孩子了解自我、认清自我的能力，找准符合自己生命特点的兴趣和特长，明确自己的发展方向以及希望在人生中达到的目标。根据社会发展及人的生命内在的自由与活力，不断地调整自身的行为，提高处理问题的能力，成为一个不容易被控制和支配的人。

(五)教师工作方式：更加聚焦于师生共同感悟的生命实践，践行生命教育

个体生命是目的性与工具性的并存[28]，智能教育同样既要把人工智能作为一种工具，也要将提升个体智能作为一种教育。

首先，智能教育把"生命"作为"教育目的"和"教育内容"。库克曾提出：人们真正担心的，不是人工智能发展会使机器像人一样思考和做事，而是随着人工智能的发展，人会变得像机器一样思考和做事[5]。智能教育必然是一种生命教育，可以从两个方面来看：一是智能教育的重要使命之一必然是追问生命的意义与价值。如果你知道自己想要什么，人工智能技术可以帮助你达成目标；但如果教育培养出来的"人"都不知道自己想要什么，人工智能就很容易为人类塑造目标，控制人类的生活[16]。如前所述，智能教育中最为宝贵的就是生命，给学习者以生命的力量、情感的体验、生活的感悟和精神的慰藉，体现生命活力，把"人"培养成"人"。否则，人无生命，何谈智能，又何以"人工智能"。二是智能教育要坚持情感教育、生存教育、挫折教育、和谐教育、感恩教育、责任教育、死亡教育以及终身教育等内容和取向[37]。未来智能教育在"死亡教育"中，必须要让学习者能够正视死亡，引导人类思考"要不要活那么久"的人类责任问题。

其次，智能教育把生命教育看作是一种"教育方法"和"教育形式"。教育作为一种人类的生存方式，是属于"生活世界"的[38]。智能教育时代下的生命教育，要充分适当地利用人工智能技术为体验和感悟生命提供生命环境支撑和"智慧环境教育"，教育要以人的生命为基点，回到群体的生命环境之中，转变方式，以人的主体性为基本前提，以生命感悟为主线，充分地认识学习者独一无二的特点，解放学生个性；关注个体生命的经历、经验、感受、体验与感悟，开发生命潜能，以生命教育生命[28]。借助智能技术拓宽学习者在校学习期间的生存空间，跳出“特殊认知论”的框架，回归到更加丰富、活泼、开放的生活化的形式之中，在师生之间感悟生活、体悟情感和实践生命。通过这些开放性的生命活动，重在培养学习者整体结构化思维，形成非结构化思维与能力。智能教育时代下的未来教师，必然是在人工智能支持下的最为关注生命教育的一代教师，欣赏生命、激扬生命、展示生命、丰富生命、完善生命、美化生命、享受生命等是未来师生的主要教与学实践形式[28]。

四、结语

我们正在迎来生物与机器联姻的时代，最终将进化成为由人的生命主导的“‘机器智能＋’人”的人机协同的智能结构。智能教育就是要夯实人机协同的基础——计算思维的培养；充分利用人工智能中的计算智能、感知智能和认知智能等机器智能，不断增强作为主体价值的人类智能中的情感智能、认知智能、志趣智能和创新智能，机器智能的强化也是人机协同智能层级结构的必要组成部分，也应该不断获得增强(计算机科学工作者等重点考虑的事情)，人类在某种程度上也要与机器之间互相满足[39]。智能教育时代，从我国所处的时代特征来看，我们亟待转变教师角色，重塑人才培养目标，培养具有高阶思维能力、丰富情感、鲜明个性、强大创新能力的未来一代人才，否则，当西方国家雇用了大量的机器人作为制造业“工人”，制造业重回西方本土，我国不仅在全球产业链的末端地位不保，甚至会从全球产业链中被清除出去，无法参与全球化制造。智能教育时代，教育的使命从培养适应社会需要的人才，变成培养引领社会发展的人才；教师的使命要引领机器认知唤醒，引领人机协同智能进化，而且，引领的速度一定要跑过机器智能发展的速度，最重要的是教师也得一次又一次地重塑自己；否则，我们都会被淹没在人工智能的洪流中，沦落为向机器人行乞的“乞丐”或“机器附属物”，人类智能将失去作为主体的价值，一切归零。

参考文献：

[1]高媛，黄荣怀.《2017新媒体联盟中国高等教育技术展望：地平线项目区域报告》解读与启示[J]. 电化教育研究，2017，38(4)：15-22.

[2]互联网思想资讯. 月付薪水的数字员工机器人已到岗，这是你离失业最近的一次[EB/OL]. [2018-08-10]. http：//www. sohu. com/a/244656315_464025.

[3]杜占元. 人工智能与未来教育变革[EB/OL]. [2018-08-01]. https：//www. sohu. com/a/233537321_497945.

[4]闫志明. 教育人工智能(EAI)的内涵、关键技术与应用趋势[J]. 现代远程教育研究，2018(2)：14-23.

[5]苏令银. 论人工智能时代的师生关系[J]. 开放教育研究，2018(2)：23-30.

[6]成都准星云学. 人工智能早已从3方面渗入美国教育[EB/OL]. [2018-10-30]. https：//baijiahao. baidu. com/s?

id=1586462472005122726&wfr=spider&for=pc.
[7]余胜泉．人工智能教师的未来角色[J]．开放教育研究，2018(1)：16-28.
[8]Fu R. Design and application of the artificial intelligence in online test of english computer[J]. Agro food industry hi-teach，2017，28(3)：2390-2393.
[9]Zheng X. Application of distance education combined with artificial intelligence[J]. Agro food industry hi-teach，2017，28(1)：555-559.
[10]于继栋．人工智能为数字营销带来的新变革[EB/OL]．[2018-08-01]．https：//www. sohu. com/a/78329558 _ 334205.
[11]赵勇．未来，我们如何做教师[J]．中国德育，2017(11)：48-51.
[12]刘国城，晁连成，张忠伦，等．生物圈与人类社会[M]．北京：人民出版社，1992.
[13]汉语大辞典．智能[EB/OL]．[2018-07-23]．http：//www. hydcd. com/cd/htm19/ci369724s. htm.
[14]百度百科．智能[EB/OL]．[2018-07-23]．https：//baike. baidu. com/item/智能/66637？fr=aladdin.
[15]Huang M，Rust R T. Artificial intelligence in service[J]. Journal of service research，2018，21(2)：155-172.
[16]中国教育报．30年后，你家孩子凭什么拼过人工智能？就凭这4点[EB/OL]．[2018-08-26]．http：//www. sohu. com/a/242369106 _ 389102.
[17]陈琳．匹配AI时代的教育要素变革[EB/OL]．[2018-08-07]．http：//yyzn. cnu. edu. cn/jdxw/145920. htm.
[18]祝智庭，彭红超，雷云鹤．智能教育：智慧教育的实践路径[J]．开放教育研究，2018(4)：13-24，42.
[19]任友群，隋丰蔚，李锋．数字土著何以可能？——也谈计算思维进入中小学信息技术教育的必要性和可能性[J]．中国电化教育，2016(1)：2-8.
[20]凯文·凯利．失控[M]．东西文库，译．北京：电子工业出版社，2016：9，59，103-107.
[21]IBM. 携手Watson让孩子告别填鸭式教育[EB/OL]．[2018-08-26]．http：//www-31. ibm. com/ibm/cn/cognitive/outthink/watson/sesamestreet/.
[22]周小白．机器人写稿时代来了？今日头条写新闻机器人拿下人工智能大奖[EB/OL]．[2018-08-10]．http：//baijiahao. baidu. com/s？id=1587724569605066302&wfr=spider&for=pc.
[23]周建设．人工智能与教育的深度融合[EB/OL]．[2018-08-10]．https：//www. sohu. com/a/234271409 _ 114882.
[24]张进宝，姬凌岩．是"智能化教育"还是"促进智能发展的教育"[J]．现代远程教育研究，2018(2)：14-23.
[25]芬兰Pekka Peura. 翻转课堂，让学生成为自己的老师[EB/OL]．[2018-02-07]．http：//www. sohu. com/a/221434258 _ 99950984.
[26]董奇．未来教育的重要特征是要基于脑、适于脑、促进脑[DB/OL]．[2018-08-26]．http：//www. zgcxjy. com. cn/cxjyyj-1-7526. aspx.
[27]项贤明．人工智能与未来教育的任务[J]．华东师范大学学报(教育科学版)，2017，35(5)：50-53.
[28]刘慧．生命教育内涵解析[J]．课程·教材·教法，2013(9)：93-95.
[29]Yildizm B F. The effects of artificial intelligence and robotic systems on librarianship[J]. Turkish lib rarianship，2018，32(1)：26-32.
[30]Mou Y，Xu K. The media inequality：comparing the initial human-human and human-AI social interactions[J]. Computers in human behavior，2017(72)：432-440.
[31]马玉慧，柏茂林，周政．智慧教育时代我国人工智能教育应用的发展路径探究——美国《规划未来，迎接人工智能时代》报告解读及启示[J]．电化教育研究，2017(3)：123-128.
[32]Song Y，Qiao Q，Ge R. Construction of the classroom teaching capability system of english teachers based on an artificial intelligence environment[J]. Agro food industry hi-teach，2017，28(1)：1064-1067.

[33]Tang W，Liang F X. Research on the construction of classroom teachinga bility system of english teacher based on artificial intelligence[J]. Agro food industry hi-teach，2017，28(1)：1064-1067.

[34]Hao Z，Cao C. Research on the time sequence arrangement of table tennis ball sbased on artificial intelligence[J]. Agro food industry hi-teach，2017，28(3)：139-142.

[35]陈维维．多元智能视域中的人工智能技术发展及教育应用[J]．电化教育研究，2018(7)：12-19.

[36]朱永海．基于知识分类的视觉表征研究[D]．南京：南京师范大学，2013.

[37]陈盛．关注生命教育提升生命价值[J]．现代教育科学，2008(6)：54-56.

[38]杨桂青．教育的功能不仅在于文化复制[N]．中国教育报，2010-09-26(4).

[39]Asaf D，Claudia G，Omer D，et al. On human-machine relations[J/OL]. On human-machine relations/SpringerLink，19(2-3)：211-231.

（本文发表于《电化教育研究》2019 年第 1 期）

混合学习环境下项目式学习活动的设计与实施研究

刘　军　李清月①

摘要：项目式学习作为一种基于建构主义理论的学习活动，着力于培养学生的综合能力，十分符合近些年高等教育改革的方向与目标。然而，目前高校项目式学习的设计与实施存在诸多问题，具体包括活动设计同质化、学习支持低效化和项目评价单一化等。而混合学习环境可以重塑项目式学习流程、提供更为丰富的资源与工具、支持学习过程性数据记录，这些活动对解决上述问题具有巨大价值。因此，本研究在前期研究所构建混合学习环境下项目式学习活动设计模型的基础上，依托"教学设计"课程进行实践探索，利用行动研究，通过数轮的迭代修订，获得了一个能够有效促进学生学习效能感与学习投入度的混合学习环境下项目式学习活动设计模型。

关键词：项目式学习；混合学习；学习活动

项目式学习作为一种基于建构主义理论的学习活动，着力于培养学生的综合能力，十分符合近些年高等教育改革的方向与目标。然而，目前高校项目式学习的设计与实施存在诸多问题，具体包括活动设计同质化、学习支持低效化和项目评价单一化等。而混合学习环境可以重塑项目式学习流程、提供更为丰富的资源与工具、支持学习过程性数据记录，这些活动对解决上述问题具有巨大价值。因此本研究在前期研究所构建混合学习环境下项目式学习活动设计模型的基础上，依托"教学设计"课程进行实践探索，利用行动研究，通过数轮的迭代修订，获得了一个能够有效促进学生学习效能感与学习投入度的混合学习环境下项目式学习活动设计模型。

一、研究背景

尽管项目式学习在高等教育中具有广泛的应用价值，但在真正设计与实施层面存在一定的问题。项目式学习可以使学生在真实任务情境下通过构建和共享知识解决或完成复杂而有意义的项目[1]，培养学生解决问题、自我指导和团队合作等能力[2]。因此，项目式学习符合高校培养适应未来社会发展的人才的需求。然而，实际上，项目

---

① 刘军，女，首都师范大学教育学院，副教授，硕士生导师，研究方向：智慧课堂教学设计与实践；李清月，女，首都师范大学教育学院教育技术专业硕士研究生。

式学习在设计与实施中存在一些问题与挑战。第一，活动设计同质化，即项目式学习目标与实际的项目内容脱节，多为形式化项目。在以往项目式教学中，许多教学设计者往往忽视了教学设计中既定的教学目标与学习者特征分析，将原有学习内容按照项目式学习步骤稍加改动就作为项目式学习的项目主体进行使用。缺乏对项目式学习的深入理解，关键环节把握不够[3]。第二，学习支持低效化，即项目式学习工具与资源使用不恰当、不丰富，导致项目实施效率低下。当前高校项目式学习虽然综合考虑信息技术的支持，但是对于资源的选择、环境的设计缺乏系统观[4]。第三，项目评价单一化，即多元评价维度不完善，落实评价设计不到位[5]。在实际施行的过程中，传统的“分数论”观念仍然根深蒂固；许多教学设计人员仍然采用单一的评价标准。此外，部分实施者在理论层面上明白项目式学习的多元评价，但不知如何开展、如何平衡过程性评价和结果性评价。或是在项目实际推进过程中，面对项目式学习过程中产生的庞杂数据，教师很难进行处理与分析。

混合学习环境为解决上述问题提供了新思路。第一，混合学习环境可以重塑项目式学习流程。混合学习强调课前导学的重要性[5]，这为解决当前项目式学习缺乏对关键环节的理解和把握提供了思路，即可在项目式学习六大步骤流程之前加上导学环节，这样做一方面可以使学生获得完成项目任务的基础知识，另一方面可以掌握学生的知识与能力水平，从而更加精准地选取学习内容与确定项目任务，实现“以学定教”，避免形式化项目。第二，混合学习环境可以提供更为丰富的学习资源[4]。学生可以使用教师提供的思维导图、概念图等可视化工具、微课资源、探究材料，也可以自己根据学习情况利用线上学习环境进行资料搜集与作品制作。第三，混合学习环境可以提供更准确的过程性评价。基于混合式学习环境的数据存储功能可以记录学习过程中产生的数据，这些生成性数据将作为过程性评价的数据来源。这种评价弥补了教师评价的单一性，可以更加客观、准确地描述学生在整个学习过程中的学习表现。

目前已有部分专家探究混合学习环境下项目式学习的设计与实施。例如刘黄玲子等人在高校教学领域进行了混合学习和项目式学习融合的行动研究[6]，经过测试发现这种学习模式下学生对于教学的满意度较高，自我收获感较强。并且特别强调了学习活动设计的重要性与学习活动完整性。易小梅利用微信公众号作为线上学习平台＋课堂项目式学习的形式，探究混合学习与项目教学的有机融合[7]，建构基于混合学习的项目式教学，增强学生的主动参与率。但该研究整体以教学设计的形式进行阐述，并未形成具有普适性的理论框架，难以进行推广与复制。总体来说，关于混合学习环境下进行项目式学习设计与实施持有肯定态度，但是可以将两者有机融合，构建普适性模式的研究较为不成熟，实证研究较少。

因此本研究针对当前高等教育领域项目式学习中存在的诸多问题，结合混合学习对项目式学习发展与完善的支持，构建混合学习环境下项目式学习活动设计框架并采用行动研究法进行理论框架的迭代改进，以期获得一个具有普适性价值的混合学习环境下项目式学习活动设计框架。

二、混合学习环境下项目式学习活动设计

(一)混合学习环境下项目式学习活动设计原则

本研究综合了项目式学习设计原则与混合学习环境特点，提出以下六大设计原则。

1. 学习内容生成性

学习内容生成性区别于传统学习内容预设性，简单来说传统学习内容的预设性就是教师直接选择学习内容进行后续设计，这样的学习内容是固定的、静态的，改进难度较大。而在混合学习环境下，教师关注学生学习过程中生成的知识与问题。学生针对在讨论过程中产生的新想法、在导学中产生的新问题、在交流反思中产生的新建议[8]等，会自主地搜集学习资料对学习内容进行补充[9]。强调学习内容的“动”，学习内容不只是教师单方面上传的内容，还是学生生成的满足自身学习需求的内容，学生就从单纯的学习内容吸收者转变为学习内容创建者。教师根据学生实际情况，关注学生的创造和产出，结合教学目标，选取并设计相应的学习内容，是后续学习活动与教学目标、学生水平紧密联系，避免项目式学习表面化的关键。

2. 项目任务整合性

项目任务整合性主要体现在学习内容与项目任务或者活动的有效整合，学与教再度整合理论认为，将学习内容和学习活动有效地结合，才能保证学生的知识、技能和态度能够按照教学目标发生预期的变化，学习内容与学习活动整合是深度学习过程发生的必需条件[10]。因此，项目任务的设计需要精准性与整合性，要根据课程目标，将综合性的学习内容与真实的社会情境进行整合。即将原本各自孤立的学习内容片段，整合到一起，发生在真实的情境中，帮助学生迁移所学知识，促进知识建构。

3. 项目情境真实性

项目情境真实性主要体现在项目背景与项目驱动问题的设计与概述。混合学习环境区别于传统学习，利用多媒体资源有利于创设真实情境，使学生在真实问题情境中进行合作探究学习[11]。当学习从一个实际的、接近现实的场景开始时，学习会以一种更自然的方式发生。学生能在和现实情况相符或相似的情境中学习，可以促进学生的求知欲与学习兴趣，为推动后续一系列活动提供了良好基础。混合学习环境可充分利用技术手段呈现，以创建更真实的项目情境。

4. 小组协作有效性

项目式学习强调学生以共同体的形式合作探究任务，最终形成项目成果。因此小组协作的有效性很大程度上影响学生学习的进展与质量[12]。从小组协作形式的角度出发，要注重形式的多样性与丰富性，可采用小组研讨、小组竞争、小组共享等形式。

从小组协作效率的角度出发，要注重交流的实时性和有效性，混合学习环境有利于采用技术手段帮助小组成员在课下进行线上实时沟通，并记录相关数据，以促进有意义的讨论的发生。

5. 学习环境适应性

混合学习环境有利于学习环境适应性的实现。适应性主要体现在可以根据学生的实时状态提供相应的学习资源和学习工具等；可以对学生学习的过程性数据进行详细的记录，一方面可以为过程性评价提供数据，另一方面教师可以监督和控制学生学习的进度与方向，做出适时的调整[13]。

6. 学习评价多元性

项目式学习评价强调多元化，主要体现在评价主体多元化和评价内容多元化[14]。前者强调综合利用个人评价、小组评价和教师评价等多种评价主体。后者强调从学习交互、认知投入、项目成果等多方面内容进行综合评估。混合学习环境可以实现过程性数据的记录，从而支持多元评价的发生。

(二)混合学习环境下项目式学习活动设计模型

前面讨论了混合学习环境下项目式学习设计的六大原则。依据这些原则，以学习活动设计过程为主线，参考刘景福提出的项目式学习活动流程，结合混合学习环境对项目式学习的线上支持，构建了混合学习环境下项目式学习活动设计模型，如图1所示。

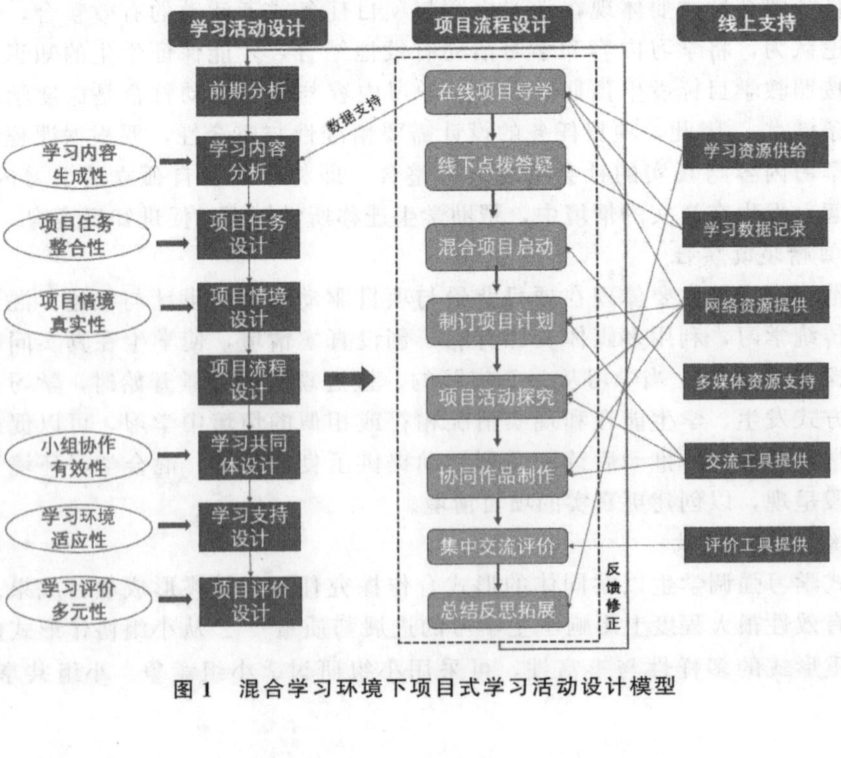

图1 混合学习环境下项目式学习活动设计模型

在该模型中，以学习活动设计为主线，包含八个内容的分析与设计，分别体现了六大设计原则。第一部分为前期分析，需要分析学习者特征学习目标，为后续设计做基础。第二部分为学习内容分析，需要分析教材要求、学生项目导学情况，从而重构学习内容，体现学习内容生成性。第三部分为项目任务设计，项目任务的设计需要与学习内容和真实生活背景相整合，体现项目任务设计的整合性。第四部分为项目情境设计，主要包括创设项目情境和设计驱动问题，注重项目情境的真实性。第五部分为项目流程设计，此部分可细化为8个步骤，即在线项目导学、线下点拨答疑、混合项目启动、制订项目计划、项目活动探究、协同作品制作、集中交流评价和总结反思拓展，其中学生在在线项目导学阶段产生的学习数据为学习内容分析提供了数据支持。此外，混合学习环境为项目实施流程提供了学习资源、学习数据记录、网络资源、多媒体资源、交流工具和评价工具等多方面支持。第六部分为学习共同体设计，主要包括构建学习小组、制定协作规则，为进行接下来的学习活动做准备。第七部分为学习支持设计，根据学习的需要，设计相应的学习环境与学习资源以推动项目式混合学习进程。第八部分为项目评价设计，具体包括评价目的设计、评价主体设计、评价内容设计与评价方法设计。

下面对项目流程设计遵循的8个步骤，即在线项目导学、线下点拨答疑、混合项目启动、制订项目计划、项目活动探究、协同作品制作、集中交流评价和总结反思拓展的具体师生活动进行详细介绍。在线导学阶段，教师可将制作好的课程资源上传至网络平台上，学生通过自主学习或合作学习来规划整个项目进程并主动建构关键知识与技能，为完成项目任务做好充分准备。同时教师可以根据学生学习情况，掌握学生问题，从而进行学习内容分析，实现学习内容生成性。线下点拨答疑阶段，教师对学生在线导学阶段产生的问题进行集中点拨答疑，学生则对知识进一步理解与消化。混合项目启动阶段，关键在于项目启动，教师创设真实情境，提出问题，并对项目进行解读与引导，学生则重在感知项目和选择项目。混合体现在线上线下同时启动。线上在学习平台开设项目板块，线下教师进行项目解读与引导。制订项目计划阶段，由教师组织进行学习小组划分，各小组内部根据项目作品内容制定完整的项目计划，包括项目主题、项目进度安排、预期作品形式以及其他需阐述的内容。在制订计划的过程中，教师应起引导作用，帮助学生进入到问题情境中进行分析，对于学习者共同质疑的问题，应有计划地组织学生共同讨论。最终各小组形成项目规划书提交给教师进行审阅，教师确认计划可以施行后，学生遵照项目计划书进行后续工作。项目活动探究阶段，各学习小组进行资料收集及整合，组织组内讨论探究。教师则根据项目式学习活动的要求向学生提供相应资源以及工具，并在必要时提供指导。协同作品制作阶段，各小组按照项目计划协同完成项目成果的制作，教师则进行引导、监督学生完成项目制作，对学生提供必要的技术、工具支持。集中交流评价阶段，各项目小组要基于其项目成果进行交流展示，此外对其他小组成员的汇报成果提出问题以及建议。汇报结束后教师首先进行集中点评，并引导学生完成相应的评价任务。总结反思拓展阶段，学生根据教师与其他学生的建议对本组项目成果进行反思与改进，此外完成相应的拓展任务。教师一方面要完成教师评价工作，另一方面要对整体项目式学习的设计与实施进行反思与改进。

三、混合学习环境下项目式学习活动的实施与应用效果分析

为了验证本研究提出的设计框架有效性及进一步改进该框架，本研究以某大学二年级学生作为研究对象，以"教学设计"课程为依托进行了三轮行动研究。本研究的第一个周期从设计与实施一个项目开始。随后的迭代周期根据前一周期研究对象的反映向前推进，共进行三次迭代反复的研究。

(一)第一轮教学实践

本轮的项目主题为"教育技术新兴职业'教学设计师'调查"，该项目基于教学设计的定义与内涵，着眼于教学设计的专业发展并与学生所关心的实际求职问题相联系，旨在通过调查了解教育技术职业前景，激发学生学习核心技能，即教学设计的兴趣与动力。学生将通过查阅相关文献资料，了解网络调查方法、调查数据处理、调查数据分析、调查报告(PPT)设计等。依据项目式学习活动设计框架进行学习活动设计，通过学习小组的划分及任务的设计开展学习活动。

在第一轮教学实践之后，通过对学习过程、问卷调查、访谈数据分析，了解了项目式混合学习活动设计过程中存在的问题。基于以上反思与分析，针对这些问题提出了相应的改进措施(如表1所示)。

表1　第一轮教学实践反思与改进

设计要素	具体问题	改进措施
学习活动设计	导学规则不严格	增加导学任务完成要求，并将其纳入评价标准
	项目任务不实际	项目任务设计充分考虑学生的实际情况 预留足够的时间，适当降低项目难度
	项目任务不准确	项目情境注重驱动问题的设计 将项目任务明确化、准确化
	教学点拨不充分	教学点拨环节增加对项目任务的解读与分析

续表

设计要素	具体问题	改进措施
学习支持设计	学习资源不落地	提供具有指导性意义的案例参考 提供具有可操作性的作品模板
	学习工具不恰当	建立微信管理群，用于发布通知与消息 引入更加适合的协作工具
	学习支持服务不到位	加强教师与助教的监督与引导作用 为学生提供基于微信群的线上答疑服务
学习评价设计	评价环节不突出	加强教师对于各组项目成果建议环节
	标准执行不到位	严格执行评价标准，保证评价公正性

(二)第二轮教学实践

在第一次修订的基础上，再次进行项目式学习活动设计与实施。学习活动开展之前，进一步进行学习内容、项目任务的分析与设计。本轮教学实践的项目主题为“教学研究‘以学为主教学策略’案例分析”。该项目根据基于以学为主教学策略的内涵与特点，融入以学为主教学策略的辨析与应用，并整合其优势与发展，通过一系列探究活动找出以学为主教学策略种类，总结其适用范围与应用方法。就教师给出的教学设计案例，由组长带领大家阅读、分析案例。完成以下任务“是什么”：这个教学设计案例主要采用了哪种教学策略，在文中标红并备注；“为什么”：提炼案例中能识别出是该策略的特点，标黄；必要时可在注释中总结概括该教学策略在该案例中的适用性；“怎么做”：教学过程中该教学策略是如何实施的，将主干过程标绿，必要时可添加注释总结概括在文档中进行协同编辑(关键处标注颜色，解释及提炼的信息添加评论)，录音员根据培训要求，记录组内成员的发言过程，最后面向其他组同学进行讲解与分析。

在第二轮教学实践后，通过对学习过程、访谈数据分析与反思，进一步了解项目式混合学习活动设计过程中存在的问题。基于以上反思与分析，针对这些问题提出了相应的改进措施，如表2所示。

表2　第二轮教学实践反思与改进

设计要素	具体问题	改进措施
学习活动设计	项目流程单线化	不限制学生具体学习步骤 流程单线化转为双向化是循环交叉的关系
	项目环节不完整	根据学生实际情况 增加统一的中期指导环节

续表

设计要素	具体问题	改进措施
学习活动设计	项目任务不聚焦	以小组合作探究完成项目成果基础上 增加个人任务
	主要环节未落实	提供研究计划书 将任务分工准确化
学习支持设计	学习工具不丰富	针对学生异步讨论与数据保存的需求 鼓励学生利用石墨文档讨论功能
学习评价设计	评价标准不充分	增加基于学习过程数据的客观性评价

(三)第三轮教学实践

在第二次修订的基础上，再次进行学习活动设计与实施。本轮项目式学习主题为“信息技术环境下基于以学为主教学策略教学设计方案集”。该项目根据《教学设计》教材安排，在信息技术环境下，统一教学设计的各个环节，引入实际学科、知识点，整合各个环节的设计要点与方法，通过分析、选择、设计、修改等一系列活动完成某一类基于以学为主教学策略的教学设计方案集。各小组自行商讨，自定主题(人教版教材，学科不限)，对同一个主题，各位组员(个人)选择其中一种“以学为主的教学策略”进行各自的教学设计(个人作业，保证每个人之间选择的策略不重复)，形成个人的“以学为主教学策略”设计方案。经过组内协同编辑、互相修改汇总在一起，形成针对某个单元的“以学为主教学策略”方案集(小组作业)。最后，每个人对自己的设计方案采用视频的形式进行介绍，同时，各组需要准备对整个“以学为主教学策略”方案集的课堂展示汇报。

本轮教学实践后通过问卷调查及学生访谈的方式分析了应用效果，基于以上分析，本轮教学实践得到以下结论：(1)中期指导环节可有效控制项目式混合学习的发展方向与进程。该环节由教师或助教集中为学生解答在项目式混合学习过程中遇到的困难与问题，可以及时有效地帮助学生走出困境，跟上学习进度，提高学习效率。(2)个人任务的设置和基于学习过程数据分析的评价有助于提高学生学习的积极性。一方面，个人任务的设置可补充集体作品中被忽视的个人能力，由于个人任务的存在，小组成员间的关系除了合作还有竞争，这会大大提高学习的积极性。另一方面，教师在传统学习环境下很难获取过程性数据，缺少与评估相关的对话和讨论记录，而在混合学习环境的支持下教师和助教更容易看到学生的学习过程，特别是在学生自主知识获取和协作学习阶段，实现了较为准确的基于学习过程数据的对学生个人参与和贡献的评价，促进评价公平，提高学生学习积极性。(3)恰当的协作工具可提高小组协作效率。在传统学习环境下的项目式学习在沟通和协作方面有一定的挑战和困难，例如师生难以同时同地的沟通或交互，而教师也不能同时参与或倾听多个组的对话等。而混合学习环境可以提供恰当的协作工具，减少时空的限制，实现师生、生生之间的同步或异步的讨论。此外，在这种环境下，学生可以更公平民主地分享想法，共同构建知识，这是混合环境给予所有参与者的平等发言权。

经过三轮行动研究，我们对本研究提出的混合学习环境下项目式学习活动设计框架进行优化，如图 2 所示。

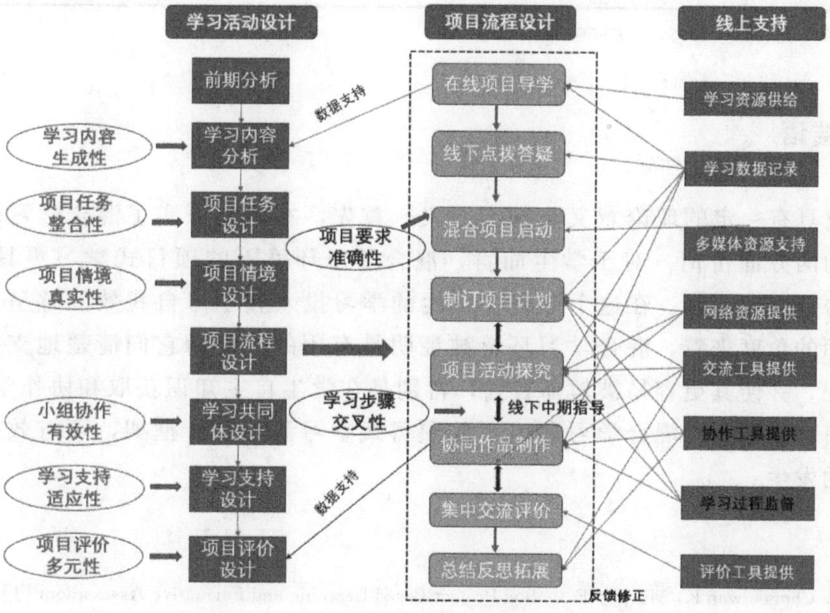

图 2　混合学习环境下项目式学习活动设计模型(优化)

(四)应用效果分析

经过连续三周的全面实施，各小组均较好地完成了本轮学习任务。其中共有 15 名同学最后分数大于等于 95 分，占全部学生的 38.4%。获得 90 分以上成绩的同学有 23 人，仅有一名同学得分低于 90 分，班级平均成绩为 92.7 分。此外，教师和学生普遍认同经过三轮修订后的混合学习环境下的项目式学习。通过评估学生在学习活动和指定作业中的进步，教师认为学生能够达到大部分预期的学习效果。此外，学生对自己的表现感到满意，并表示混合学习环境下的项目学习可以帮助他们提高探究水平并激发其求真动机，提高了他们对教学设计的信心。此外，由 39 名学生完成的前测和后测问卷(见表 3)显示，经过三轮修订后，学生在学习投入和学习自我效能感方面的后测分数显著高于第一轮教学实践。

表3 项目式学习效果配对样本 t 检验结果

测量项目	前测		后测		t	P
	平均值	标准差	平均值	标准差		
学习态度	3.652	0.523	3.819	0.558	−1.501	0.142
学习投入	3.434	0.548	3.866	0.526	−3.645	0.001*
学习自我效能感	2.868	0.452	3.209	0.445	−3.607	0.001*

注：$n.s.\ P>0.5$，$^{*}P<0.5$，$^{**}P<0.001$

四、结语

本研究具有一定的理论意义与现实意义。首先，本研究证实了混合学习环境对项目式学习的两方面价值。对于学生而言，混合学习环境下的项目式学习更具活跃性、创造性和协作性。同时，在这个过程中学生的学习投入和学习自我效能感呈现积极趋势。从教师的角度来看，混合学习环境被证明是有用的，因为它们清楚地支持了学生的学习过程，并使其更容易被教师看到，特别是在学生自主知识获取和协作学习阶段。此外，本研究中建构的混合学习环境下的项目式学习活动设计框架，可有效指导相关教学实践的发生。

参考文献：

[1]Chanpet P，Chomsuwan K，Murphy E. Online Project-Based Learning and Formative Assessment [J]. Technology Knowledge and Learning，2020，25(3)：685-705.

[2]Yazici H J. Project-Based Learning for Teaching Business Analytics in the Undergraduate Curriculum* [J]. Decision Sciences Journal of Innovative Education，2020(18).

[3]董艳，和静宇．PBL项目式学习在大学教学中的应用探究[J]．现代教育技术，2019(9).

[4]张文兰，张思琦，林君芬，等．网络环境下基于课程重构理念的项目式学习设计与实践研究[J]．电化教育研究，2016(2)：38-45.

[5]曹梅．大学生混合学习行为表现及其作用机制[J]．现代远距离教育，2020(1)：62-68.

[6]刘黄玲子，黄荣怀，朱伶俐，等．一项混合式教学的行动研究[J]．学位与研究生教育，2005(11)：9-13.

[7]易小梅．基于混合学习的项目式教学在《企业电子商务管理》课程中的应用研究[J]．教育现代化，2018，5(15)：178-180.

[8]胥碧，余胜泉．基于学习元平台的大学生深度学习研究——以“摄影技术与艺术”课程为例[J]．现代教育技术，2016，26(4)：48-54.

[9]李卢一，郑燕林．ARCS模型视角下创客项目设计研究[J]．现代远距离教育，2018(2)：12-19.

[10]赵海霞．Web环境下的协作知识建构[J]．现代教育技术，2012，22(11)：102-106.

[11]田阳，纪河．基于教育场域的网络学习环境探究[J]．中国电化教育，2019(4)：36-43.

[12]董艳，和静宇，王晶．项目式学习：突破研学旅行困境之剑[J]. 教育科学研究，2019(11)：58-63.
[13]周红春．基于 Blackboard 学习平台的混合学习模式的探索与实践[J]. 电化教育研究，2011(2)：87-91，98.
[14]郭有松，谭良．移动协作学习的个性化分组策略研究[J]. 中国远程教育，2017(8)：19-26，43，79.

翻转课堂教学模式在"C语言程序设计"教学中的应用

谭小慧　潘　巍　高　岚[①]

摘要："C语言程序设计"课程是人工智能专业的基础课，本课程为后续专业课程的学习奠定编程基础。基于首都师范大学工程学院人工智能专业生源情况，本文以课前预习、课堂讨论、课后练习、课外拓展为实施策略，构建基于师星学堂平台的翻转课堂教学模式。将线下课堂与线上课堂结合起来，以学生为主体，有效提高了教学质量，为此类课程的教学改革提供了一定的实践参考意义。

关键词：翻转课堂；程序设计；线上线下混合教学；教学改革

一、引言

在已有的教学模式中学生处于被动接受知识的状态，难以做到对知识的自主学习。翻转课堂作为一种信息技术支持下较为新颖的教学模式，在实现个性化自主学习与实施课堂合作探究上有其独特的优势。与此同时，随着人工智能技术的兴起，C语言被广泛应用于构建各类人工智能技术框架之中，成为了人工智能技术浪潮的核心语言之一，在这样的时代背景下，本校"C语言程序设计"课程组在翻转课堂教学模式设计以及实践上进行了积极探索与改革实践。

翻转课堂作为混合式学习理念下的一种典型教学模式，现在已经被越来越多的人所接受。其倡导的教学流程逆序创新已成为国内外教育信息化热点。教学流程的逆序创新带来知识传授的提前与知识内化的变化，其实践本质是帮助学生实现深度学习、聚焦问题解决、培养高阶思维能力[1]。针对我院三本学生学习主动性差、分析及解决问题能力薄弱等特点，本文以"课前自学、课中研学、课后练学"为核心思想，构建基于SPOC平台的翻转课堂教学模式，以"C语言程序设计"课程为例，依托超星网络教学平台(师星学堂)，开设MOOC在线课程，将实体课堂教学与网络课堂教学深度融

① 谭小慧，女，首都师范大学信息工程学院副教授，研究方向：虚拟现实、人机交互；潘巍，女，首都师范大学信息工程学院副教授，研究方向：模式识别与智能控制；高岚，女，首都师范大学信息工程学院讲师，研究方向：人工智能专用加速器。

合，实现“翻转课堂”教学模式的实践探索。

二、翻转课堂教学模式设计

传统的程序设计课堂教学模式虽然能较好地完成教学计划，但是却存在着许多问题，在传统的程序设计课堂中，学生是被动消极地接受知识，而且资源过于死板，无法实现学生的个性化学习。“C语言程序设计”课程是信息类各专业的基础课程。本课程的目标是帮助学生理解计算机工作的基本原理及结构化程序设计的基本方法，培养学生的计算思维，为后续学习奠定基础。

(一)教学现状分析

“C语言程序设计”课程是计算机技术相关专业的必修专业基础课，该课程涵盖了数据类型、运算符与表达式、程序设计结构、数组、函数、指针、结构体、链表、文件等内容。该课程的教学内容理论和实践并重，课程知识量大，总共64课时。反观近些年的教学实践，该课程存在如下主要问题：学生的编程思维及实践能力还有待提高；对所有学生授课的内容趋同，缺乏个性化学习内容，存在部分少数民族及基础较弱同学跟不上的现象；课程评价标准不能充分反映程序设计课程中非常重要的过程性实践和实践能力考查，不利于学生实践创新能力的培养。针对以上问题，本文进一步分析课程内容以及学习方式及环境，为翻转课堂的设计实践提供基础。

(二)课程内容分析

作为程序设计语言，C语言实践性强，要求学生达到很好的学以致用的能力。但是，要在有限的课时内完成解决实际问题的能力培养并非易事。教学内容设置不当会导致学生学习热情不足，影响学习效果。首先需要根据学科最新发展情况对课程内容进行必要的裁剪与重组，使其既能反映该学科领域最基本、核心的知识，又能反映该学科最新发展和动态。由于程序设计课程是一门理论性、实践性都很强的课程，因此，学生一方面要高质量地完成课堂知识点的学习，另一方面也要通过课程实验部分，提高实践能力[2-3]。理论知识的学习与上机实践练习，具有互相指导、互相促进的作用。加强实践能力的教学，也将使学生对理论知识的掌握更加牢固。

(三)学习方式与环境分析

2020年初，我国面临新冠肺炎带来的严峻挑战，教育部做出了2020年春季学期延期开学的决定，并于2月5日印发《关于在疫情防控期间做好普通高等学校在线教学组织与管理工作的指导意见》。《意见》指出：“各高校应积极开展线上授课和线上学习等在线教学活动，保证在线学习与线下课堂教学质量实质等效。”实践中，如何在教师与学生通过网络联通的情况下[4]，保证在线学习与线下课堂教学质量实质等效？这是每位教师必须思考并完成的一道必答题。随着疫情结束，学生回归课堂，传统课堂已无法适应“互联网＋教育”时代的需求，探索新的教学模式已成为必然趋势。如果说突如其来的疫情让学校和老师措手不及，那么对于后疫情时代的教学方式，什么样的教学模式才是相对比较好的选择呢？适合后疫情时期的课堂模式应该首先满足灵活多变的条件，可以让线上线下的课程自由切换。翻转课堂的教学模式具有这种灵活性，如何在“C 语言程序设计”这门课中探索出适合的翻转课堂实践模式是值得深入研究的问题。

三、翻转课堂的教学模式实践

翻转课堂又称反转课堂，与传统课堂教学模式相反，学生的角色从被动接受者转变为教学活动中主动的参与者。通过课前查阅资料，看相关视频等方式完成知识的自主学习。课堂上通过开展提问、讨论、实践等活动使课堂的主体由教师变成了学生。教师主要引导学生研究及解决问题，从而获得对知识更深层次的理解。针对我院学生基础参差不齐、分析及解决问题能力亟待提高等特点，本文以能力培养为目标，构建基于师星学堂平台的翻转课堂教学模式，以“C 语言程序设计”课程为例，开设在线课程，将线下课堂教学与线上教学深度融合，为“翻转课堂”教学模式的应用提供有益的实践探索。

(一)教学内容的设计与开发

1. 在线教学内容

对课程教学与技能掌握的知识点进行重新划分，建立了基于“碎片化”的知识点体系，再结合我院学生的实际情况，将这些“碎片化”的知识点有针对性地录制成实用的微课视频，供学生无限制地观看、学习，真正实现跨时空的网络在线学习。此外，在自制实用微课视频的基础上，还引进了 MOOC 优质视频，提供了全面的在线教学资源，以满足不同层次学生的学习需求。

2. 课堂教学内容

课堂活动需要学生达到知识的内化，教师应根据学生课前自主学习情况，将 SPOC 平台记录的数据分析结果作为参考，与课外在线教学内容有机结合，分层次分重点设计课堂教学内容。本课题采用案例驱动教学，为各知识点设计了学生感兴趣的课堂教学案例以及具有专业特色的综合案例，将课堂教学内容融于生动具体的案例中，激发学生的学习兴趣。在设计过程中，还挑选了实用的、有针对性的经典案例，按照由简到难渐进的方式进行设计，在递推的过程中对简单案例进行改进、拓展，将分散的知识点联系起来，逐步培养学生的思维能力[5]。

依托在线资源的线上线下联动课程体系。本课程共 64 学时，包括线下课堂讲授 26 学时、线上自学后线下课堂翻转 12 学时、线下实验翻转 2 学时、线上自学 20 学时 以及线下讨论 4 学时。从问题解决能力培养出发，注重在线资源建设与动态调整。通过雨课堂进行课前测试(同时完成课堂考勤)，随堂测验，强化知识点的掌握。通过PTA实践教学平台强化学生的动手实践能力。最后，利用线上平台、师星学堂的后台形成性数据，结合PTA平台的实践数据，以及期中、期末的机考数据进行多维度考核评价。

3.课后练学内容

课前自学、课堂互动、课后练习、课外拓展四步教学法。课前下发自学预习内容，指定师星学堂学习资源；课中采取翻转课堂、难点解析等手段进行教学互动，强化学生主体意识；课后通过线上线下作业、阶段测试等环节，掌握学生学习情况，推进教学过程的持续改进。四步教学法如图1所示。

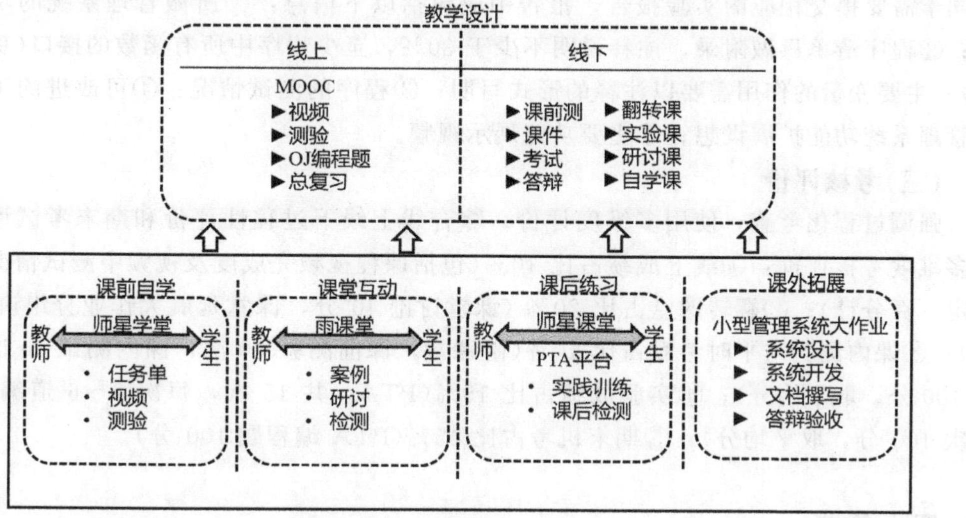

图1 四步教学法

(二)学习策略的制定与实施

在"MOOC+翻转课堂"教学模式下，教师以培养目标为指导，教学大纲为框架，对教学内容进行裁剪和优化，将知识内容融入若干任务中，制定可落实的自主预习任务单，在课前发布给学生。学生根据老师布置的在线学习任务，提前学习MOOC平台上相关的视频课程，完成知识点的学习和理解；在学习视频课程的过程中完成配套的测验，用于检验学习效果；通过数据的分析结果，教师能及时调整课程教学策略，并对学生展开个性化辅导，有效提高教学效果[6-7]。

通过雨课堂的课前测来检测基础知识课前吸收的状况。在学生做好一定准备的前提下，结合后台数据分析，师生可针对难点问题进行研讨、解答。教师可根据学生的问题，设计有针对性的课堂教学案例，将难点融入案例当中，激发学生的兴趣，引导学生进行研讨，寻求解决方案，实现知识的内化。通过课堂案例教学，将课前的基础知识运用到实际中，从而提高学生分析问题、解决问题的能力。

课题组在MOOC平台师星学堂提供了一定量的作业习题，要求学生在课堂学习后有针对性地进行练习，自动评阅结果可用来学习即时自检对基本知识的掌握程度。此外，课题组使用PTA在线考试系统，该系统专门针对程序设计类课程提供在线编译、链接、运行和判别功能，可以对学生的编程结果进行即时反馈，对学生能力进行更科学、更有效的评价。

翻转课堂延展部分要求同学分组完成小型管理系统的原型设计及开发。建立一个小型管理系统，该系统具有输入、查询、排序、修改、插入、删除、输出等功能。每位同学需要提交相应的实验报告，报告中应包括以下信息：①所做管理系统的功能设计；②程序清单只做附录，注释说明不少于30%，至少程序中所有函数的接口(功能设计)、主要变量的作用需要以注释的形式写明；③程序的测试情况；④可改进的工作以及管理系统功能扩展设想；⑤主要功能展示视频。

(三)考核评价

强调过程化考查，使用多维度评价。综合线上线下过程性评价和期末考试评价进行多维度考核评价：①线上成绩占比10%(包括课程视频完成度及视频中测试情况综合评定，百分计)；②翻转课堂占比20%(课堂讨论40分，课堂延展大作业分组讲解60分)；③课内测验与平时考勤占比10%(雨课堂，课前测验30次，课内测试30次，每次100分，取平均分)；④实验成绩占比15%(PTA，共15次，每次3～6道编程题，每次100分，取平均分)；⑤期末机考占比45%(PTA编程题100分)。

四、总结

本文提出的翻转课堂为四步教学法即以课前自学、课堂互动、课后练习、课外拓展为主要实施方式，形成一个有利于开展个性化教学和探究式学习的教学模式。通过“及时教学”模式，形成教学“反馈链”，将学生的课前、课中、课后、课外等四个环节有机整合，充分调动学生作为教学过程主体的积极性[8]，同时充分发挥教师作为教学组织者的作用。

参考文献：

[1]祝智庭，管珏琪，邱慧娴．翻转课堂国内应用实践与反思[J]．电化教育研究，2015，36(6)：66-72.

[2]王芳，张睿，司玉杰．以提升程序分析与设计能力为导向的C语言程序设计教学改革研究[J]．计算机教育，2020(9)：168-173.

[3]潘飞，付景顺，李强，等．新工科背景下《C语言程序设计》课程教学体系改革探索[J]．教育教学论坛，2020

(14)：163-164.

[4]于歆杰．清华于歆杰教授：直播还是不直播？这是个好问题！[EB/OL].[2020-02-17]. https：//www.sohu.com/a/373740302_120492088.

[5]曹琰，王禹，丁文博，等．基于SPOC平台的翻转课堂教学研究[J]. 计算机教育，2017(9)：77-81.

[6]金俭，张晓丹．“互联网 +”背景下的混合式教学模式应用研究 [J]. 电脑与信息技术，2018，26(6)：60-62.

[7]田红磊．基于计算思维的计算机程序设计课程教学改革 [J]. 计算机教育研究，2015，4(3)：73-74.

[8]祝智庭，郭绍青，吴砥，等．“停课不停学”政策解读、关键问题与应对举措[J]. 中国电化教育，2020(4)：1-7.

仪器分析线上线下混合式教学的探索与实践

叶能胜　林雨青　张　璐　周文娟①

摘要： 近年来首都师范大学仪器分析教学团队充分发挥信息化技术在远程教学中作用，利用中国大学 MOOC 在线教学资源并结合课堂教学开展混合式教学，受到学生的好评。本案例从实践问题、方案设计、实践案例和实施成效四个方面介绍仪器分析课程在线教学的探索与实践，特别是在疫情期间发挥了重要的教学作用。

关键词： 混合式教学；仪器分析；慕课

2020 年初，突如其来的新型冠状病毒肺炎疫情导致春季学期延期开学，为了贯彻教育部“停课不停教、停课不停学”的通知精神，各高校积极开展形式多样的在线教学模式，有效保证疫情防控期间的教学进度和教学质量。

一、实践问题

仪器分析是化学相关专业的核心专业课程，学时数为 48 学时。首都师范大学化学系仪器分析教学团队召开教学研讨会，认真分析该课程教学中存在的问题，并积极商榷对策。其主要问题包括以下几点：一是教师团队的信息化水平有待提高，急需授课教师通过培训或自学方式熟练掌握相应的信息化教学技能；二是学生对混合式教学模式的适应性，如何通过在线互动吸引学生的学习兴趣都是需要考虑的实际问题；三是改变传统教学模式，充分结合在线教学资源的特点来组织实施教学，通过多渠道收集学生的学习反馈并实时调整教学。针对以上问题，仪器分析教学团队充分利用中国大学 MOOC 在线教学资源，结合课堂教学平台开展混合式教学。

二、方案设计

仪器分析教学团队提出实行“1＋1＋N”混合式教学模式(如图 1 所示)，即以中国大

① 叶能胜，男，首都师范大学化学系教授，研究方向：复杂体系分析新方法开发与应用；林雨青，女，首都师范大学化学系教授，研究方向：活体分析化学；张璐，女，首都师范大学化学系副教授，研究方向：微通道中的生化分析；周文娟，女，首都师范大学化学系讲师，研究方向：发光分析。

学 MOOC 为线上学习主平台，充分发挥教学团队前期建设的在线教学资源开展线上学习环节；课堂教学为线下平台，主要以知识点串讲模式，适度采取翻转课堂教学模式，疫情期间则是采用企业微信直播平台代替线下课堂教学；N 个教学支撑平台分别是师星学堂平台、企业微信课程群交流平台、问卷星、雨课堂等其他师生交流平台。师星学堂平台则是作为线上作业平台，授课教师在该平台发布作业、学生线上完成作业，最后由授课教师线上批阅并反馈作业评语；企业微信群是课程师生交流平台，可以用来发布课程学习安排通知，还可以用来线上答疑，实现师生实时互动；问卷星与雨课堂则作为课堂教学互动平台，及时掌握学生学习情况。仪器分析课程教学设计流程如图 2 所示。

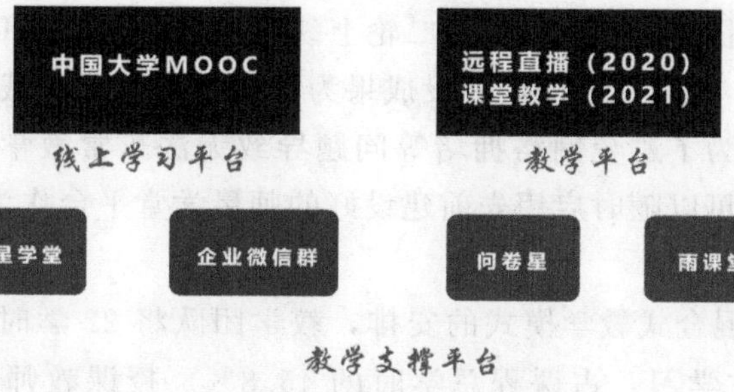

图 1　仪器分析“1＋1＋N”混合式教学模式

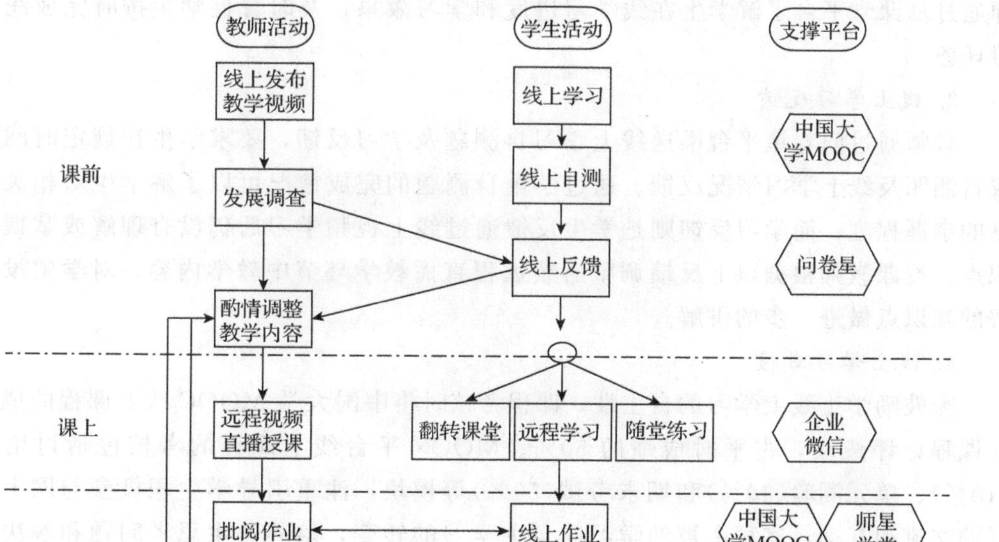

图 2　疫情期间线上学习结合远程直播混合式教学策略

(一)学生线上学习

1. 在线课程建设基础

仪器分析教学团队于2018年启动在线课程建设，充分借鉴网络在线课程的建设经验，认真梳理课程重要知识点并作为第一批教学微视频录制内容。经过一年的努力，仪器分析在线课程于2019年春季学期在师星学堂平台上线并在教学实践中投入试用。经过教学实践并不断改进，该在线课程建设经学校组织专家评审被推荐在中国大学MOOC平台开课。仪器分析课程2019年11月在中国大学MOOC平台上线，第一轮选课人数达1990人。为了配合2020年春季学期线上线下混合式教学模式，2月25日仪器分析在线课程在中国大学MOOC第二轮上线(课程编号：CNU-1206451827)，本轮选课人数达3135人。在线课程前期建设成果为本次疫情期间在线教学提供了丰富的教学资源。与此同时，为了避免网络拥堵等问题导致无法正常教学，教学团队还做好了在线学习备用方案，可以随时启用先前建设好的师星学堂平台作为备用在线教学资源。

2. 线上学习设计

按照“1＋1＋N”混合式教学模式的安排，教学团队将22学时用于学生在中国大学MOOC平台进行自主学习，占课程总学时的45.8%。授课教师提前一周在中国大学MOOC平台发布教学资源，学生在规定时间完成教材阅读、视频学习和线上自测。教师通过慕课堂平台了解学生在线学习进度和学习效果，及时督促学生按时完成线上学习任务。

3. 线上学习反馈

教师通过问卷星平台推送线上学习自测题及学习反馈，要求学生在规定时间内完成自测题及线上学习情况反馈。通过学生自测题的完成情况可以了解学生对相关知识点的掌握程度；而学习反馈则是学生反馈通过线上视频学习后仍没有理解或掌握的知识点。授课教师根据以上反馈调整后续远程直播教学环节中教学内容，对学生没有理解的知识点做进一步的讲解。

4. 线上学习考核

为鼓励学生线上学习的自主性，课程考核时将中国大学MOOC线上课程的成绩纳入课程总评成绩，占平时成绩的50%。MOOC平台线上课程的考核包括讨论成绩(10%)、单元测验(40%)和期末考试(50%)等模块，注重引导学生积极参与网上讨论区的交流和互动，实现由被动学习向自主学习的转变，培养学生思考问题和解决问题的能力。

(二)课堂教学

疫情期间，教学团队采用企业微信直播平台进行远程直播教学；2021年则恢复正常线下课堂教学。现就远程直播教学加以介绍。

1. 直播教学平台

面对如此众多的直播教学平台，教学团队到底该如何选择？仪器分析教学团队从平台的稳定性、互动功能、回放功能、操作便捷等层面对各平台进行考察；同时教学团队坚持以学生为中心，在正式开课前进行了直播教学试运行，教学团队每位教师采用一种直播教学模式进行20分钟的远程教学。试运行结束后就远程教学运行效果在学生中进行调研，参考大多数学生的意见，充分考虑学生对直播教学平台的接受程度，最终选定企业微信直播平台作为远程直播教学平台。与此同时，教学团队充分考虑教学过程中可能发生的意外情况，同时将企业微信会议、雨课堂作为远程直播教学备用平台。对于以上远程直播教学平台，教学团队每位教师都进行了技术培训，多次召开教学团队研讨会商议如何发挥各平台的教学功能。

2. 直播教学互动

师生互动是远程直播教学需要面对的重要问题。在直播教学过程中，授课教师可以充分利用直播教学平台提供的互动功能进行远程教学互动。随着直播平台升级，适合远程直播教学的互动功能不断被开发并应用到教学互动中，突破了远程教学中师生交流的屏障(如图3所示)。在本课程的远程直播教学过程中，教学团队充分发挥直播教学平台提供的互动功能实现了良好的师生互动效果，如利用企业微信平台的签到功能实现了考勤；学生随时在文字评论区与授课教师进行实时互动交流，特别是发生教学卡顿等意外情况，保证了远程直播教学的顺利进行；学生还可以通过申请发言功能与授课教师进行视频连线，进行线上实时互动；授课教授可以通过邀请发言功能进行点名连线互动；为了检查学生课堂学习效果，授课教师可以随时通过投票或者问卷星发布随堂练习，学生在限定时间内完成线上作答，授课教师则可以通过后台实时了解学生答题情况并酌情调整教学进度。

与远程教学在线互动相比较，2021年线下课堂教学除了师生近距离互动外，还通过雨课堂来实现与学生的实时互动，互动充分，课堂气氛活跃。

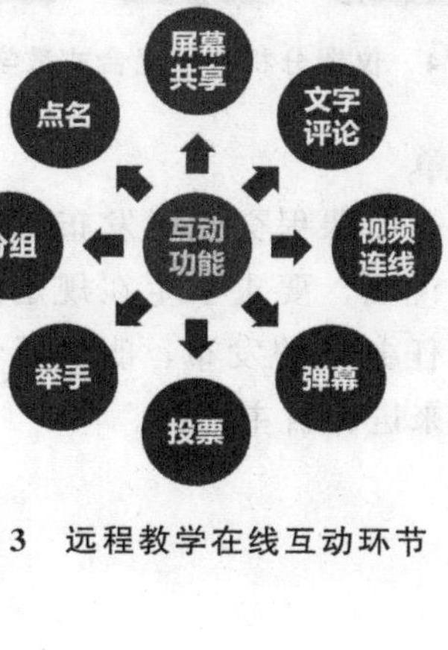

图3　远程教学在线互动环节

(三)课后线上辅导

1. 作业环节

本课程选择师星学堂平台作为课程作业平台。授课教师在该平台发布课程作业，学生在规定的时间内完成并提交线上作业，教师可以在线批阅并实时反馈批阅意见给学生。考虑疫情期间学生居家学习的实际情况，课程作业严格控制作业总量，提高作业设计质量。每章作业中都包括章节内容总结，鼓励学生采用思维导图形式来梳理知识点，以促进学生对知识点之间相互联系的理解，使学生知识系统化。同时还安排学生文献检索，让学生通过文献调研了解所学知识的前沿动态以及所学知识在各个领域的应用情况，激励学生学以致用，培养综合运用所学知识解决实际问题的能力。2021年恢复正常教学秩序后，线上作业的模式依然保留。

2. 答疑环节

在线学习模式延伸了传统课程的时间和空间，学生可以根据自己的学习情况，通过多种渠道和方式进行复习和寻求学习辅导。学生可以通过中国大学 MOOC 平台的讨论区留言，教学团队教师及时予以解答；学生还可以通过企业微信课程群向授课教师提问，实现师生实时互动，及时解决学生在远程学习中存在的疑惑。

三、实践案例

下面以仪器分析课程第九章“毛细管电泳法”为例介绍在线教学案例，教学流程如图 4 所示。

图 4 仪器分析课程混合式教学流程

(一)发布课程任务学习单

授课教师提前一周在企业微信课程交流群发布课程学习任务单(如图 5 所示)，对学习章节和学习要求进行具体说明，要求学生在规定的时间内完成教材阅读、视频学习和线下课堂教学。通过学习任务单的发布，明确了学习时间要求和任务要求，学生可以合理安排自己的学习时间来进行自主学习。

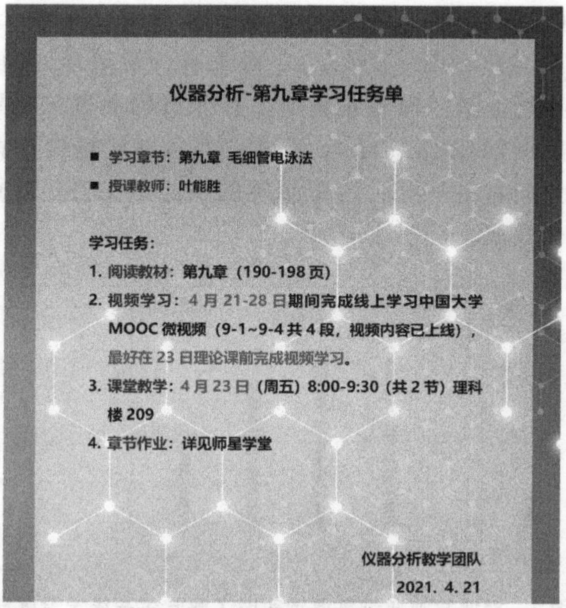

图 5　仪器分析课程学习任务单

(二)中国大学 MOOC 平台线上自主学习

本次课程线上学习时间是第 1 节课和第 2 节课，为了保证同学们能按时参加线上学习，授课教师通过企业微信平台的签到功能进行考勤(如图 6 所示)，根据学生考勤的情况进行督学，如联系未签到的同学，提醒及时参加在线学习。在规定的时间内学

图 6　在线学习扫码签到

生完成中国大学 MOOC 平台对应章节教学视频的学习；与此同时，教师通过慕课堂平台了解学生的视频学习进度(如图 7 所示)，对未进行视频学习的学生进行个别联系，确认其学习状态。学生线上学习即将结束时，授课教师通过问卷星平台向学生推送线上学习自测题和学习反馈(如图 8 所示)，要求学生在规定的时间内完成线上答题和反馈，教师同样可以通过问卷星平台了解学生答题情况，在答题截止时间之前再次提醒未完成答题的同学尽快完成。

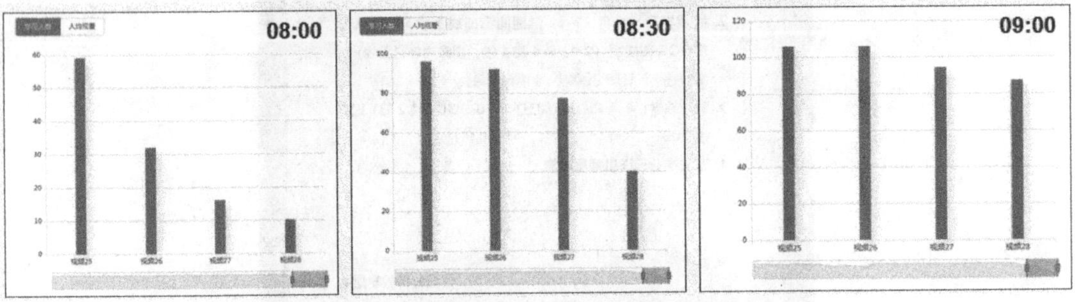

图 7　授课教师通过慕课堂实时了解学生在线学习进程

图 8　通过问卷星平台推送线上学习自测题及学习反馈

(三)企业微信平台直播教学

如前所述，本次课程继续在企业微信直播平台开展远程直播教学。直播过程如下。

1. 课程引入

课程以科学技术在抗击疫情中的重要作用谈起，介绍核酸检测技术以及中国科学家在冠状病毒基因测序中做出的前沿工作(如图 9 所示)，引导学生关注疫情，重视科技发展，也激发学生对中国科技发展的自豪感。由冠状病毒的基因测序过渡到人类基因组计划，从而引出本课程的主题——毛细管电泳技术。

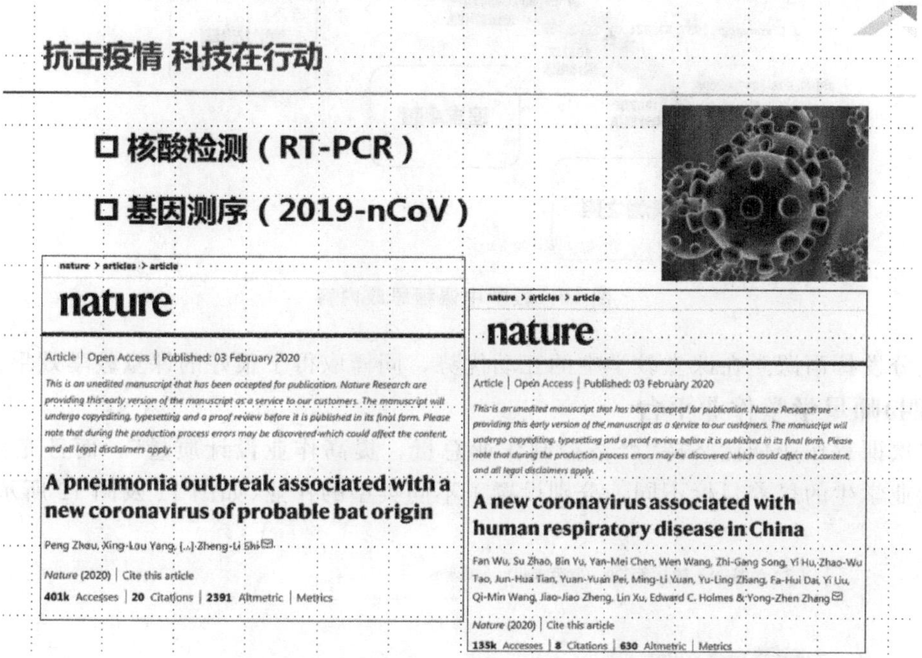

图 9　远程直播教学，由科技抗疫引入课程教学内容

2. 知识点串讲

远程直播教学过程中，授课教师充分考虑学生线上学习的情况对课程知识点进行串讲。在知识点的串讲过程中合理融入课程思政内容，如讲到毛细管电泳发展历史时，则引导学生树立对待科学研究的科学态度；同时也教育学生要学以致用，将所学专业知识应用到实际生活生产中(如图 10 所示)。

3. 教学互动

在 2020 年本课程的远程教学过程中，授课教师注重与学生的远程互动，邀请学生视频连线参与课堂讨论；每串讲完一个知识点则通过问卷星平台推送随堂练习题，考查学生对知识点的掌握情况。整个教学过程下来，平均每 10～15 分钟就与学生进行一次线上互动，以实时了解学生的学习状况。学生在教学评价说“互动很多，讲课很生动”“讲课很生动，互动性很强，学生参与度较好”。而在 2021 年的线下教学过程中，

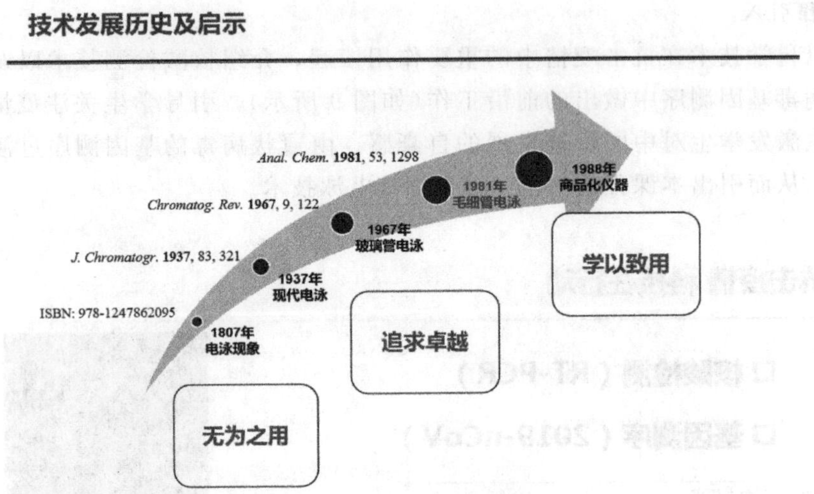

图 10　教学中课程思政内容

则是充分发挥雨课堂在课堂教学中的互动优势，同样取得了很好的课堂教学效果。

(四)师星学堂作业平台

本次课程作业依然坚持“严格控制作业总量，提高作业设计质量”，而且充分考虑不同专业学生的培养目标不同，分别设置了不同类型的作业(如图 11 及图 12 所示)。

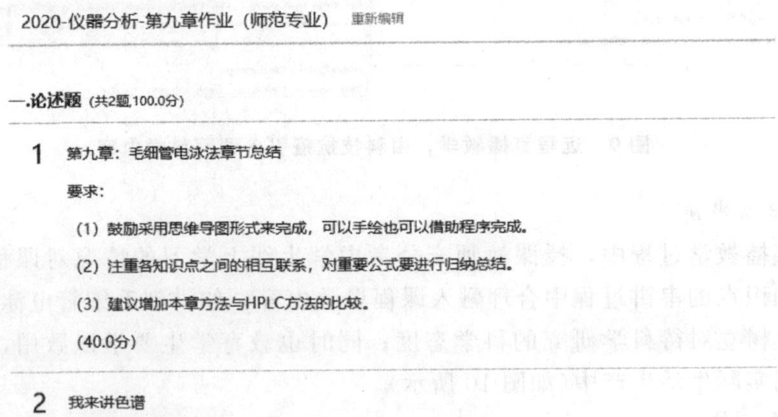
2020-仪器分析-第九章作业（师范专业） 重新编辑

一.论述题（共2题,100.0分）

1　第九章：毛细管电泳法章节总结

要求：

（1）鼓励采用思维导图形式来完成，可以手绘也可以借助程序完成。

（2）注重各知识点之间的相互联系，对重要公式要进行归纳总结。

（3）建议增加本章方法与HPLC方法的比较。

（40.0分）

2　我来讲色谱

请师范专业的同学从色谱部分的知识点中任意选择一个知识点进行讲解，录制成微视频。

微视频以作业附件形式上传或者百度网盘共享。

（60.0分）

图 11　化学(师范)专业学生的课程作业

2020-仪器分析-第九章作业（应化专业） 重新编辑

一.论述题（共2题,100.0分）

1 章节总结

要求：

1. 鼓励采用思维导图形式来完成，可以手绘也可以借助程序完成。

2. 注重各知识点之间的相互联系，对重要公式要进行归纳总结。

（40.0分）

2 色谱文献汇报

应用化学专业的同学请任意检索一篇色谱类英文文献，精读后制作PPT进行文献汇报。

文献汇报录制成微视频作为附件上传或者百度网盘共享。

（60.0分）

图 12　应用化学专业学生的课程作业

从作业完成情况来看，学生对这类型的作业很感兴趣，也认真去完成，在完成作业的同时学生也掌握教学视频录制的基本方法，促进学生信息化教学技能的提升。授课教师也是逐份批阅并撰写作业评语，对优秀的课程作业还在中国大学 MOOC 平台进行展示(如图 13 所示)。学生在本课程的教学评价中写道："老师的作业很多元化"；"作业与众不同，别出心裁"；"布置的作业很有特色"；"布置的作业很有特色，根据专业的不同布置不同内容的作业"；"作业太有意思了！很有创意，而且批改认真"；"批改作业特别认真，每一项都有评语及建议"。

四、实施成效

2020 年疫情给教学工作带来诸多不利，但是仪器分析教学团队齐心协力，在学校教务处和数字校园建设中心的帮助下，积极应对，圆满完成了疫情期间仪器分析课程的教学任务，教学效果满意，起到了很好的教学示范和引领作用。

(一)学生反馈

学生在教学评价中给予好评，四位授课教师的学生评教平均成绩达 96.09 分，与 2017—2019 年评教成绩持平。2020 年 4 月 30 日，应学校数字校园建设中心和招生就

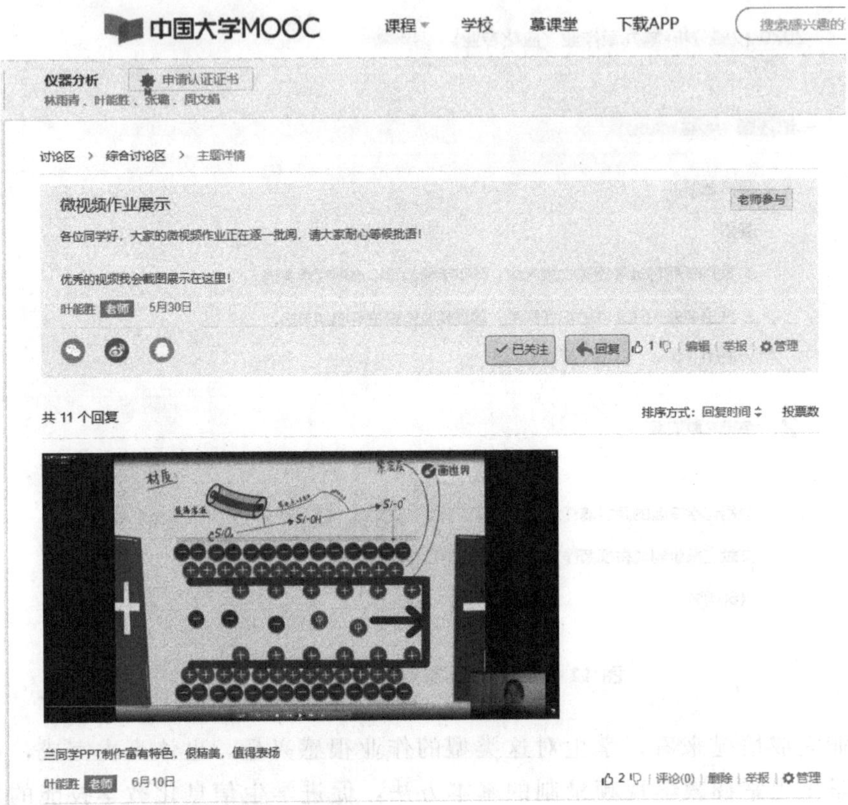

图 13　本章优秀视频作业进行线上展示

业处邀请，课程团队成员叶能胜教授结合仪器分析在线教学的实践与师范生分享如何上好网课，受到学生的好评和欢迎。

(二)同行反馈

学校和院系督导等多位老师先后多次在线旁听仪器分析课程并及时将听课意见反馈给授课教师本人，均给予好评。2020 年 3 月 3 日，应学校教务处邀请，课程团队成员叶能胜教授在企业微信平台进行在线教学观摩课，课堂教学效果得到了观摩教师的一致好评。

(三)教学团队的提升

仪器分析教学团队团结协作，多次召开线上教学研讨会，协商教学工作。团队成员积极应变，主动学习以提升信息化教学技能，确保教学顺利进行。在 2021 年本课程的教学中，教学团队再次开展了混合式教学，更加熟练，教学效果也更为明显。教学团队发表与本课程相关的教学研究论文 2 篇[1,2]。

五、结语

教学信息化是当前高等教育改革的重要方向，实现信息技术与教学的双向融合已成为教育创新的新形势。首都师范大学仪器分析教学团队充分利用在线课程资源开展线上线下混合式教学实践，实现了教学中教师主导作用和学习中学生主体地位的有效融合；信息化技术的合理利用促进了师生间及时高效的沟通交流，有效提高了学生的积极性和参与度，教学效果明显增强。该教学模式对学生自主学习能力、独立思考能力、创新意识和综合素质的培养具有重要意义。

参考文献：

[1]叶能胜，林雨青，张璐，等．疫情时期在线教学的探索与实践：以仪器分析课程为例[J]．中国现代教育装备，2020(9)：6-9.

[2]宗蕊，胡晓雨，叶能胜．仪器分析课程思政建设的探索与实践：以色谱教学为例[J]．首都师范大学学报(自然科学版)，2021，42(4)：69-74.

数字化学习的PES三元框架理论

张晓龙①

摘要：本研究通过分析数字化学习的本质特征，探讨数字化学习引发的学习变革，聚焦数字化学习对学校场景的影响，提出了数字化学习教学的关键是“驱动”，并提出了PES三元框架理论作为分析与评估的框架。三元框架包括三个要素，分别是输入输出、情绪体验和社会性，具备良好的兼容性和开放性，为未来数字化学习的研究提供借鉴。

关键词：数字化学习；PES；三元框架

一、引言

数字化学习(Digital Learning/E-Learning)最早由Jay Cross于1999年提出，最初的定义为“每人拥有一件数字化学习设备，能够利用此设备的平台资源，进行有效学习的一种方式”[1]。后来随着技术的发展，有一些变化，如William R. Penuel于2007年提出“学生在每人一台学习设备的环境下，通过网络完成学习”[2]。雷静等给出的定义为“师生各拥有一台个人可移动的，连接无线网的技术设备进行教与学的活动”。[3]即这类活动主要以笔记本电脑为主，但近些年逐渐开始多样化发展，比如使用iPad、手机等小型设备。最具有代表性的是美国培训与教育协会(ASTD)的界定“学习者使用数字化媒体学习的过程，数字化媒体包括互联网、内部协作网络、计算机、卫星广播、录音带、录像带、互动电视、光盘。应用包括基于网络的学习、基于计算机的学习、虚拟教室和数字合作”[4]。从数字化学习的定义可以看到，概念中变化的是学习设备和场景的与时俱进，不变的是这些设备仍属于数字化设备和相关的资源平台。从以往的研究中可以看到，数字化学习是以学习者学习所需要的设备和资源为标志的。但这些技术并不必然带来学习的积极变化。尤其是经历了新冠肺炎疫情带来蜂拥而至的数字化学习，效果其实并非都尽如人意。如何才能让数字化学习促进学习效率的提升，正在成为我们当前迫切需要解决的问题。本文将通过探讨数字化学习的本质特征，并提出

① 张晓龙，男，北京师范大学发展心理研究所博士(认知与发展方向)，首都师范大学教师教育学院/人工智能教育研究院讲师/兼职研究员、硕士生导师。研究方向：能量释放通道理论与技术、教师学习、数字化学习。

数字化学习的三元框架理论，为分析和评估数字化学习及提升学习效率提供借鉴。

二、数字化学习的本质特征

从上文中数字化学习的概念的变迁可提取到数字化学习中两个关键要素，即数字化设备和资源平台。数字化学习中学习者必须通过数字化设备和资源平台来学习，也就是说数字化学习的学习介质必须是数字化设备和资源。数字化学习的学习介质也是其与非数字化学习的区别之处。数字化学习的本质特征也应该是介质变化引发的特征。我们可以通过与前数字化学习时代的对比来分析数字化学习的本质特征。

学习过程中介质有两个主要的功能，一方面是获得各种信息，另一方面是表达、输出信息。在前数字化学习阶段，我们学习所用的设备为以笔墨纸砚为代表的非数字化设备。资源是以各种书籍为代表的非数字化资料。我们通过这些非数字化的介质获取信息，如看书、听教师讲等，而且很重要的一点是教师和学生掌握的信息量是有限的、非对称的。即这种非数字化的介质使得教师更容易掌握如教学参考书、专用书籍等独有的信息资源。另外，我们也通过这些介质在学习过程中表达，例如写作文、答卷、写作业、回答课上提问等，即书写文字和口头发言等方式传递和呈现。这些文字和发言的记录、分析和评估不通过数字化手段是需要耗费大量时间和精力留存的，即使通过录音笔转录为音频信息也需要消耗大量的人力物力。

数字化介质的使用让我们在获取信息的多方面发生了巨大变化。首先，"互联网+"数字化设备使得能够获取的资源理论上是无限的，学生理论上更容易获得和教师甚至专家同样数量的学习资源。此外能够输出的信息也可以通过音频视频、图片文字在线快速传播。此外，数字化资源的在线化和数字化设备的便携化，使得个体趋向随时随地获得学习资源，因此学习者如果有足够的时间，理论上甚至会获得比教师等传统的知识传授者更多的知识资源。很显然，学生在时间资源上是天然优于教师的，所以学生理论上是可以获得比教师更丰富的学习资源。此外，数字化的介质使得人际互动可以跨越时空，即过去由于时间和空间产生的阻隔可以大部分消除。例如：教师的时间有限，只能提问几个学生；离开了教室和学校，学生无法再方便地获得教师的帮助等。这些问题都通过数字化介质的使用消失了。因为数字化时代，一个人理论上可以同时对全世界的人提问，当然也可以同时收到全世界每个人的答案，这在热门的问答服务中已经成为现实。离开了学校的环境，学生仍旧可以通过数字化设备随时联络任何人互动。此外，数字化硬件和软件可以自动记录语音、视频等学习过程信息，例如现在的语音识别软件可以做到将口语实时自动转为文字，实时翻译各种语言等。综上所述，数字化学习通过学习介质的数字化引发了学习者获取资源数量和方式的变化，从而使得学习可以随时随地地泛在化地发生，并自动全方位记录学习过程。本文将数字化学习的本质归纳为以下几点：第一，学习资源的均等化，即所有的学习者和知识传授者理论上可以获得同等数量和质量的学习资源；第二，学习中人际互动的跨时空，即学习过程中学习者与他人互动的随时、随地的特点；第三，学习过程数字化记录自动化。

而这三个本质特征所引发的学习变革是深远的。首先，就学习资源的均等化而言，一方面使得理论上学习者不再受制于资源的不对称，就学习资源占有方面获得更加平等的地位；另一方面，传统的教师的知识资源失去了优势，甚至由于教师本人信息与交流技术(Information and Communication Technology，ICT)素养的局限性以及时间资源的紧张，使得其在学习资源获取中相对于学生处于劣势。其次，就人际互动的跨时空特点而言，学习者在理论上拥有了在世界范围内随时随地人际互动的能力，即学习者可以与世界上任何人讨论任何话题，获取知识。就学校场景而言，学生可以随时通过虚拟世界切换为教师的身份，教师的角色边界模糊和边缘化。最后，教学过程的数字化记录自动化使得学习过程可以通过大数据分析制定循证的教与学策略。

数字化学习的影响将会非常深远，但其过程是渐进的，不是一蹴而就的。作为新生事物，其发展过程必然带来诸多挑战。鉴于当前我国数字化学习的发展状态，以及疫情之后引发的对数字化学习相关话题的讨论，本文将聚焦在学校教学场景，我们可以分别从教师、学生和教学内容三个方面来探讨数字化学习带来的挑战。对于教师来说，资源占有方面的权威性被削弱。首先从宏观上来说，数字化学习实际上很大程度上抹平了教师和学生获取学习资源之间的差异，甚至学生由于时间与信息技术的熟练使用可能获得相较于教师更多的资源。也就是在学校这个有限时空的场景中，教师面临着学习资源相对匮乏的挑战。对于学生来说，随时随地获得各种信息资源(包括学习资源)使得课堂场景中学习资源的吸引力大幅降低，削弱学生在课堂上的学习动机。这样的现象在生活中比比皆是，我们可以随时获得各种信息，但我们的学习兴趣却没有得到提高，反而似乎削弱得更甚，非学习类的信息占用了很多时间。因为与学习无关的信息也同样海量涌入，使得与学习相关的信息面临更加严峻的竞争，即学习者需要具备更强的专注与控制能力才能够保证学习信息的获取不被干扰。对于教学过程来说，如何在有限时空里设计出与教学时空之外差异性强、具备足够吸引力的内容成为教师的真正挑战。

总的来说，数字化学习引发的教学挑战包括教师权威和资源优势的削弱甚至丧失，学习者学习资源地位的强化以及学习专注和行为控制的难度加大，有限时空教学内容与泛在信息对学习者时间和注意力的竞争。以疫情期间的在线教学为例，疫情期间在线教学中很多教师由于信息与通信技术的不足等导致其在数字化学习场景中丧失了传统课堂的各种优势；此外，“学生难以控制”正是教师和学生在数字化学习中的专注和行为控制不适应的表现。

面对数字化学习对教学带来的诸多挑战，为了更好地设计教学、评估教学，我们需要寻找适合数字化学习的理论框架。把握数字化学习时代的教学的核心是构建理论框架的基础。数字化学习的泛在化意味着学校之外的任何地方都可能成为学习的场所。传统的课堂传授内容集中在知识和技能上，但现在的情况是课堂外的学习也需要考虑在教学设计内，而课堂外的学习水平每个学生参差不齐，教师在寻找适合全班多数同学的学习内容上面临更大的挑战。这种挑战其实提出了另一种思路，既然学生可以从课堂之外获得海量的学习资源并可以自主习得，那么教师在课堂上专注的不应该只是知识与技能的讲解。这其实是传统教学一直强调但难以实现的——培养学生的兴趣。或者说数字化学习时代其实有一个假设，如果一个人真的想学什么，资料不是问题，关键是如何让一个人"想"学，即数字化学习时代，有没有学习动机才是最重要的。因此，数字化学习的时代，教学的核心是"驱动"，即驱动个体去获取知识，训练能力。而这种驱动必须通过积极的体验和社交驱动来实现。首先，教师应在有限时空的课堂驱动学生，必须让学生对学习获得积极的体验，而且还需要通过师生以及亲子等人际关系来塑造学生的学习行为，这些在数字化学习中其实是尤为关键的要素。

如果说前数字化学习时代的学习将更多的精力放在了知识技能的输入与输出部分，数字化学习则更强调课堂上该如何驱动学生自主学习。数字化学习通过泛在化和跨时空的方式使得学习者可以将知识和技能的学习放在任何时空，在时空有限的课堂上可以专注于驱动学生主动学习。

三、数字化学习的 PES 三元框架理论

基于上述分析，我们可以看到数字化学习通过学习介质的改变使得学习者获取资源与知识传授者相比等量化甚至超量化，而且跨时空的特点使得课堂有限时空的学习内容发生了质变，即知识与技能的习得泛在化，而课堂则需要从知识与技能的传授转向如何驱动学生从海量资源中获取学习的有效信息并习得知识与技能。笔者认为分析数字化学习的过程可以从三个维度进行，三个维度分别是：输入输出（P：in/output）、情绪体验（E：Emotion/Experience）和社会性（S：Social factors），如图 1 所示。

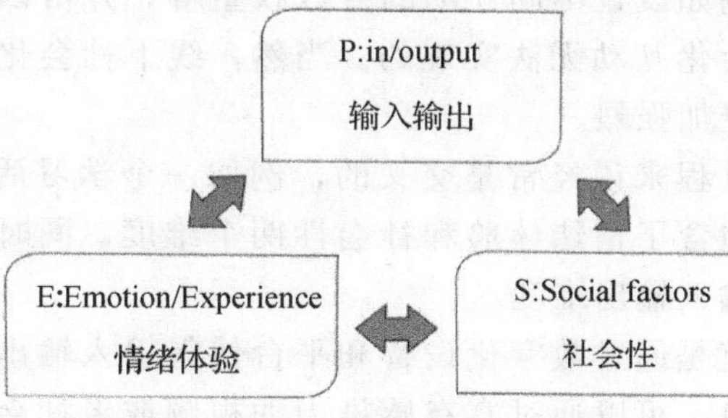

图 1　数字化学习的 PES 三元框架

1. 输入输出维度

此维度的输入输出是针对学习者而言的，即输入学习者的信息和学习者输出的信

息，数字化学习的特征决定了信息的输入与输出均可数字化和在线化，学习者输出信息的广度和深度是评估教学效果的重要标准。例如，学生学习了《静夜思》后，如何输出学习的内容，可以是填空、背诵或写一篇读后感。这是三个不同层次的输出，填空是再认，背诵需要的记忆深度要高于再认，而完成读后感对学生的要求则包括理解、想象和创造力。同样，输入也可以有不同的类型和深度，例如《静夜思》可以只给学生看文字，也可以文字加朗诵音频，可以有视频介绍，还可以让学生表演短剧等，同样也是不同深度的输入。

2. 情绪体验维度

积极的情绪体验是泛在化的智能时代驱动学生学习的重要因素。前数字化学习时代，教学中传递的信息新异程度相对较强，对学生的吸引力较强，容易让学生获得积极的体验。数字化时代，教学中的知识部分已经丧失了新异性，而且已有研究支持数字化设备使用改变了学习者的注意力和记忆力。例如教育者早已注意到互联网对儿童注意力的破坏，约85%的教师认同"今天的数字化世界正在创造易分心的一代"[5]，上述特点都使得让学生在教学场景中获得积极的情绪体验难度加大。目前很多在线教学都是用即时的评价让学生获得积极的情绪体验，从而保持学生对学习的专注。例如，很多网课的设计中每个环节都有即时的反馈，积分、虚拟的小礼物等创造学生积极的体验。只有积极的情绪体验能够消解数字化时代对学习者注意和记忆的负面影响。

3. 社会性维度

各种学习场景中学习者与他人围绕学习内容产生的互动是数字化学习非常核心的要素。数字化平台提供的不仅仅是丰富的学习资源，更重要的是提供了跨时空的人际互动。这种跨时空的人际互动使得通过人际关系驱动学习者成为可能。例如线下的小组讨论和线上的师生互评、小组互评、生生互评等。数字化学习的优势一方面是可以搭建同时实现师生互动、小组互动以及个人互动的平台，另一方面还可以对上述互动的效果进行量化记录。例如设置不同互动的分数权重等，并可以精确地记录上述评价结果。这是线下课堂社会化互动无法实现的。当然，线下社会化互动由于个体之间的直接接触使得情绪反应更加强烈。

三个维度对于教学过程来说经常是交叉的，例如一个学习活动的教师评价、组间互评和个体互评等其实包含了情绪体验和社会性两个维度，同时如果将评语看作输出的话，也可以看作包括输入输出维度。

数字化学习的特点就是通过数字化设备和平台使得输入输出的信息形式更加多样化，文字、音视频等均可。可以通过富有感染力的视频或者社会性的互动激发学习者情绪体验，例如可以发布在线的讨论活动促使每个人发表自己对某个问题的看法，当学习者看到他人的各种观点也会积极参与，而且考虑到这些观点还会被记录在案作为老师评价自己的依据，学习者也有压力去积极参与。总之，数字化学习的数字化平台可以通过社会化的设置激发学习者的学习动机和行为。对于社会性维度来说，数字化学习可以通过各种社交类在线服务，目前比较常见的是学习活动的讨论和共享文档等服务，实现数十人乃至数百人针对同一个文档或者主题的实时互动。而且这些互动都可以详细地记录作为进一步分析的数据。这些都使传统课堂不具备的互动模式和数据记录成为现实。此框架具备三个特征。

(1)通用性

此框架虽然产生于对数字化学习的思考中，但同样适用于线下教学场景。因为目前线下教学已经身处智能数字时代的大环境中，倡导以学生为中心，虽然目前中小学在课堂上大多数情况下无法使用数字化设备，但学生在学校之外是数字化的环境，因此从宏观上来看，学校和课堂恰是整个社会数字化环境中的学习驱动枢纽。学校之外的海量数字化资源需要学校内对学生的驱动才能够让学生具备对数字化学习资源的选择和主动参与能力。

(2)兼容性

框架中的三个维度分别可以嵌入已有的其他相关理论。输入输出维度可以插入任何对认知深度进行分类的理论作为内容。可以作为一个可选择的插件，可以采用不同的插件，例如布鲁姆的学习分类单词表、SOLO分类理论等。

(3)开放性

此框架三个维度是可以与其他理论进行对接的。并且每个维度可以对接多个理论。例如，输入输出维度主要对应信息的类型和深度。关于知识分类和知识深度的理论均可作为插件成为此维度的子理论框架。情绪体验维度和社会性维度都可以如此操作，使得此框架很容易与其他理论融合，对学习过程进行分析或评估。

随着更多智能技术的引入，数字化学习中师生互动将呈现出更多的新特征，PES框架将致力于倡导以驱动为核心的学习，并将提出基于PES的评估框架以推动数字化教与学的理性思考。

参考文献：

[1]Cross J. An infonnal history of eLeaming[J]. On the Horizon，2004，12(3).

[2]Penuel W R. What Makes Professional Development Effective? Strategies That Foster Curriculum Imp lementation[J]. American Educational Research Journal，2007，44(4).

[3]雷静，赵勇，康威.1∶1数字学习的现状、挑战及发展趋势[J].中国电化教育，2007(11)：19-24.

[4]Anttila M，Valimaki M，Halonen H，et al. Use of web-based patient education sessions on psychiatric wards[J]. International Journal of Medical Infomiatics. 2012，8(6).

[5]Purcell K，Rainie L，Heaps A，et al. How Teens Do Research in the Digital World[J]. Pew Internet & American Life Project，2013：115.

(本文发表于《教育智能研究》2021年第20期)

计算机专业核心课程教学信息化融合创新探索

——以"数据结构与算法"课程为例*

束璐洁①

摘要："数据结构与算法"是一门计算机相关专业的核心基础课程，该课程知识点众多，教与学都具备一定的难度，如何进一步优化和完善教学资源整合，提升综合教学效果一直都是该课程教学改革研究的重点。基于此背景开展数据结构与算法课程的信息化融合探索不仅对计算机类课程的教改研究具有重要的指导意义，同时也对计算机专业学生综合能力提升的培养具有重要的实践意义。对此，我们尝试从课堂教学、教学环境及辅助管理等多个方面、不同维度入手探索数据结构与算法课程信息化教学融合的新模式，提出在线课程/金课建设、领域知识库构建与学生科研等相融合的全新改革研究实践方案，在贯彻新发展理念，构建新发展格局的同时，助力教育强国建设目标。

关键词：信息化教学；教学改革；融合探索；在线课程；领域知识库

一、引言

教育信息化具有变革教育的巨大潜力，是破解新时代人民日益增长的对公平优质美好教育需求与不平衡不充分的教育发展之间的矛盾的重要途径。在教学方面，将新型技术与课堂内外的教与学深度融合，整合和打通资源、平台、应用和服务，可极大降低教与学活动的创新维度，助力多元创新人才的培养[1]。"数据结构与算法"是一门计算机科学相关专业的核心基础必修课程，是一门介于数学、计算机硬件和计算机软件三者之间的关键性骨干课程，旨在帮助学生把握和理解计算机科学相关专业的学科性质、地位、作用、基本理论及研究方向，培养学生解决问题的思维与综合能力，同时为后续学习奠定基础。在教学信息化融合创新的背景之下，如何进一步构建课程智慧教育环境，推动教育内涵式发展，提高课堂教学效益，实现教育信息化的融合创新与发展具有重要的指导与实践意义。对此，我们重点围绕课堂教学、教学环境、辅助管理及学生科研等几个方面对"数据结构与算法"课程的信息化教学融合的新模式进行

* 本文属首都师范大学本科教学建设与改革项目"数据结构与算法双万计划金课"。

① 束璐洁，女，首都师范大学信息工程学院副教授。

了探究，提出了一套新的多维融合的信息化促进教学的改革研究思路与方案。

二、信息化授课机制

课堂教学是课程教学过程中的重要环节，传统的课堂教学以教师讲授为主，学生的主动参与度有限，课前、课堂及课后学习过程的衔接不够理想。对此，我们提出在教学过程中引入以“雨课堂”[2]为代表的信息化新手段，围绕教学过程的各个主要环节，开展信息化的过程引导，包括课前预习、课堂教学互动、课后复习与巩固及教学数据分析等。

1. 课前预习

课前预习环节主要以预习课件形式在上课前一日通过雨课堂向学生进行推送。预习 PPT 基于课堂讲授 PPT，但更突出关键知识部分，以不超过 15 页 PPT 为宜，学生仅需对核心知识线进行了解即可。课前预习 PPT 的学习时长侧重于课前的“泛读”，在起止时间段的设置上可设为课前一日的 17 点至课堂第 1 节课开始后的 5 分钟。图 1 给出了数据结构与算法课程一个预习用课件 PPT 的示例。

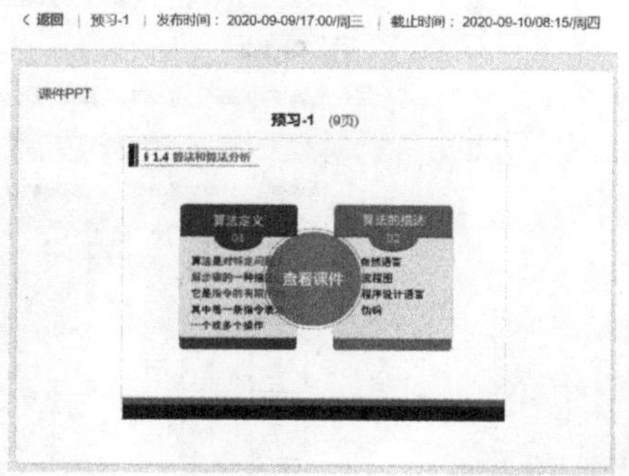

图 1　预习用课件 PPT 示例

2. 课堂教学互动

课堂上的教学活动组织以多媒体教学设备(投影等)、雨课堂学生端 PPT 查看、雨课堂练习题等多种形式结合进行。在课堂讲授过程中，根据知识点特点及教学规划，在合适的时间节点启用雨课堂练习，学生可通过手机端实时做题，做题完毕后雨课堂即时反馈统计数据，这样的方式可更有效实现课堂上学生自身对知识点学习情况、学习节奏等的把握以及教师对学生当前学习状态的即时了解，进而更高效地服务于教师与学生在教学过程中的双向参与和调整。图 2 给出了一个雨课堂练习题示例及做题后雨课堂所提供的即时反馈数据。除课堂手机终端做题外，学生还可通过弹幕、投稿等方式与老师实时互动。

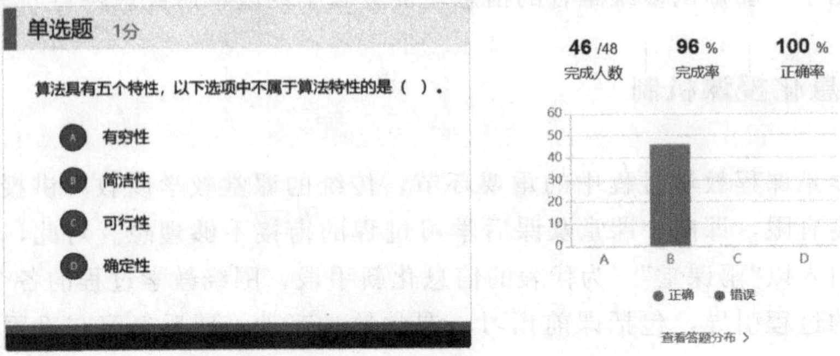

图 2 雨课堂练习题示例及即时反馈数据

3. 课后复习与巩固

对于课后复习及巩固用资料，可通过雨课堂公告向学生推送，如图 3 所示示例。同时教师可通过一对一或集中答疑等形式解答学生在学习过程中遇到的各种学习问题。此外，针对阶段性复习巩固，教师可编辑并启用雨课堂试卷，然后向学生定时推送，并指定完成时长，供学生自测使用。图 4 给出了一个试卷推送示例。

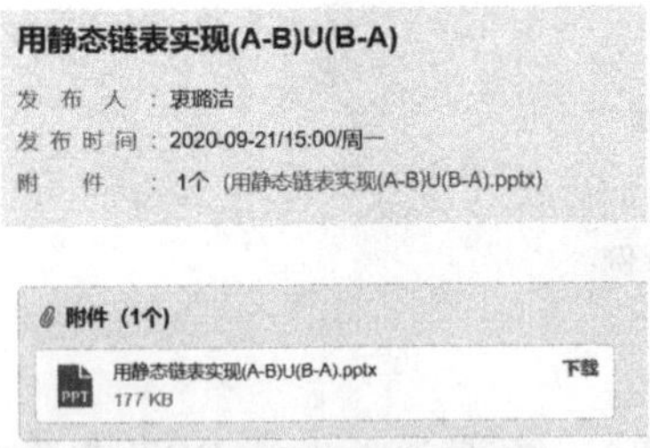

图 3 课后巩固资料推送

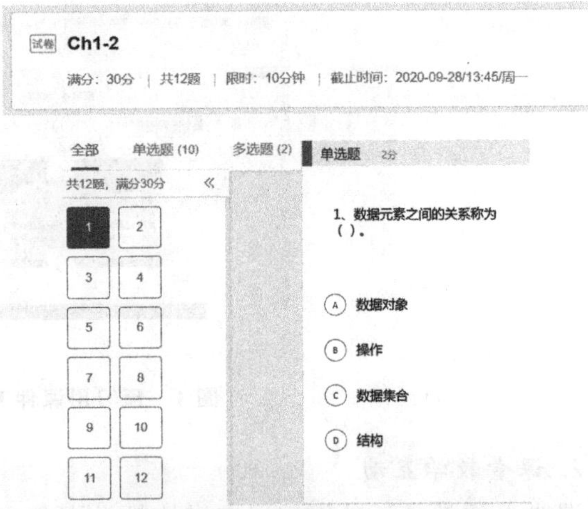

图 4 自测用雨课堂试卷

4. 教学数据分析

教学数据的收集与分析是教学过程的重要辅助环节，教师可通过这些统计的教学数据及时了解学生的课程参与情况及总体学习情况，进而有针对性地根据反馈实施调整与改进。雨课堂提供的统计与分析数据类别包括：学生的表现数据（出勤情况、课上答题情况等）、课堂互动数据，如弹幕数、投稿数、随机点名情况等。图 5 给出了部分统计数据示例。

图 5　部分统计数据情况

三、在线课程与金课建设

在重视课堂教学信息化融合的同时，依托在线课程建设和金课建设实现线上与线下教育的信息化融合也是我们改革尝试的重要一环。针对数据结构与算法课程知识点众多、学分高、涉及学生面广等特点，我们在先期开展了数据结构与算法一般在线课程建设的基础上，之后进一步启动了"数据结构与算法"金课的建设工作。图 6 给出了已建设的数据结构与算法在线课程的部分展示。

图 6　数据结构与算法在线课程部分展示

针对打造高阶性、创新性和挑战度的“数据结构与算法”金课建设目标，我们进一步提出了更充分考虑该课程特点的教学内容重塑与课堂改革实践方案，围绕在线课程与课堂教学相融合的一流课程目标，实施“数据结构与算法”高品质混合式金课建设，助力“六卓越一拔尖”计划 2.0，一流课程建设“双万计划”的开展。金课建设以线上、线下混合式方式开展，其中线上基于在线课程平台，运用数字化教学工具，结合首都师范大学实际对校内课程进行改造，实施学生线上自主学习、线下面授有机结合的混合式教学改革尝试。

“数据结构与算法”金课建设的主要特色与创新包括：(1)在数据结构与算法课程的混合式教学内容中强化/增加高阶性、创新性、挑战度内容。(2)合理调整数据结构与算法课程难度与深度、扩大课程的可选择性、提升学生的学业挑战度。(3)推进数据结构与算法教材、教法、教研与课程的协同创新。(4)强化原典阅读，促进学科交叉。(5)开展数据结构与算法内容、方法、手段、模式、评价五位一体的课程改革。(6)建立/完善包含课程内容标准、运行标准、学习过程管理标准及课程考核标准等在内的课程教学质量综合评价体系。

在准备阶段首先对学习对象、学习内容及学习环境等实施分析，并以此为基础进行线上线下混合学习资源的设计与制作，包括课程视频、PPT、教学大纲、教学设计、活动设计、作业、练习题、测验等，完成在线平台的资源准备和部署。在实施阶段，着重围绕引发问题、解决问题、巩固提升，分别设置课前线上导学、课堂线下研学以及课后线上练学 3 个主要环节。在在线平台/智慧教学环境的支持下，以问题为驱动，以反馈为参考，辅以学习分析技术开展混合学习活动。同时建立全程可测的多元评价体系，对运行实施数据进行收集与分析，并结合反馈对相关内容进行优化调整与完善。图 7 给出了数据结构与算法部分知识点示例及综合评价体系规划。

第 1 章　绪论

- ✧ 数据结构的基本概念和术语、抽象数据类型的表示与实现（广度认知）
- ✧ 算法和算法分析（深度分析、前沿性、互动性、创新性内容引入）

第 2 章　线性表

- ✧ 线性表的类型定义、线性表的顺序和链式表示和实现（广度认知）
- ✧ 一元多项式的表示及相加（互动性、研究性内容引入）

第 3 章　栈和队列

- ✧ 栈和队列的基本知识（广度认知）
- ✧ 栈的应用（研究性、创新性案例引入）
- ✧ 栈与递归的实现（深度分析、综合性内容引入）

第 4 章　串

- ✧ 串类型的定义、串的表示和实现（广度认知）
- ✧ 串的模式匹配（前沿性、互动性、研究性内容引入）

第 5 章　数组和广义表（研究性、综合性内容）

- ✧ 数组的定义、数组的顺序表示和实现（广度认知）
- ✧ 矩阵的压缩存储（深度分析、研究性内容引入）
- ✧ 广义表的定义（广度认知）
- ✧ 广义表的存储结构（互动性、研究性内容引入）

(a)　部分知识点示例

建立全程可测的多元评价体系：

- 全程记录教学过程，打造可追溯、可测量的资源、教学及综合管理
- 保障从教学目标到教学资源、教学组织和教学评价之间数据的有效衔接性、和科学性
- 对学生课堂内外、线上线下学习实施综合评价
  - ■ 强化课堂教学过程评价：每门课从开课到期末考试，每次课堂讨论、专项训练、作业都按一定比例计入期末总成绩；把期末考试成绩权重降低至不大于 50%，加大学生主动参与学习的考评比例。
  - ■ 根据课程内容难易程度、学生评价正态分布等情况，试行动态及格线。
- 完善作业、阶段性及总结性考核评价体系，支撑课程目标
  - ■ 命题要求：重在启发思维、激发智慧、培养创新能力。
  - ■ 成绩评定：重点关注想象力、创新思维。

(b)　综合评价体系规划

图 7　数据结构与算法部分知识点及综合评价体系规划

四、领域知识库的构建

领域知识库[3]是教学内容的源泉和教学决策的重要依据，领域知识库有助于知识的更有效获取，可以较为完整地表示知识的内容。如何科学地进行知识点划分，反映知识点之间的内在联系，是建立知识库的关键，对此，我们深入分析了数据结构与算法课程的内容特点，充分考虑不同知识点与诸多算法的紧密联系情况，设计了以算法为主线呈现，以章、知识单元、知识点和算法树形架构为主体的知识库结构，实现了数据结构与算法理论课及实验课共通融合的数据结构与算法领域知识库。图 8 给出了数据结构与算法知识库的结构设计、部分内容及代表性知识结构对应关系示例。

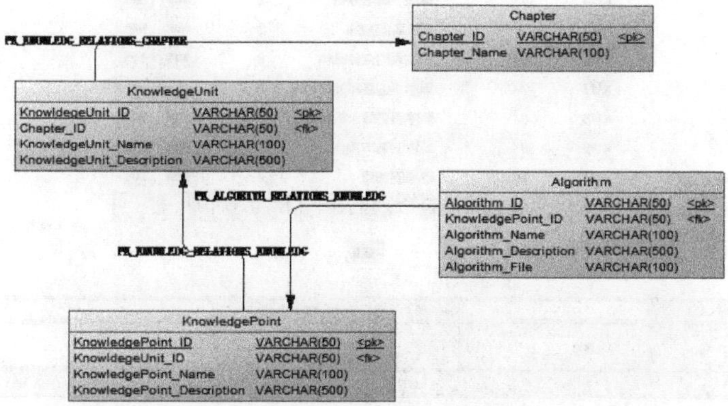

(a)数据结构与算法知识库结构设计

Chapter_ID	Chapter_Name
C1	绪论
C2	线性表
C3	栈和队列
C4	串
C5	数组和广义表
C6	树和二叉树
C7	图
C8	查找
C9	排序

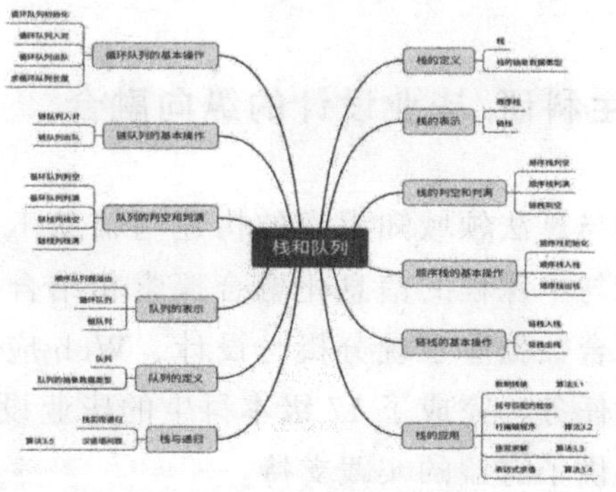

(b)部分内容及代表性知识结构对应关系示例

图 8　数据结构与算法知识库结构设计、部分内容及代表性知识结构对应关系示例

五、数据结构与算法辅助软件工具开发

为方便领域知识库的检索、维护与应用，我们还同时设计和实现了一个辅助软件工具。借助该工具，可更有效地进行数据结构与算法知识库中各章、知识单元、知识点及算法等相关内容的建立和维护。图 9 给出了该工具的部分应用界面。

知识单元信息维护

知识单元ID	知识单元名称	知识单元描述	所属章ID	
KU1	1	基本术语	1	编辑 删除
KU2	2	逻辑结构与存储结构	1	编辑 删除
KU3	3	数据类型与抽象数据类型	1	编辑 删除
KU4	4	算法与算法分析	1	编辑 删除
KU5	5	线性表的概念	2	编辑 删除
KU6	6	线性表的存储结构	2	编辑 删除
KU7	7	顺序表的基本操作	2	编辑 删除
KU8	8	顺序表更复杂的操作	2	编辑 删除
KU9	9	链表的基本操作	2	编辑 删除
KU10	10	链表的创建	2	编辑 删除

1234567

新增

知识单元ID：		知识单元名称：	
所属章：	绪论	知识单元描述：	

保存 取消

图 9　数据结构与算法辅助工具部分应用界面

六、与学生科研/毕业设计的纵向融合

在数据结构与算法领域知识库的构建与辅助工具的设计实现过程中，我们还将本科生的毕业设计与本课程的信息化融合探索相结合，进行了有针对性的学生科研项目定制，设计了融合数据库系统分析与设计、Web 应用开发分析、设计与实现等在内的本科生毕业设计任务，完成了 17 级本科生的毕业设计指导工作，为计算机专业学生的综合能力培养提供了有益的实践支持。

七、结束语

课程的教学信息化融合可为课堂提供更丰富的资源平台，创建更加高度互动的学

习环境，充分发挥信息技术的优势，为学生的学习和发展提供丰富多彩的教育环境和工具。本文以数据结构与算法课程为具体课程载体，探索了一个集合在线课程/金课建设、领域知识库构建与学生科研在内的多维度课程信息化融合改革研究实践方案，该方案可为包含计算机专业在内的诸多专业的课程信息化融合提供参考。

参考文献：

[1]任友群，冯仰存，郑旭东．融合创新，智能引领，迎接教育信息化新时代[J]．中国电化教育，2018(1)：7-14.

[2]李爱国．领域知识库的研究与设计[J]．电子设计工程，2011(16)：45-47，50.

舞蹈教育在慕课时代的塑型与探索*

田培培　曾勤琴①

摘要： 舞蹈艺术与科技的结合在当下正不断引爆更多价值的释放与生成，尤其在舞台形态方面的尝新已有丰硕成果。而在同样面对数字信息技术疾速发展的舞蹈教育领域，却表现出超乎寻常的“冷静”。慕课作为技术与教育变革下的新产物，从理念到技术、从方法到手段、从内容到模式都为教育教学打开了全新的方向。那么舞蹈教育是否能够高度运用这样的前沿性技术手段为舞蹈人才培养打开更多窗口？作为舞蹈教育从业者，有必要发出这样的声音。但无关我们迟疑的是，舞蹈教育早已置身于现代化的进行时中，舞蹈慕课的上线，已是逃不开、躲不掉的未来趋势。

关键词： 慕课；舞蹈教育；混合式教学形态；舞蹈传统教学

中国大学 MOOC(慕课)平台于 2018 年上线了首门舞蹈类慕课课程“走进舞蹈艺术”，其以生动的课程内容和多元的线上教学设计对舞蹈艺术知识展开多角度多层次讲解，吸引了来自各方的关注，至今已有近两万人次选报并进行了学习，平台数据反馈良好。课程自上线以来不但为普通大学生层面的美育提供了更多选择，也为专业大学生增添了了解、掌握舞蹈知识的新途径，产生了积极、持续性的社会效应。由此，作为时代科技与教育结合下的新兴产物——慕课，成为舞蹈专业和非专业人才培养的一个必然手段。

何谓慕课(MOOC)？即大规模网络开放课程——Massive Open Online Courese 的首字母缩写音译而来，根据百度百科释译：“‘M’代表 Massive(大规模)，与传统课程只有几十个或几百个学生不同；第二个字母‘O’代表 Open(开放)，尊崇创用共享协议，以兴趣导向，凡是想学习的，都可以进来学，不分国籍，只需一个邮箱，就可注册参与；第三个字母‘O’代表 Online(在线)，学习在网上完成，无须旅行，不受时空限制；第四个字母‘C’代表 Course，就是课程的意思。”一般认为，慕课的概念是由戴夫·科米尔(Dave Cormier)与布莱恩·亚历山大(Bryan Alexander)于 2008 年首次提出。但实际

* 本文属教育部人文社会科学研究自筹经费项目“互联网＋舞蹈艺术教育创新模式研究”(项目编号 16YJE760002)。

① 田培培，女，首都师范大学音乐学院副院长，教授，博士生导师，主要研究领域：舞蹈教育；曾勤琴，女，首都师范大学音乐学院博士研究生，主要研究方向：舞蹈教育。

上早在2001年美国麻省理工学院就宣布实施开放课程(Open Course Ware，OCW)计划。2011年秋，来自190多个国家的16万人同时注册了斯坦福大学的一门人工智能导论课，并催生了Udacity在线课程，直至2012年4月，斯坦福大学两位教授创立Coursera创建在线免费课程，一年不到学生突破234万人，后来62所知名大学加入合作共建在线免费课程，同年5月，麻省理工学院和哈佛大学宣布整合两校师资，联手实施edX网络在线教学计划，秋季第一批课程的学生人数突破37万，后有全球上百家知名高校申请加入[1]，自此，慕课风暴开始席卷全球并被誉为“印刷术发明以来教育最大的革新”。让任何人，在任何时间、任何地方，都能学到任何知识的慕课正在迅速地改变教育。[2]可以说，慕课不仅是信息技术与教学课程的双向整合，从建构主义角度来看，也切实践行了“知识不是通过教师传授得到，而是学习者在情景交互作用过程中自行建构起来”的重要教学主张。因此，慕课从理念到技术、从方法到手段、从内容到模式都为教育教学打开了全新的方向。加之不断扩大的“网生代”与“计算机素养”“信息素养”等充要条件已成为慕课顺利开展的后备基础。

与时偕行，中国于2013年迎来了自己的慕课元年，至今众多学科已围绕慕课展开了积极的探索与实践。在现代化技术的浪潮中反观舞蹈领域，尽管近年来舞蹈艺术在舞剧、晚会、大型演艺活动等形态中与现代科技对接并展开活跃探索，给予舞蹈艺术在语言形式、技术手段和内容表达方面无限创新的可能，新媒体舞蹈也已成为高校开设的一个独立专业，各类舞蹈比赛、展演更是通过在线直播技术最大限度扩充了普通剧场观众的容量……舞蹈与现代科技的结合在当下正不断引爆更多价值的释放与生成。然而，对比舞台形态丰硕的探索成果，舞蹈教育在现代化的大环境中却表现出了超乎寻常的“冷静”。是否能够高度运用前沿的技术手段为舞蹈人才培养打开更多窗口和方式方法？作为舞蹈教育从业者，有必要发出这样的声音。但无关我们迟疑的是，舞蹈教育早已置身于现代化的进行时中，舞蹈慕课的上线，已是逃不开、躲不掉的未来趋势。

一、相关研究回顾

(一)针对慕课的研究

以“慕课”作为核心词汇在中国知网通过“主题”栏搜索显示，国内针对慕课的研究最早起始于2012年，是由“教育技术学”领域专家焦建利于《中小学信息技术教育》期刊发表的《从开放教育资源到“慕课”——我们能从中学到些什么》，文章通过回述国际开放教育资源发展历程，探究对我国优质教育资源建设的相关启示。由此发轫，慕课在国内学术领域逐渐获得关注，尤其是2013年至2016年期间，在篇幅上一直以较高的中文环比增长率上升。直至2020年3月，共计相关文献12452篇，其较高的研究热度表明慕课在学术研究领域中的必要性。从研究的学科分布来看，排位前六的分别为：教育理论与教育管理、计算机软件及计算机应用、高等教育、外国语言文字、医学教育与医学边缘学科、职业教育。鉴于本文的研究方向，缩小“研究层次”至高等教育，相关文章主要有以下几个方向：首先，是关于慕课影响我国高等教育教学改革与发展的研究，如其中具有较高关注度的文章《后 IT 时代 MOOC 对高等教育的影响》，从教育的社会属性、科学属性以及管理属性三个方面，分析探讨了“慕课”可能对未来高等教育变革产生的影响；文章《“慕课”(MOOCs)发展对我国高等教育的影响及其对策》则基于慕课发展对于我国高等教育产生的影响，指出面对慕课我国高等教育的应对策略。其次，是解读不同学科关于慕课教学模式的创新性研究，如知网呈列的经典文献《“慕课”与思想政治理论课教学模式创新》主要对思想政治理论课从教材逻辑体系向“微课程”教学问题逻辑体系转化的创新教学模式进行了探讨；《“慕课”在护理教学中的应用与展望》一文探讨了如何在护理教学中应用“慕课”并分析了“慕课”在发展中可能遇到的挑战和对世界大学及我国护理教育影响。再次，是关于翻转课堂即对慕课线上与线下课堂相结合的教学形式研究，如《基于慕课的翻转课堂及其教学结构研究》一文在“一切为了学生的发展”的理念下提出慕课支持翻转课堂的必要性及其课堂教学结构的实施；文章《线上线下混合教学模式实施方案设计》结合传统课堂教学和“慕课”模式的各自优点，设计线上线下混合教学模式的实施方案。

(二)针对舞蹈慕课的研究

通过中国知网以“舞蹈慕课”为主题进行搜索，相关文献共计 10 篇，最早起始于 2016 年对体育舞蹈微课进行的硕士论文《体育舞蹈选修课微课程的设计、制作与应用研究——以武汉体育学院为例》，其余文章主要以慕课为理念和背景谈舞蹈教学的革新，或是围绕慕课在某一类舞蹈课程中的教学应用展开论述。基于国内舞蹈慕课研究发起晚、篇幅少的现状，将关键词范畴扩大至“互联网＋舞蹈教学”，搜索结果显示相关文献共 30 篇，最早出现于 2007 年，总体有以下几个研究维度：《非遗舞蹈传承与发展路径的探索：基于“互联网＋”思维理念》《“互联网＋”视域下的岭南舞蹈文化校园传承与发展策略研究》等文章从舞蹈文化的传承与发展层面切入研究；还有从舞蹈培训机构的教学或运营角度切入的文章，如《“互联网＋”背景下体育舞蹈培训机构舞蹈教学的制约因素的研究与分析》等；主要篇幅则集中在例如《舞蹈艺术教育的“弄潮儿”——“互联网＋”新型舞蹈教学平台》《互联网背景下的高校舞蹈教学改革初探》等围绕“互联网＋”舞蹈教育教学的相关研究文章，其中主要涵盖了“互联网＋”舞蹈教学模式、教学平台、发展策略、开放性舞蹈教学生态等问题。

概览现有文献，国内关于舞蹈慕课或与互联网相关的舞蹈教学研究，总体徘徊于对慕课(互联网教学)这一现代化教学形态在舞蹈教育教学中的推广与应用的层面，均强调了与舞蹈教学相结合的功能与价值，但遗憾谈及实施的具体方式方法多浅尝辄止。

另外针对舞蹈慕课的研究过于趋近探讨“互联网＋”舞蹈教学，未能突出慕课及其教学平台的重要特性。

本文在关注慕课整体研究成果与动向的前提下，基于前期上线慕课的实践经验，从舞蹈艺术本体出发，在肯定传统舞蹈教学必要性的同时，从舞蹈慕课的概念、特征、教学实施手段及线上线下混合教学模式等方面展开全方位探索，发掘舞蹈慕课的多元价值，以期为未来舞蹈慕课的进一步开展和研究抛砖引玉。

二、舞蹈慕课的概念与特征

在慕课的概念之下对舞蹈慕课进行定义，即建立在现代化信息技术手段之下的大规模在线开放舞蹈课程。但单从字面理解，很容易与普通的舞蹈类“视频课”或线上教学资源混淆。不难发现，舞蹈的网络视频教学早在多年前就受到广泛关注与应用，其“忠实用户群体”数量可观，因此，若想进一步参透舞蹈慕课的概念，必须与其他视频教学区分开来。第一，不同于“照搬”或“再现”紧俏、前沿的舞蹈教学资源，舞蹈慕课将每堂课程的内容拆解成若干知识点，在10—15分钟的短视频中规划呈现；第二，借鉴网络游戏通关方式，设置课中、课后随堂测试，在不定时的“问题弹出”中加强知识内化；第三，考评方式除了机器判分，针对舞蹈这类人文艺术学科，题量动辄上万的主观试题、作业，甚至是以上传视频作为答题方式，慕课新增的“学习者互评”方式，可在解决这一问题的同时增加学习兴趣；第四，通过在线讨论、答疑等环节打造虚拟课堂，弥补线上学习环境的缺失；第五，依托慕课后台大数据，分析、掌控课程进程及学习者掌握程度等。

以上特征均依托于慕课的大概念之下，而独特的学科属性要求对舞蹈类慕课课程的设计与制作必须从舞蹈本体教学形态出发，在此基础之上充分结合、运用、发挥慕课的优势，对舞蹈慕课的特征展开多维度探索。

（一）细节化、立维化的影像式舞蹈课程语言

针对所有舞蹈类慕课，在制作与导入阶段，首先需提前对“线下”相应的舞蹈课程教学内容进行细致分析和详尽规划，是计划对局部肢体动作进行教学讲解？还是针对空间幅度较大的身体动态整体解读？面对不同类型舞蹈课程的教学目标和教学任务，需寻找不同的慕课呈现方式，即舞蹈教师要明确如何将真实的舞蹈课堂活动具化为二维数字画面内容。但舞蹈作为立维时空的动态性艺术，二维平面的终端呈现会削减舞蹈教学实际效果。因此，应在充分尊重舞蹈艺术本体特征的基础上，灵活运用丰富的影像语言与数字影像技术介入慕课教学设计，达到助推教学、提升学习效果的最终目的。

通常情况下，对舞蹈身体语言相关知识点的获取来自学习者肉眼对实体的观察以及镜面反射，在同一物理空间中学习者会因所处位置不同导致视域范围差异的形成，

而不同的视域拥有不同的空间价值，因此在传统舞蹈教学中会因各种客观因素影响学习效果。针对以上缺陷，慕课的教学视频设计则以镜头替代学习者眼睛，充分发挥影像的时空自由度，运用多方位、多机位立体环绕拍摄等技术，并可选择俯拍仰拍等非常规观察视角，为展现舞蹈艺术丰富的时空动线变幻提供"无死角"视觉需求，使舞蹈慕课"讲解"更加全面、清晰化，激发兴趣与思考。除了多维的镜头语言，为更准确地展现视像于舞蹈慕课教学视频中，可利用3D立体成像、Adobe After Effects 等动画特技软件，甚至可设想运用虚拟现实（VR）等领先数字技术帮助学习者科学认知，深入理解，掌握舞蹈的身体、技能、表达等知识要点。舞蹈慕课在视觉感知层面的升级，可多运用于舞蹈基础训练类课程以及舞蹈编创课程当中，促使教学的展开更加客观、科学。如针对舞蹈调度与构图的课程内容，可运用3D动画技术布局与演绎不同的调度与构图，直观、准确、高效地剖析相关知识点。

在课程时长方面，相较传统舞蹈课堂，舞蹈慕课具有课时短（约 7—20 分钟/课）、知识点直接化的特征，因此有效地传递教学重点、解决教学难点是建设舞蹈慕课的关键：通过对舞蹈肢体或动作语言的视觉细化，即运用符合视觉认知规律的镜头语言，从推进到特写、从摇移到定格，在放大细微与局部中聚焦、解读每一次舞蹈课程需要解决的重点难点，对以身体为载体这一特殊教学形态做巨细靡遗的画面呈现，在"线上"学习空间中形成直观引导。除了普通的影像语言助力，还可通过后期剪辑技术与播放环节节点设置，增加特别提示、疑难标注、镜像慢放式重复等特效功能，强化个别教学内容。以古典舞水袖课程内容的设计为例，不同袖技的展示与教学可利用细化的镜头语言，对手臂、手腕到手指的发力与配合过程进行详细的拆解式呈现，并通过慢放与定格着重解析水袖中上肢的动作要素、水袖动线与肢体的关系、水袖在不同动势中产生的形态与方法，降低教学难度，帮助学习理解。

事实上，在以上的慕课教学设计中可以间接窥见镜面教学、分解教学、示范教学等舞蹈教学方法的身影。但传统课堂的"一次性"会出现教学过程逐渐被记忆淡化的可能，尤其面对舞蹈艺术转瞬即逝的特性，慕课平台提供的反复学习机会则显得尤其重要。另外还可使用倍速调整、暂停等操作，使学习者按需自主掌控学习节奏与知识消化过程，实现差异化学习。

（二）课程内容的多样态设置

整体而言，当下传统舞蹈教育主要有舞蹈理论和舞蹈实践两大类课程。在实践类课程主干下又可分为舞蹈创作类课程、舞蹈基训类课程、舞蹈表演类课程。依据不同的课程属性，舞蹈慕课的设置不拘一格。针对舞蹈创作类课程，依托慕课平台实时更新的"线上"属性，可持续延展舞蹈创作课程的知识边界，扩充编创教学内涵，学习者在习得传统舞蹈创作技法的同时，舞蹈慕课还能培养学习者新媒体编舞能力；针对舞蹈基训课程，除运用影像教学语言对身体训练详尽呈现以外，可以同时增加"舞蹈科学”板块，以图解或视频解析的形式建立学生对基本功的生理认知；针对惯以舞种分类的舞蹈表演类课程，面对舞蹈艺术庞杂的支系，传统课程容量相对有限，每堂课一般只针对某一舞种的几个要点展开讲解，块状的知识教学难以让学生在课堂中形成系统性认知。舞蹈表演类慕课则能以细化分类、绑扎对比等多样态方式呈现出课程内容，以助推学习者对舞蹈整体建立起系统性、体系化认知。以一节民族民间舞慕课为例，通过对汉族民间舞同类道具不同用法的对比呈现，或选取汉族民间舞蹈中的某一大类，如秧歌，集合东北、山东、河北等不同地区秧歌的名家代表，以“艺术家课堂”的教学形态形成多样化风格的绑扎式教学，使学生在较短时间内更加明确了解不同地域秧歌间的区别与关联，从宏观层面把握局部细节，拓展眼界的同时享受多重优质教学资源，如此多样化的教学设计在慕课中是能够实现的。

（三）虚实结合的教学活动设计

除了在拍摄和制作上能动地进行教学语言、内容的创新，鉴于传统舞蹈课堂有限的教学时空，以及类似“示范—模仿—练习”的常规三角循环教学模式，慕课依托无边界的互联网“线上”平台，可通过动画、视频、音乐、交互、超链接等富媒体形式延伸、拓展、激活舞蹈教学。其一，可运用抠像、虚拟现实等技术，还原舞蹈教学所需场景，或营造相关情境，有效呈现舞蹈课程中蕴藏的文化内涵与人文价值，丰富学习感知，对传统教学环境进行多样化改变。如针对外国舞蹈教学的慕课设计，可在教学过程中虚拟营造当地社会环境与人文风情，在可视的具象情境中烘托与课程内容有关的教学氛围，有助于学习者对舞蹈相关文化背景等延展性内容的理解。其二，利用超链接手段，在慕课平台讨论区分享与舞蹈课程相关的超链接内容，即时辅助教学，扩展学习视野，启发学习者思考、创造的能力。如在民族民间舞课程中，学生可自主搜集相关民族的音乐、照片、视频甚至是电影片段做超链接分享，在讨论区发表各自对这一民族相关历史、文化、审美特色等不同方面的见解，在扩大学习范围的过程中形成对舞蹈动律、动态等方面的深层领悟，启发创新。其三，慕课的“在线作业”与“作业互评”功能丰富了以往舞蹈课堂评价考核形式，便利的互联网移动信息终端与视频拍摄的随时随地随身化，可使学习者通过自行摄制、上传舞蹈视频至慕课平台这一过程，在直观的影像中自查自纠，客观认知自我身体完成度，并在同学间的互评中取长补短，深化学习，这在惯常的舞蹈教学里是少有的。但基于慕课的“线上”虚拟特性，对于偏重实操的舞蹈教学是存在局限的，如缺乏现场真实性，教师存在感低，学生注意力不易集中，等等。因此，慕课视频可通过增设助教这一“实体”角色来辅助零接触的舞蹈线上教学，如慕课视频摄制中着重展现助教与授课教师间接触式教学的内容，以增强身临其境“面对面”的学习感受来助推学习者在短时间内完成自我代入并展开知识的自主建构，或通过增设“专家在线”的形式进行师生真实的互动与沟通，同样也能在一定程度弥补舞蹈线上教学虚拟化带来的缺失。

(四)分层分类的舞蹈慕课教学

舞蹈专业课程的开设一般针对专业艺术院校的学生，但舞蹈慕课则是面向社会中有意愿了解舞蹈艺术的大众群体敞开，因此，可跳出象牙塔的学科课程体系，依据受众群体的具体情况运用分层分类教学法布局慕课内容。如尚处启蒙阶段的学习者，更适合学习舞蹈鉴赏类慕课，而不适合在慕课上学习动作技巧等实践类课程，因此，在舞蹈鉴赏类慕课的规划制作中，应注意以舞蹈审美导向为主，结合大量形象化作品，深入浅出有助于初学者理解；非舞蹈专业的普通大学生，在学习舞蹈实践类慕课上有一定优势，针对这一类学习群体的舞蹈慕课，应加强课程中的教学内容的细化，便于在线上反复学习中掌握重点难点，弥补课时量不足、学习领悟能力相较专业学生滞后等缺陷；对舞蹈专业从业者而言，慕课则重在提供领域内最前沿的信息与知识，引导专业思维建构，如舞蹈创作类慕课，为未曾接触过编创的优秀舞蹈艺术人才提供了学习的机会。

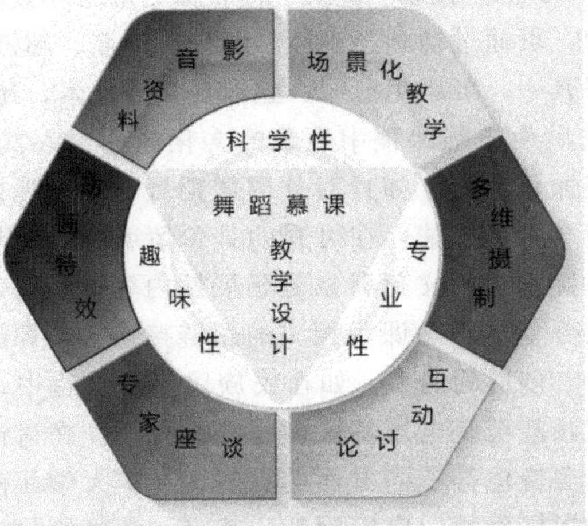

图1 多样态舞蹈慕课教学设计

三、基于舞蹈慕课的“线上”“线下”混合教学形态

尽管舞蹈慕课已然成为一种特色舞蹈教学形态存在，但舞蹈教学鲜明的实践性、训练性、参与性，决定了传统课堂依然是最重要的教学空间，舞蹈传统教学法依然是今后舞蹈人才的培养的基本方式。因此，“线上”“线下”混合式教学或许能为舞蹈学科在“线上还是线下授课好”这一问题中提供折中的解决办法。不止是舞蹈教育的特性对混合式教学有所需求，早在20世纪90年代初，美国教育界曾对“有围墙的大学是否将被没有围墙的大学(网络学院)所取代”这一问题展开过激烈的辩论。2000年12月，在

由美国当代一流的教育专家和教育技术专家起草的《美国教育技术白皮书》中，明确提出“e-learning能很好地实现某些教育目标，但不是能代替传统的课堂教学”和“e-learning不会取代学校教育，但是会极大地改变课堂教学的目的和功能”等观点，斯隆联盟的董事约翰·伯尼(Jone Bourne) 认为将来会涌现出更多混合学习课程，“一半在网上一半在课堂”，将是一场革命[3]。2017年1月19日，中国国务院印发并实施的《国家教育事业发展“十三五”规划》中也对混合式教学提出指示：“要积极促进信息技术与教育的融合创新发展，鼓励教师利用信息技术提升教学水平、创新教学模式，利用翻转课堂、混合式教学等多种方式用好优质数字资源”。确然，传统教育与现代教育的边界正在“技术赋能”的新时代中逐步消融，教育的多样化发展为“教”与“学”提供了更多的选择与空间，因此，集“线下”课堂与“线上”教学优势之合力，未来舞蹈的混合式教学模式势在必行。

具体来说，舞蹈混合式教学就是要解决好“线上舞蹈慕课”与“线下舞蹈课堂”之间相辅相成的关系，将慕课中的舞蹈教学资源、教学内容衔接并延伸至“舞蹈传统课堂”，形成完整合理的课程逻辑线，而此时的“传统课堂”作为混合教学的组成部分，须结合以学生为中心的“翻转课堂”“研讨教学”等新型教学理念对惯常的舞蹈课程环节、教学方式以及评价机制等方面进行调整和改变，构成基于慕课建设的舞蹈综合课程体系。这样的优势在于，一方面保障舞蹈教学技艺传承的实操需要，另一方面“线下”翻转课堂的配合开展可以评估“线上”学习成效，弥补“线上”完成率低、约束性不强等问题。除此以外，舞蹈混合式教学能有效推动传统舞蹈课堂的教学转型，打破以往以舞蹈教师为中心的、依样画葫芦的教学主线，突出学生在教学中的主体地位，进一步提升学生对舞蹈学习的兴趣和综合素养。但如何具体实现“线上”与“线下”课程的衔接与交叉配合，是开展舞蹈混合式教学的关键点。

首先，舞蹈慕课混合形态教学须分别明确“线上”“线下”的教学特点，设置对应各自优势的教学板块，并根据教学目标定位，重新对“线上”或“线下”的舞蹈教学内容与进程展开立体非线性式的布局，实现不同教学空间的优势互补。因此，对于舞蹈课程而言，应安排学生先通过慕课视频部分自主学习，例如舞蹈动作、组合、表现手段或表演特点等基础层面的教学内容，使学生在自我探究过程中初步掌握、领悟课中的舞蹈知识技能，从而相应减少传统舞蹈课堂的教学负担，节省教学时间；在此基础上，通过慕课平台的互动区功能，如通过上传舞蹈短视频等手段进行分组讨论、在线问答、同伴教学等“线上”互动环节，间接提升学习者身体掌握的程度、成效，启发学习者的自主认知和理解；而对于慕课中无法完全通过自学掌握的重难点，如涉及舞蹈的风格特征、审美规范、动作表现力等有一定深度的方面，则应该对接“线下”舞蹈课堂，利用现场示范、指导、解答、研讨等形式进行多样化教学及个性辅导，实现舞蹈知识技能的内化与强化。如此，由易到难，由浅及深，在不同的舞蹈教学空间完成同一教学内容的分层衔接。

其次，以“问题探究”为轴心，同时开启“线上”“线下”课堂。“线上”的舞蹈慕课主要通过以问题为导向的在线互动、单元测试、作业互评等平台板块展开，舞蹈教师可根据每节课的教学要点设置问题，组织讨论、提问，并将问题延续至慕课课后的小组作业，引导问题深入。接下来，舞蹈教师可收集整理“线上”自学过程中出现的典型性问题或有价值的提问、反馈，通过主导不同的“线下”舞蹈教学环节完成答疑，形成与舞蹈慕课教学内容的衔接，在翻转课堂时把控舞蹈教学中的重难点进度，合理推进之后的课程。特别强调在舞蹈慕课课后作业的安排上，舞蹈教师不仅要考虑到如何巧妙地将“线上”教学知识点还原至舞蹈身体训练的常规轨道，还应考虑“线下”舞蹈实操课堂所须解决的教学问题，以此来综合设置作业内容，促使学生带着对舞蹈的兴趣和求知欲参与到“线下”翻转课堂，在分小组课下练习、课堂研讨、展示等交流互动中，进行有针对性的辅导，并可依据当堂的教学效果反馈再对“线上”舞蹈教学加以调整，形成完整的舞蹈教学循环体系。

最后，建立在舞蹈混合式教学模式之上的多元舞蹈教学评价体系，也成为“线上”慕课与“线下”课堂对接、融合的重要部分，为创新舞蹈教育体系的建设注入了新鲜的血液。中国舞蹈实践类课程的评价观念与方式一直以来延续传统的旧调，单一的评价主体，过分偏重结课时的考核结果而忽略了学习的整体过程，加之舞蹈本身不同于大多数学科存在精确的考核标准或答案，多维的混合教学评价体系更需要在舞蹈教学系统的完善中生根发芽。因此，基于慕课而建构的混合教学模式，为舞蹈教学提供了更加科学化、多元化的评价系统，不仅更加注重学生在舞蹈学习过程中的动态变化，舞蹈教师也不再是唯一的评价主体，应由形成性评价和终结性评价、“线上”评价和“线下”评价、教师评价和学生互评等多维度共同构成，包括慕课的完成度，不同阶段测试分数，“线下”课堂研讨、提问、小组舞蹈汇报展示等教学活动的参与度，都可作为对舞蹈学习者考核评价的内容而形成新的标准，以此还可以引导学生积极学习，真正检验对舞蹈的学习能力和应用水平。

依据以上建构的舞蹈混合教学模式，以“舞蹈动作语言动机”的相关课程内容为例，基于不同层级的教学内容，以及教师与学生两个不同的教学角色，对部分教学内容进行一些新的安排，见表1。

表1 舞蹈创作类混合式教学课例

教学内容	知识点分层	线上慕课课堂		线下翻转课堂	
		教师	学生	教师	学生
舞蹈动作动机概念	基础知识慕课中掌握	设计教学视频 准备配套测试题	学习慕课视频	回顾基础知识	复习巩固

续表

教学内容	知识点分层	线上慕课课堂		线下翻转课堂	
		教师	学生	教师	学生
动作动机的建立	基础知识 慕课中掌握	设计教学视频 提问：身体可有哪些动机 超链接：不同动机视频	讨论教师提问 寻找视频中动机 自主分享超链接 总结反馈	现场解析超链接视频 讲解线上反馈问题	深化认知
动作动机发展路径：原动机＋新元素	重点知识 慕课中形成认知 翻转课堂中掌握	设计教学视频 提问：身体远端的变化可产生哪些新动机 测试：提供一段动作视频，添加任意新元素	讨论教师提问 编创拍摄测试视频 互评测试视频 提问：如何同时加入多种新元素	收集问题 答疑解惑 口传身授 组织研讨	集体讨论 现场提问 现场练习
动作动机发展路径：原动机＋难度	难点知识 慕课中初步认知 翻转课堂详细讲解	设计教学视频 作业：以肩部为原动机，递加课程所讲难度	组建小组完成作业 提问：如何进行拆分重组	评审点评 个性化指导	各组作业展示 相互点评

四、舞蹈慕课与传统舞蹈课程的差别

为进一步对舞蹈慕课形成明确认知，避免在“线上”教学实践时与“线下”舞蹈教学同质化，可在差异性对比中探析舞蹈慕课“线上”教学与传统舞蹈“线下”教学间的不同之处，知彼此，共发展。

(一) 舞蹈教学主体的不同

传统舞蹈课堂因其典型的以教师为舞蹈教学主体的设定形成“以教定学”的固化模式，长久以来难以被动摇。而以舞蹈慕课为代表的“线上”教学则建构在现代教育理念之下，以学生发展为本，舞蹈教师占教学的主导地位，学生则是教学主体。因此造成传统舞蹈课堂更加注重舞蹈教授中的群体规范，舞蹈慕课则注意对个体的差异性培养，学生与教师间也能形成平等的交流、互动与合作。

(二) 舞蹈学习方式的转变

随着教学主体的变化，学生在学习舞蹈时的方式，即在学习意识、态度、习惯等方面也随之转变。在传统舞蹈课堂中，学习舞蹈的被动式跟随是常态，跳舞就是模仿，

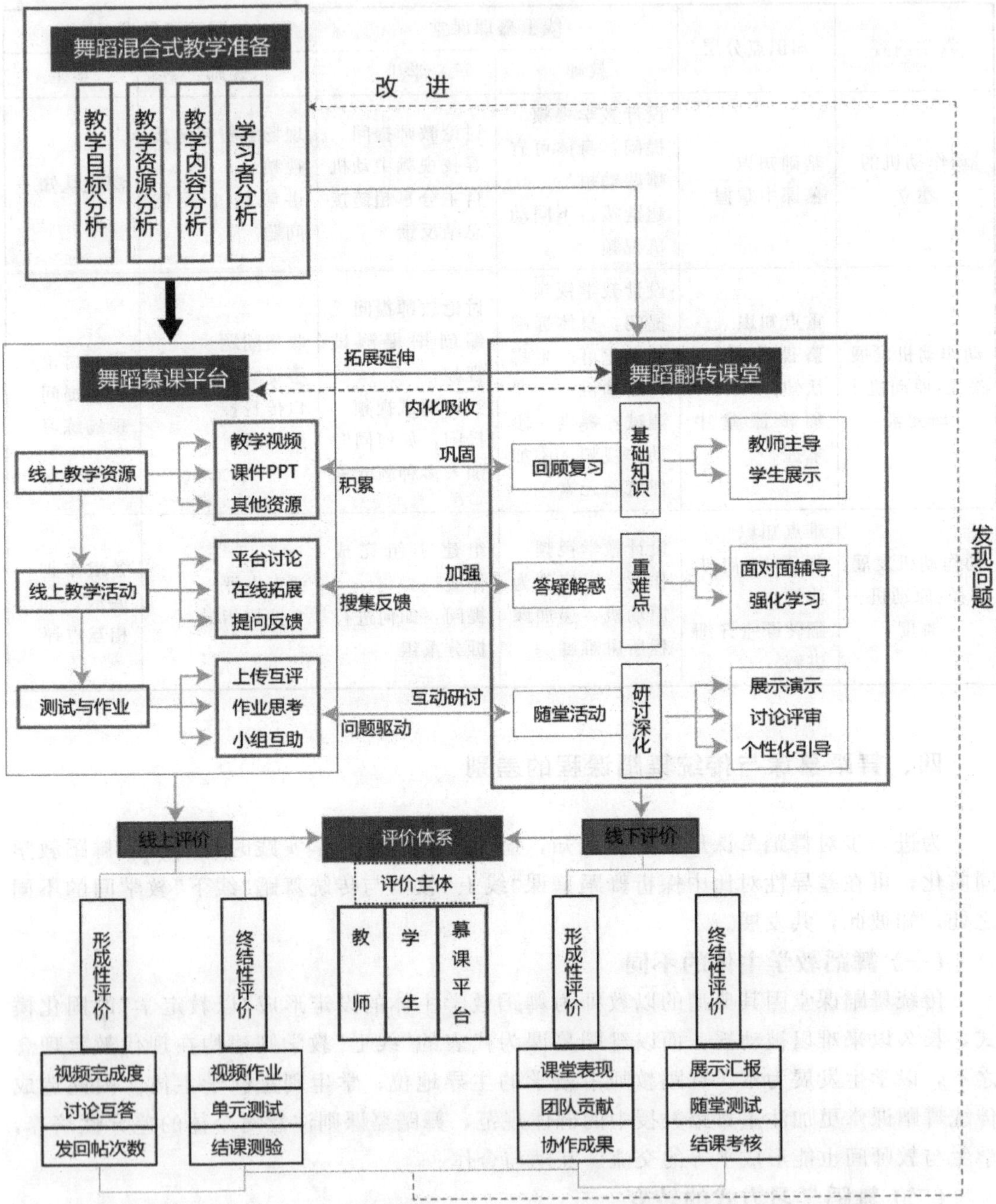

图 2 舞蹈“线上”“线下”混合形态教学模式

舞蹈教师就是课程中的标准答案。对于舞蹈慕课而言，教学的完整过程需要学生通过主动探索与教师共同搭建，鼓励自主个性化学习，把身体训练建立在身体反思基础之上，将舞蹈课堂真正还给学生。

（三）虚拟与真实教学时空的错位式互补

舞蹈慕课所依托的网络“线上”虚拟教学空间，无疑扩容了教学课时有限的传统舞蹈课堂。舞蹈教学的发生随时随地，特别是慕课对“线上”教学资源的永久储备，切实弥补了舞蹈实践类课程的一次性、瞬时性所带来的不便，为舞蹈学习者在虚拟“线上”的时空中提供反复学习的机会。但传统舞蹈教学的真实发生，是舞蹈技艺传承中绝对不可或缺的过程，“线下”舞蹈课堂的实践保障是舞蹈慕课这类“线上”教学的必要补充。

（四）舞蹈人才培养各有侧重

面对不同的舞蹈人才培养目标，应当选取不同的培养方法和教学手段。如对舞蹈表演人才的培养，需要通过大量高密度训练来掌握舞蹈表演能力，积累表演经验，因此选择传统的舞蹈教学方式更加适合；而对舞蹈教育专业和编导专业的人才培养，则更需要着重于创新性能力和反向思维的养成，因而舞蹈慕课这一类以启发和引导为主要教学理念的“线上”课程是可以增设开展的。

（五）慕课引领未来舞蹈教育发展新趋向

论及舞蹈艺术逐渐大众化的成因，舞蹈教育功不可没。面对越来越多的学校开设舞蹈专业，舞蹈生源质量也不断水涨船高，舞蹈教育资源的需求量也迅速增大。然而面临当下舞蹈优质教学资源封闭，区域性师资匮乏以及舞蹈教学资源不均等、难以调配的失衡现状，舞蹈教育的开放与共享必然成为其未来发展的诉求和趋势。因此，舞蹈慕课等“线上”教学渠道则能成为集结国内外顶级舞蹈师资，最大程度开发、整合现有的舞蹈优质教学资源并进行最大化再分配的契机和动力，从而增加舞蹈教学资源的流动性，解决因地域、校际差异导致的教育资源不平衡所带来的舞蹈教育发展困局，让舞蹈教育真正地走向公平、开放。

表 2　传统舞蹈教育模式与舞蹈慕课模式对比

项目	舞蹈传统教育模式	舞蹈慕课模式	舞蹈慕课优势
教育服务	精英小众群体	社会大众群体	更具开放性
教学环境	限定地点、时间	无时空边界	自由无限制
教学资源	分散、不均、难调配	集中、高质量、流动性强	公平公开
教学内容	以教为本、以本为本	精准、灵活、碎片化	简明高效
教学形式	言传身教、示范模仿	自学、提问、探索	丰富多元

续表

项目	舞蹈传统教育模式	舞蹈慕课模式	舞蹈慕课优势
学习方式	以教师为中心、群体性、无选择性	以学生为中心、独立性、自由选择	高度自主
互动方式	直接、即时互动讨论	即时与延时互动交错、多样化讨论	多维度、多层面
课时长度	40—45 分钟	10—15 分钟	片段式
课程呈现	一次性完成	短视频形式，反复观看	永久性
教学评价	以教师评价为主	系统、同伴、教师评价	全面科学

五、结语

尽管慕课以巨大潜能在短时间内迅速成长起来，并受到社会各界的广泛关注与认可，但对于舞蹈教育教学而言，其特殊的艺术形态及教学特征，与慕课的结合还存在不同层面的争议与困惑：首先，慕课基于互联网特性所产生的虚拟化教学形态，与舞蹈教学本体归属的实践性、群体性、情感性等特质错位，越过传统舞蹈教学实践过程，期待完全通过"线上"视觉信息传递来完成舞蹈知识技能的落地，具有较大难度；其次，立足于慕课教学系统平台，舞蹈慕课教育同其他开展慕课建设的学科一样，"许多问题还尚未解决，比如它们的接受度、可靠性、质量、评价、学习效果以及其他的许多方面"[4]。尤其在学分认定、开放教育资源、知识产权认证等方面还存在诸多争议。但毋庸置疑的是，慕课为舞蹈教育教学的变革提供了重要驱动，并在面对不断出现的新态势以及伴随而来的众多问题时，能贡献出更多的能量：如眼下正值新冠肺炎疫情防控期，教育部在印发的《疫情防控期间做好高校在线教学组织与管理工作的指导意见》中指出，各高校应充分利用上线的慕课和省、校两级优质在线课程教学资源，在慕课平台和实验资源平台服务支持带动下，实现"停课不停教、停课不停学"。各高校积极响应号召，短时间内"网络开课"盛况空前，这无形助推了舞蹈"线上"教学的发展进程；再有教育部即将出台关于建构本科、研究生、博士生"核心课程群"的相关政策，而眼下各校、各地舞蹈师资水平不均的现象，为该课程群能否顺利执行打上了问号，而慕课在整合师教、教学资源方面的优势，则为其提供了开展"互联网+"舞蹈核心课程群建构的新思路；此外，在传承、传扬舞蹈类非物质文化遗产的问题上，亦或是培养、拓展舞蹈艺术潜在观众群体方面，舞蹈慕课都能够给出充满无限可能的答案。

根据 2018 年教育部公布的 801 个国家级精品在线课程显示，艺术类的慕课仅占所有慕课总数的 5%左右，舞蹈学科课程更是屈指可数。未来，舞蹈慕课还存有巨大的发展空间，亟待各方的重视与参与。对于舞蹈教育从业者来说，无论是慕课、“线上”教学还是混合形态的教学模式，最要明确的一点是：舞蹈教育不仅关乎身体，更需要智慧！

参考文献：

[1]信息社会50人论坛. 未来已来“互联网＋”的重构与创新[M]. 上海：上海远东出版社，2016.

[2]汤敏. 慕课革命：互联网如何变革教育？[M]. 北京：中信出版社，2015.

[3]于春燕，郭经华. MOOC与混合教学理论及实务[M]. 北京：清华大学出版社，2018.

[4]邦克. 慕课和全球开放教育[M]. 焦建利，等，译. 上海：华东师范大学出版社，2018.

（本文发表于《北京舞蹈学院学报》2020年第2期）

人工智能对教育的影响

底素然①

摘要：人工智能不仅仅是科技革命，更将引发社会、生命、认知、价值的巨大变革。回顾人工智能的历史争议，研判未来人工智能的风险危机。聚焦人工智能对教育的影响，探讨了积极因素，包括成就差异化的学习者及私人定制的学习方式，开创人机协作与群智学习的生态格局，颠覆变革学习场景、组织管理与效果评价；分析了潜在威胁，例如人文社科以及教育系统的危机、地域公平与教师职业问题、信息失范与文化价值问题等。

关键词：人工智能；智能教育；积极因素；危机风险

一、引言

人工智能不仅仅是技术创新、科技革命，更将引发社会和认知的巨大变革。有关人工智能的未来也是争论不休。有些人对未来人工智能的强大能力充满信心，相信人工智能可以极大地造福社会、惠及人类。另一些人则对人工智能在未来的“无所不能”深感担忧，对将给人类带来的压力、威胁，甚至毁灭表示惶恐。近年来，多国陆续制定关于人工智能的方案、规划，UNESCO、EURON、COMEST、IEEE 等国际重要组织也发布了有关人工智能的报告，各研究中心纷纷发表了围绕人工智能的研究成果。

关于人工智能的争论源于 20 世纪 50 年代。艾伦·图灵认为，机器智能不具有伦理、道德、意志、感受等精神要素，机器智能只是计算的、线性的，不具备学习、优化、创造、变革等功能[1]。诺伯特·维纳在基于闭环负反馈的控制理论中，指出机器有可能跳出给定的训练模式、摆脱设计者的框架控制，创造性实现跨领域的智能迁移[2]。阿瑟·塞缪尔对机器智能会摆脱人的控制进行反驳，强调机器智能无法凭空创造一些不是由人输入的内容，不会产生道德及技术的意外性后果[3]。如今，强人工智能风险论成为社会热议的焦点。斯蒂芬·霍金认为，“成功制造一台人工智能机器人将是人类历史上的里程碑，不幸的是，有可能是人类历史上的最后一个里程碑”[4]。如

① 底素然，女，首都师范大学教务处助理研究员，研究方向：教学管理、教学信息化。

今，人工智能已能够构建“深度神经网络”组件、模拟人脑的高级程式，包括迅速扫描，获悉操作步骤；深度模拟，学习并模仿网络关系结构；自我提升，不断训练、优化、进步；全局评估，判断全局形势、评估促进提高[5]。该套程序模拟人脑的神经元及关系网络，通过组合达成整体功能，表现了人类的现实学习。尼克·波斯特罗姆认为人工智能可以递归性地自我改良，最终实现更高智能，从而通过各种手段控制社会资源[6]。

随着时间的变迁及科学技术的迭代发展，计算机、互联网、大数据、云平台的形成与优化，相关环境条件、研究实力、配套设备、技术支持的强大与完善，学界对人工智能的态度和看法，发生了不断的转变，担心与焦虑情绪日益兴起。人工智能在实践中存在人为介入、算法黑箱、内生偏差、法理争议，引发关于隐私、歧视、公平、尊严等各类问题，导致就业与收入、分配与平衡、安全与焦虑、变革与风险等系列问题[7]。

二、人工智能对教育的正反两方面影响

人工智能飞速发展，将赋予人更多自由时间和自主空间，让人从生存劳作转向兴趣发展。对于教育与学习而言，可让教育与学习的目标更清晰、更透彻地指向生命本真的成长、价值水平的增值、科学奥秘的追寻，能够更好地培养人的智慧、精神、情感、创造力。

(一)积极的影响

1. 差异化的学习和私人定制的学习方式

人工智能基于对人类神经网络系统的学习，特别是负责空间信息处理的卷积神经网络系统和负责时间信息处理的循环神经网络系统，其拥有非常高效的自主学习能力与很强的工作能力。人工智能运用深度学习等算法在对海量数据的处理上能够形成完整的闭合链；运用智能化识别、可穿戴设备，可以高效地采集数据；运用深度学习、复杂运算、精准挖掘，可以深刻地分析数据；运用聚类、对比、研判、甄别、关联、过滤等方法，可以高质量地处理数据；运用知识图谱、生态族簇、云端平台等，可以出色地展现数据。

将人工智能的上述优势运用于教育领域，系统依据图像及语音识别，能够精确地分析学生的水平、感知其状态、洞察其心理、发现其特性，进而深入揭示学生的学习机理。在对不同学生的风格类型、心理知觉、特征偏好、发展轨迹等进行敏锐的捕捉、理解进而综合分析后，能够建立精准的用户画像和细致模型，结合学生的学习诉求、目标及方向，对其开展及时的诊断、提供准确的咨询、给予恰当的反馈，促进其更好地成长。利用关联规则算法可以详尽挖掘出学生的知识、能力、方法上的不足，在与

近似群体作对比分析之后，推荐适合学习者认知层级、理解难度、掌握水平的内容素材，进而形成个性化、差异化、量身定制的学习过程。一些在线学习平台以大量的结构性及非结构性数据为基础，对学生的知识系统做深度评测，进行聚类、关联、预测、模拟，揭示数据与结果背后的深层次原因，从而发现并形成符合学生实际情况及特殊需求的学习方法及方案。

2. 人机协作与群智学习

人工智能改变学生学习方式的途径还有人机协作与群智学习。比如，开发并应用智慧导师系统，根据学生的心理、情绪、知识、技能等制定指导方法、推荐资料、抉择路径。建构并使用教师与学生的智慧伙伴，协助教师完成琐碎的工作任务、帮助学生完成重复率高的冗余作业，为师生发展分担繁杂枯燥的事务、减轻压力，有助于更好地集中时间精力、突破重点难点、实现迅速成长。人工智能将改变教师和学生的二元分立状态，消除了有关教师为中心或者学生为中心的争论，构成人机协作的新型共同体。未来的师生一起踏上精彩的旅行或开展奇妙的探险，应对不同的场景与真实的难题，携手克服并共同成长。

在人工智能介入下，群智学习将成为现实。群智学习中，每个学生如同关联核心处理器与共同任务点的不同端口，端口之间逻辑互通、结构耦合、指向共同目标、导向终极问题，呈现集体协同、规模促进、倍速增长的特征。群智学习尊重不同学生的特点，鼓励每个学生积极贡献智慧、深入进行对话交流、碰撞思想火花、广泛地互通链接，突围信息孤岛与密闭窠臼，颠覆传统、重构认知、实现跃升。于是，人机协作的能力商数(Artificial Intelligence Quotient，AIQ)将愈发重要，人们会更重视掌握电子科技与生命信息的内部逻辑，高度理解并深度融合其中奥义，以人工智能增强、扩展人的学习能力及工作效率，进一步促进人与机的意识、思维、行为的关联复合、超越创新，形成人机更好地沟通、互动、协同、共进。

3. 变革学习场景、优化组织管理与效果评价

借助人工智能构建智慧丰富、变化多端的教育场景，按照不同的学习内容与教学方法，调整变换、适应所需，形成富有情境且操作便捷，指向实践性的教学环境，方便师生间的组织配合和调动管理。目前美国纽约的 WeGrow 学校、瑞典斯德哥尔摩的 VittraTelefonplan 学校等，在教学场景变革方面卓有成效，其以充满设计感、想象力、创造性的空间情景、故事嵌入课堂，使学生深度沉浸于学习体验之中。人工智能可通过虚拟现实乃至增强现实等打造多元空间，立体维度的新型场景，逐步构建沉浸式、丰富的交互体验，优化了学习的过程、提高了学习的效果。

由于具备“增能、使能、赋能”的特性，人工智能除了能够进行自动命题与审阅、复式剖析与纠查、个性问题与特例分析等，还可以深度唤醒差异化、个性化学习体验与效能提升，有助于打破单一话语垄断的传统学习方式，推进“时时可学、处处能学”

的泛在式学习。经过与学生的高频互动、反复磨合，人工智能还可进一步发挥其自适应与自调节功能，最终成为学生的知音与得力助手。另外，运用项目引擎的主题式、模块式教学，结合问题驱动、实践探索、自我迭代、持续创新，能够构建新的教学生态与学习范式。因此，人工智能在分析学情数据、探究问题根源、制定适切策略、精准变革教学、多元督导评估、全面促进发展等各个方面可发挥重大作用。

人工智能通过对海量教育数据的采集、收录，可以促进对学生的自动化测评、反馈，为教学管理决策带来便利，将“响应延迟”变为“即刻解决”，让管理智能化、服务精细化。与此相应，人才评价体系也将进一步由区分、选拔、淘汰转向诊断、改进、优化，人才培养理念也将进一步由知识本位、就业导向转为核心素养、综合素质。

(二)潜在危机

科技为人类的选择与行为创造了新的可能性，但这些可能性也处于不确定中，因为影响很可能超出人类预估的范围。人工智能也不例外，会对教育带来相当严峻的危机与挑战。

1. 人文精神的缺失

人工智能是技术，其逻辑起点与运行具有鲜明的技术溯源。人工智能将进一步强化人与智能机器的密切关联，相反，人与人之间的沟通会进一步减少，人对社会、文化、自然的学习兴趣、投入程度可能会下降。教育中的人机交互很可能导致学生丧失自我，尤其会磨灭学生的独立性和自主性，这是潜在的教育危机。因此人文教育与社会科学将面临无比巨大的挑战，同时也肩负前所未有的重担。在人工智能时代，人文精神、素养、能力、运用是在超级科技的面前愈发消弭、一蹶不振，还是主动出击、积极协作，与科技发展相辅相成、成为有益有效的补充，这既是对人文社科教育的考验，也会对整个人类发展走向产生重大影响。

2. 教育危机

随着人工智能越来越高端，其可覆盖至各个领域，可介入各项工作，并以其精准、高效的特质创造前所未有的巨大财富和社会价值。人类的生活和工作由此获得更大便利的同时，由于人们解决具体问题的难度降低了，也将导致不少人的懒散和懈怠。那么，人是否会怠于思考、判断，懒于进步、提高，以至不需要学习、不需要教育？这是一个严峻的问题。甚至已有研究表明，智能芯片可以植入人脑，帮助人类承担存储记忆、数理运算、逻辑推演、复杂决策等任务，可见教育将受到前所未有的冲击，引发全链条、颠覆式的剧变。

3. 教育公平问题

人工智能发展迭代、发展程度的不均衡、不对称，会导致不同国家、地区之间未来教育的不公平。尤其是未来的教育将密切建立于人工智能的基础之上，深刻表现为信息智慧、互通互联、普及泛在等特征。人工智能带来的不均衡问题就如同经济、社会发展的不均衡问题一样，不同地区不同群体的人工智能基础设施、平台建设不同，对人工智能的理解程度、运用范畴、操作水平不同。一系列不公平问题叠加至一起，便会引发不同社会阶层、不同类型群体的不满和发声，因而确有必要提前预警。

4. 教师职业问题

在教育领域，人工智能在知识、技能、交流、互动、评价、反馈等方面逼近和赶超人类。人工智能先是替代一般硬件设备，然后代替教学助手、工作助理，最后取代教师，这一趋势越来越明显。教师的职业危机突现，压力陡增。尤其是形式单一、方法陈旧的教育教学，照本宣科、单向压迫的观念举措，更将被废弃、淘汰。唯有更加包容、关怀、理解的教学态度以及更加创新、拓展的教学能力，才可拯救教师职业，避免被机器无情取代。因而未来的教师在已知强调的知识、能力、素养之上，还需具备超强的创新力、组织力、持续学习与不断更新的能力，以及为多元化的学生提供悉心而耐心的服务，用心帮助每位学生追求梦想、实现价值的心理观念。

5. 信息失范问题

因开发者以及算法规则等问题，人工智能对教育信息的传递与表达存在偏见不公、规制失范等情形，易于导致学生的“茧房效应”，即依据学生的兴趣偏好和价值判断为其长期地、大量地推荐相关信息，表达并输送相应的观点，使其不自觉地蒙蔽于片面的知识“牢笼”之中。如果人工智能软件被利益集团操纵，利用学生易于忽略论据确凿性与准确性的弱点，通过对局部信息的摘取、加工、改造，可能致使学生以为这是事实全部，造成难以预估的不良影响。同时，人工智能在媒体传播中的“水军效应”也易致使低俗文化价值被大量传播，形成“劣币驱逐良币”的恶性局面。

6. 文化价值问题

人工智能还可以掌握一种“暗知识”，即人类潜意识学习，但无法确切感知、无法语言表达的知识。如果在未来，超级图书馆、电子资源库的所有数据信息可以集成为一枚超级芯片，并植入人的大脑，那么教育的价值将面临巨大的挑战。当人工智能强大到一定程度，是否会以其特定的算法和智能方式，直接或间接地影响人的价值观、世界观，将人所倡导的人格尊严、权利平等、公平正义、种族包容、文化多元、贫困削减等理念抛开不顾，创造一种新的智能机器的文化价值，从而吞没人的历史和心灵，这也是一个严峻的问题。

三、结语

随着人工智能迅速发展，时代在加速变革，思想碰撞在加剧，秩序的打破与重组、社会安全与隐患交织，成为人类必须面对的挑战。人工智能既能给人类带来巨大的财富，也可能带来不可预知的灾难。人类在人工智能危机面前并不是无能为力的，而是大有可为的，正确利用人工智能是人类应该坚定的方向，应该超越技术本身，在更开阔的视野中思考教育变革的问题，既赋予充分的变革空间，又保留传统教育的精髓，在开拓的同时，守住教育的底线。

参考文献：

[1]Turing A M. Computing Machinery and Intelligence[J]. Mind，1950，59(236)：433-460.

[2]Wiener N. Some Moral and Technical Consequences of Automation[J]. Science，1960，131(410)：355-358.

[3]Samuel A L. Some Moral and Technical Consequences of Automation—A Refutation[J]. Science，1960，132：741-742.

[4]霍金．这是我们星球最危险的时刻[EB/OL].[2017-03-17]. http：//www. sohu. com/a/129207105 _ 523115.

[5]顾小清，冯园园，胡思畅．超越碎片化学习：语义图示与深度学习[J]．中国电化教育，2015(3).

[6]马治，徐济宽．人工智能发展的潜在风险及法律防控监管[J]．北京工业大学学报(社会科学版)，2018(6).

[7]万彭军．人工智能的历史辩争、风险审视与未来预判[J]．浙江社会科学，2021(2).

面向高等院校的心理学实验室信息化平台的设计与实现

安寅杰[①]

摘要：信息化实验室的要求已经不仅仅局限于仪器设备的信息化，实验室管理人员希望有一种信息化的管理工具，来帮助实验室轻松地按照规范的管理章程运行。以“人本理念”为指导，运用现代信息技术和通信技术手段，提升院校整体的核心竞争能力。

关键词：信息平台建设；实验室管理；心理学实验室；高等教育

一、引言

针对高校而言，实验室是高校教学、技术创新及实践体系的重要组成部分；是高校形成创新资源、强化科技能力的重要保障；是集实验教学、科学研究、生产试验于一体的实体；是巩固学生专业知识，培养学生动手能力，衔接基础研究和创新研发的桥梁；是凝聚、培养高校科研、工程技术创新人才的重要实践基地。高校实验室的功能与作用，主要围绕国家、学校制定的教学大纲进行实践教学，完成与学科知识相关的基础实验、科研实验，在教学过程中发挥辅助教学作用，在推动学科技术进步和技术创新中起到科研技术转化桥梁作用。高校实验室是高校的重要组成部分，因此实验室管理也尤为重要。

近年来，国家相继出台了一系列推进教育信息化的政策和措施，或在相关的文件中对教育信息化提出了明确的要求。随着各个高校信息化建设日益完善，在教学方面逐步实现信息化管理。同时，越来越多的实验室也渴望被规范，实验室的信息化建设也需要逐步加强，因此实验室信息化管理成为必然趋势。信息化实验室的要求已经不仅仅局限于仪器设备的信息化，实验室管理人员希望有一种信息化的管理工具，来帮助实验室轻轻松松地按照规范的管理章程运行，在这种需求下，实验室管理系统成为实验室管理信息化中必不可少的工具。

---

① 安寅杰，男，首都师范大学教务处，研究方向：教育信息化、数字化学习模式。

随着学校各个部门信息化建设日益完善，实验室的信息化建设也需要逐步加强。信息化实验室的要求已经不仅仅局限于仪器设备的信息化，实验室管理人员希望有一种信息化的管理工具，来帮助实验室轻松地按照规范的管理章程运行。以此为背景，为了提高实验室研究水平和研究效率，充分发挥实验室的利用率，保证实验室安全、正常运行，为实验室部署实验室信息管理系统是非常必要的。通过系统建设，将提高实验的安全性和使用效率，从而提高研究水平，保证出成果和出高质量成果。

二、心理学实验室信息化平台目标与需求

(一)业务需求

心理学实验室信息管理平台是为满足学习与认知实验室内部管理和各个实验人员需求，如被试人员管理、项目管理、经费管理、资产管理、实验室预约等各个实验日常工作进行全面、规范、准确、高效的信息化、网络化管理需求的管理平台。该管理平台由实验室的负责人、资产管理员、教师和各级学生分级、分层共同维护和使用，保证数据的准确性与及时性，管理平台在提高管理人员和教师工作效率的同时，还能为各级学生提供辅助教学信息服务，能为学校相关部门、领导提供业务信息参考和决策服务。

管理平台的主要业务需求为：通过部署实验室信息管理平台中的实验室预约认证系统，我们将实现对目前学习与认知实验室所包含的脑电成像实验室、情绪与动机实验室、统计与测量实验室、视觉信息加工实验室、应用心理学实验室、生理心理学实验室、普通心理学实验室和透颅磁刺激实验室进行合理的预约和分配工作。实现科学的管理方式，保障教学和科研的正常有序使用。我们将利用实验室信息管理平台资产管理功能，实现对实验室内重要实验仪器的管理，提供使用说明和使用频率的统计数据，作为以后设备购置的重要依据。通过项目管理功能对项目从立项直到项目完成实现教学或科研统一管理。通过被试人员的招募平台，为实验室针对被试人员的实验提供更为便捷的实验条件。为保护被试人员的隐私，我们通过被试人员监视系统平台，将实验过程和实验结果直接同步到项目管理中，避免实验室以外的人员看到被试人员的实验结果。我们将在资源共享平台上为实验室科研人员和教师提供最新文献、历史资料、实验过程及数据等可公开的内容，提供相互学习的平台。经费管理功能可以保证实验室的经费，进行计划、落实、监督和调整，既能以最小的耗资获取最大的教学科研效益，又能达到增效节支的目的。

(二)功能需求

学习与认知实验室信息管理平台主要的功能如下：

1. 人员管理。对实验室内部实验人员和被实验人员进行不同管理，记录实验人员

的项目信息和其他相关信息。对被实验人员做详细的记录。

2. 资产管理。对实验室的实验仪器基本信息、维修记录、使用情况、预约、借用和认领做详细的记录。

3. 项目管理。对项目进行管理。对各级别的项目可区分管理。按照项目的进行情况，提供项目批注功能。

4. 经费管理。查询实验室内部经费支出明细。为申请经费和审批经费做电子版的留存。

5. 资源共享平台。提供资源信息查询和资源信息发布，并对发布的内容提供分类。

6. 成果展示。可提供实验室成果展示的平台，详细地展示人员信息、成果信息等。

7. 实验室预约管理。提供实验室使用情况的查询和预约功能。

8. 实验室监控系统管理。实现对被试人员在参与实验过程中的全程监控管理。

9. 后台管理。为该管理平台提供日志和后台修改、人员注册、档案打包等基础功能。

(三)数据需求及性能需求

标准化：基于国家教育部教育管理信息化标准，提供各种标准数据接口。支持各种常见的数据文件格式(如：.DBF、.XLS等)。

完备性：数据库中存储的信息应足以满足全局的日常运作需要。

安全性：关键数据采用信息安全技术，加密存储防止篡改。

影响系统性能的主要因素包括：网络环境(校园网与互联网接入)、硬件配置(服务器与客户机)、系统软件(操作系统、数据库管理系统与WEB服务系统)、系统架构设计、数据结构设计、核心算法设计、部署设计等。应充分考虑系统整体架构设计的科学性、数据结构设计的合理性、核心算法设计的先进性、部署设计的灵活性，确保系统的整体性能优越、响应迅速及时、信息可靠安全。具体要求如下：

1. 系统结构设计上要充分考虑整体性、稳定性、灵活性、可扩展性和开放性的要求，系统实现要充分考虑安全性、可管理性、可用性、易用性。

2. 数据库原则上统一要求采用Oracle或SQL Server。

3. 应用系统要求支持的用户注册数量应该满足实验室所有人员的数量，访问并发用户支持实验室内部同时访问的需求，校内访问各系统的平均延时应该在3秒以内，最大延时则不超过10秒。

(四)总体框架

信息系统的构建主要基于B+C/S技术，数据库选型为Oracle。实验室管理平台总体框架如图1所示。

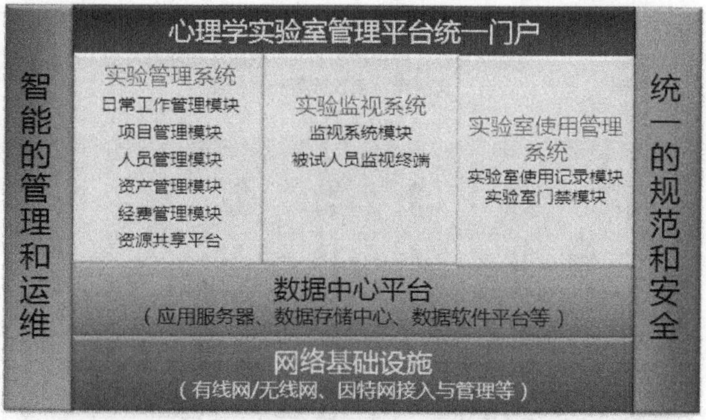

图1　实验室管理平台总体框架

三、心理学实验室信息化平台设计

高等院校数字校园目标是建设服务型数字校园，即以“人本理念”为指导，运用现代信息技术和通信技术手段，在实现信息共享、业务流程优化的基础上，以服务对象为中心，通过多种服务渠道，为学校所有群体提供一体化、全方位的服务，促进学校由传统管理职能向现代服务职能的转变，支持提升院校整体的核心竞争能力，总体架构如图2所示。

(一)基础设施层

包括校园网络、计算机系统、存储系统和其他硬件，是信息系统运行的基础物理硬件设施，为信息系统的运行提供高效的基础环境。

(二)数据资源层

建立一个基于主题进行数据组织的、安全、稳定、高效运行的集成数据环境，将学校的各类信息系统集成起来成为一个有机的整体，实现单一数据源管理和根据权限有序的数据访问，保证全校信息系统中数据的一致性、实时性、有效性和高效访问。

(三)应用基础平台层

应用基础平台分为网络基础服务和信息集成与服务平台两部分。网络基础服务包括数据库系统、电子邮件系统、域名服务系统、目录服务系统等，为信息系统运行提供基础的软件运行环境；信息集成与服务平台为上层应用提供外部规范、接口标准、集成工具和基本服务，使得遵循标准和规范的应用方便地集成起来成为一个有机的整体。信息集成与服务平台包括应用管理、身份管理、权限管理、数据交换与共享服务、日历服务、工作流服务、信息发布服务、消息服务、网络存储服务、全文检索服务、交流协作工具和电子商务平台等。

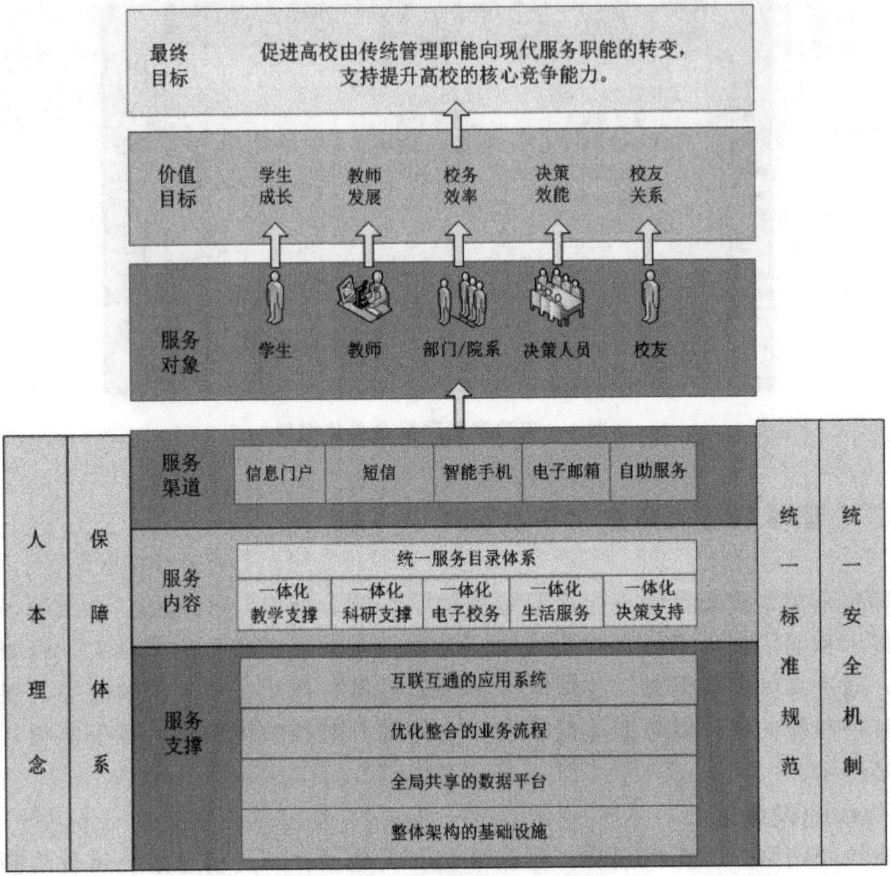

图 2　实验室管理平台总体架构

(四)应用平台层

应用平台层是指用于学校教学、科研、管理、服务的各种应用系统，用来满足各类用户对信息管理和信息服务的需求，是高校信息化建设的主要内容。一般高校的应用分为电子校务平台、教学支撑平台、科研支撑平台和决策支撑平台四类。各应用系统必须遵循学校统一的应用规范，如采用统一的认证与授权、数据交换和信息发布接口，提供标准应用访问接口，提供标准门户集成界面，以确保不同时间建设的应用能够集成到学校整体信息系统中，成为学校整体信息系统的有机组成部分。

(五)服务层

信息门户是学科信息与评估系统的访问入口，也是学校各类信息系统的统一访问入口。信息门户将各类信息资源与服务集成起来，并采用统一的用户管理和身份认证，实现用户单点登录。用户一次登录后就可获得与其身份相称的各项信息资源与服务。

(六)安全体系

建设和规划基于安全域的信息安全体系，将数字校园划分为若干安全级别不同的安全域，对不同安全级别的域实行不同级别的安全防护，对于每个安全域来说，其面临的安全风险也不是单一的，而是多层次的，从而建构起多层次的数字校园安全防护体系。

(七)标准规范

信息化标准的目的在于满足学校信息系统建设的需要，加强信息化建设的统一领导。建立信息化标准的管理体系，保证信息在采集、处理、交换、传输的过程中有统一的规范，最大限度地实现信息资源共享，使应用系统的建设得到了协同，为应用系统建设的可持续发展奠定了基础。

(八)建设运维与服务体系

建设运维与服务体系的任务是保障信息系统高质量建设，稳定高效地运行，使信息系统发挥其对高校管理工作的信息化支撑作用。同时，贯彻“以人为本”的新一代数字校园运维服务理念和“为用户提供专业的信息资源服务”运维服务体系目标。

(九)保障体系

制定相应的管理制度，保障稳定的经费来源，加强人才队伍建设和国内外的交流与合作，为学校信息系统建设的可持续发展提供保障。

四、系统功能及应用案例

心理学实验室管理系统主要分为：日常工作管理模块、项目管理模块、人员管理模块、资产管理模块、资源共享模块。各个功能管理平台具有不同的管理流程及目的。

1. 日常工作管理模块

日常工作管理平台作为实验室基础管理的一部分。其主要功能有：发布信息、日常工作安排、待办事务查询及修改、临时事件快速记录。系统功能如图 3 所示。

2. 项目管理模块

项目管理平台是实验室管理平台的核心内容，其对项目分类、管理内容有比较高的要求。项目管理平台采用树形结构，由项目负责人管理其项目下的子项目。子项目的负责人对子项目进行管理。项目负责人可对子项目进行项目审批、进度查询、内容批注、结果审核等功能。由于树形结构的设计，在进行项目管理的时候，由子项目的项目负责人进行新建项目并提交父项目的项目负责人进行审批。以此类推，在管理流程方面实现“短平的管理模式”，减少管理人员的流程审批过程中繁重复杂的工作。

3. 人员管理模块

心理学实验室管理软件对人员管理与其他实验室有所不同之处在于，心理学实验

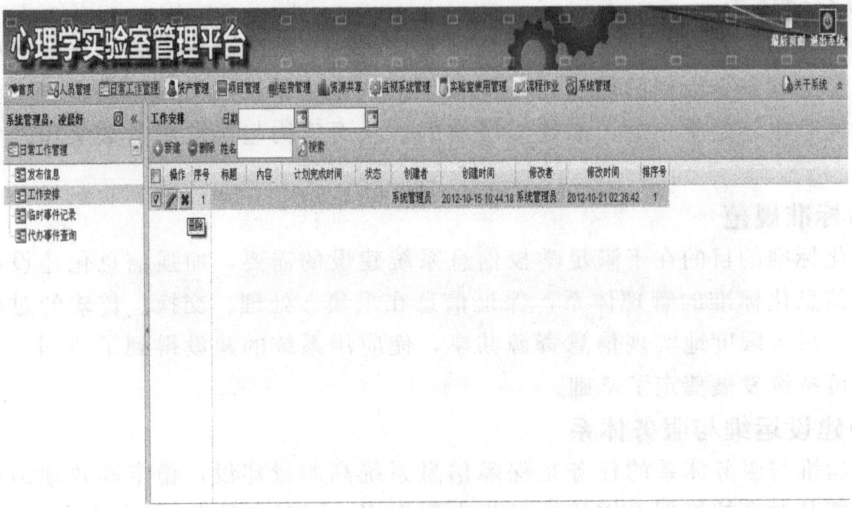

图 3　系统功能图示

室人员管理不仅要对实验人员管理，还需要对被试人员进行管理。所以，人员管理平台方面，需要提供两种不同管理模式的模块。

4. 资产管理模块

将现有资产数据标准化，为建设资产基础数据库打好基础。实现实验室资产管理信息化，随时了解现在实验室使用中存在的问题，能很大程度上减少资产管理人员的重复工作，提高资产使用效率。

5. 资源共享模块

随着网络的日益发达，资源共享已成为依托于网络的最方便使用的工具。在实验室的信息化过程中，资源共享可以大大减少实验室重复的工作，还可提供数据的归档、实验结果的保存、相互学习、公共文件或数据共享等功能，这也是实验室信息化的重要体现。

管理平台将使心理学实验室管理过程的信息化程度进一步提高，信息资源得到进一步完善和丰富。

五、结束语

根据教育部、北京市教委的相关要求，为了提升自身的竞争力，及时了解实验进度，降低实验成本，为教师和科研人员提供优秀的服务，实验室必须要走上信息化的道路。在传统人工管理的基础上，结合实例主要从管理方向探讨实验室信息化建设的基本思路。

目前，在传统的管理模式下，实验室的管理经常出现不必要的重复工作或其他完全可以避免的问题。因此进行实验室信息化管理模式成为必然趋势。实验室信息化管理不仅能够保证使用信息准确无误、快速输出，而且还可以利用实验室管理系统对有关仪器的各种信息进行统计，服务于管理部门其他方面的业务处理。实验室内部也可实现网络化全面管理，实现教学和实验的有效监督管理，提高整体工作水平。

参考文献：

[1]吴洪艳．智慧学习视角下个性化在线学习系统设计与应用[J]．中国电化教育，2015(6)：127-131.

[2]葛日波，朱志刚，王颖，等．以信息化平台建设为依托的实验室管理模式创新与实践[J]．实验技术与管理，2014(1)：15-18.

[3]周文彬，张雪琴．关于心理学实验室建设与管理的分析与建议[J]．实验技术与管理，2012，29(2)：180-183.

[4]梁忠，周术诚．计算机实验室信息化建设方法研究[J]．福建农林大学学报(哲学社会科学版)，2007，10(6)：106-108.

[5]盛苏英，堵俊，吴晓．高校实验室信息化管理的研究与实践[J]．实验室研究与探索，2012，31(12)：184-187.

[6]梁永红．高校心理学实验室建设思考[J]．中国现代教育装备，2014(11)：56-58.

[7]张莉琴，麻超，马婧，等．心理学实验室建设性发展的思考与探索[J]．兵团教育学院学报，2015，25(4)：47-49.

[8]杨戈，张鸣虹．以信息化平台建设为依托的实验室管理模式探讨[J]．电子世界，2016(16)：59.

[9]汪敏娟，吴松强，仲盛来．高校国家重点实验室管理模式探析[J]．实验技术与管理，2014(1)：225-227.

善用“互联网＋”，积极探索程序设计课程教育服务新模式

潘　巍　谭小慧　高　岚①

摘要：“程序设计基础”(C、C＋＋等)是高校计算机类专业学生最早接触到的专业基础必修课程之一，本课对学生的理论基础与实践能力的要求都很高。目前，主流的混合教学模式如 MOOC、SPOC 和翻转课堂等大多需要学生在课外投入一定量的时间学习教学视频，并且这种方式对学生的自觉性与主动性要求也高。疫情期间，课程组先后使用了企业微信、腾讯文档、腾讯会议、雨课堂、拼题 A、中国大学 MOOC、B站等进行“C 语言”的线上教学。教学效果表明，如果能够充分利用各种互联网软件或平台的优势，再加上一些激励学生的技巧，完全可以在不增加教学时长(包含课内外学时)的情况下，利用碎片时间，很好地实现“C 语言”课程的培养目标，且教学效果明显优于传统的课堂教学。

关键词： 互联网＋；混合教学；程序设计

一、引言

2015 年，李克强总理在《政府工作报告》中首次提出了“互联网＋”行动计划；2016 年，教育部印发了《教育信息化“十三五”规划》；2018 年，教育部印发了《教育信息化 2.0 行动计划》，明确提出建成“互联网＋教育”大平台，努力构建“互联网＋”条件下的人才培养新模式、发展基于互联网的教育服务新模式、探索信息时代教育治理新模式。

另一方面，程序设计基础(C 语言、C＋＋等)是高校计算机类专业学生最早接触到的专业基础必修课程之一，结合众多高校程序设计基础课程的教学大纲，我校“C 语言程序设计”课程(以下简称“C 语言”)的培养目标为：(1)能够使学生通过实践环节深入理解和掌握程序设计的基本方法，得到基本技能训练；(2)能够通过精讲多练的方式学会程序的调试，培养良好的程序设计的习惯，具有一定的程序开发能力；(3)能够通过

① 潘巍，女，首都师范大学信息工程学院副教授，博士，研究方向：模式识别与智能控制；谭小慧，女，首都师范大学信息工程学院副教授，博士，研究方向：虚拟现实、人机交互；高岚，女，首都师范大学信息工程学院讲师，博士，研究方向：人工智能专用加速器。

综合实践及小组汇报、研讨等形成交流协作意识与经验交流的习惯，提高学生对所学知识的综合运用能力，拓展学生解决实际问题的思路，为后续课程打好基础。可以看到，三个目标都在强调“实践”。不仅如此，“C语言”课程还是计算机类专业研究生招生的专业考试课程之一。由此可见，“C语言”课程对理论基础与实践能力的要求都很强，在课时日渐缩减的现在，如何充分利用“互联网+”技术做到“精讲多练”，让学生重理论多实践，成为课程组与任课教师必须要面对的问题。

目前，主流的混合教学模式有金课、MOOC、SPOC和翻转课堂等[1-6]，它们扩大了优质教育资源的覆盖面，促进了教育公平性。但它们大多需要学生在课外投入一定量的时间学习教学视频，同时课堂教学时间并没有相应减少，并且这种方式对学生的自觉性与主动性也有要求。因此，如何激发学生的学习兴趣、合理调整课内外学时分配、实现师生实时互动反馈等，是接下来要着重考虑的问题。

2020年突发的新冠疫情迫使各个学校进入全面线上教学的状态，很多在线教学平台和互联网软件工具也迅速研发、升级和投入使用。期间课程组先后使用了企业微信、腾讯文档、腾讯会议、雨课堂、拼题A、中国大学MOOC、B站等软件或平台进行“C语言”的线上教学。教学效果表明，如果能够充分利用各种互联网软件或平台的优势，再加上一些激励学生的“技巧”，完全可以在不增加教学时长(包含课内外学时)的情况下，利用碎片时间，很好地实现“C语言”课程的培养目标，且教学效果明显优于传统的课堂教学。

二、教学资源、教学手段和教学平台的使用

在“互联网+”环境下，教学资源已不再局限于纸质书籍，更多地来自于网络。课程组在学生普遍喜爱和使用的博客、B站上精心挑选了一批教学资源，分批次向学生推荐。这些资源以博客或短视频为主，阅读或观看时长控制在10分钟以内，大多是博主或播主对C语言某个知识点的有趣探讨，如“常见排序算法的动画演示”“C语言是如何处理数据溢出的”等。此外，课程组也会推荐一些名师的教学片断，感兴趣的学生可以选择观看，教师不做硬性要求。

“互联网+”思维下，课程组将雨课堂引入理论教学，通过直播、投票、弹幕等手段，加大知识展示的多样性和师生互动的灵活性，让课堂变得活泼，更加吸引学生；将拼题A、Moodle等在线测试平台引入上机实践，并通过企业微信和腾讯会议等方式对内向或非在场学生进行答疑；使用企业微信发布公告、收发作业、批改反馈和回答问题，使用腾讯文档共享数据信息，督促学生主动学习。

由于互联网已成为生活中密不可分的一部分，只要有手机有电脑就可以随时上网，因此，只要学生愿意，他们就可以课内课外随时沉浸在C语言的环境里，而教师们也能随时对学生进行指导和帮助。

三、理论部分的教学设计

美国著名教育心理学家罗伯特·M. 加涅将认知学习理论应用于教学过程时提出一种教学活动程序[7]。他认为学习者的内部心理活动可以分为九个阶段(参见表1)，每个阶段都在教学活动中发挥着作用。

表1 罗伯特·M. 加涅的九段教学法

序号	教学步骤	学习者的心理活动
1	引起注意	接受各种神经冲动
2	告知学生目标	激活执行控制过程
3	刺激回忆先前学过的内容	把先前学过的内容提取到短时记忆中
4	呈现刺激材料	选择性知觉
5	提供学习指导	语义编码，提取线索，有助于激活执行控制过程
6	诱发行为	反应
7	提供行为正确性的反馈	建立强化
8	评价行为	检索与强化
9	增强记忆，促进迁移	检索与归类

课程组根据九段教学法对教学内容进行设计，表2是“C语言”理论课的教学设计安排，大致可分为课前、课中和课后三个部分。每一部分都会使用若干互联网软件或平台加以协助，同时还会添加一些小技巧，促使学生主动学习。

表2 “C语言”理论部分的教学设计

课前	课中	课后
雨课堂： (1)发布预习PPT(知识要点、推荐资源、测试题) (2)发布教学PPT(每章的第一次课前) 企业微信： 公告第二天编程题(课后作业的变形) 腾讯文档： 共享学生学习相关的统计数据	(1)摇号邀请学生上台编程并点评(10分钟左右) (2)通过语音直播、弹幕、投票、编程演示等方式讲解新知识(25分钟左右) (3)小测试(5分钟左右，此为可选项，可根据实际情况调整)	雨课堂： (1)发布复习PPT (2)推荐资源 (3)发布小测试 企业微信： (1)发布作业 (2)接收作业并实时反馈批改意见 (3)回答学生问题

(一)课前设计

1. 教师提前一天在雨课堂发布预习 PPT，该 PPT 通常不超过 10 页，主要是第二天的教学要点、推荐的资料链接，以及若干道之前章节知识点的测试题(以选择题为主，均附解题分析)。学生大多只需要 5 分钟左右的时间就可以完成预习 PPT，感兴趣的学生可以通过链接观看推荐内容。值得一提的是，在教学效果调查问卷中，超过一半的学生表示，当他们第一次阅读或观看了教师推荐的资源后(尤其是博客和 B 站资源)，会对其中内容产生一定的兴趣，阅读或观看后续推荐资源的可能性会变大。

2. 如果教师第二天开始讲解新的一章，则会发布该章的教学 PPT。教学 PPT 通常有几十页，课程组对学生是否查看教学 PPT 不做硬性要求，但会在中间放一些习题，这些习题会出现在之后的测试中。从雨课堂的统计数据上看，当学生看破教师的出题方式后，他们会从不怎么看教学 PPT，发展到挑选有习题的页数看，再发展到看与习题相关的 PPT 内容。

3. 通过企业微信发布群公告，一方面提醒学生查看雨课堂的发布内容，另一方面预告第二天的课前编程题。编程题通常为 3—4 道，均由之前的作业题略作变化而来，主要目的是让学生回顾所学知识，同时对作业自判自查。

(二)课中设计

1. 运行课程组编写的摇号程序，中签学生(通常是 3—4 位)上讲台板书前一天布置的课前编程题，教师进行讲解和点评。整个过程通常需要 10 分钟左右，既达到了点评课后作业和复习的目的，又能督促学生认真对待作业，帮助他们查漏补缺，可以说是一举多得。

这里要特别介绍一下课程组编写的摇号程序。运行程序时，会读取一个摇号文件，文件里面是学生姓名和中签机会，如“赵一 3；钱二 1”等，表示赵一中签的概率是钱二的 3 倍。程序产生随机数，并输出对应的学生姓名。程序由 C 语言编写而成，会由教师在“C 语言”的第一节课上向学生展示和介绍代码。教师一边展示程序，一边给学生介绍每部分代码的作用。如学生姓名和中签机会被设计为一个结构体，这部分内容会在第九章学到，文件的读取会在第十章学到，数组的生成会在第六章学到，循环的方法会在第五章学到，等等。至于中签机会，每位同学中签机会的初始值都是 1，但如果出现没有按时提交作业、没完成预习、复习 PPT，或者其他小任务的情况，每出现一次，中签机会就会加 1。作业完成情况等与学习相关的信息都放在腾讯文档中，信息随时更新，所有成员也均可随时查看。这些信息既是期末及平时成绩的组成部分，又关系到摇号的中签概率。学生们既为了平时成绩，也为了不增加中签概率，便会很积极地完成各项任务。

2. 剩余的教学时间使用雨课堂进行语音直播(学生课后可以继续观看直播)，其间学生们可以通过弹幕进行互动，教师也可以通过投票(相当于选择题)查看学生们对知识点的掌握情况，并进行相应的教学调整。图 1 到图 3 分别是教师在讲解完知识点并立刻出选择题让同学们完成后，学生的答题情况。横坐标是题目所给出的 4 个选择项，分别用 A、B、C 和 D 表示，纵坐标表示的是选择某个选择项的学生人数。图 1 中，正确答案是选项 C，参与答题的学生人数为 63 人，做对 52 人，只有少数学生做错(没人误选 A，4 人误选 B，7 人误选 D)，说明大家对知识点掌握得很好。图 2 中，正确答案是选项 B，参与答题的学生人数为 42 人，做对 15 人，虽然做错的学生比较多，但他们犯的错误大致相同(23 人误选 A，2 人误选 C，2 人误选 D)，这表明他们可能是对知识点的某个细节掌握得不够完整，教师稍做补充讲解即可。图 3 中，正确答案是选项 A，参与答题的学生人数为 66 人，做对 26 人，学生的选择五花八门(误选 B 的有 5 人，误选 C 的有 9 人，误选 D 的有 26 人)，说明他们在知识点的理解上存在较大问题，教师需要迅速调整方案，从其他角度切入知识点的讲解，帮助学生加深理解。

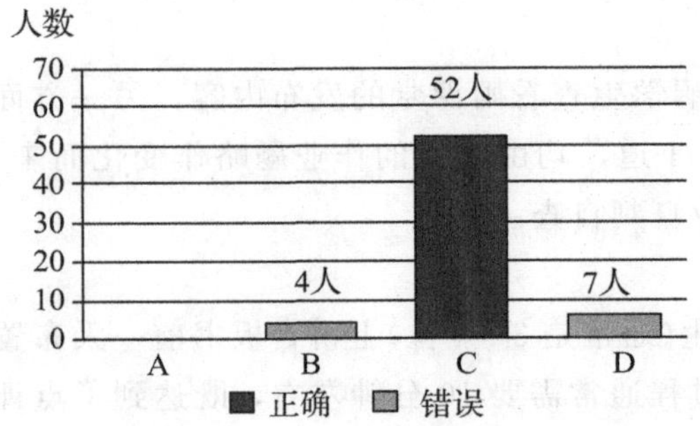

图 1　多数学生已掌握知识点的答案分布示例

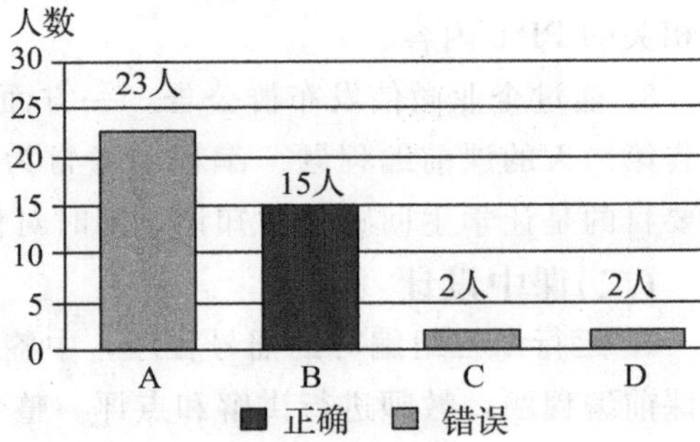

图 2　学生在知识点的理解在细节上掌握得还不够的答案分布示例

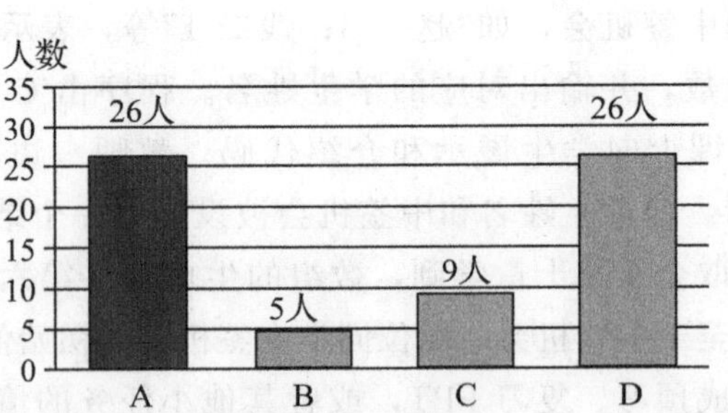

图 3　学生对知识点掌握不牢，需要进一步讲解的答案分布示例

3. 教师编写及演示程序，让学生直观地看到每个知识点在编程中的作用，以及需要注意的问题。

4. 下课前的 5 分钟学生通过做些小习题再次巩固知识点。

（三）课后设计

1. 通过雨课堂发布复习 PPT，形式与预习 PPT 类似，包括本节课知识点和若干道测试题，以及一些推荐链接。

2. 通过企业微信发布课后作业，学生们完成后拍照私信发给教师，教师通常会在半小时之内点评作业，并提出改进建议。需要特别说明的是，往年的课后作业都是由学生们写在作业本或纸上，在下一次课的时候交给教师，教师批改后再在下一次课时发还给学生们。等学生们能看到教师的批改意见并且知道原来自己的编程方法存在问题时已是两节课之后，中间如果遇到节假日，则间隔更长，这样的方式显然不利于学生对知识点的掌握。当企业微信出现后，这个问题迎刃而解。教师基本上能做到以文字或语音的方式实时批改实时反馈，学生们也能迅速地纠正错误。事实上，很多同学都感叹过“老师您响应好快啊，我才刚提交”。从某种角度上说，教学质量的提高，与企业微信的作业提交功能与批改方式功不可没。

3. 在周末和节假日的时候通过雨课堂发布小试卷，以选择题为主，5 分钟左右即可完成，内容主要涉及以前学过的一些知识点，起到温故而知新的作用。

四、实践部分的教学设计

“C 语言”的实践课以上机练习为主，平时练习使用的是浙江大学的拼题 A 在线测试平台，期末考试时则使用学校内部的 Moodle 平台。前者是半收费型的开放性平台，题量题型丰富，但监考模式需要收费；后者是校园局域网，题量题型虽不如拼题 A 多，但方便组织考试。因此，课程组将二者结合起来，同时在拼题 A 和 Moodle 上建立题目集，方便学生们校内校外使用。

上机答疑一直是令教师头疼的问题。一方面，有的同学习惯于一遇到问题就举手，另一方面，有些内向或害羞的同学遇到问题却又很少举手。现在课程组利用“互联网+”技术，采取三种方式进行上机答疑。

1. 现场答疑。同学举手，教师直接过去答疑。

2. 通过腾讯会议和企业微信答疑。这部分主要用于重修同学和内向害羞的同学。每次上机时，教师同时在腾讯会议上开设会议，学生们可以随时进出会议。上机外的其他时段，学生们可以通过企业微信提问，只要共享他们的屏幕，课程组就可以“在线”调试程序。

3. 引导学习优秀或有意愿的学生主动帮忙答疑。前面曾提到，如果学生们出现未完成作业等情况，理论课上被抽中上台编程或回答问题的概率就会增加。但如果他们主动帮忙答疑，累计一定次数后就可以减去一次抽中机会。现在，如果有同学在腾讯会议上提问，教师会根据问题难度，先把适合的问题转发到群里，看有没有学生抢着回答"挣工分"。如今，教师在指导上机时已不再"疲于奔命"，反而会议里或群里是一片热闹的讨论景象。

五、考核评价指标

课程组采用基于过程的多元评价指标，学生在课程学习的过程中是否展现了主动性，完成了多少实践课题等，都会在考核中有所体现。

理论部分：平时表现(包括雨课堂提供的各项统计数据、提交作业的次数及完成质量、回答问题的情况等)30%＋阶段测试30%＋期末考试40%。

实践部分：平时作业(包括在拼题A和Moodle上完成的习题量、主动帮助其他学生答疑情况等)20%＋期末上机考试40%＋综合大作业40%。

六、结束语

两年来，课程组利用企业微信、雨课堂、腾讯文档、腾讯会议、拼题A、博客、MOOC、B站等互联网软件或平台，线上线下相结合，在不额外增加校内外教学时段的情况下，有效利用"碎片"时间，再加上一些激励措施，进行"C语言程序设计"课程的"互联网＋教育"培养人才新模式的探索，取得了一定的成果。2020年期末考试的班级平均成绩高于往年，2021年已进行过两次理论课考试，90—100、80—89分数段的人数均超过往年同期，且不及格分数段的人数大为减少。

参考文献：

[1]刘欣欣，朱延钊，徐红云．Python语言程序设计在线多元混合教学式[J]．计算机教育，2020(10)：24-27.

[2]梁婷婷，李春青，黄勇萍．新媒体环境下程序设计基础课程混合式教学改革与实践[J]．计算机教育，2019(8)：132-136.

[3]崔佳，宋耀武．"金课"的教学设计原则探究[J]．中国高等教育，2019(10)：48-50.

[4]万红新，万佩真，郑睿颖，等．"互联网＋"思维下知识共享型课程的教学路径研究[J]．教育现代化，2017，4(50)：132-133.

[5]教巍巍，李丽萍．MOOC＋SPOC教学模式在程序设计中的应用[J]．教育教学论坛，2021(5)：129-132.

[6]陈亮，薛纪文，霍炜．新工科背景下的程序设计语言课程教学研究[J]．计算机教育，2019(5)：133-136.

[7]孙娜，刘永良，孙向南．"互联网＋"新时代背景下混合形态教学模式构建[J]．计算机教育，2019(3)：102-106.

TESTII 框架：人工智能支持课堂教学分析的发展走向*

孙　众　吕恺悦　施智平　骆力明①

摘要：规则化与可计算是人工智能技术支持课堂教学分析的前提。以 S-T 行为及 FIAS 言语交互为代表的分析方法，用时间取样的研究思路量化课堂教学，虽然对规则化、客观分析做出了显著贡献，但一直受困于费时低效、未能有效建立数量结构与意义理解的联系，以及不能较好地促进教师专业成长等问题。建立以教学事件为基本分析维度，综合双主教学结构等教育理论，以及计算机视觉和自然语言理解等技术，从教学事件识别与教学阶段划分、教学法结构序列、时间取样的行为和言语交互分析、基于证据的教学解读和人机协同的教学改进等阶段，构建课堂教学分析 TESTII(Teaching Events，SPS，Time Coding，Interpretation，Improvement)框架，成为人工智能支持课堂教学质量提升和变革课堂教学结构的解决方案和发展走向。

关键词：教学结构；教学事件；课堂教学分析；人工智能；人机协同

一、引言

课堂是集中体现教师专业水准和职业价值的、复杂的、多要素相互交织的真实情境。应用不同技术手段和研究方法，分析教师在真实课堂情境中的教学表现，已经成为课堂教学分析的重要议题。在课堂教学分析发展进程中，离不开评价理念、方法和技术的不断创新。

近年来，我国先后发布《新一代人工智能发展规划》[1]等系列政策文件，积极布局人工智能在不同行业的创新应用。教育作为人工智能的重要应用领域之一，也在向“人工智能＋教育”的新阶段迈进。《中共中央国务院关于全面深化新时代教师队伍建设改革的意

＊　本文属 2019 年度国家自然科学基金项目“基于人工智能的课堂教学交互分析关键技术研究”(项目编号：61977048)。

①　孙众，女，首都师范大学信息工程学院教授，研究方向：人工智能教育；吕恺悦，女，首都师范大学信息工程学院课程与教学论研究生，研究方向：人工智能教育；施智平，男，首都师范大学信息工程学院教授，研究方向：基于内容的视觉信息检索、图像理解、形式化验证等；骆力明，男，首都师范大学信息工程学院教授，研究方向：计算机教育。

见》明确提出，教师应主动适应信息化、AI等新技术变革，积极有效开展教育教学[2]。课堂作为教学改革的主阵地和教师专业成长的大本营，如何利用人工智能技术，优化课堂教学分析的方法和技术，成为人工智能促进教师队伍建设的突破点之一。随着指向深度学习的评价导向，以及大数据和人工智能在教育领域的逐步推进，教育研究范式正处于转型期。人工智能技术支持的课堂教学分析同样面临着理念与方法上的改进与转型[3]。

二、时间取样法在课堂教学量化分析中的应用

根据研究目的、理论基础以及分析技术的差异，课堂教学分析可分为量化取径、质性取径和专业成长取径[4]。其中，量化取径分析技术的演化进程，与技术发展最为相关，先后产生了以录像带分析为基础的S-T师生行为分析法、弗兰德斯言语交互分析法FIAS、大规模国际化的课堂视频研究项目TIMSS(The Third International Mathematics and Science Study)等代表性研究[5]。当前量化取径课堂分析的共性之一是时间取样。时间取样法通常按照固定的时间间隔对教师的言语和行为进行记录，判断课堂的交互情况和教学风格等。

不可否认，时间取样法对于课堂教学分析的标准化和可计算起到了重要的推进作用。后续有大量研究者沿用时间取样的思路，不断地改进或提出新的课堂教学量化分析方法和技术。但是采用时间取样法的课堂教学分析存在三个主要问题：(1)手工分析时效低，大量编码均需专业人员手工完成；(2)依赖有经验的研究人员；(3)缺少数据结构与意义理解的关系，仅做时间上的机械分割，忽略了每个言语交互和行为交互背后的情境信息。

三、教学活动是否能成为分析维度

课堂是时空结构组成的系统，其中，空间维度是指课堂中的活动。课堂里的活动可以根据实施主体的不同，分为以教师为主开展的教的活动、以学生为主开展的学的活动，以下统称为教学活动。那么可以用活动作为课堂教学分析的维度吗？

教学活动是教师根据课堂实际情况，动态调整教学进程的基本单位。国内外很多学者都用教学活动作为课堂教学分析的维度。我国学者穆肃等人分析了国内外课堂教学行为分析方法，结合对课堂教学活动理论的认识，设计了基于教学活动的课堂教学行为分析系统(Teaching Behavior Analysis System，TBAS)，该系统将信息化课堂中的活动分为教师活动、学生活动和无意义教学活动[6]。英国学者Rowntree将学习活动分为五种类型，包括报告自己的观察或体验、复述事实或原理等、从例子中区分不同概念和原理、列举出自己的例子、应用新的概念和原理等[7]。印度学者Mishra和Gaba

将课堂中用于自我评估的学习活动分为问题型和反思行动型，其中，问题型分为立即反馈型、最后提出标准答案型、不提供答案仅有提示型；反思行动型分为具体行为和体验[8]。美国学者威廉·霍顿(W. K. Horton)提出学习活动分类理论，将学习活动分为吸收型活动、做的活动和联结型活动[9]。

由此可知，以教学活动作为分析维度的研究并不鲜见，且兼顾量化取径和教师专业成长取径两个方面。但是将教学活动作为课堂分析的主要维度存在两个问题：(1)教学活动本身不会导致学习的发生。教学活动是教学意图的载体，当教学活动背后有了明确的教学目的，且能有效地支持学习者心理认知过程时，教学活动才有真实的教学意义，学习方能发生与发展。(2)教学活动的表现形式千变万化，类型划分各有道理。由于缺少通用性、稳定性和内在逻辑性，教学活动可以成为分析课堂外在表现的抓手，却很难形成可复制、标准化、可计算的判断规则。如果课堂教学分析过于强调教学活动的类型和形式，停留在对教学活动本身的设计、实施、归类与统计中，会走向重形式、轻本质的误区[10]。那么，对于课堂教学来说，什么维度是比教学时间和教学活动更适合的分析维度呢？

四、教学事件作为分析维度的可行性

罗伯特·加涅(R. M. Gagne)作为教学设计学科的开拓者之一，认为教学应该以学习为核心，要根据人类认知加工机制，设计出旨在影响学习者内部心理过程的外部刺激[11]。因此，教学过程要建立在对学习过程的深刻认识上，要与学习者的内部心理过程相吻合。教师如果能够积极而灵活地编排教学活动，就能起到促进学习的作用。反之，则无益于学习，甚至会起到干扰作用。

由此可见，教学活动不等同于教学事件。只有当教学活动具备明确的教学意图，反映促进学生学习的目的，并且指向学习者内部心理加工时，才能被称之为教学事件。除了对教学活动和教学事件这两个概念进行辨析以外，教学事件与教学阶段(或教学环节)、教学过程等概念也需做说明。三者虽有内在联系，但分属不同层次。教学过程是面向真实课堂中整个一节课或一单元或更长时间的过程安排，它包括了多个教学阶段，每个教学阶段的外在表现形式是教学活动，指向学习者心理认知的教学活动可以同时被称之为教学事件。以上概念间的关系如图 1 所示。

作为认知学派的代表人物，加涅把影响学习者心理认知的外部刺激称为九大教学事件[12]，每一个教学事件都与学习者内部认知过程相对应，组成合理的教学过程，见表 1。教学事件的提出推动了教学设计领域的发展，尤其在探索如何将内部学习过程与外部教学事件匹配方面，加涅的研究做出了开拓性和引领性的贡献。尽管九大教学事件也遭到一些批评，但它仍是迄今为止教学设计领域广泛接受的教学理论之一[13]。

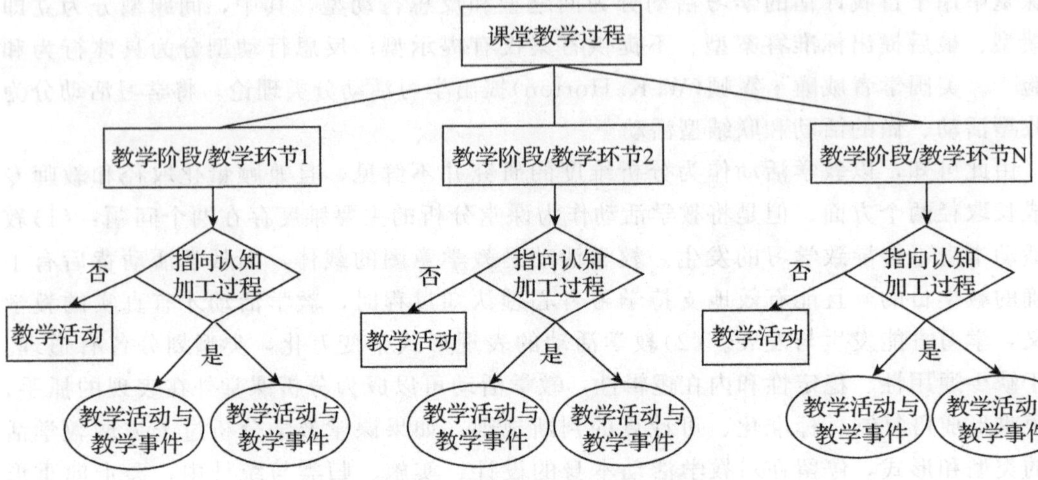

图1　教学事件与相关概念辨析图

表1　学习者心理认知、外部教学事件与教学阶段对应表

序号	内部认知过程	外部教学事件	教学阶段
1	接受	引起注意	导入阶段
2	预期	告知学习目标	
3	提取到工作记忆	刺激回忆旧知	
4	选择性知觉	呈现刺激材料	新知学习阶段
5	语义编码；进入长时记忆	提供学习指导	
6	作业反应	引出行为	
7	强化	提供反馈	
8	提取及强化	评价行为	评价阶段
9	提取和概括	促进保持与迁移	总结迁移阶段

多国学者以教学事件为基础，开展教育理论研究、指导课堂教学实践。例如：教学设计领域专家史密斯(Patricia L. Smith)和拉甘(Tillman J. Ragan)将加涅九大教学事件扩展为15个事件，并将其概括为4个阶段：(1)导入阶段，包括引起注意、唤起兴趣和动机、提出教学目标、新课概览；(2)主体阶段，即新知学习阶段，包括回忆旧知、处理信息、聚焦注意力、采用学习策略、练习和评价反馈等；(3)结束阶段，包括小结与复习、知识迁移、再次激励和结束；(4)评价阶段，包括评估表现、反馈与补救等[14]。众多学者在网站设计[15]、医学教学[16]、初中物理[17]、大学信息技术[18]、中职平面设计[19]、小学语文[20]等不同学段、不同学科的线下课程设计或大规模在线开放课程的评价[21]中，均采用九大教学事件作为理论基础。张涛等提出的课堂切片研究法[22-24]，实质上还是以教学事件为维度分析课堂教学。

除此以外，教学事件还作为主要分析维度应用于大规模教师能力评价项目。美国加利福尼亚州针对职前教师的表现性评价系统（Performance Assessment for California Teachers，PACT），包含教学事件（Teaching Event）评价和嵌入式标志评价（Embedded Signature Assessment，ESAs）两部分[25]。教学事件是申请者记录的教学片段，每个教学事件由5个子任务构成：学习情境、教学设计、教学实施、评价、反思。PACT是以教学事件分析为主，基于标准、基于证据的综合评价。PACT在加州实际运行多年后，进一步发展为教师资格认证评价体系edTPA，并已在全美40多个州实际运行。

综上所述，教学事件是为促进学习而设计的外部刺激，指向学习者心理认知加工过程。与时间取样法和以教学活动作为分析维度相比，把教学事件作为课堂教学分析维度，不仅具有数量少、类型集中、标准相对明确等优点，而且更聚焦于课堂教学的意义，对应于学习者认知心理过程，将外部表现与内部心理加工相联系，同时指向量化取径、质性取径与教师专业成长取径，因此，可以考虑将其作为课堂教学分析的主要维度。

五、TESTII：以教学事件为主的人工智能支持课堂教学分析框架

教学事件作为教学分析维度，在课堂通用性、数量有限性、规则明确性和判断稳定性等方面具有一定的优势。然而，要想利用人工智能技术以实现标准化、可计算、规模化、高效处理的课堂教学分析，还需要设计出人工智能技术支持课堂教学分析的新框架。因此，以诊断课堂教学结构为目的，以教学事件为取样单位，将事件分析和时间取样的研究优势相结合，本团队提出TESTII框架，包括以下分析阶段和关键技术，如图2所示。

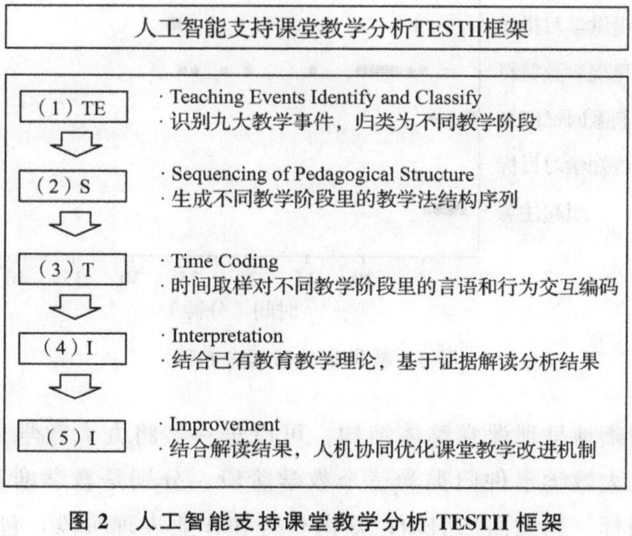

图2 人工智能支持课堂教学分析TESTII框架

(一)阶段 1：识别九大教学事件，归类为不同教学阶段(Teaching Events Identify and Classify)

如前所述，教学事件作为破解时间取样法分析困境的解决方案，具有提高课堂教学分析效率、有效建立数量结构与意义理解的联系、助力教师从促进学习者心理认知角度设计教学活动等优势。因此，以教学事件分析作为 TESTII 框架的起点阶段。

教学事件可从文本格式的教学设计方案、视频格式的课堂教学视频、文本格式的课堂教学实录里提取并识别。因此，利用自然语言理解技术和计算机视觉技术进行文本和视频分析，可以识别教学事件，成为本阶段的关键技术。

教学设计方案是规范性与创造性兼具的教学文本集合，以有特定语法结构的句子为主要表述形式，例如：用行为动词来编写三维目标、用短文本说明教学策略、用相对稳定的句法结构描述师生活动等。因此，先由人工对多个训练集的教学事件进行标签划分和文本标注，形成教学事件判断规则集，再采用深度学习模型 Word2vec 生成基于 GRU 循环神经网络的事件分类器，以训练集与测试集的正确率判断模型是否成功，实现由自然语言理解技术识别特定教学事件，并生成一节课的教学事件时间分布图，如图 3 所示。

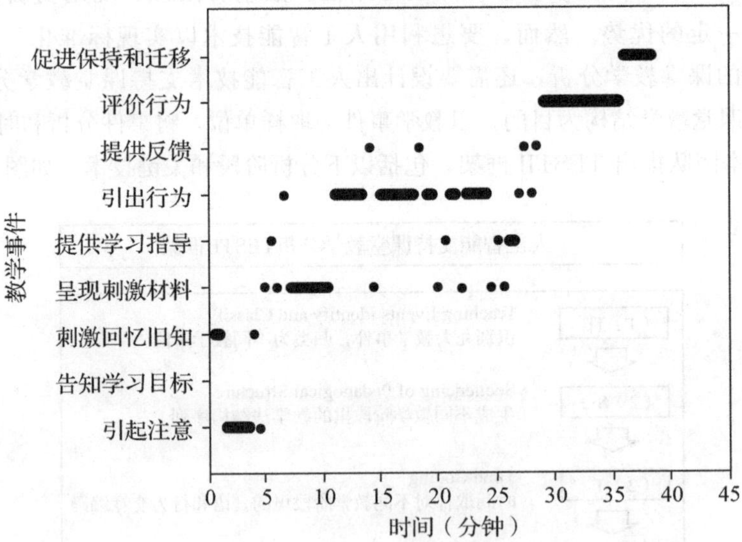

图 3 教学事件时间分布图

为了更简明清晰地呈现课堂整体结构，可以进一步将九大教学事件归为相应的教学阶段。加涅将九大教学事件归类为三个教学阶段，分别是教学准备阶段，包括引起注意、告知学习目标、刺激回忆旧知；知识获得和作业表现阶段，包括呈现刺激材料、提供学习指导、引出行为和提供反馈；保持与迁移阶段，包括评价行为和促进保持与迁移[26]。如前所述，史密斯和拉甘将15个教学事件划分为四个教学阶段，而且在教学设计方案中，以教学阶段为段落，描述教师活动、学生活动和设计意图等，也是我国教师较为熟悉的表述方式，更易理解与接受。绝大多数的教学设计方案里，会明确地将整节课划分为三四个到六七个数量不等的教学阶段或教学环节，并且用“激趣导入、新知学习、合作探究、迁移拓展”等词汇对各教学阶段加以概括[27]。

因此，TESTII 框架所采用的研究思路是教学事件和教学阶段双重分析法。识别出课堂中的教学事件后，将教学事件降维，归类到不同的教学阶段里(见表1)。双重分析法的作用是：(1)提醒教师从促进学生心理认知过程的角度设计教学事件；(2)帮助教师理解并非每节课必须要有全部的教学事件。只要从促进学习、符合认知规律的角度，灵活设计教学事件，把握好主要教学阶段，就能更好地发挥教学创意，体现教学智慧。

在技术实现上，先参考教师撰写教学设计时的教学阶段划分，然后到课堂视频里对应节点的前后时间段寻找关键场景和师生动作变化，明确起止时间点，再将教学视频里的声音提取出来，将语音转换成文本，形成教学实录，在实录文本里用“想一想”“请回忆同学们曾经学过的”等标志性词汇作为划分教学阶段的线索词汇，形成归类教学阶段的关联分析规则，给出教学事件和教学阶段的划分结果。样例见表2。

表2　同一主题不同获奖课例的SPS分析结果表

主题	等级	导入阶段 [事件1、2、3]	新知学习阶段 [事件4、5、6、7]	评价阶段 [事件8]	总结迁移阶段 [事件9]	教学法结构序列
观察物体	一等奖	教师播放动画引入	小组合作探究立体图形；教师引导和归纳等	学生做App中的练习；教师分析统计	教师引导学生总结观察物体的方法	H→(L+h)→(L+h)→(h+L)
	二等奖	教师展示投票箱	学生观察；教师引导学生总结观察方法；学生做练习	学生拼搭图形；教师展示作品并评价	师生共同回顾总结新知	H→(L+h)→(L+h)→(H+l)
	三等奖	教师展示立体图片	小组探究解决方案；教师引导学生讨论、思考	学生做练习或改错题；教师评价	师生回顾并总结学习经验	H→(L+h)→H→(H+l)
	未获奖	教师展示正方体	教师提出问题，学生回答，教师给予反馈	—	—	H→H

续表

主题	等级	导入阶段［事件1、2、3］	新知学习阶段［事件4、5、6、7］	评价阶段［事件8］	总结迁移阶段［事件9］	教学法结构序列
认识条形统计图	一等奖	教师出示诊断性评价数据	小组合作绘制统计图；教师引导学生总结绘制步骤	学生独立绘制：教师展示并评价	师生共同总结	H→(L+h)→(L+h)→(h+L)
	二等奖	教师播放天气预报视频引入	小组绘制并讨论三种图表差异；教师引导学生总结	学生独立绘制图表，并在小组间互相提问；教师点评作品	学生总结，教师补充	H→(L+h)→(L+h)→(L+h)
	三等奖	教师介绍游乐园引入	学生收集数据探究统计图绘制；教师引导学生总结统计图的绘制步骤和优点	学生独立绘制并分析；教师评价	师生共同回顾总结新知	H→(L+h)→(L+h)→(H+l)
	未获奖	教师介绍社团活动引入	教师微课讲解条形统计图的绘制步骤和优点；学生做练习	—	教师总结新知	H→H→H

注：H、L表示该教学方法持续时间所占比例大，处于主要地位；h、l表示所占比例小，处于辅助地位；"＋"表示同时发生，"→"表示顺序发生。

(二)阶段2：生成不同教学阶段里的教学法结构序列(Sequencing of Pedagogical Structure)

教学结构是指在一定的教育思想、教学理论和学习理论指导下的，在某种环境中展开的教学活动进程的稳定结构形式，是教学系统四个组成要素(教师、学生、教学内容和教学媒体)相互联系、相互作用的具体体现[28]。信息技术与课堂教学深度融合的关键是要引发学校教育系统结构性变革和课堂教学结构变革。而课堂教学结构变革的关键在于不再延续以教师为中心的传统教学结构，也不照搬西方以学生为中心的教学结构，而应转变为教师主导、学生主体相结合的教学结构。双主教学结构抓住了教育教学的本质属性，又充分体现了中国特色的学术思想，自提出后便得到了广泛认同，成为指导一线课堂的重要理论。

教学结构具有系统属性，不仅包括教学系统四要素，还包括要素之间的相互作用关系。Jacobson 提出了教学法结构序列(Sequencing of Pedagogical Structure, SPS)[29]。SPS将以教师为中心的直接讲授式教学法和以学生为中心的建构主义教学法分为两极，根据教师指导所占比重，将教学法分为高结构化H(如教师讲授)和低结构化 L(如发现学习)。国内学者进一步完善了 SPS，新增地位特征(表现为该教学方法持续时间所占的比例)和时序特征(同时或者顺序)用于课堂教学分析[30]。

SPS 相关成果最初在国内发表时，译为“教学结构序列”[31]。然而分析“Pedagogical”一词可知，SPS 里的教学结构更偏向于教学法内部的结构，与何克抗教授提出的由教师、学生、教学内容和教学媒体四要素组成的教学结构并非同一层次上的概念。因此，本团队将 SPS 译为“教学法结构序列”。与单纯地分析教学事件时长相比，SPS 分析能够更为细致地揭示出双主教学结构指导的课堂教学法结构的序列。

在技术实现上，采用自然语言理解技术建立教学法结构序列分类器。分类器的输入属于文本型数据。由于文本数据含有上下文信息，为更好地理解输入数据中某个句子或词语的含义，引入注意力机制(Attention Mechanism)，其优势是能够直观地解释文本内容，表明不同句子和词对分类类别的重要性，并给出量化的表示方式。在文本分类中，可以利用注意力机制来确定句子核心词和事件核心句。通过对文本数据中的句子和篇章分别进行建模，给出教学法结构序列。样例见表 2。

(三)阶段 3：时间取样对不同教学阶段里的言语和行为交互编码(Time Coding)

TESTII 框架不再用时间进程将整节课打通后取样统计，而是在由教学事件组成的教学阶段内部时间取样，分析该阶段内的师生交互，为解读课例里的教学法结构序列提供证据。因此，借鉴已有的量化取径课堂教学分析法，利用人工智能技术实现教学阶段内部的行为交互、言语交互分析等成为研究重点。

对于课堂中的言语交互分析，先由人工对每一个教学事件内部的关键词语划分标签和标注文本，再采用自然语言理解的深度学习模型 Word2vec，参考 ITIAS 等编码体系中的规则，对数据进行训练和验证，完成教学阶段内部的言语交互自动分类与分析统计。

对于视频里的行为交互，先根据静态帧对场景进行初步分类，然后通过目标检测方法辅助检测视频中的关键互动设备，再基于深度卷积神经网络识别师生动作行为。例如：计算机视觉可以先判断教学视频中师生站立、举手、行走、黑板写字、操作平板电脑时所产生的明显的骨架变化，根据统计视频画面中的师生互动、人机互动以及生生互动情况等，实时计算分析数据，自动生成 S-T 分析图或基于其他课堂教学行为编码法的分析结果。

(四)阶段 4：结合已有教育教学理论，基于证据解读分析结果(Interpretation)

可解释是未来人工智能发展的核心诉求，是人机互信的前提。教师并非专业的数据分析师，通俗易懂且符合教育教学规律的解释能有效帮助教师理解机器到底收集了哪些数据、分析逻辑是什么、当前的分析结果说明课堂教学中存在哪些显性问题。当数据分析报告的可读性、有效性和说服力等得到教师的认可时，会提高教师决定接受数据分析结果的可能性，帮助教师发现教学改进的必要性，同时也会提高教学改进方案的可信度，使数据驱动的教学分析转换为知识驱动的教学决策。对于教师而言，借助可视化、可解释的结果，有助于提升课堂教学设计、实施和反思等能力；对于教学研究人员而言，查看不同教师之间分析结果的横向对比和同一教师不同阶段分析结果的纵向对比，能帮助教师调整教学干预和指导策略；对于教育管理者而言，借助分析报告能更科学地制定教师继续教育机制等。

TESTII 框架提供的课堂教学解读报告内容包括一节课里教学事件的数量和时间分布图、与教学事件对应的教学阶段划分结果、按照教学阶段生成的教学法结构序列、教学阶段内部的行为交互和言语交互结果等。根据以上数据，TESTII 从教师主导作用的发挥、学生主体作用的体现、教学事件合理性、教学阶段完整性与递进性等方面，形成有固定模板的解读报告。随着案例库的扩大及分析结果的不断增多，下阶段可由自然语言理解技术实现评语的自动生成。

(五)阶段 5：结合解读结果，人机协同优化课堂教学改进机制(Improvement)

根据建构主义观点，个体主动的意义建构离不开与同伴的协商和对话，他人知识的显性化可以促进个体的认知。课堂教学改进是在获得基于证据的教学分析解读报告以及来自同行和专家的反馈意见后，将教学隐性知识转变为显性知识的主要举措。隐性知识显性化过程中，如果能提取到足够的标签信息，则能够依靠深度学习获得可靠的显性知识。在商业领域，以亚马逊、淘宝等为代表的商业网站采用众包(Crowdsourcing)技术对商品和服务给出评价[32]，在教育领域，也有学者采用基于众包的语义标注系统，研究人文学科中的隐性知识标注与知识发现[33]、对学术论文审稿人的评语给出自动评价的人工智能分析系统等[34]。

教育情境的特殊性使得在商业领域较为成熟的众包技术很难直接应用于课堂教学分析中。第一，能提供高质量课堂教学改进意见的专业群体少，不易在短时间内收集大量高质量、有针对性、切实可行的改进策略。第二，课堂教学改进缺少相对规范的知识表达结构。长期以来，在提供教学改进策略时，专家和同行多是根据个人经验和教学智慧，运用自己的话语体系和表达逻辑，缺少一定的表达规范。第三，致力于收集课堂教学改进的信息化平台和工具较为匮乏，导致人类专家给出的教学改进建议和策略并未得到较好的收集和保存。人工智能支持的课堂教学分析与改进，挑战与机遇并存。本研究提出人工生成、机器生成、人机协同生成三步法，逐步实现教学事件的改进。

第一步：人工生成。本团队已经建立的数据集里，有 638 个小学四年级数学课堂教学案例。来自全国的 56 位专家已经针对每个案例给出了评分和评语，里面有多条课堂教学改进建议和策略。本团队组织了小规模的学科专家组，对课堂教学事件特征与教学改进策略进行一致性分析，如果判断该策略有效，则以文本格式存入系统，代表后续可以使用；如果判断该策略的效果不佳，则由专家团队或从已有的策略库中挑选，或自行编写出更为合适的改进策略，仍以文本格式存入系统，实现策略改进。

第二步：机器生成。由于系统中已存储了不同的课堂交互特征，以及人类专家给出的教学改进策略，因此，要用更大样本量的课堂教学案例数据训练机器自动生成改进教学的策略。由于已有策略库是文本格式，因此，在机器推荐阶段，可采用适用于短文本的知识库填充技术、ProjE 及改进算法，实现课堂教学改进策略的结构化抽取。之后以 RDF 格式存储，再以结构化策略为标签，将课堂交互特征分析的结果作为输入值，建立监督学习模型，通过历史数据训练教学改进策略智能分类器，新的分析结果可自动预测有效的课堂教学改进策略。

第三步：人机协同生成。后续当系统收集的课堂教学案例数量足够多，所积累的数据达到较大量级时，有可能会产生之前未被提及的教学改进策略。采用众包技术对系统积累的教学改进策略众包数据集进行“真相发现”(Truth Discovery)，使改进策略的效用最大化，初步提炼出由机器自动识别出的、产生于且适应于不同课堂交互特征的改进策略，再基于系统积累的大量“教学事件特征—教学改进策略匹配”文本对，采用基于深度神经网络的端到端学习算法，自动生成文本形式的教学改进策略方案，并请人类专家进行抽样验证及修订后，机器再次学习修订原则，经过多轮迭代最大限度地替代人工参与，生成人机协同的教学事件改进策略。

六、结语

本文以规则化与可计算作为人工智能辅助课堂教学分析的切入点，建立 TESTII 分析框架，以教学事件为基本分析维度，形成事件阶段划分、教学法结构序列、时间取样的行为和言语交互分析、教学交互分析、解读与改进五大分析阶段。后续本团队将以真实课堂案例为样本，结合案例中的教学视频、教学设计方案、教学反思等多种数据，持续开展人工智能支持课堂教学分析与改进的理论与实践研究。期望将人工智能融入教育主要业务流程，形成人工智能与常态课堂教学的深度融合，以达成人工智能促进课堂教学质量提升及教师队伍建设的目标。

参考文献：

[1]国务院．新一代人工智能发展规划[EB/OL].[2017-08-24]. http：//www.gov.cn/zhengce/content/2017-07/20/content _ 5211996.htm.

[2]中共中央国务院关于全面深化新时代教师队伍建设改革的意见[N]. 光明日报，2018-02-01(1).

[3]吕恺悦，施智平，孙众．人工智能时代下的教师教育发展——“2019 人工智能＋教师教育国际研讨会”在北京举

行[J]. 现代教育技术，2019，29(7)：1.

[4]夏雪梅．以学习为中心的课堂观察[M]. 北京：教育科学出版社，2017.

[5]孙众，马玉慧．视频案例多元分析法促进新手教师专业发展研究[J]. 电化教育研究，2013，34(8)：104-109.

[6]穆肃，左萍萍．信息化教学环境下课堂教学行为分析方法的研究[J]. 电化教育研究，2015，36(9)：62-69.

[7]Rowntree D. Teaching through self-instruction：how to develop open learning materials[M]. London：Kogan Page，1990.

[8]Mishra S，Gaba A. How do distance learners use activities in self-instructional materials[J]. Indian journal of distance education，2001，10(1)：40-51.

[9]Horton W K. E-learning by design[M]. San Francisco：Pfeiffer，2012：3-7.

[10]孙众，余胜泉，徐凤军．中小学信息技术学习环境下常见误区分析[J]. 中国远程教育，2002(3)：63-65.

[11]Gagne R. The conditions of learning[M]. 4th ed. New York：Holt，Rinehart & Winston，1985.

[12]加涅 R M. 学习的条件和教学论[M]. 皮连生，王映学，郑葳，译．上海：华东师范大学出版社，1999.

[13]盛群力．教学事件的扩展与八种学习类型的教学策略[J]. 浙江教育学院学报，2006(2)：31-38.

[14]Smith P L，Ragan T J. Instructional design[M]. Hoboken，NJ：John Wiley & Sons，Inc.，2005.

[15]Zhu P，Amant K S. An application of robert Gagné's nine events of instruction to the teaching of website localization[J]. Journal of technical writing and communication，2010，40(3)：337-362.

[16]Goode P. Using the ASSURE model and Gagne's 9 events of instruction as a teaching strategy[J]. Nurse educator，2018，43(4)：205.

[17]黄网官．初中物理：九大"教学事件"——基于加涅教学论的思考之二[J]. 教育研究与评论(中学教育教学)，2015(6)：5-11.

[18]景疆．"九大教学事件"在信息技术课程中的设计与实践[J]. 计算机教育，2012(24)：91-94.

[19]张鹤．加涅九大教学事件在中职平面设计课程教学中的应用[J]. 中国教育技术装备，2019(24)：79-81.

[20]靳彤．以教学事件为核心设计教学[J]. 语文建设，2015(31)：20-23.

[21]冷静，吴小芳，顾小清．面向深度学习的在线课程活动设计研究——基于英国开放大学的案例剖析[J]. 远程教育杂志，2017，35(2)：56-65.

[22]张涛．教学切片分析：一种新的课堂诊断范式[J]. 教育发展研究，2016，36(24)：55-60.

[23]魏宏聚．教学切片分析：课堂诊断的新视角[J]. 教育科学研究，2019(2)：63-67.

[24]黄宝权．走向专业的深度课堂观察——基于课堂教学切片诊断的校本教研新尝试[J]. 现代中小学教育，2017，33(9)：88-90.

[25]卓锋．美国加州教师表现性评价系统(PACT)探析[J]. 教育测量与评价(理论版)，2013(12)：46-50，34.

[26]朱叶，喻晓玲．加涅"九大教学事件"在西方经济学教学中的应用[J]. 文教资料，2019(11)：187-189.

[27]李美凤，何飞．智慧课堂中的"练习—反馈"环节教学行为分析——基于19节省级一等奖数学课例的视频分析[J]. 现代教育技术，2019，29(6)：62-68.

[28]何克抗．教学结构理论与教学深化改革(上)[J]. 电化教育研究，2007(7)：5-10.

[29]Jacobson M J，Kim B，Pathak S，et al. To guide or not to guide：issues in the sequencing of pedagogical structure in computational model-based learning[J]. Interactive learning environments，2015，23(6)：715-730.

[30]王冬青，刘欢，邱美玲．智慧课堂教师行为数据的分析方法与应用验证[J]. 中国电化教育，2020(5)：120-127.

[31]胡立如，张宝辉．混合学习：走向技术强化的教学结构设计[J]. 现代远程教育研究，2016(4)：21-31，41.

[32]欧阳智，魏琴，肖旭．人工智能环境下的知识管理：变革发展与系统框架[J]. 图书与情报，2017(6)：104-

111，132.

[33]丁国柱，余胜泉，潘升．学习资源的语义众包标注系统设计[J]. 中国电化教育，2016(9)：91-95，127.

[34]Ramachandran L，Gehringer E F，Yadav R K. Automated assessment of the quality of peer reviews using natural language processing techniques [J] . International journal of artificial intelligence in education，2017 (25)：534-581.

（本文发表于《电化教育研究》2021 年第 2 期）

基于人工智能的课堂教学分析*

孙 众 吕恺悦 骆力明 陈美玲 许 林 施智平①

摘要：传统课堂教学分析，多以时间取样的手工编码为主，存在过度依赖专家、分析效率低、难以规模化服 务等难题。基于人工智能技术的课堂教学分析要突破困境，需经历从全人工、弱人工智能、强人工智能发展到人 机协同的进化路径；需建立由多源数据支持的教学案例库、文本视频为主的分析维度集、教学事件与时间取样相 结合的多元分析方法而形成的分析框架；在实践层面，以计算机视觉为主的课堂行为分析，以自然语言理解和大 数据为主的教学事件分析和评语分析等，可成为基于人工智能技术的课堂教学分析突破口，以期逐步达成人机协 同、规模化、高效率开展课堂教学分析的目标。

关键词：关键词：人工智能；课堂教学分析；人机协同；事件分析法

一、回溯传统课堂教学分析

课堂是教育教学改革的主阵地，课堂教学分析是提升课堂教学质量的重要依据。20 世纪 70 年代，课堂教学量化分析迎来一轮发展高潮，相继出现了 S-T 师生行为分析、言语交互分析 Flanders(Flanders Interaction Analysis System)、古德和布罗菲的双向互动系统、卡兹登的课堂言语 IRE 序列(Initiation-Response-Evaluation)等为代表的研究方法。尤其是 S-T 行为分析和 FIAS 言语分析法问世后，以课堂教学视频为主要研究对象，采用"时间取样法"，由人工编码量化师生的行为和言语交互，成为课堂分析的代表性方法。

但是以 FIAS 与 S-T 为代表的分析技术，存在着相似的困境：过度依赖专家、编码复杂、分析低效。以一节 40 分钟的课为例，S-T 法按 15 秒来切割行为，FIAS 按 3 秒

* 本文为国家自然科学基金项目"基于人工智能的课堂教学交互分析关键技术研究"(项目编号：61977048)阶段性研究成果。

① 孙众，女，首都师范大学信息工程学院教授，研究方向：人工智能教育；吕恺悦，女，首都师范大学信息工程学院课程与教学论研究生，研究方向：人工智能教育；骆力明，男，首都师范大学信息工程学院教授，研究方向：计算机教育；陈美玲，女，全国中小学计算机教育研究中心北京研究部实验师，研究方向：教育信息化；许林，男，中央电化教育馆编审，研究方向：教育信息化；施智平，男，首都师范大学信息工程学院教授，研究方向：基于内容的视觉信息检索、图像理解、形式化验证等。

来切割言语，会产生160个或800个编码，且只能由经过培训的研究人员进行手工分析，费时低效。近年来有多国学者对FIAS加以改进，开发出了相应的技术分析工具，甚至改造编码体系，来提高分析效率。比如基于FIAS的分析软件，可以在研究人员手工输入编码后，自动生成师生言语比率和学生课堂参与率的动态特征曲线[1]，也有学者提出基于信息技术的互动分析系统(Information Technology-based Interaction Analysis System，ITIAS)等改进版FIAS编码[2]，以及支持改进版FIAS的分析平台[3]。但总体来看，课堂教学交互分析还处于人工编码、工具统计的技术路线中，在研究思路和效率方面，均未能取得突破性进展。

20世纪末，随着人种志研究对教育领域影响加深，从质性研究角度对课堂事件行为进行记录和解释，进入到课堂教学分析的视野之中。布拉姆菲尔德和米勒等人提出的趣闻逸事记录、进展记录法，日本佐藤学提出的课例研究法(Lesson Study)，我国学者王鉴提出的课堂人种志方法等，均是通过分析课堂现象原始记录的参与性观察，对课堂教学内容、师生交互行为等课堂教学事件，进行观察记录和意义解释的质性研究范式。加涅根据人类认知机制，提出课堂教学中的九大教学事件，成为教学设计学科的重要理论基础。在此之后，以教学活动或教学事件为切入点，成为课堂质性分析的常见分析思路。例如以色列学者提出课堂观察六棱镜框架，是以学习任务和教学活动为对象[4]；TEAMS象限编码，是分析课堂中11项教学内容和学生表现[5]；我国学者提出的关键教学事件分析[6-7]、课堂切片诊断[8-9]等均以教学事件为分析单位。

然而已有的研究方法，无法对以下问题给出令人满意的答案：以"时间取样"为主的量化分析，指标烦琐僵化，标准化分析偏于复杂，费时费力，效率较低；以"事件分析"为主的质性分析，主观性偏强，对分析者专业水平要求高，规模化分析能力弱等。

经过半个多世纪的发展，课堂教学分析的重要地位已得到了教育界的普遍认可。进入到20世纪90年代，一些大型的教育质量监控体系将课堂过程变量纳入到分析范畴之后，课堂教学交互研究就不只服务于课堂本身，而是进入教育体制问责、人才培养质量监控体系中，并开始应用于项目评估、政策干预、国际比较等方面[10]。寻求大数据、人工智能等技术支持，实现高效率、智能化、规模化的课堂教学研究，成为时代发展的必然诉求。

二、教育人工智能领域的兴起

近年来，人工智能开始将教育作为重要应用领域之一[11]，已经形成了跨学科的新兴研究领域：教育人工智能(Artificial Intelligence in Education，AIED)。比如Springer New York于2013年创办的教育人工智能学术期刊*International Journal of Artificial Intelligence in Education*，从创办初期的关注用户界面、人机交互等主题，发展到近几年关注课堂教学环境中的自然语言理解、众包评价等研究[12-13]。2017年*Nature*

杂志子刊 *Nature Human Behavior*，发表了基于人工智能评估学生课堂学习表现的研究成果[14]。人工智能教育领域国际学术会议 AIED，将课堂学习中的交互活动序列和对话交互的分析与表征，作为 2019 年芝加哥会议议题之一。

国际上已有运用人工智能技术辅助课堂教学的多项成果。例如基于自适应技术，根据学生学习兴趣推荐个性化的智能教学系统[15]，基于推理模型推测学生人格特征的学习系统[16]，根据认知与元认知序列探究隐性知识掌握情况的智能教学系统[17]，以及基于感知数据、实现自适应学习的移动学习同伴系统[18]等。我国学者在基于人工智能的课堂教学分析方面也开展了多项颇有成效的研究，如基于地图的教育大数据可视分析方法[19]、课堂教学视频智能识别系统[20]等。由此可见，课堂教学分析已开启了融入人工智能的探索之路。

三、基于人工智能的课堂教学分析进化路径

当前人工智能技术虽已进入第三次发展浪潮，但总体来看，仍处于弱人工智能阶段[21]。而且，已有课堂教学分析理论和方法，也需要时间进行转化与完善，才能较好地发挥人工智能技术的作用。因此基于人工智能的课堂教学分析，很难一蹴而就，需要经历相当一段时间的进化。总体思路是先由人类专家完成课堂教学中的全部量化和质性分析，再通过机器学习算法，承担其中复杂烦琐而低效的量化分析工作，再由人类专家根据分析结果，发现课堂教学新特征与新规律，并对应提出教学改进机制与策略。具体路径如图 1 所示。

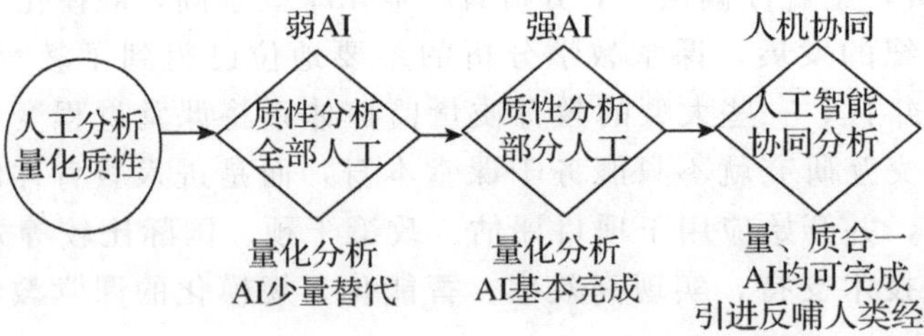

图 1 人工智能协同的课堂教学分析进化路径

1. 全人工分析阶段

传统课堂教学分析里，无论是时间取样为代表的量化研究，还是事件分析为代表的质性研究，虽然研究思路不尽相同，但共性是由人类专家承担全部工作。

2. 弱人工智能分析阶段

随着计算机视觉、自然语言理解等技术迁移至教学场景，可以在 S-T 行为分析、Flanders 言语分析等较为成熟稳定的量化分析中，把动作识别、语音识别、语音转换文本等规则化、可计算的工作，交由弱人工智能完成，部分替代传统分析里耗时最多

的人工编码和机械统计。

3. 强人工智能分析阶段

技术发展到强人工智能阶段时，不仅可以把行为交互、言语交互等工作，全部由计算机批量完成，还可以把教学活动识别、教学事件归类、言语情感分析、事理判断等部分质性分析，交由强人工智能技术完成。

4. 人机协同分析阶段

此阶段，课堂分析中的量化和质性分析可全部由计算机完成。借助于机器分析结果和挖掘出的课堂教学新特征和新规则，人类专家可专注于提炼课堂教学问题，发现教学智慧，提出课堂教学改进策略与机制，再把新形成的特征与策略配对后，返送到计算机，持续迭代优化，达到人机协同分析的理想阶段。

至此，基于人工智能的课堂教学分析系统，会具备客观性、准确性、规模化的分析能力，以及从数据中发现新规律，反哺教学改进，帮助人类教师形成课堂教学诊断与洞察能力，完成如图1所示的人工智能协同课堂教学分析进化历程。虽然目前人工智能技术仍在发展初期，但是教育界多是对新技术持开放与主动适应的态度，并呈现出越来越紧密的人工智能融合教育的发展趋势[22-23]。基于人工智能的课堂教学分析，正在进入课堂教学主场景，积极探寻新的解决方案。

四、基于人工智能的课堂教学分析框架

基于人工智能的课堂教学分析框架，要由有多源数据支持的教学案例库、文本视频为主的分析维度集、教学事件分析与时间取样相结合的多元分析方法组合而成，如图2所示。

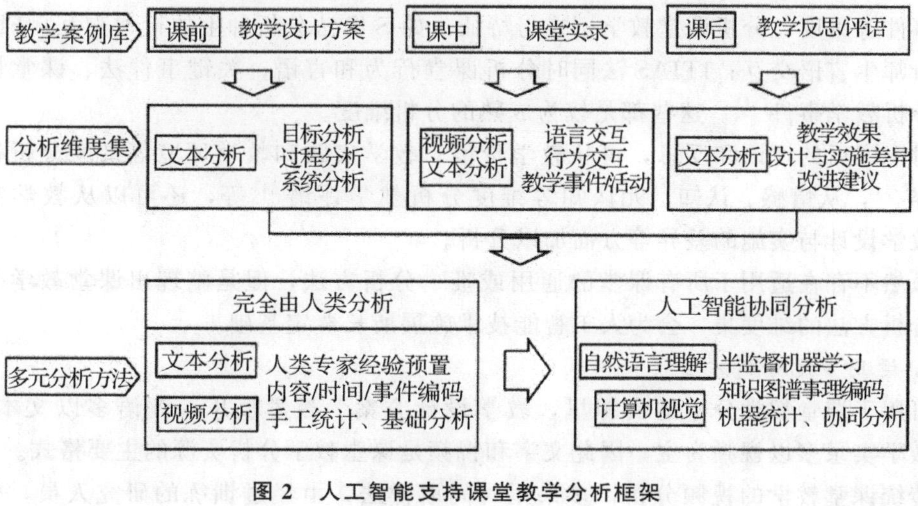

图2 人工智能支持课堂教学分析框架

1. 建立教学案例库

课堂教学，不仅指在一课时里的全部师生活动，还包括由课前教学设计、课中现场生成和课后反思改进组成的教学连续体。课前设计是教学实施的预设骨架，教学设计方案成为常见的表现形式；课中现场生成是教学的灵魂，常以课堂录制的视频形式，或转换成课堂实录文本的形式加以记录；而课后的个人教师、集体评课以及专家点评是镜子，用以帮助教师提升课堂教学能力。单纯分析其中的一种形式，例如课堂视频，有可能出现“完全依靠观察者所建立的外部框架”[24]，使得听课者无法充分理解教学思路，限制了课堂分析的有效性和可靠性。因为孤立存在的教学设计方案或视频，就像“一幅快照，因为它被剥离于真实情境之外，因此只能提供有限的信息”[25]，因此包括了课前的教学设计方案、课中的教学视频或实录文本、课后的教学反思和评语等，才能构成较为完整的教学案例，进而汇集成有意义的、成体系的课堂教学案例库，成为后期人工智能参与分析的资源储备中心和数据聚合中心。

2. 形成分析维度集

人工智能技术在课堂教学分析中发挥更大作用的前提，是教育界已在课堂教学分析中已形成了较为成熟的研究基础。

对于课前的教学设计方案编写，常会从教学目标编写是否规范合理、学习者特征分析是否明确、教学各要素之间是否存在系统性关联等方面进行整体分析。教学目标编写得是否恰当，可从行为动词、情境信息[26]和叙述方式[27]等角度出发；学习者特征分析得是否合理，可从知识背景、认知水平、策略方法和主动意识等维度加以分析[28-29]；课堂教学整体设计，可以从教师的知识和经验、学生需求、教学内容、教学方法、教学手段五个维度展开评价[30-31]。

对于课中的教学实施，多会通过现场观察或教学视频编码，从师生行为、言语和教学事件等维度，分析课堂教学模式与特征。如S-T法分析师生的行为交互；Flanders法分析师生言语交互；ITIAS法同时分析课堂行为和言语；关键事件法、课堂切片法则是分析教学事件[32]。这些都是较为成熟的分析维度。

对于课后的评语和反思，可从教学价值、教学实践和教学环境等维度分析教学反思内容[33]，从情感、认知、元认知等维度分析教学评语[34]等，还可以从教学实施效果、教学设计与实施的差异等方面加以分析。

虽然不存在适用于所有课堂的通用或唯一分析方法，但是整理出课堂教学分析目标和分析方法的维度集，会为人工智能技术施展所长奠定基础。

3. 运用多元分析方法

可用于课堂教学分析的资源里，教学设计方案、教学反思、评语多以文本为主，课堂教学实录多以视频为主，因此文字和视频是课堂教学分析资源的主要格式。

传统课堂教学的视频分析，多采用时间取样法，由经过训练的研究人员，根据专家提前预置的量表，顺序播放视频，手工统计，逐个编码，给出描述性统计。文本分析多采用内容分析法，由研究人员根据分析目标，通过反复阅读、建立类属编码、细化编码和提取典型示例开展分析。

随着大数据、知识图谱等新兴技术快速发展，教育和许多领域一样，经历了从经验科学到理论科学到计算机科学，再发展到数据密集型科学的过程。从问题假设驱动到算法驱动的研究范式转型，也正在对教育研究产生影响。因此课堂教学分析，一方面要利用传统教育研究已积累的经验，另一方面要引入大数据、自然语言理解、计算机视觉等技术，运用多元分析方法进行课堂教学分析。

五、基于人工智能的课堂教学分析实践

本团队已初步建立起由638个课例组成的数据库，均为参加2017年全国某信息化课堂教学大赛，来自全国各地，在信息技术环境下的小学四年级数学课例。每个课例包含一段40分钟的完整课时教学视频、一个按照组委会提供的模板编写的教学设计方案、一份教学反思、一份专家根据组委会提供的课堂教学评价量表给出的评分结果和一段评语。所有课例根据专家评分，被划分为一、二、三等奖和未获奖四个等级，占比分别为5%、15%、30%和50%。下面结合本团队的三个研究项目，说明基于人工智能技术课堂教学分析框架的实践应用。

1. 项目1：基于计算机视觉的课堂教学行为分析

课堂教学视频中的师生行为交互，是课堂教学中的重要组成，也是传统分析里最费时费力的部分。近几年，人工智能领域的计算机视觉技术发展迅速。随着ImageNet识别比赛推动卷积神经网络(Convolutional Neural Networks，CNN)快速发展，深度学习方法的效果远超传统方法，于是视频中的特征提取与特征识别大量采用深度卷积神经网络(Deep Convolutional Neural Networks，DCNN)加以实现。不同卷积神经网络对视频识别的效果不断提高[35-36]，2D卷积神经网络已扩展到3D卷积用于视频动作识别分析[37]。

我国已有研究团队，分别用人脸检测法识别课堂教学视频中S-T行为[38]、人体骨架信息提取法识别学生课堂行为[39]。由于课堂教学里，师生的位置变化较大，面部背对、侧对摄像机的情况时有发生，而课堂行为又需要与课堂场景相结合，如学生低头有可能是阅读课本、手写练习册、使用手持学习设备等行为，教师讲解有可能是板书、操作电子白板等行为，所以只通过人脸识别或者动作本身进行识别，效率不高，与真实情况存在一定偏差。

本团队的研究项目之一是基于计算机视觉的课堂教学行为分析，通过先对课堂视频中的教学场景分类，区分关键交互设备如电子白板和手持平板，再实现自动地、批

量地对课堂师生行为进行识别与计算。

第一步：根据视频静态帧对场景初步分类。从 638 个完整的课堂教学视频中，随机挑选出 10000 帧静态图像，根据提前定义好的教师教学、师生互动和学生学习三类场景，先由人工分类部分场景数据，这些数据作为训练集训练场景分类神经网络模型，然后计算机完成批量场景分类。

第二步：通过目标检测方法检测视频中的关键互动设备。场景分类完成后，再识别影响师生动作交互的关键互动设备，如黑板、电子白板、台式机、手持学习终端等。

第三步：基于深度卷积神经网络的动作行为识别。在课堂教学视频中，行为分析的主体是人，人的动作可以看作一系列骨骼关键点的运动集合。本项目基于 OpenPose 框架分析骨骼关键点序列特征，实时骨骼关键点人体姿态预测算法。在静态图像动作识别算法的基础上，围绕着课堂场景，在视频中对学生动作进行识别和统计。

课堂行为分析系统实现了关键帧提取、学生跟踪、动作识别和动作统计等模块，如图 3 所示。课堂行为分析系统可以通过客户端上传一段课堂教学视频，服务端获取视频后在云端进行运算，并把识别结果返回给客户端，对师生动作进行识别和统计，以辅助课堂教学分析。

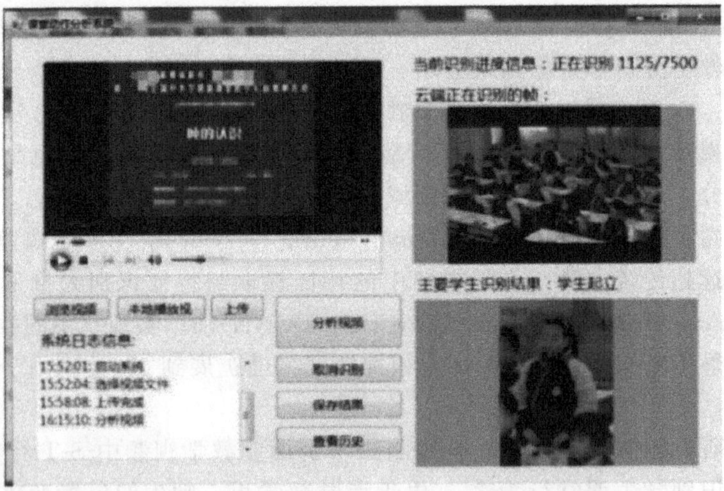

图 3　基于计算机视觉的课堂行为分析

2. 项目 2：基于自然语言理解的教学事件分类及 SPS 分析

教学设计方案和教学视频实录文本里，直观的教学进程就是活动。然而并非所有的活动都有教学意义。教学活动只有与学习者的内部心理过程相吻合，才能促进认知的发生。教学设计学科的开拓者罗伯特·加涅(R. M. Gagne)[40] 把影响学习者心理的活动视为有效外部刺激，提出九大教学事件[41]：引起注意、告知目标、刺激回忆先前旧知、呈现刺激材料、提供学习指导、引出行为、提供反馈、评价行为和促进保持与迁移。与教学活动相比，教学事件与促进学习的目的关联更为紧密。

以加涅"九大教学事件"为分析框架，可以对教学设计方案或者教学视频实录文本进行要素评价和关系评价。要素评价主要考查的是，教学设计各要素所依据原理的科学性与叙写的准确性；关系评价主要考查的是，教学事件及事件之间关系的结构序列。

本团队开展的第二个研究项目，是用自然语言理解技术进行关系评价，分析教学事件及序列，学习并部分替代传统手工编码，以协助人类专家进行课堂教学分析。

第一步：对教学事件的标签划分和文本标注。本研究从总样本中选取了 80 个课例，通过视频声音提取和语音转文字的方法，生成超过 48 万字，内含 2 万多个句子的文本文件。要提取出文本中的教学事件，并对事件进行分类，需要由人工先对教学事件加以理解，包括划分标签和文本标注。在划分标签阶段，主要完成对每个教学事件的特征分析，对一句话或几句话给出标签，注明属于哪个教学事件。在文本标注阶段，对划分标签进行标注，标注后的数据将用于分类器的训练。

第二步：基于循环神经网络(Gated Recurrent Units，GRU)的事件分类器。本团队采用深度学习模型 Word2vec，训练得出词向量的权重矩阵，输入循环神经网络 Embedding 层中进行模型训练，每层网络用平均隐状态，输出分类结果最后通过训练集与测试集正确率，判断模型训练是否成功。根据事件分类结果，结合划分事件的起止时间点，生成每一个课例的教学事件类型及时间分布图，如图 4 所示。

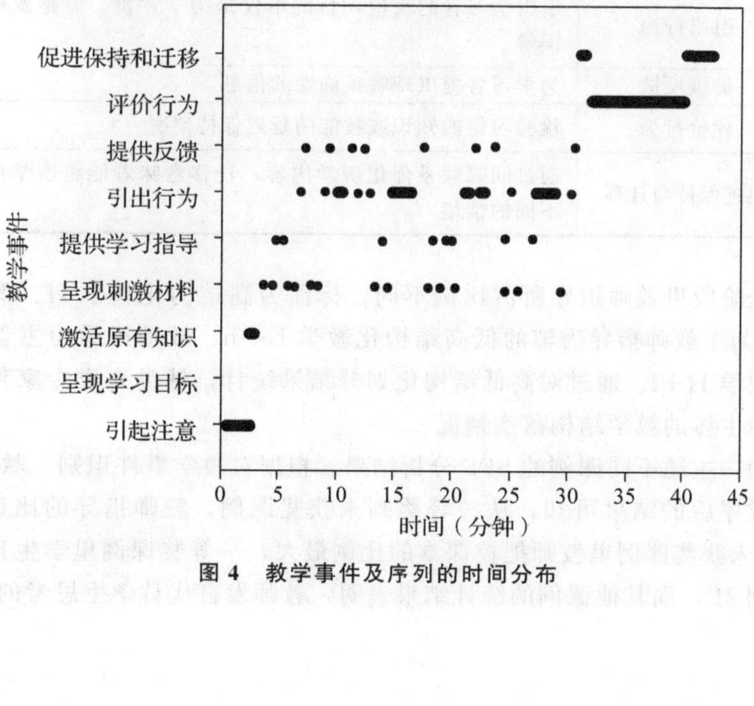

图 4　教学事件及序列的时间分布

第三步：分析课堂教学法结构的排序。何克抗认为“教学结构是指在一定的教育思想、教学理论和学习理论指导下的，在某种环境中展开的教学活动进程的稳定结构形式，是教学系统四个组成要素(教师、学生、教学内容和教学媒体)相互联系、相互作用的具体体现”[42]。教学结构是指导课堂教学的重要理论基础，落实在教学法上，可以通过分析教学法结构的序列，帮助教师掌握并落实双主结构。Jacobson 等学者依据不同教学法中教师指导比重的高低，将教学法分为高结构化和低结构化，提出教学法结构的排序，或译为教学结构序列(Sequencing of Pedagogical Structure，SPS)[43]。国内学者对 SPS 进一步完善，新增时序特征，用于智慧课堂教学分析[44]。本研究以何克抗教授提出的教师主导—学生主体的双主教学结构为理论基础，参考 SPS 分类，结合小学数学的学段和学科特点，把教学事件归入到不同阶段，对“主导—主体”教学结构下的教学法结构进行分析，教学事件与教学阶段对应表如表 1 所示。

表 1 教学事件与教学阶段对应表

教学阶段	教学事件	教学目的
导入阶段	引起注意	建立学习定势，把学习者注意力引导到教学目的或相关方向上
	告知学习目标	建立对预期行为表现的期望
	刺激回忆先前旧知	为新学习提供固着点，把将要学习的与学生已知的内容联系起来
主体阶段	呈现刺激材料	呈现将要学习的新信息、程序、过程或问题解决任务
	提供学习指导	对呈现的内容进行精加工
	引出行为	引出学习者的反应，目的不仅是为了评价，而是发现不确定性与误解
	提供反馈	为学习者提供理解正确性的信息
评价阶段	评价行为	检验习得的知识或技能的延迟保持情况
总结迁移阶段	促进保持与迁移	通过间隔联系强化所学内容，迁移意味着能将所学的内容应用于不同的情境

根据每个阶段里教师指导所占比例不同，标注为高结构化教学 H、低结构化教学 L、学生活动为主教师指导为辅的低高结构化教学 L+h、教师指导为主学生活动为辅的高低结构教学 H+l。通过对高低结构化划分结果统计，辅助人类专家判断课堂中教师主导—学生主体的教学结构落实情况。

表 2 是同一主题不同课例的 SPS 分析结果。根据对教学事件识别、教学阶段划分、教学法结构排序后的结果可知，从一等奖到未获奖课例，教师指导的比重从 1H、2H 增加到 3H，未获奖课例里教师把控课堂的比例最大，一等奖课例里学生自主学习的比重最大，达到 3L，而其他课例的统计结果表明，教师发言代替学生思考的情况在增加，

课堂中学生的声音越来越弱，自主学习空间也越来越少。当然，本项目受限于特定的样本，后续会扩展学科、学段和样本总量，以使结论更具普适性。

表2 同一主题不同获奖课例的SPS分析结果对比

主题	等级	导入阶段	主体阶段	评价阶段	总结迁移阶段	教学法结构的排序	统计
观察物体	一等奖	教师播放动画引入	小组合作探究立体图形，教师引导和归纳等	学生做App中练习，教师分析统计	教师引导学生总结物体观察	H→(L+h)→(L+h)→(h+L)	1H3h3L
	二等奖	教师展示投票箱	学生观察教师引导学生总结观察法；学生做练习	学生拼搭图形；教师展示作品并评价	师生共同回顾总结新知	H→(L+h)→(L+h)→(H+l)	2H2h2L1l
	三等奖	教师展示立体图片	小组探究解决方案；教师引导学生讨论、思考	学生做练习或改错题；教师评价	师生回顾并总结学习经验	H→(L+h)→H→(H+l)	3H1h1L1l
	未获奖	教师展示正方体	教师提出问题学生答，教师给予反馈	—	—	H→H	2H

3. 项目3：基于主成分分析法的教学评语分析

教学评语里，不仅包括课堂教学优缺点的详细解读、蕴含着教学改进的思路和建议，还能体现出课堂教学质量的判断依据。由于教学评语多是偏向于主观化、经验化的表述，因此与教学设计方案和教学视频分析相比，尚未形成较为稳定的研究方法。

近几年，随着大数据技术的发展，基于评语的课堂教学反向分析法，已得到了国内外学者的关注。Bruno等人探究了教师对学生作业的评语，发现评语可以使学生意识到自己学习能力的不足，从评语中提取相应的策略，从而提高学习效率[45]；Akpe分析学生对课程的评语据此改进课程[46]；Alhija等人统计并分析了学生评语中最常被提及的教学维度和学生给予的正向、负向内容的评语，以改善教学质量[47]；马志强等人以网络同伴互评的反馈评语文本作为分析对象，综合运用内容分析、回归分析等方法，得出学生对情感、认知与元认知三类评语的反馈方式，给出了教师引导同伴互评评语的策略[48]；刘智通过情感倾向识别与话题挖掘技术，探究在线课程评语中反映出来的学生情感信息，并根据学习者的反馈信息为教学决策提供支持[49]。由此可见，通过评语反向审视课堂教学质量，已成为大数据技术应用于课堂教学分析的新思路。

本团队开展的第三个研究项目，就是用因子分析、主成分分析法等，分析课堂教学案例评语，反向提取专家普遍认可的信息化课堂教学判断标准，再与已有的课堂教学评价量表权重与维度对比，为后续的课堂教学分析提供新视角。

第一步：评语按照句子划分，归类到原始量表的不同维度。从案例库一、二、三等奖和未获奖课例里，各随机选取 30 个。将 120 份评语全部拆分成句子，每句中的关键词与初始量表中的关键词匹配后，归入到原始量表中的 6 个一级维度和 14 个二级指标(如表 3 所示)。

第二步：降维处理后，重新计算指标及权重，生成新量表。统计每个维度里不同类别频次，运用因子分析法进行降维，再用主成分分析法，算出全部指标权重，逆向生成基于评语的课堂教学改进版评价量表(如表 4 所示)。

表 3　原始的课堂教学评价表(2017 年)

<table>
<tr><th colspan="2"></th><th>指标</th><th>分值(分)</th></tr>
<tr><td rowspan="12">评价内容</td><td rowspan="3">教学文案</td><td>教学目标符合新课程标准，明确完整，可操作、可检测，体现以学生发展为中心</td><td rowspan="3">20</td></tr>
<tr><td>教学设计要素完整，结构严谨，重难点突出，活动恰当，技术应用要体现出优势</td></tr>
<tr><td>教学反思要具有针对性，对技术应用成效分析明确，问题挖掘准确，改进设想具体</td></tr>
<tr><td rowspan="3">教学过程</td><td>在教学中突出学生的主体地位，体现新媒体环境下学与教方式的转变</td><td rowspan="3">30</td></tr>
<tr><td>能够采取多种策略组织教学，教学环节合理、自然、流畅</td></tr>
<tr><td>教学中重视学生已有的经验，符合幼儿和中小学生的认知特点和规律</td></tr>
<tr><td rowspan="3">技术运用</td><td>能够将新媒体新技术作为学生学习和认知的工具</td><td rowspan="3">30</td></tr>
<tr><td>有效解决教学重难点问题，促进了师生、生生深层次互动，共享课堂</td></tr>
<tr><td>巧妙运用技术手段和工具，引导学生开展多种形式的学习</td></tr>
<tr><td rowspan="2">教师素养</td><td>教态亲切、自然，语言准确、清晰、生动，书写规范，教学设备操作娴熟</td><td rowspan="2">10</td></tr>
<tr><td>专业知识扎实，能够准确把握学科的基本特征实施教学</td></tr>
<tr><td rowspan="2">教学效果</td><td>完成教学目标，不同层次的学生都得到相应提高、获得发展</td><td rowspan="2">10</td></tr>
<tr><td></td><td>课堂教学氛围和谐、民主、向上，学生的情感、行动和思维参与积极、活跃</td></tr>
<tr><td>附加项</td><td>创新应用</td><td>具有有价值的实践创新行为，体现出信息技术在教与学过程中的独特优势</td><td>0—5</td></tr>
</table>

表4 用评语逆向生成的课堂教学改进版评价表

内容	参考分值(分)	指标	分值(分)
教学文案	8	教学目标符合新课程标准，明确完整，可操作、可检测，体现以学生发展为中心(Al)	20
	7	教学反思要具有针对性，对技术应用成效分析明确，问题挖掘准确，改进设想具体(A3)	
	5	教学设计要素完整，结构严谨，重难点突出，活动恰当，技术应用要体现出优势(A2)	
教学过程	8	能够采取多种策略组织教学，教学环节合理、自然、流畅(B2)	29
	8	在教学中突出学生的主体地位，体现新媒体环境下学与教方式的转变(B3)	
	7	完成教学目标，不同层次的学生都得到相应提高、获得发展(E1)	
	6	教学中重视学生已有的经验，符合幼儿和中小学生的认知特点和规律(B3)	
教师素养	10	课堂教学氛围和谐、民主、向上，学生的情感、行动和思维参与积极、活跃(E2)	24
	7	教态亲切、自然，语言准确、清晰、生动，书写规范，教学设备操作娴熟(D1)	
	5	专业知识扎实，能够准确把握学科的基本特征实施教学(D2)	
	2	具有有价值的实践创新行为，体现出信息技术在教与学过程中的独特优势(F1)	
技术运用	10	巧妙运用技术手段和工具，引导学生开展多种形式的学习(C3)	27
	9	有效解决教学重难点问题，促进了师生、生生深层次互动，共享课堂(C2)	
	8	能够将新媒体新技术作为学生学习和认知的工具(C1)	

第三步：对比新旧量表，将评语中隐藏的课堂教学分析标准显性化。新旧量表对比后发现：课堂教学效果、分层教学策略等，不应单独存在于量表的判断指标里，可归入到教学过程；创设教学氛围和信息技术实践创新，可归入一级指标“教师素养”，成为信息化课堂教学里教师能力的必要组成；专家点评重点多放在课堂教学里的技术应用，而创新实践的表现并不多，因此在评语里反映出来的权重相对较少。这就说明，新量表中分值较低的维度如仅占2分的F1项等，并非不重要，而是由于当前课例中体现较少，尚未形成课堂案例中的主流。未来要加强信息技术实践创新的比重，使技术创新体现在常态化的课堂教学里，成为比“技术应用”更为重要的一级指标，占有更大

的权重值，将是验证教育信息化2.0时代深化课堂教学改革的参考指标之一。

六、人工智能在课堂教学分析中的应用场景

结合以上分析，本研究提出人工智能助力课堂教学分析的三个应用场景：教学诊断、教学设计和教学评价。

1. 教学诊断：高效分析和可解释的结果

教学诊断对于发现课堂教学中的问题、提高课堂教学质量以及促进教师专业发展具有重要作用[50]。传统的课堂教学分析，多是通过自我报告法、人工观察手动编码等方法来进行数据采集和分析，存在着编码主观性强，费时费力，难以规模化开展等缺点，不利于发现普遍的教学规律[51]。这会导致中小学教师不得不依赖专家、教研员和骨干教师等人的他诊，自行诊断的人力成本高、机会少，高效且易用的诊断平台匮乏、工具稀缺，制约教师专业成长的速度和水平。

本文提出的人工智能课堂教学分析框架和技术，为解决以上困境提供了可能。教师提供常规课堂的教学视频和教学设计方案等素材，由诊断平台自动且快速地识别，对课堂中的教学言语和行为等交互数据给出分析结果，并结合不同分析意图，提供可解释的诊断结果。

2. 教学设计改进：教学事件和教学法结构分析

教学诊断是要服务于教学改进。传统的“时间取样”量化分析，重在统计师生行为和言语交互的频次或比例等。虽然提供了客观的分析结果，但用于教学改进时，会存在把教学行为从情境中剥离出来的失真现象，导致行为背后所蕴含的教育意义缺失等问题[52]。

本文运用人工智能技术，重构了以“教学事件分析法”为主的量化研究思路，由计算机参与课堂教学事件与教学法结构序列的识别与归类。这样的分析结果，不仅能帮助教师检验，将双主教学理念落实在真实教学中的程度，还帮助教师发现，到底是哪些教学事件，哪些教学法里，可以改进主导和主体的比例和时序关系，在改进的理念和方法上都具有可行性。

3. 教学评价：通过教学评语反向提取评价标准

评价教师的课堂教学，通常有几种表现形式，一是根据评价指标赋值打分的量化评价，二是根据课堂观察给出的质性评语[53]，三是两者的结合。但无论是哪种形式，都是“自上而下”的研究思路，即先定预设评价标准，再打分和给评语。这种分析方式，容易掩盖许多预设标准中没有考虑到的方面[54]，也不利于提取零散的评语中隐藏的教学改进策略和宝贵建议。

本文提出利用人工智能技术逆向分析评语，采用的是“自下而上”的评价思路，通

过挖掘大量评语中的共性因素，不仅能为课堂教学评价量表修订提供证据，还可以让教学评价里零散的教学经验和智慧得以聚集，让教学评语中的共识通过“众筹”的方式浮现出来，为课堂教学评价提供新视角。

七、结语

人工智能融入教育已成为发展趋势。本文梳理人工智能助力课堂教学分析的进化路径后，从教学案例库、分析维度集、多元分析方法等方面构建起基于人工智能的课堂教学分析框架，并将人工智能技术应用到实践应用中。

然而必须认识到，将人工智能技术运用于课堂教学分析时，仍面临以下困难：第一，对于课堂教学特征的分析指标、参考阈值，学界尚未形成统一的评价标准；第二，课堂教学分析多聚焦于“教”，且多针对单一学科，对聚焦于“学”，适用于多学科、多课型的分析技术还有待探索；第三，缺少公开、已标注的教学数据集，导致课堂教学自动化分析的探索囿于大量的数据分类与统计。后续研究需要进一步结合自然语言理解、计算机视觉、教育大数据的最新研究成果，提高教学数据采集的全面性和精准度，期待能为人工智能支持教学分析提供新思路和新方法。

参考文献：

[1]宁虹，武金红．建立数量结构与意义理解的联系——弗兰德互动分析技术的改进运用[J]．教育研究，2003(5)：23-27.

[2]顾小清，王炜．支持教师专业发展的课堂分析技术新探索[J]．中国电化教育，2004(7)：18-22.

[3]方海光，高辰柱，陈佳．改进型弗兰德斯互动分析系统及其应用[J]．中国电化教育，2012(10)：109-113.

[4]章勤琼，谭莉．课堂录像促进教师专业研修：框架、应用及反思[J]．全球教育展望，2019，48(1)：103-112.

[5]Stein M K，Correnti R，Moore D，et al. Using Theory and Measurement to Sharpen Conceptualizations of Mathematics Teaching in the Common Core Era [J]. AERA Open，2017，3(1)：361-379.

[6]孙众，马玉慧．视频案例多元分析法促进新手教师专业发展研究[J]．电化教育研究，2013，34(8)：104-109.

[7]郁晓华，黄沁．学习分析视角下的数字化课堂互动优化研究[J]．中国电化教育，2018(2)：12-20.

[8]魏宏聚．教学切片分析：课堂诊断的新视角[J]．教育科学研究，2019(2)：63-67.

[9]刘海生，李清臣．试析基于教学切片诊断的课堂研究[J]．当代教育科学，2015(20)：27-30.

[10]夏雪梅．以学习为中心的课堂观察[M]．北京：教育科学出版社，2012.

[11]余胜泉．人工智能教师的未来角色[J]．开放教育研究，2018，24(1)：16-28.

[12]Easterday M W，Lewis D R，Gerber E M，et al. Designing Crowd critique Systems for Formative Feedback[J]. International Journal of Artificial Intelligence in Education，2017，27(3)：623-663.

[13]Beigman K B，Burstein J，Harackiewica J M，et al. Reflective Writing About the Utility Value of Science as a Tool for Increasing STEM Motivation and Retention－Can AI Help Scale Up? [J]. International Journal of Artificial Intelligence in Education，2017(27)：791-818.

[14]Luckin R. Towards Artificial Intelligence-based Assessment Systems [J]. Nature Human Behaviour，2017，1

(28): 1-3.

[15]Walkington C, Bernacki M. Personalizing Algebra to Students' Individual Interests in an Intelligent Tutoring System: Moderators of Impact[J]. International Journal Artificial Intelligence Education, 2019(29): 58-88.

[16]Wu W, Chen L, Yang Q C, et al. Inferring Students' Personality from Their Communication Behavior in Web-based Learning Systems[J]. International Journal of Artificial Intelligence in Education, 2019(29): 189-216.

[17]Taub M, Azevedo R. How Does Prior Knowledge Influence Eye Fixations and Sequences of Cognitive and Metacognitive SRL Processes during Learning with an Intelligent Tutoring System? [J]. International Journal Artificial Intelligence Education, 2019, (19): 1-28.

[18]刘智, 刘三女牙, 康令云. 物理空间中的智能学伴系统: 感知数据驱动的学习分析技术——访柏林洪堡大学教育技术专家 Niels Pinkwart 教授[J]. 中国电化教育, 2018(7): 67-72.

[19]刘三女牙, 周东坡, 李浩, 等. 基于地图的教育大数据可视分析方法探讨[J]. 电化教育研究, 2018, 39(7): 49-56.

[20]程云, 刘清堂, 王锋, 等. 基于视频的改进型 S-T 分析法的应用研究[J]. 电化教育研究, 2016(6): 90-96.

[21]刘凯, 胡祥恩, 王培. 机器也需教育? 论通用人工智能与教育学的革新[J]. 开放教育研究, 2018, 24(1): 10-15.

[22]吕恺悦, 施智平, 孙众. 人工智能时代下的教师教育发展"2019 人工智能+教师教育国际研讨会"在北京举行[J]. 现代教育技术, 2019(7): 1.

[23]张学军, 董晓辉. 人机共生: 人工智能时代及其教育的发展趋势[J]. 电化教育研究, 2020, 41(4): 35-41.

[24]Walker R, Adelman C. Interaction analysis in informal classrooms: A critical comment on the Flanders' system [J]. British Journal of Educational Psychology, 2011, 45(1): 73-76.

[25]Amidon E J. The role of the teacher in the classroom: A manual for understanding and improving teacher classroom behavior[M]. MN: Paul S. & Associates, Inc., 1985.

[26]郑隆威, 冯园园, 顾小清. 学习成果可测了吗: 基于学习分析方法的认知分类有效性研究[J]. 电化教育研究, 2019, 40(1): 77-86.

[27]李善良. 课堂教学目标的确定——基于美国中小学教材的考察[J]. 教育理论与实践, 2011, 31(25): 53-56.

[28]冯茹, 马云鹏. 基于真正学习的教学设计三维要素分析[J]. 教育理论与实践, 2019, 39(10): 58-62.

[29]徐梦杰, 曹培英. 精准针对学生差异的学情分析研究[J]. 课程·教材·教法, 2016, 36(6): 62-67.

[30]陈佑清, 陶涛. "以学评教"的课堂教学评价指标设计[J]. 课程·教材·教法, 2016, 36(1): 45-52.

[31] Davis E A, Beyer C, Forbes C T, et al. Understanding pedagogical design capacity through teachers' narratives [J]. Teaching and Teacher Education, 2011, 27(4): 797-810.

[32]黄宝权. 基于课堂教学切片诊断的课堂观察[J]. 教育科学研究, 2017(9): 46-49.

[33]郝琦蕾, 郭彩利, 王建保. 中学教师教学反思现状的质性研究[J]. 教学与管理, 2017(3): 21-24.

[34][48]马志强, 王靖, 许晓琴, 等. 网络同伴互评中反馈评语的类型与效果分析[J]. 电化教育研究, 2016, 37(1): 66-71.

[35]Karpathy A, Toderici G, et al. Large-Scale Video Classification with Convolutional Neural Networks[C]//Proceedings of the 2014 IEEE Conference on Computer Vision and Pattern Recognition. Columbus: IEEE, 2014.

[36]Dai W, Chen Y, Shetty S, et al. Two-Stream Convolution Neural Network with Video-stream for Action Recognition[C]//Proceedings of the 2019 International Joint Conference on Neural Networks(IJCNN). Budapest: IEEE, 2019.

[37]Tran D, Bourdev L, Fergus R, et al. Learning Spatiotemporal Features with 3D Convolutional Networks [C]//

Proceedings of the 2015 IEEE International Conference on Computer Vision(ICCV). Santiago：IEEE，2015.
[38]周鹏霄，邓伟，郭培育，等．课堂教学视频中的S-T行为智能识别研究[J]．现代教育技术，2018，28(6)：54-59.
[39]徐家臻，邓伟，魏艳涛，等．基于人体骨架信息提取的学生课堂行为自动识别[J]．现代教育技术，2020，30(5)：108-113.
[40]Gagne R. The Conditions of Learning[M]. 4th ed. New York：Holt，Rinehart & Winston，1985.
[41]加涅 R M. 学习的条件和教学论[M]．皮连生，王映学，郑葳，等，译．上海：华东师范大学出版社，1999.
[42]何克抗．教学结构理论与教学深化改革(上)[J]．电化教育研究，2007(7)：5-10.
[43]Jacobson M J，Kim B，Pathak S，et al. To Guide or Not to Guide：Issues in the Sequencing of Pedagogical Structure in Computational Model-based Learning[J]. Interactive Learning Environment，2013，23(6)：715-730.
[44]王冬青，刘欢，邱美玲，等．智慧课堂教师行为数据的分析方法与应用验证[J]．中国电化教育，2020(5)：120-127.
[45]Bruno I，Santos L. Written Comments as a Form of Feedback[J]. Studies in Educational Evaluation，2010，36(3)：111-120.
[46]Akpe C S. Using Respondents' Free Comments To Improve College Curricula：A Case Study of Rivers State College of Education NCE Primary Programme[J]. Studies in Educational Evaluation，1989(15)：183-191.
[47]Alhija N A，Fresko B. Student evaluation of instruction：What can be learned from students' written comments?[J]. Studies in Educational Evaluation，2009，35(1)：37-44.
[49]刘智．课程评论的情感倾向识别与话题挖掘技术研究[D]．武汉：华中师范大学，2014.
[50]岳欣云，董宏建．教师教学诊断能力：内涵、价值及提升策略[J]．教育理论与实践，2015，35(26)：3-5.
[51]刘清堂，何皓怡，吴林静，等．基于人工智能的课堂教学行为分析方法及其应用[J]．中国电化教育，2019(9)：13-21.
[52]江毅，王炜，康苗苗，等．基于行为序列分析的师生互动效果研究[J]．现代远距离教育，2019(6)：53-61.
[53]罗祖兵，郭超华．新中国成立70年课堂教学评价标准的回顾与展望[J]．中国教育学刊，2020(1)：55-61.
[54]陈振华．教学评价中存在的问题及反思[J]．教育发展研究，2009(18)：84-87.

立德树人　正性实践

——以学生学为中心的混合式教学模式在幸福心理学教学中的构建*

王　岩　师保国①

摘要：幸福心理学作为全校通识课，响应党的立德树人要求，以及教育信息化的号召，以哈佛大学积极心理学课程为基础，结合私播课、慕课、混合式教学和翻转课堂，贴合大学生实际，通过四个方面践行以学生学为中心的教育理念：在教学内容上突出积极心理学积极正向的主题，指向立德树人，正面引导，凸显课程内容的前沿性和时代性；教学方法上采取线上线下混合的教学设计，体现教学形式的先进性和互动性；教学效果上开展体验式实践教学，强调学习结果的探究性和个性化；教学评价上采用多样化考核，注重过程性评价与学生积极心态的提升。同学们收获幸福知识和方法的同时，也实现了个体积极的改变和提升，使得本课程形成了一套较为成熟的线上线下相结合的混合式、以学生学为中心的教学模式。

关键词：积极心理学；以学生学为中心；线上线下混合式教学；教育信息化

一、幸福心理学课程简介

幸福心理学课程是首师大心理学院为全校学生开设的通识课，始建于 2011 年 9 月。该课程是考虑到心理学科的发展，回应人们对幸福生活的渴望、新时代大学生对生命的思考，结合大学生实际而专门设计的。它以哈佛大学的积极心理学(Positive Psychology)[1-2]课程为蓝本，建筑在 1998 年宣告成立的积极心理学的心理学学科分支的基础之上。积极心理学[3]是一门关于人的潜能与美德的科学，关注人的优秀品质和美好心灵，主要讲授如何发展美好生活的知识和技能，其主旨符合对党的十九大提出的新时代我国社会主要矛盾“人民日益增长的美好生活需要和不平衡不充分的发展之间

* 本文系 2020 年北京高等教育本科教学改革创新项目“面向卓越教师培养，探索‘心理学＋’人才培养模式”部分成果，以及 2020 年首都师范大学本科教学建设与改革项目(双万计划金课)“积极心理学”建设部分成果。

① 王岩，女，首都师范大学心理学院副教授，博士；师保国，男，首都师范大学心理学院教授，博士，研究生工作部副部长，研究生院副院长。

的矛盾”的解决思路。基于此，幸福心理学作为心理学的一门分支课程，具有天然的思政教育特色和功能。

幸福心理学自开设以来，以传统的线下教学的方式讲授了7年，受到学生的热烈欢迎，每次选课人数达数百人。2018年和2019年进行了两轮线上线下混合式教学模式的尝试，选课学生达150人次，教学评估分数为96.66分和97.10分，以学生学为中心的教学模式探索取得了良好的效果。我们认为，这是对我国高校“互联网＋教育”教学改革的呼声以及全球教学革命的潮流的响应[4]。这些成绩的取得，源于课程具有特色鲜明的内容和育人价值，同时得到了来自学习者的广泛认可，而我们也在此过程中逐渐尝试摸索出一套线上线下相结合的混合式、以学生学为中心的成功的教学模式。

二、模式构建的理论基础

幸福心理学教学模式的构建，主要基于以下教学理念：私播课、慕课、混合式教学和翻转课堂[5−6]。私播课(Small Private Online Course，SPOC)是小规模限制性在线课程，慕课即大规模在线开放课程(Massive Open Online Course，MOOC)，二者同属于在线教学但各有优势。混合式教学则是把传统线下学习方式的优势和在线教学优势结合起来，既发挥了教师引导、启发、监控教学过程的主导作用，又充分体现了学生作为学习过程体的主动性、积极性与创造性。最后，翻转课堂(Flipped 或 Inverted Classroom)是指重新调整课堂内外的时间，将学习的决定权从教师转移给学生。这种模式有助于促进学生独立思考，根据学生的个性来进行教育，使得教师成为课堂的管理者、引导者，而不是讲授者，而学生在学习过程中真正成为自己学习的主人。幸福心理学在最近几年的教学过程中，陆续建设完成了私播课、慕课线上资源，其中已建设的“幸福心理学”慕课，在中国大学慕课网在线播出至今已有3届，受众达2.8万余人，评分4.7分。结合原有的线下教学，我们又积极开展了混合式教学，采取翻转课堂模式，把课程选修者限定在在校学生范围内，最终做到了小范围、特定人数和人群，降低了教学监督难度，提高了学生的教学完成率，促进了学生独立思考，提升了学生的学习积极性，让学生真正成为学习的主人。

三、课程构建与实施

结合幸福心理学的课程特点及上述教学理念，我们紧紧围绕“两性一度”标准，即高阶性、创新性和挑战度的要求，坚持知识、能力、素质的有机融合，加强课程构建与实施。具体来说，在教学内容上力求体现前沿性和时代性，在教学形式上力求体现先进性和互动性，在教学效果上力求具有探究性和个性化，始终把“立德树人”作为课程教学的根本任务来落实。

(一)教学内容：重视立德树人，正面引导，凸显课程内容的前沿性和时代性

本课程突破传统心理学研究较多聚焦于负面和消极，以治疗心理疾病为使命这种习惯性认知，重视落实立德树人根本任务，满足课程思政的育人要求，聚焦正面和积极的内容。其内容主要包括以下几方面。

1. 积极的个性：个性优势与美德、兴趣能力和成就、积极的自我

2018年，习总书记在北京大学讲话中指出，“人才培养一定是育人和育才相统一的过程，而育人是本。人无德不立，育人的根本在于立德”。因此，新时代的大学生必须能够坚守和践行社会主义核心价值观。这些要求在幸福心理学教学中能够与强调积极个性培养的教学内容很好地契合。例如，行动价值协会(VIA)提出了人类具备的24项性格优势及六大人性美德，包括：知识的美德(5项优势：创造力、好奇心、热爱学习、开放头脑和洞察力)，勇气的美德(4项优势：真实性、勇敢、恒心和热忱)，人道主义美德(3项优势：善良、爱和社会智慧)；公正的美德(3项优势：正直、领导力和团队合作)，节制的美德(4项优势：宽容、谦虚、审慎和自律)，卓越超然的美德(5项优势：美感、感恩、希望和乐观、幽默、灵性)。

2. 幸福和积极情绪：积极体验、福流和感恩

幸福的主要理论有3个取向：第一个是享乐主义观，主张追求愉悦降低痛苦，尽可能提升愉悦感在生活中的比例；第二个是幸福的过程论，主张在活动中感受幸福，比如心理流畅感的理论；第三个观点是福祉论，认为幸福是个性优势和美德在生活中的实现，每个人都可以通过发挥个性优势追求美德来实现幸福，而这也是本门课程所提倡的观点，即鼓励学生通过培养爱国、敬业、诚信、友善等核心价值观品质去追求幸福的人生。

3. 积极的认知：信念、乐观和心理韧性

积极的信念、乐观认知和心理韧性也是幸福心理学课程希望学生养成的重要品质，它们的本质是让学生学会用乐观的心态来看待已经发生的事情，在面对生活逆境时能从困难的经历中恢复过来。

4. 积极的关系：积极的人际关系、亲社会行为

人际关系贯穿了一个人从出生到死亡的整个生命历程，包括依恋关系、亲密关系、友谊等，为人们提供了强大的社会支持，满足人们对安全、爱和归属的需要。人际互动是人际关系中重要的组成部分，涉及原谅、同理心和感恩、宽恕等亲社会行为。积极的关系关乎我们的身心健康和幸福。

5. 积极的人生：积极心理治疗、积极教育、积极健康、积极工作

这部分是在积极心理学基础理论之上派生的更为广阔的研究领域[7]。积极心理治

疗打破了传统对来访者负向方面的修复，更多转向关注积极因素如个体优势、积极情绪、幸福感和积极行为与认知等，倡导有意义、有目的地生活，如生活质量疗法等。积极教育则强调学校教育不仅是教学生知识，更是要教学生幸福地生活。

(二)教学方法：探索线上线下混合的翻转课堂，体现教学形式的先进性和互动性

利用部署在线的81个慕课教学视频(共计1104分钟)，我们积极探索以学生学为中心的混合式教学模式。具体流程如图1所示。

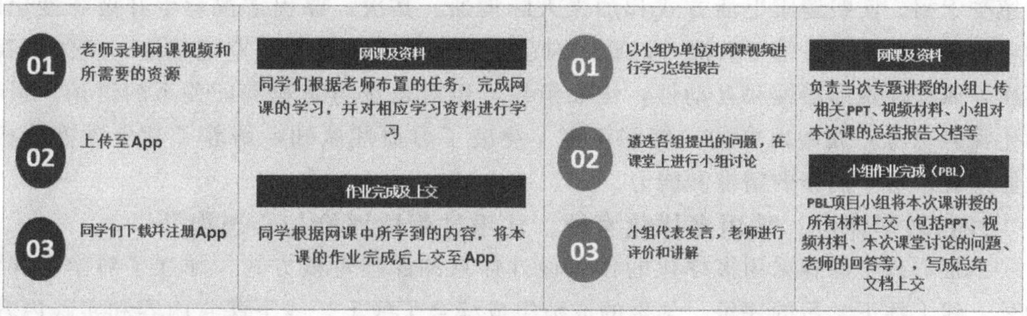

图1　以学生学为中心的混合式教学模式流程示意图

首先，课前准备。学生在课前可以随时随地观看视频，进行自主学习获取知识，并通过网络与教师随时互动。按照教师要求的作业(包括实践活动和撰写实践报告)，准备线下课程的讨论内容。组建学习小组，充分利用网络资源完成课题研究，提交小组研究报告，分组讨论提出问题。其次，线下面授。将知识点以问题的形式提前发布到教学平台上，启发学生根据问题自主思考，然后根据学生在网上完成学习任务的情况设计课堂教学内容。改变教师课堂授课的模式，将课堂交给学生，让学生以小组总结报告的形式呈现相关主题的内容，在课上分组提出问题，集体讨论，对学生学习中的难点进行特别强化。通过面对面的课堂互动讨论、答疑解惑，参与课程实践，培养学生的综合能力，让学生成为课堂的主人，激发学生的学习兴趣和学习的积极性。最后，课后总结。学生将线上学习、线下面授学习的内容进行总结，并继续在实践中操作，指导自己的实际生活。

三个环节以提出问题作为任务驱动，让学生组成学习小组，协助学生开展自主学习。学生通过自主学习、独立思考发挥学习潜力，通过小组讨论生成问题，促进交流互动。通过课后实践提高主动学习的兴趣与热情，培养学生的自主性。引导学生将学习到的理论用于自己的实际生活，注重学生的个性化发展。这样，既发挥了教师引导、启发、监控教学过程的主导作用，又体现了学生作为学习主体和过程体的主动性、积极性与创造性，既有研究性、创新性又有综合性的内容。改变了过去教法单一，以教为中

心的模式，单纯重知识传递，忽视学生能力素质培养的偏颇，培养学生创新性综合能力的整体提升，实现了“学教做”合一，强化了学生在学习过程中的主体和中心地位。

(三)教学效果：开展体验式实践教学，强调学习结果的探究性和个性化

在幸福心理学教学过程中，学生除了观看视频、学习理论，更多的是要在实践中践行理论，然后写实践报告，这样理论和实践相结合，强调了对理论的体验和实践[8-10]。首先，课程注重布置具有研究性、创新性和综合性的作业。如培养积极情绪和幸福感的“峰终理论”作业——通过让学生每日做一件令自己开心和感到幸福的事情来感受幸福，实践健康生活方式和加强人际沟通。其次，课程重视学生开展个性化的学习，强调学生通过学习和测查以确定自己具备的优势和美德，坚定信心，悦纳自我。再次，课程注重前沿性和互动性，比如组织学生对乐观与悲观辩证关系的讨论，引导学生深入思考，强调内容的广度和深度，突破了习惯性认知，培养了学生深度分析、大胆质疑、勇于创新的精神和能力。

(四)教学评价：采用多样化考核，注重过程性评价与心态提升

幸福心理学课程采用多样化的作业设计体系和课程考核方式，加强了对学生课堂内外、线上线下学习的评价。学生的成绩组成综合了线上、线下课堂内容和实践内容，主要反映知识掌握、生活实践、个性思考和讨论情况。以2019年度秋季学期的成绩组成为例，课程视频学习占比30%，线上及课堂讨论互动等15%，个人作业(6次)30%，课程小组作业PBL占比20%，另有线下占比5%，鼓励学生参加社会实践、科学实验、担任组长等。两个学期，共有1378人次完成了作业，实现了线上线下互动，打通了课内课外的界限，突出了过程考核，体现了综合性评价的要求。另外，本课程也起到了心理辅导的作用。心理测试结果发现了学生积极心态的提升，如乐观、生命意义感、主观幸福感，以及积极情绪、心理幸福感、生命繁荣等(见图2)，而消极情绪显著下降。

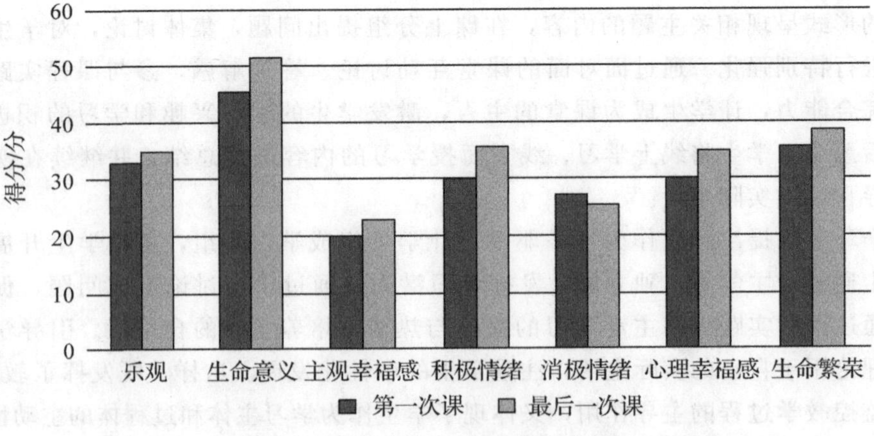

图2　学生第一次课和最后一次课积极心态提升统计图

四、思考与展望

总的来看，幸福心理学课程通过线上线下混合式翻转课堂的实施与尝试，使得学生收获了学习成果，初步掌握了积极心理学追求幸福的知识和方法，点燃了学生对幸福人生的思考和行动的火种，促进了个体积极的改变和提升，较好地实现了“课程思政”的目标。整个教学过程践行以学生学为中心的教育理念，也响应了著名心理学家卡尔·罗杰斯的“以学生为中心”的教育观[11]。同时作为践行者我们也深切感到这种教学模式的转换对教师和学生都是挑战，这是当今时代“互联网＋教育”思维方式带来的冲击与挑战。

首先是对教师的挑战。教师成为整个教学的设计者、引导者、推动者和技术支持者，不仅需要花费大量时间设计准备包括案例库、问题库、教学资料库等各类资源，还要想方设法调动学生自主学习的热情，包括线上和线下课堂。在私播课的翻转课堂上，教师不再是讲座视频中的主角，也不必准备每节的课程讲座，但是要根据学生需求整合各种线上和线下实体的资源，组织学生分组研讨，随时提供个别化指导，角色更像是一个主持人。

其次是对学生的挑战。目前来看，主要是学生对自主学习这种比较新型的教学模式的适应问题，学生需要尽快从“要我学”的模式，转换到“我要学”“我会学”的模式，尽快适应独立思考和个性发挥的问题，主动思考，提出问题，而不是等待教师或其他同学给予学习内容。这些相对于过去传统的“填鸭式”的学生的被动学习，更强调学生在学习中的主人精神，这种转换也需要学生尽快适应，并真正成为学习的主人。

参考文献：

[1]刘翔平. 积极心理学[M]. 北京：中国人民大学出版社，2018.

[2]Peterson C. A primer in positive psychology[M]. Oxford：Oxford University Press，2006.

[3]Seligman M E P，Csikszentmihalyi M. Positive psychology：An introduction[J]. American Psychologist，2000，55(1)：5-14.

[4]葛文双，韩锡斌. 数字时代高校教师教学能力的标准框架[J]. 现代远程教育研究，2017(1)：1-13.

[5]Siemens G，Gaševi D，Dawson S. Preparing for the Digital University：A Review of the History and Current State of Distance，Blended，and Online Learning[DB/OL]. [2015-09-04]. http：//linkresearchlab. org/Preparing Digital University. pdf.

[6]韩锡斌，王玉萍，张铁道，等. 远程、混合与在线学习驱动下的大学教育变革[J]. 现代远程教育研究，2015(5)：3-11，18.

[7]Seligman M E P. Flourish：A visionary new understanding of happiness and well-being[M]. New York：Free Press，2012.

[8]高飞. 论高校心理健康教育课程中的体验式教学[J]. 西南交通大学学报(社会科学版)，2003(1)：92-97.

[9]Itin C M. Reasserting the Philosophy of Experiential Education as a Vehicle for Change in the 21st Century[J]. The Journal of Experiential Education，1999，22(2)：91-98.

[10]Kolb D A. Experiential learning：experience as the source of learning and development[M]. Englewood Cliffs，NJ：Prentice Hall，1984.

[11]车文博. 人本主义心理学[M]. 杭州：浙江教育出版社，2003.

"互联网＋"构建阅读新生态

蔡　可　李佳健[①]

摘要："互联网＋阅读"并不是网络阅读、屏幕阅读，更不是全程功利化的数据测评，而是通过技术提供个性化阅读资源，利用数据丰富学生阅读过程，进而创设线上线下一体化的阅读环境，形成混合式学习的阅读生态，并在此过程中探索协作、分享的教研新文化，促进学校的课程教学转型升级，让校园阅读常态化、可持续发展。

关键词："互联网＋阅读"；个性化学习；混合式学习；阅读生态

阅读不就是读书吗，为什么还要"互联网＋"？会不会导致学生的注意力不够专注？碎片化、浅阅读怎么办？视力下降怎么办？近几年，不少学校关注校园阅读，并尝试引入新的技术手段深化阅读，但也出现了一些问题，如形式化、运动化，缺少可持续发展机制；对技术环境下学生的身心健康缺少预案；读书方法引导缺失，将学生阅读等同于数据驱动下的做题；对阅读素养的理解较为狭隘，在阅读的目标、内容、策略方法及效果评价等方面，缺少顶层设计。

面对网络对读书的冲击，面对方兴未艾的屏幕阅读，首都师范大学"互联网＋阅读"项目团队尝试从另一个角度来推动"互联网＋阅读"，即并不是网络读书，更不是全程功利化的数据测评，而是创设线上线下一体化的阅读环境，丰富阅读活动方式，技术赋能引入适切的阅读资源、研发适宜的阅读评价工具，以评促学、促读，同时以阅读打通学科教学，刷新学校课程观念，形成校园阅读整体化的解决方案。

一、通过技术提供个性化阅读资源

首先要考虑技术在阅读的哪个环节、哪个过程能够发挥出作用。疫情期间，网络教学已经常态化，以往的缺乏阅读资源不再成为一个问题，反倒是海量资源使得一线教师往往不知该怎样选择。基于此，项目组基于学生认知规律，对接课程标准，通过数据建立分级阅读体系，完善校园阅读资源。一是对接统编教材的理念进行阅读资源

① 蔡可，男，首都师范大学教师教育学院教授；李佳健，男，首都师范大学出版社社长。

研发，包括整本书阅读资源、单元主题阅读资源、能力维度进阶学习资源、朗读诵读及生字词学习等音频资源，以及欧阳中石先生团队的书写教学视频资源等；二是建立区域阅读专题示范课程，如“教读课—自读课—课外阅读课”、亲子阅读课、同步识写课等；三是从语文领域向学科阅读拓展，创设多样化的跨领域阅读。一系列学生阅读书目(分主题、分级)、助读资源(分领域的阅读引导、预设话题等)、教师阅读指导资源(阅读培训课程、阅读指导建议、扩展资源、阅读课设计等)等的研发，让实验学校的课程建设从学科型课程，走向活动型课程、经验型课程；从自上而下的国家课程，走向开发、建构丰富的地方课程、校本课程，极大地丰富了学校课程体系。

在北京大兴、房山以及宁夏、河北等区域实施的项目中，以技术做资源分类、进阶学习的实证支撑，综合教育部推荐、课标要求等多维度的阅读资源设计，虽然阅读资源减量，但避免了堆资源库带来的“溢出”效应，在多样化、集约化的选择中解决了校本教学和学生阅读的个性化需求。此外，资源的建设是一个动态过程，阅读资源研发体系化之后，要能够形成拓展的生成性资源建设机制，体现面向全体、开放性、多元化、个性化特点。技术在这里又是一个与教育的“连接点”，围绕资源创设相应活动，通过动态的资源运用机制，鼓励学生的多元对话，提倡学生思考质疑，勇于提问，敢于挑战，善于分析，让学生通过阅读充满兴趣融入社会，培养其创新思维与实践能力，满足未来发展的需要。这种线上线下相结合的阅读生成机制，带动学校、教师、学生生成自己的个性化资源；专家团队跟进指导，在阅读活动开展过程中完成各类生成性资源的归纳与提升，借助技术实现了资源的共研、共建、共享。

二、利用数据丰富学生阅读过程

“互联网＋阅读”充分利用技术优势，重视效果反馈，但并不是陷入“题海”式的阅读，而是借助数据，以评促学。项目组根据学校实际提供不同的分级书单推荐，引入学生阅读情况跟踪评价、综合展示于一体的智慧书柜与信息化系统平台，为校园阅读提供基础阅读数据参考；进一步通过阅读时间、阅读测评结果等数据收集，基于实际应用开展有效评估，形成真实有效的诊断报告，建构起基于信息技术的学校阅读评价系统，服务学校及社区阅读行动的开展。

这里尤其要注意的是，几乎所有“互联网＋阅读”的实践都会强调测评与诊断，但我们必须认识到，如果学生拿起书阅读时还要面临那么多的任务、那么多的习题，阅读的兴趣培养就无从谈起。这里的测评，应该更多的是读书的思考支架、参考点，引导学生读书时形成问题意识即可，且这部分内容需要前置，它是引导学生读书的手段，而不是所谓的终结效果检测。通过提出值得“研究”的主要问题，引导学生探究这些问题，进而对书的主题、思想内涵、艺术特色、核心概念、典型现象、人物等形成深入的认识。

以大兴阅读项目为例，学生可以登录“乐智悦读”平台进行自主阅读测评，对于正在阅读的材料，阅读平台会推送若干道思考题，检测整书或文章的阅读效果，更重要的是给阅读提示，为学生真正进入线下阅读状态“搭桥”。项目实施前两个月，学生主动参与测评近两万人次，查看阅读问题与自己的阅读指数和阅读能力分析，说明学生非常适应“线下绿色阅读、线上阅读测评”的新形式。最后才是效果检测，提供详细测评报告，从五个维度显示学生的阅读能力，帮助学生获得个性化、有针对性的阅读指导，帮助教师做好班级阅读教学的提升方案。

三、形成混合式学习的阅读生态

技术不是加载于“读书”行为，而是借助技术优势，创设互动环境，拓展阅读渠道。2020 年初，“21 天读书分享交流”活动在实验地区获得数万余名师生参与，开展了 20 余万本书(频次)的阅读，为学生在疫情防控期间的学习、生活注入了新活力；接下来读写结合的“悦读乐写”征文活动又收到 1.5 万余名学生的积极响应，学生们在文字输出中表达自我；端午节和国庆节期间，分别举办了主题朗读和书法活动，1.43 万余名学生传承民族高尚情怀。项目还探索家校共育新模式，亲子阅读、家校共读有效互补，一些学校借助平台上的资源与活动，为教师开设家校共读指导培训，为家庭提供整本书导读单，由学生入手，以阅读逐步链接家庭、学校和社区。

更重要的是，技术的运用打破了课堂空间界限，催生形成了不同的阅读课型。从教师主讲、单篇文章琐碎精讲的教学方式，到尝试一系列课型探索，如读写结合、1+X 阅读、专题阅读、比较阅读、读整本书、班级读书会、校本课程等。从一堂课走向了数堂课的整合教学，从课堂学习走向课内课外的结合，让学生从听、练进入到不同情境下的读书，进而让学生的阅读有效地向纵深发展。尤其是通过网络前置问题、创设情境、任务驱动，以做项目的方式将读书转化为“做事”，通过有挑战性的、有一定复杂度的项目(问题)设计，引导学生读写结合、在情境中阅读，在多样化的言语实践活动中去研究问题，得出结论、形成成果；学生解决问题的过程，就是在尝试运用不同阅读策略，完成文本阅读的过程。线上线下的混合式阅读平台刷新课外阅读观念，培养学生养成终身阅读的习惯，也解决了阅读活动与教学“两张皮”的问题，推动二者融通整合，引发学生的广泛阅读、自主阅读、探究阅读。

四、探索协作、分享的教研新文化

在银川、河南等地，项目团队以阅读论坛、阅读种子教师培养、工作坊研修、网络阅读社区建设等为驱动，营造出浓郁的学校阅读氛围；以骨干教师带动年轻教师阅读的工作坊机制、阅读活动创设、阅读校本课程遴选等工作，建立起阅读行动可持续发展的长线机制，为阅读行动在学校、区域全面开展奠基；面向县域、乡村教师，面向各区域的协同，以联片教研、阅读经验分享、阅读课型探索，催生出协作、分享的教研文化。

项目团队最终将立足于混合式学习的阅读新生态，为基础教育课程教学改革提供专业服务。结合阅读资源、活动指导、评价分析报告、网络活动、现场指导等全系列的打包方案；在实证分析基础上，为地方、学校、家长了解学生学习质量提供诊断模型，为教师教学行为改进提供支持，促进课内与课外的联系沟通；以基础教育为切入点，带动家长、社会的阅读参与，促进真实课堂与虚拟课堂、学校与家庭的融通整合。

以上内容通过"互联网＋阅读"进入学校实施，既是学校阅读推广的过程，更是各地科研兴校、重塑教研文化、丰富课程教学体系的过程。各地最终通过上述工作完成富有地方特色的阅读课程建设、以学生为中心的教学实施，完成信息技术与教育教学的深度融合、常态实施。科研与工作一体化运行，秉承问题导向、需求导向，学校所遇到的实际困惑得到解决，立德树人的目标也就春风化雨般地与学校发展融合在一起。

习近平总书记在各种场合曾多次强调读书的重要性与意义，"养成多读书、读好书的习惯，使读书学习成为改造思想、加强修养的重要途径""把读书学习当成一种生活态度"……十八大首次将开展全民阅读活动作为国家战略；近几年全国两会，全民阅读都被写进《政府工作报告》，而书香校园正是国民阅读行动的重要组成部分。阅读既关乎教育欠发达地区的文化软实力，又是实现区域教育跨越式发展"投入—产出"比最高的手段！

首师大"互联网＋阅读"专家团队借助技术优势，以平台为支撑为一线制定个性化解决方案，利用智能化手段提升阅读的实效。通过"互联网＋"、大数据、人工智能等技术手段推动阅读向纵深开展；教师远程伴随式专业成长互动模式，促进各地教育智慧协同创生；线上线下多角度、多层次引导多样化的阅读策略、阅读活动，以阅读反哺学校课程教学，培养学生认知、合作、创新等关键能力，实现阅读能力提升以及学校的课程教学转型升级。新的阅读生态正在逐渐形成。

（本文发表于《中小学信息技术教育》2021 年第 4 期）

利用智能化手段推动教育扶贫协作转型

——以“首都教育远程互助工程”和田项目为例

蔡　可　李佳健①

摘要：利用智能化手段，数据为伴，精准滴灌实现教育援助转型升级；一对一辅导，形成“一带一路”上的“互联网＋新同学”伙伴关系；优化培训任务，建设线上线下“混合式”学习常态化机制，智能化手段赋能教育精准扶贫，顺应新时代教育援助转型升级的大趋势，既为和田提供精准化、个性化、多样化的在线教育服务供给，也为首都提供了可借鉴的文化与教育资源。

关键词：智能手段；精准滴灌；援助转型

“首都教育远程互助工程”和田项目已经进入第三期阶段。项目的实施，实现了跨区域的远程在线资源互联共享、教师互助教研、师生互动交流，为利用互联网因地制宜地做好教育个性化、精准化扶贫的探索攻关，为推进教育援助转型升级、减量提质增效树立了典范。

“首都教育远程互助工程”和田项目的背景是，2019 年 8 月，在教育部规划下，受北京市教委委托，首都师范大学整合首都优质教育资源，利用人工智能教育研究院和出版社联合研发的“乐智悦读”大数据平台，在新疆和田试点，启动面向 100 名当地教师的国家通用语言文字提升专项培训、教育教学能力专项培训。为期三个月的线上线下混合式研修，学员普通话口语表达前后对比明显，99％的学员认为在课堂上用普通话讲课效果得到了提升，93.4％的教师认为自己教学设计能力得到了提高。目前项目已经进入第三期阶段，回首本项目前两期的实施过程，有不少值得进一步发扬的做法与经验。

一、数据为伴，精准滴灌实现教育援助转型升级

项目启动时，为深入了解和田学员在国家通用语言文字方面的能力和水平，提供有针对性的培训内容，项目组组织了集中线下前测、线上 App 摸底，通过每天线上发

① 蔡可，男，首都师范大学教师教育学院教授；李佳健，男，首都师范大学出版社社长。

送任务，让学员完成任务并以线上反馈的方式得出学员在字词段多个维度的朗读数据，并进行分析。通过信息技术手段，发现62.26%的学员对声调的发音规律最重要，学习需求也最迫切，而一半以上的教师都希望以技能操练为主要授课形式。项目组及时把握参训教师各阶段的问题，基于如上调研需求和学员现状，项目组从互动课程、任务推送和资源分享三方面系统进行指导培训；从知识点方面，则设计了单音节词语、多音节词语、短文朗读和命题说话四部分的内容。

随后，首都师范大学语言文字方面的专家每人负责10位学员，对每位学员进一步摸底，提出个性化的课程方案。方案内容包括项目目标、课程大纲、课堂表现评价记录表及学员考核评价量表等。项目实施过程中，每位学员一方面学习线上内容，进行实践演练，另一方面，每周接受一次线上辅导，每次辅导时长约130分钟。教学团队根据所负责的学员特点，精心设计反馈的学习内容，并实时记录课堂表现情况，最后设计并呈现一个成果展示节目，以便展现学员的学习效果和提升情况。此外，专家还为学员设计前测试卷、中期测试卷和结业试卷，便于对学员进行考核评价，并依据三套试卷的考核结果，分别出具一份详细的试卷分析。整个培训过程中，全数据记录，完全贴合受训老师的需求，紧密结合教学实践，实时跟踪教师的学习情况，及时修正不符实际情况、不够落地的纯理论性课程，给参训教师足够的平台和机会实践训练，在提高应用水平的同时也提高能力和素养。

扶智通语，提升语言能力，使少数民族地区具备与外界有效沟通、深度交往的能力；立德树人，提升教师教学专项能力，提高课堂教学效率，从而提升学生的综合素质。两个培训项目相互呼应，培育种子教师，从而促进语言能力、课堂教学能力转化为广泛的社会人力资本，为其他扶贫举措提供坚实保障。

项目实施全过程，通过双师教学、在线观摩、自主学习、语音诊断、交流分享、在线辅导、数据评估等方式，对参训教师的表现性行为进行分析；任务推送，数据跟踪，一方面让学员与课堂内容结合，进一步训练普通话能力，另一方面实时了解学员普通话问题和变化，紧贴学员需求。对参训学员学习过程的数据记录，如作业完成进度、在线时长、教师评价等，精准地分析数据，反馈参训教师的培训参与情况，并保证培训效果。学员学习前后效果对比明显，基于实证数据，直接提升了教师实际获得感。

二、一对一辅导，形成“一带一路”上的“互联网+新同学”伙伴关系

在数据精准对接分析后，结合和田教师的现状和需求，项目重点采用一对一的模式，给予个性化针对性的提升指导，“不做无用功，不搞大课堂”。为发挥首都师范大学师范生的优势，突出首师大师范生一对一的协同参与，师范生与和田教师每天在线

上一对一进行会话训练。每日会话主题来源于学习强国和普通话水平测试话题，师范生为了能够达到最好的效果，每日会话前会做好充分的准备，并在课后对会话内容做记录并对每位教师进行表现评价。一期项目，累计师范生助教一对一辅导达 928.33 小时，平均每位教师辅导时间达 18.57 小时，合计 1114.2 分钟，平均每天辅导 24.76 分钟。

从和田参训教师对师范生助教的整体满意度反馈词云来看，参训教师对师范生助教的互动会话非常满意。例如，认为当前的普通话教学培训效果很好，每天进行普通话训练非常有效；课程设置合理，上课过程非常好。整体而言，大多数参训教师除了对普通话教学效果非常满意之外，还对普通话培训的师范生助教非常感激。而通过师范生自己在培训后的反馈，也可以清晰地看出成长、成就感、历练、文化沟通、责任、压力等词语，成为师范生助教收获的高频词汇。

"首都教育远程互助工程"绝不是单向的北京扶贫和田，而是通过"互联网＋教育"的手段进行的双向互助、共同成长，项目也是对新型师范生培养模式的创新和探索。以信息化平台为手段，专家团队落实学员到人、师范生助教一对一协同参与，通过引领帮扶建立地方长线网络教研机制，促进教师与同行、专家之间的多点交流。专家团队每天与和田教师在线上一对一进行会话训练，主题来源于学习强国和普通话水平测试话题，在课后对会话内容做记录并对每位教师进行表现评价；利用在线实时辅导、问题中心解答、创建共享微课、开设互动课等方式，实行异地"手拉手"，形成"互联网＋新同学"伙伴关系，最终实现研教同步、全员参与、资源放大、深度引领，促进教师专业水平在岗提高。

三、优化培训任务，建设线上线下"混合式"学习常态化机制

为了给和田学员营造随时随地的普通话语言环境，除了互动指导外，每天和田学员还会收到 App 任务推送。任务推送一方面让学员与课堂内容结合，进一步训练普通话能力，另一方面可实时了解学员普通话问题和变化，紧贴学员需求。为期 2 个月的一期培训，累计推送朗读任务 73 条、生字 721 个、词语 812 组、课文段落 355 段。86％的参训教师认真完成全部朗读任务。专家精心制作的微课程，累计时长 640 分钟，让和田教师在欣赏语言美的同时进行模仿练习，创设语言氛围。所有微课内容皆来自名家对于中国传统文化的演讲和诵读，和田教师可反复倾听，同时也是对中国传统文化的承载和宣扬。根据和田教师反馈的共性问题，这些语言课程、教学能力实践技能课程围绕实践任务，在理念、方法、教学规划、教案撰写等多方面进行实时研讨，培训任务的优化解决了可能的教师培训倦怠问题，降低了培训成本，但同时不降质量，实现了培训效能的增长。

项目组还建立了工作胜任指标与评价考核办法，厘清培训过程中如专家团队、辅导教师、班组长、管理员各角色的定位与职责，并在培训结束转向在职学习后，对各角色的功能转换做出清晰界定，建立起分级的服务支持体系，形成具有可操作性的工作模型，保证大规模、常态化研训的实施开展。培训结束后，以研修平台提供持续开放的延伸服务，建立远程培训常态化实施的研训新模式，形成教育扶贫协作的长效机制。

“首都教育远程互助工程”和田项目调动了专家、师范生与和田教师全程参与，让北京教师教有所思、教有所长，优化教与学；让和田参训教师拓宽视野，掌握技巧，明确了解自身问题，极大地提升课堂教学能力，改变精神面貌。本项目也创新了师范生的培养模式，师范生充分发挥自己的专业知识和优势特点，课前做好备课，课中积极组织会话训练，既锻炼教学能力，学以致用，感受教师的责任和压力；又养成反思习惯，锻炼反思能力，感受到作为人民教师的光荣。两地跨时空的学习，共同收获友谊，交流文化。

四、结语

“首都教育远程互助工程”和田项目的实施，体现了教育精准扶贫方略，顺应新时代教育援助转型升级的大趋势，呼应了受援地师生在家门口享受北京优质教育资源和名师指点的强烈需求，实现了援受两地教师互助教研、师生互动交流，真正使教学过程“活”了起来，增强了“研”的味道。项目可持续性强，未来可在更多地区、更大范围、更宽领域推进实施。

同时，作为“首都教育远程互助工程”的组成部分，本项目不是单方面北京对和田的扶贫，而是通过“互联网＋”、大数据、人工智能等技术手段进行的双向互助，共同成长。教师远程伴随式专业成长互动模式，通过一对一远程备课、远程听评课、远程协同学习、阶段性总结反思等积聚优质资源，促进双方教育智慧协同创生，既为和田提供精准化、个性化、多样化的在线教育服务供给，也为首都提供了可借鉴的文化与教育资源。

（本文发表于《中小学信息技术教育》2020 年第 12 期）

人工智能教育呼唤复合型人才与协同创新机制

蔡　可[①]

摘要："人工智能＋教育"所要关注的内容远超过技术，更不是机器人和编程能涵盖，需要在探求智能本质基础上，对技术催生出的新工具、新教学环境、新教师角色进行规划；源于教学实际场景，提供有效的内容资源支持与系统解决方案；在人际交流、资源互补、信息共享等多个维度，为学习型社会营造良好的学习氛围。培养复合型人才，推进"产—学—研—政"协同机制创新，才能真正建构教育改革与发展的新格局。

关键词：人工智能教育；创新驱动；复合型人才

2019年岁末，科大讯飞发布公告，称以15.86亿元预中标某市智慧学校建设项目。当日，公司股价上涨4.38%。此事件随即引起业界瞩目——在具体的招标细则里，招标方市教育局把招商引资和提高升学率作为中标条件。服务于教育内涵发展的项目，却有以提升本地税收收入的指标以及应试导向的要求，是此招标广受热议的原因。

15.86亿元相当于国家"面向21世纪教育振兴行动计划·素质教育工程"1亿元投入(2000年启动，到位资金7000万元)的10余倍，相当于教育部首期"国培计划"(2010年)投入的3倍。排除物价浮动、硬件采购等因素，相较于课程教学、教师专业发展等密切与教育质量相关的内容，相较于一个中部省份地级市的年度财政，此"生意"不可谓不大。我们不能否认企业一流的技术背景以及在教育行业的深厚积淀，不否认教育供给侧改革给教育带来的活力，更不否认地方"围绕'因材施教'构建网络化、数字化、智能化、个性化教育体系"的愿景，但是教育投入的长期性与复杂性、教育质量的关键指标、技术赋能教育的绩效，却一直是亟待正视的问题。

人工智能教育领域的公众亮相，如果将优必选的人形机器人登上2019年春晚舞台视为首秀，创业板科大讯飞则是该年度秀场的句号。2020年，人工智能教育还将迎来更大的市场(中国互联网络信息中心预测为3000亿元的体量)。无论是教育产品厂商、教育解决方案提供商，还是市场培训机构，人工智能教育的应用已非常普遍。语音识别、图像识别技术所产生的语音学习、智能评阅等产品从技术角度都已经较为成熟，

---

① 蔡可，男，首都师范大学人工智能教育研究院，教授。

催生出一大批辅导类企业、教育类企业。AI＋大数据、知识图谱、个性化学习、自适应学习，几乎是绝大多数“互联网＋教育”企业都要标榜的标签。

但值得注意的是，人工智能教育的热度，企业界高于教育研究界，教育研究界又高于教育实践领域。工信部2017年12月《促进新一代人工智能产业发展三年行动计划(2018—2020年)》提出要在人工智能领域“加快产业化与应用部署”，在中国智造的背景下，人工智能将为经济发展提供强心针、开辟新领域。与此同时，教育研究界大量文章开始出现，以人工智能教育为标题的文章，仅知网2019年就有400余篇，只是多数尚停留在理论探讨层面；实践界则进一步衰减，除了“头环”新闻，我们似乎很少想到更令人印象深刻或是眼前一亮的事件。广大中小学除智慧校园建设、购买机器人、增设人工智能教育及STEM等课程，几乎没有其他切入点进入这个领域，一些学校利用企业产品尝试“数据—诊断”，虽然方兴未艾，但聚焦的只是测练行为，尚未构成教学整体革新。

出现这个现象，一方面是国家对产业快速布局的战略需求，其速度远超教育研究与实践的步伐；另一方面，也受制于我们目前对人工智能教育的狭隘理解，以及教育体制尚不能应对智能时代的要求。

以浙江某地的“头环”应用为例，“脑—机接口”记录脑电波，反映学生在课堂上的注意力集中程度，类似应用场景的产品还有“智能课堂行为分析系统”等。脑电分析、人脸识别、大数据等技术已进入课堂，但这种分析本质上是美国学者弗兰德斯在20世纪60年代提出的结构性、课堂符号分析系统的技术解决方案，虽然从师生的言语互动到课堂教学行为已略有拓展，但学习本身是复杂的，随着泛在化学习环境的进一步拓展(这正是课堂颠覆性创新的一个重要因素)，学习是否只能发生在教室，如何整合正式学习与非正式学习；课堂观察的最小单位是什么，是一节课、知识点，还是整合设计、问题与项目设计的单元，所谓知识“颗粒度”和能力之间的关联在哪里；学习是否只是知识的高效掌握，基于知识基础上的整合、迁移、运用，其课堂行为观测又如何与内容分析一体化考虑；而引入内容维度，语义如何进行质性分析，其复杂度远不是技术能解决的。此外，学习的效率、效果之外，如何调动学生的学习兴趣、情绪、动机、信心，让学生发现自己；如何避免伦理问题等。面对复杂的学习情境以及知识观的转型，现有的这类产品应用令人担忧。

前不久，有网友在抖音上发视频，称统编语文教材的拼音“chua”，拼不出对应的汉字，指责这样的内容实属误人子弟。对此统编语文教材总主编温儒敏教授回应，学音节会拼就行，不必一一对应字词，而且chua对应有“歘”，拟声，形容动作迅捷，如“那辆车在他身边歘就过去了”。这虽然是一个与拼音教学有关的小细节，却折射出儿童识写的大问题。对标国外蓝思、A—Z分级等产品，基于数据分析、训练模型、智能分级基础上的中文分级阅读，已经成为人工智能教育领域颇受追捧的投资“赛道”。但是中文与英文不同，分级不只是靠字量、词量、句长、阅读速度与行为等就能决定，而且古汉语与现代汉语不同、低年段与高年段又不同。低年级，日常口语交际的词汇是儿童阅读文本的起点，因为儿童的识写并不平衡，像蟋蟀、蜘蛛这些看起来很难的字词，在儿童文学中常常出现，学生虽然不会写，但认出来并不难，就像"欸"字，虽不常见，但只要出现过一两次，即便不会写，也不会影响阅读，因为这类字词很容易让学生建立起文字符号与意义的关联，反倒是一些笔画简单却意义抽象的字会成为学生的阅读障碍。对中文来说，某篇文章也不必只放在某个年龄段读，深文可以浅教，同一文本，学生自主阅读、家庭亲子阅读、教师授导教学的不同场景，甚至教读者的语调、节奏的变化，都会对学生的阅读产生不同的影响。基于人工智能的中文分级，学生的口语数据、围绕课程目标的教学进阶，以及如何通过阅读引导学生解决问题，背后会涉及什么样的情境与知识，才是分级的重点。

上述两个小例子，虽然都只是局部产品的应用，然而却都是人工智能领域的"现象级"产品。人工智能可以为教育的创新发展提供支撑，但如果没有学科内容、课程教学、教育技术、教育管理的复合视野，结果很可能处处都是"坑"。智能社会的发展已经对教育目标提出了新要求，进而也必然带来中小学课程内容、方法手段的革新。一是学校课程的规划与实施，如课程整体规划、课程内容精选、课程资源等方面如何满足智能时代多样化的需求；二是改进教与学方式、变革教学组织形态，注重因材施教，采用启发式、探究式、讨论式、参与式等多种教学方式，引导学生改进学习，如引导学生运用问题导向式、小组合作式、主题探究式、项目学习等多种学习方法，灵活采取集中授课、小组讨论、个别辅导、实践体验、走班教学等；三是改革学生评价方式，围绕学生品德修养、学习进步、全面发展、健康成长，丰富和完善评价方式，发挥导向和激励功能，探索等级评价方式，全面真实记录每个学生的发展，学会运用数据进行学情分析诊断等。课程教学的规划与实施、教学组织形态、资源支持、教学支持、学习方式、学习评估等会有什么变化，相关保障支持体系如何跟上；变化之外，又有哪些不变，如何避免负面问题……人工智能教育，对企业的产品研发已经提出了严峻挑战。

机器人、编程固然是人工智能教育的重要内容，但将人工智能作为教育的方式方法、教学环境、教育生态，"人工智能＋教育"所要关注的内容远超过技术，更不是机器人和编程能涵盖——在完成教育信息化硬件建设之后，怎样深化"互联网＋教育"的内涵，以人为本，综合利用互联网、大数据、人工智能和虚拟现实技术探索未来教育新模式？在完成资源建设之后，怎样提升资源建设的品级，形成面向未来社会发展需求的教师教育、学生学习资源体系，并建立动态的资源观念，共研共建共享优质教育资源？在完成数据积累之后，怎样对历史数据优化保存、分类整理以及进一步的数据规划、挖掘、精准分析？在国家"互联网＋教育"融合应用试点铺开之后，怎样面向未来引领教师综合能力发展，切实解决教师的实际问题与未来需求？在各地建成常态网络教研平台之后，怎样避免“信息孤岛”，以互联网引入更广范围内的多点交流，打通教师职前培养与职后培训，打通地域界限，以“造血”助推地方教师队伍建设，实现智能研修全覆盖，促进教师在岗提高。在完成网络空间与虚拟教室建设之后，怎样以学习者为中心，以泛在“教”“学”为目标，促进个性化学习以及实证基础上的精准教育质量提升？人工智能技术在教育领域的应用非常广阔，人工智能教育也不只是信息技术教师的“专利”，而要面向全科教师。作为未来教师需要学习的内容，人工智能背景下怎样理解课程的素养目标，如何从知识本位走向问题解决，课堂教学能有哪些可以利用的手段与工具；在技术之外，又如何能与学生情感交融，凸显“人”的价值……人工智能教育对于教育的研究与实践同样提出了严峻挑战，依赖“象牙塔”里的知识生产已经不能解决。

中国与联合国教科文组织 2019 年 5 月在北京举办国际人工智能与教育大会，发布“北京共识”，提出“规划人工智能时代的教育：引领与跨越”。习近平总书记发来贺信，强调“充分发挥人工智能优势，加快发展伴随每个人一生的教育、平等面向每个人的教育、适合每个人的教育、更加开放灵活的教育”。教育部长陈宝生在主旨报告中提出对人工智能教育的“四个支撑”。未来已来，但坦率地说，理论界与实践界、企业界与教育界之间，甚至教育界内部，大学与中小学、学科研究与学科教育研究、课程教学研究与教育技术研究之间，还存在不小的鸿沟。人工智能教育需要在探求智能本质基础上，对技术催生出的新工具、新教学环境、新教师角色进行规划，对以学习者为中心的教学进行规划；源于教学实际场景，针对问题，提供有效的内容资源支持与系统解决方案；在人际交流、资源互补、信息共享等多个维度，为学习型社会营造良好的学习氛围。人工智能教育需要实施创新驱动发展战略，培养复合型人才，推进“产—学—研—政”协同机制创新，才能真正建构教育改革与发展的新格局。

（本文发表于《中国教师报》2020 年 1 月 1 日）

信息化赋能社会服务，深化中小学集团化办学

蔡　可　李有增①

摘要：在以往大学与中小学“合作共同体”工作基础上，本文梳理了以信息化赋能教育面临的问题与挑战，探讨以信息化助推社会服务转型的方法策略，从大学引领区域与中小学集团化办学，到借助技术实现区域协同创新，探索建立社会服务平台体系，推进由人工智能技术支持的社会标准化服务、特色服务。

关键词：信息化；智能教育；社会服务创新

深化中小学集团化办学，工作虽然在基础教育领域，但离不开大学的科研引领和专业支持。新世纪以来，首都师范大学秉承“反哺超越，双向激活”等理念，实施“创设合作共同体，构建实践取向的教师教育模式”的改革方案，带动一大批中小学共同发展，形成了“大学—区域—中小学”教育教学质量提升、协同发展的良好态势。

一、“合作共同体”面临模式转变

随着时代的发展，社会对中小学办学提出了新的要求。面对复杂的教育情境，尤其是数字化、网络化、大数据、人工智能已经成为当代人类社会变迁发展的重要特征，助推“数字社会”快速发展的数字化、网络化、智能化等诸多动力因素使它显现出不同于以往实体社会的架构和运行状态。在数字社会世界里，未来的学生将面临更为复杂、更不确定的学习和工作环境；与此同时，首都教师队伍建设也面临着规模、结构和素质与新时代首都基础教育发展需要尚不完全适应的问题。大学与中小学的“合作共同体”面临着信息化背景下工作模式的转变。

首师大坚持“立足北京，服务全国”，社会服务工作虽然向外，但首先是练内功，一是加快实现社会服务的现代化，面对基础教育应对信息化不断发展带来的知识获取方式和传授方式、教和学关系的革命性变化，全面提升师生教育的信息化水平和师生

①　蔡可，男，首都师范大学教师教育学院教授；李有增，男，首都师范大学副校长，教育部信息化教学实验区专家组组长。

信息素养，推动社会服务的组织形式和管理模式变革创新。二是做好社会服务的标准化，从长远出发，将推进社会服务的信息化、智能化作为与大学办学延续的一体化战略工程，加快建立一套科学、完整、系统的教育公共服务体系，包括专家队伍、特色项目、拳头产品、考核评价、联动机制等。三是融合创新，加强院系整合、技术融合、大中小学及政府协同，以科研为先导，并将大数据和人工智能技术充分加载到社会服务过程，以高水平的科研、教学支撑高质量的人才培养与社会服务，为师范院校开放办学、协同育人提供范例。四是提升服务品级，本着需求导向、问题导向的原则，产教融合，全面服务于北京市教育教学改革，服务于国家教育战略推进。

二、从中小学集团化办学到“互联网＋教育”区域统筹推进

在已有工作基础上，首都师范大学试图探索建立定位清晰、互联互通、共建共享的社会服务平台体系，融合各院系社会服务资源体系，涵盖建设运维、资源开发、服务应用、推进实施等方面的政策保障制度体系；推进由人工智能技术支持的社会标准化服务、特色服务，在教师教育、基础教育领域进行规模化应用，双向反哺。

首先，以教师为本，打造未来中小学卓越教师培养的实践课程体系。为新时代所需要的卓越教师培养提供较为明确的操作方法和实践体系，转变人才培养路径。包括“互联网＋”实践课程、人工智能教育实践前沿与产业趋势、人-机融合的教与学评价及教师数据素养与分析应用等。在此基础上，创建教师职前培养与职后研修联动的智能交互平台。基于互联网及大数据技术，聚焦教师专业发展，通过智能化诊断测评，帮助师范院校、教育行政部门、教研部门及一线教师超越个人经验，结合实证数据对教师的学习进阶、能力提升进行有针对性的研究与指导；并以混合式学习的方式，为学习者提供智能化、个性化的资源推送服务、学习支持服务，切实解决教师专业发展的实际需求。

其次，扣住基础教育内涵发展的关键，聚焦课程建设，为中小学集团化办学提供坚实支撑。通过搭建双优云桥——乐智悦读平台提供丰富的阅读专题课程、完善人工智能教育课程体系、研发素养导向的学科课程及跨领域课程，引领智能时代的基础教育新形态课程系统建设。同时积极探索智能教育融媒体微课程体系，并聚焦学生学习，开发基于实证数据、多元评价的自适应学习系统，为中小学提供广泛的课程、教学、评价等专业引领服务，为基础教育的内涵发展发挥作用。

第三，从大学引领中小学集团化办学，上升到区域协同创新。这方面，首师大原有北京—银川“互联网＋教育”合作新疆和田地区教师研修、内蒙古自治区中部地区三科统编教材培训，根据地方需要输出优质教育资源，辐射京津冀、教育薄弱省份，已经取得了良好的社会效益。一些项目作为深化“首都教育远程互助工程”的组成部分，

与地方共建共享平台，完成教育帮扶“输血”到“造血”的转变。下一步，基于人工智能精准扶智，要逐渐形成联片、跨区教育对口帮扶平台；聚焦扶智重点项目，实现教育信息化、决策科学化和管理规范化及更广范围内优质资源共享，以区块链技术实现分布式联合的智慧教育生态。

中小学集团化办学由核心校来承担辐射优质教育的作用，带动成员校共同发展，本质目的是为了满足老百姓对优质教育的渴求。但无论是从课程建设，还是从教学引领、评价改革，抑或从教师配置方面，中小学集团化办学也只是建设本地高质量基础教育体系的组成部分。从这个意义上说，以“互联网＋教育”探索区域统筹推进的新机制，已经远远超越集团化办学的内涵。从学校工作入手，从中小学教师面临的实际困难切入，利用人工智能技术扩大优质教育覆盖面，缩小集团内学校、中心城区学校与远郊区县学校间差距；精准推进基础教育区县之间、区域与高校之间的携手发展。积极推进技术与社会服务的交叉融合，一系列探索与应用，将为教师教育、基础教育的信息化工作带来新的思路和手段，有利于提升中小学的办学质量，也将提升大学的社会服务信息化、智能化、科学化的水平，反哺师范办学，提升人才培养质量，落实立德树人根本任务。

三、信息化赋能教育面临的挑战与机遇

社会服务的背后是科研。坦率地说，以信息化赋能教育垂直领域的社会服务，还面临诸多挑战。

首先，人工智能技术在社会上的应用呈深度渗透的态势，但在教育领域的融合应用，其理论研究尚处初步阶段。我国智能教育目前正处于快速发展阶段，智能教育相关研究引起了学界的广泛关注和讨论，但总体上还处于初步探索阶段。智能技术在教育领域应用已有 40 多年历史，关于智能教育的科学概念和内涵研究，国外出现了“AIED”和“ITS”为代表的概念；国内出现了“智能教育”“人工智能＋教育”“教育人工智能”“人工智能教育”等多种概念，各个概念之间既有联系又有区别，有的概念是单一内涵，有的概念包含 2—3 个内涵，重复交叉，缺乏清晰界定。此外，当前对智能技术在教育中融合应用的研究涉及关键技术、融合方式、典型案例、发展难题、突破路径等多个方面，呈现出多样化、浅表化、碎片化的特点，缺少有深度、体系化、系统化的理论研究成果。

其次，智能教育系统建设框架亟待顶层设计。在实际建设与应用中，智能教育系统的顶层设计研究不够，有用的成果较少。对智能教育系统开展顶层设计已引起学界的广泛关注。对智能教育系统的构建与应用进行科学合理的顶层设计，既是探究技术领域智能教育系统的关键任务，也是非技术人员有效理解智能教育系统内在原理、增加其对智能教育系统建设与应用力度的重要途径。应围绕智能教育应用，加强对智能

教育系统的科学设计和整体研究，促进智能教育更好更快地发展。

再次，智能技术产品呼唤研发规范，产品质量参差不齐，甚至出现技术绑架中小学日常工作的现象。一方面，智能教育的关键技术研发不够，当前停留在人工智能技术的应用上，没有形成针对性强、具有特色的智能教育关键技术。目前的智能教育产品根据人工智能技术应用情况可分为两类，一类是人工智能技术的单一应用、直接应用或浅层应用，如拍照搜题、分层排课、口语评测、组卷阅卷、作文批改、作业布置等工具，应用场景仅停留在教学过程或学习过程的辅助环节，并未形成教学深度变革；另一类是人工智能技术的综合应用，较为典型的产品是自适应学习产品，产品以数据为基础，目前产品存在数据维度少、学习模型以偏概全、研发人员对教学理解不足等问题。可见，解决人工智能技术在教学中应用的适用性问题，加强智能教育关键技术研发，是用技术去赋能中小学办学所面临的主要挑战。

最后，智能教育应用模式尚待实践支撑。尽管智能技术应用于教育的潜能已被广泛讨论，但在教育实践中，推进智能教育发展的具体思路和策略尚未成熟。在实践推广方面，学者对促进智能教育发展的研究有待从一般理论性研究转向可操作模式与策略的研究。当前处于智能教育发展的关键期，2019 年 5 月联合国教科文组织在北京举办了以“规划人工智能时代的教育：引领与跨越”为主题的首届国际人工智能与教育大会，经多方会谈达成《北京共识》，从政策制定、教育管理、教学与教师、学习与评价、价值观与能力培养、终身学习机会、平等与包容的使用、性别平等、伦理问题、研究与监测 10 个方面规划人工智能时代的教育，提出各国要制定相应政策，推动人工智能与教育、教学和学习系统性融合，利用人工智能加快建设开放灵活的教育体系。因此，各个国家和地区需要进一步结合新时代个性化教育和教育信息化 2.0 深化发展的实际，多方协同，整合各方面力量，形成协作互助、优势互补的“实践共同体”，加大力度探索智能教育的推进模式与策略。

挑战与机遇是并存的，首都师范大学将一如既往地做接地气的研究，在需求导向、问题导向的前提下，逐渐探索形成信息化背景下完善的社会服务标准与流程。在探究智能本质、技术与教育融合发展基础上，面向未来，建设基于混合式学习、个性化学习的教师继续教育课程群及标准化的实践活动体系，形成具有关键目标、任务情境、方式方法、动态资源、实践作业、互动反思等在内的教师继续教育课程内容与教学活动体系，凸显新时代背景下首师姓“师”的特色，为师范院校“互联网＋”与教师教育、社会服务的融合发展提供理论和应用示范。同时，也借助网络形成互助学习共同体、智能研修共同体，形成教师职前培养与职后研修一体化的办学机制，为优质教育资源的辐射、为中小学的集团化办学、为大学—中小学联合培养培训教师的机制改革提供新的经验。

（本文发表于《中小学信息技术教育》2021 年第 5 期）

“互联网+”多模式教学手段在“非营利组织管理学”教学过程中的应用

李水金[①]

摘要：每一次新兴技术革命，都对教育教学产生革命性影响。随着第四次工业革命对人的主体地位进行重塑，对教育教学方式产生了深刻影响。“非营利组织管理学”在教学设计中运用了以激励创新潜能为核心的教学设计，并在教学实施中建设了在线课堂、网络课堂和实训课堂，同时采用了三种教学模式和三种评价模式。教学取得了明显的成效，尤其在教学效果与学习效果方面。但是互联网+多模式教学也存在一些问题，如在线监督不足等，改进策略包括运用激励式教学手段、明确教学规则、强化师生互动等。

关键词：互联网+；教学手段；非营利组织管理学

每一次新兴技术革命，都对教育教学产生革命性的影响。随着大数据、云计算、人工智能等新兴技术的发展，新的教育教学理念和教学手段不断涌现，大学教育正在发生深刻的变革，正由传统单一的“传统课堂”教学转变为以“互联网+”为核心、多种教学模式同时发生作用的多模式教学模式。“非营利组织管理学”作为公共管理专业类的核心课程，采用互联网+多模式教学手段，不仅克服了传统教学手段的不足，而且整合了线上与线下、课内与课外、教与学等的优点，有效地提高了教学效率与教学质量。

一、从工具人到主体人：新兴技术革命对人的主体地位的重塑

每一次新兴技术革命，都对教育理念产生革命性的影响。14 世纪中叶至 16 世纪发生在欧洲的思想文化运动，即文艺复兴运动，出现了许多科学巨人。文艺复兴运动即是生产力与科学技术发展的结果，1455 年的机器印刷术，为文化思想的传播奠定了基础。此后，18 世纪中叶以蒸汽机的发明与应用为核心特征的工业革命，人类进入蒸汽时代，促进了古典大学向近代大学的发展；19 世纪末开始以标准流水生产线和规模化

① 李水金，男，首都师范大学管理学院副教授，研究方向：国家治理、公共行政思想史。

生产为特征的工业革命则促进了高等教育的发展，“高等教育为工业输送了大量的人才，对内部专业结构、课程内容进行调整，促进了近代高等教育体系的形成”[1]。而20世纪60年代以计算机、数字技术为核心特征的第三次革命则促成了研究型大学的兴起，大量高端人才的培养为科学技术的发展提供了智力支持。

随着大数据、人工智能、区块链等的发展，目前人类社会进入了第四次工业革命时代。第四次工业革命是一次跨学科、跨行业、跨领域的系统性、颠覆性技术变革。这场变革是“以往工业革命发生速度的10倍，规模的300倍，影响的3000倍”[2]。如果说前几次工业革命由西方国家主导，并使西方在全球竞争中占据主导地位，那么在第四次工业革命的背景下，谁占据了第四次工业革命的主动权，谁将在竞争中获得优势。要把握颠覆性科技的主导权，关键在于教育，只有通过教育才能掌握关键技术，推动整个社会的发展创新。

总之，每一次新兴技术革命，既来源于教育理念的转变，同时也对教育产生了深远的影响。特别是当前的第四次工业革命，对教育理念、教育手段、教育方式等产生了深远的影响，并在一定程度上重塑了人的主体地位，表现为三个方面：一是重新发现了人的主体地位。如果说传统教育将人视为被灌输的“工具人”，只被动接受知识，那么在新兴技术革命背景下，特别是互联网使人的主体地位发生了改变，即实现了“工具人”向“主体人”的转变，即人在现代新兴技术背景下拥有自我选择、自我革命、自我学习、自我创造、自我发展的主体地位，并可以借助现代新兴技术实现自主。二是重新发现了人的主体价值。新兴技术推动了思想的解放，从而重新发现了人的主体价值所在，人不再是一个封锁的个体，人能够通过技术实现与所有人、所有物的互联，从而为创新奠定了基础。三是重新发现了人的精神品质。在新兴技术背景下，批判与创新成为一个重要的品质，只有批判才有创新，只有创新才能实现超越式发展，创新成为教育的灵魂。

二、运用多种教学手段的“非营利组织管理学”教学设计激发创新潜能

新兴技术革命为教育理念与教育手段的变革提出了新的挑战，要适应新兴技术发展的需求，就必须在“非营利组织管理学”中融入激发创新潜能的教学设计。

1. 在教学设计中贯穿三个理念

其具体表现为：一是教学设计中以学生为中心的自主学习理念。传统的教学模式将学生放在消费者的地位，认为学生主要在被动接受知识、被动消费知识，而忽视了学生内在驱动力的激发。互联网、大数据、人工智能等技术的深度发展为学生自主探索知识提供了便利的条件，使得学生完全可以处于中心的地位，教学的一切设计均是围绕着学生来展开的。也就是说，“学生始终处于主体地位，自我发现问题、组建团

队、搜集资料、设计方案、研究学习、解决问题，充分发展自我个性，施展自身潜能"[3]。二是教学设计中"教与学"互动的理念。"互联网＋"多模式教学的教学设计体现了"教与学"互动的理念，在教学设计中，教师不再着重于知识的灌输，而是成为激励者、引导者与良好学习氛围的设计者，而学生的角色也不再是被动地接收知识与信息者，而是成为主动学习者、创新设计者与知识探寻者。三是教学设计中的协同学习理念。如果说传统教学设计体现的是个体学习的理念，那么互联网的深刻发展为协同学习创造了条件，学习过程通过智能设备变成了共享学习、协同学习与智能化学习，从而可以大大提高学习的效率。

2. 在教学设计中强调三个导向

一是坚持公共服务能力培养导向。作为公共管理专业的课程，在"非营利组织管理学"的教学设计中，如何突出公共服务能力的培养显得尤其重要。能力培养的教学设计主要体现为两个方面：一方面是公共服务的实操能力，例如在非营利组织登记与注册过程中，让学生自己设想成立一家非营利组织，并设计从登记到注册的整体程序，从而锻炼了学生的创新精神和实际操作能力；另一方面是学生分析问题与解决问题的能力，这主要是通过案例分析来提高，"非营利组织管理学"总共设计了 25 个综合案例，内容涉及非营利组织的使命、登记与注册、内部治理、慈善公益、志愿服务、危机管理、公信力建设等方面，全面提高学生分析问题和解决问题的能力。二是坚持公益精神培养的导向。"非营利组织管理学"的主要教学目标之一即是培养学生的公益品质与公益精神，成为社会公益事业的促进者和创新者，这是因为非营利组织与企业不同，非营利组织是以使命驱动，并且是以"非营利"为目标的。在教学过程中，通过志愿服务、募捐慈善、道德伦理以及非营利组织公信力的理论与实践教学设计，培养学生的公益品质、利他主义及公益服务精神。三是坚持创新导向。为了激发学生的创新潜能，教学设计中突出了创新思维培养的导向。这主要表现为两个方面：一是知识体系的创新，知识体系的创新主要体现为教学内容的编排方面，经过十年努力编写的教材"中国非营利组织管理"突破了国内教材的知识体系，相比国内其他教材，知识内容增加了近三分之一，正是通过创新知识体系，培养了学生的反思、批判与创新性思维能力；二是教学手段的创新，通过线下线下、课内课外相结合的方式，不断创新教学手段与教学方式，特别是鼓励学生参与志愿服务与志愿活动，并将其经验分享到课堂内，增强了课堂教学的创新性。

三、"互联网＋"多模式教学手段在"非营利组织管理学"教学实施中的运用

互联网＋多模式教学手段在"非营利组织管理学"教学实施中的运用主要体现为三个课堂、三种教学模式和三个评价手段的建设。

1. 教学实施中的三个课堂建设

在"非营利组织管理学"教学实施中，着重建设了3个课堂：一是在线课堂。除了线下课堂外，"非营利组织管理学"建设了在线课堂，制作了25个短视频，每个知识点或知识进行归类，便于学生自学，所有视频均传输到特定的网络学堂，即师星学堂，这样，学生可以随时观看在线教学视频，进行自主学习。视频后附有课件、书目、作业、案例、讨论、知识拓展等内容，方便学生选读。二是网络课堂。网络课堂也称之为移动课堂。当需要进行远程网络教学时，可以采用企业微信、腾讯会议等方式进行网络教学，网络课堂也是教师与学生相互沟通的重要渠道。在网络课堂，学生可以就师星学堂中遇到的问题进行提问；教师可以回答学生的疑问，并提出课堂重点问题供学生讨论，与学生互动。三是实训课堂。"非营利组织管理学"的实训课堂着重培养学生对课堂知识的运用，主要设计了25个经典案例，这些经典案例几乎涵盖了非营利组织管理学的全部内容。实训课堂的主要表现形式为学生独立思考、学生提出案例分析框架、小组讨论、小组分享等。

2. 教学实施中的三种教学模式

在"非营利组织管理学"教学实施中运用了三种教学模式：一是师星学堂教学模式。这种教学模式主要以学生自主学习为主，时间为1小时。师星学堂上传的资料有："非营利组织管理学"26个课件、25个时长在15—30分钟的教学视频、25个综合案例以及每一章的综合测验。学生首先要在1个小时内完成观看视频(也可提前看)、学习课件、完成课后测验、完成综合案例的思考，并将学习成果上传师星学堂学习，老师在线参与其中，利用签到、积分制的抢答、案例共享等多种教学微手段。二是企业微信教学模式。企业微信教学模式主要以老师讲授及学生讨论为主，时间为1小时。学生在师星学堂完成学习后，老师运用企业微信直播形式对重点内容进行讲解，同时提问学生进行学习效果的检查。企业微信教学中的微手段有：直播、会议语音、会议视频、签到、实时交流互动、问卷调查、资料分享、微文档等功能，开展远程教学。三是案例教学模式。案例教学模式即是对25个案例进行典型分析与讲解，学生学完案例后，需要写出案例分析报告，然后进行分享，学生之间进行互动，最后是教师点评，进行师生互动。通过案例教学培养学生的批判创新与分析解决问题的能力。

3. 教学实施中的三个评价手段

互联网＋多模式教学手段的运用打破了传统上一张试卷评定学生的传统做法，而是采用了互联网＋的技术手段实现了多元化的评价结果。主要表现为：一是视频教学中的评价手段。在线课程的评价在师星学堂中进行，师星学堂从技术方面上解决了评价问题，包括学生学习的时长、效果、对每个主题的学习情况等，可以系统地反映学生的综合学习效果。二是实训课堂中的评价手段。在线学习是学生自主的学习，而实训课堂则是学生将学习效果进行综合展示的过程，在这个过程中，学生将综合案例的思考、讨论、设计、创新性分析框架等与教师进行互动，从而可以更全面地反映学生的学习效果。三是线下考试评价手段。"非营利组织管理学"作为公共管理专业学生的必修课，需要进行期末考试，考试成绩只占学生综合成绩的60%左右。此外，再加上书目阅读的考查、出勤的考查、回答问题的考查、师生互动的考查等，实现了多元化评价手段的运用，以便更客观、公平公正反映学生的学习效果。

四、"互联网＋"多模式教学手段在"非营利组织管理学"教学中的成效、问题及改进策略

1. 教学中的成效主要有5个方面

一是学习积极性提高。特别是在线视频的学习与传统上的灌输式教学不同，学生的学习积极性提高，学生之间以及学生与教师之间的互动性增强。二是提高了教学效果。与传统线下教学方式不同，互联网＋教学模式能够将多种教学模式的优势结合起来，大大丰富了教学手段，特别是在线课堂、实训课堂、师星学堂的设立，使得教师可以运用多种教学手段因材施教，提高了教学的针对性和教学效果。三是提高了学习效果。学生通过在师星学堂学习中的自主学习、企业微信的网络学习以及实训中的案例学习，不仅提高了学习积极性，而且有效提高了学习效果。四是锻炼了学生的综合能力。多样化的教学手段有效锻炼了学生的动手能力、创新能力、沟通能力、小组合作能力、公共服务能力、分析解决问题的能力等。五是创造了公平的教学环境。线上学习能够保持一种轻松公平的教学环境，不管学生在任何地方，只要有网络有设备，均可平等享受教学效果，另外，线上学习防止教学过程中的"见面效应"，有助于保持公平公正的学习环境。

2. 存在的问题

主要表现为三点：一是对老师是一种考验，老师不仅需要学会使用各种平台，还需要学会善于使用平台，同时也面临着直播、会议视频等新事物，面临着学习的压力；二是远程教学，由于老师与学生互动的场所在线上，这种虚拟的教学模式是否比现场教学模式好，还需要进一步研究与验证；三是线上学习的监控困难，由于有的学生运用手机学习，学生的位置、线上状况很难监控，学生是否在认真学习，老师很难全部及时监控到。

3. 改进策略

互联网＋多模式教学手段的改进策略主要有三个方面：一是要明确学习规则。比如师星学堂，要讲清楚视频观看的进度是90%、每张PPT至少要停留三秒以上，但每张PPT停留时间不一样，防止同学们在学习过程中的"搭便车"行为。二是善用激励规

则。比如善于利用师星学堂里的积分抢答环节，因为有积分，同学们抢答积极性较高。三是善用企业直播中的师生互动。在老师进行直播时，可能有的同学没有在线听，或者没有认真听，怎么办呢？可以在直播过程中随时插入一点互动，比如点名回答问题等，以保证学习效果。

参考文献：

[1]陈·巴特尔，马卫方．工业革命与高等教育关系的发展与启示[J]．西部学刊，2018(12).

[2]Artificial Intelligence：The Return of the Machinery Question[J]．The Economist，2016(25).

[3]张薇，陈静漪．“互联网＋”背景下本科研究性教学模式研究与实践[J]．黑龙江高教研究，2020(12).

基于 IIPP 的智能管理系统研究与应用

彭 岩 涂序彦①

摘要：在数字化、网络化和信息化的大环境下，人们在信息的海洋中畅游的同时，也面临着新的问题与挑战。1999 年，北京科技大学涂序彦教授提出了“智能信息推拉技术”(Intelligent Information Push-Pull，IIPP)新概念，IIPP 技术应用了人工智能和机器学习理论、知识工程和知识发现等技术，将“智能信息推送”和“智能信息拉取”相结合，使得一方面，信息提供者可以推测用户的兴趣所在，从而更有针对性、更及时地向用户推送实用信息。另一方面，用户也可以更快、更准确地从信源拉取到最新信息。这一理论提高了网络应用的智能化水平，可以在“推送”或“拉取”到的大量信息中发现其内在规律，提取出用户最关心、最感兴趣的有用信息，从而降低用户进行进一步搜索和筛选的工作量，进而提高用户获取信息的效率和能力。

关键词：智能管理；智能信息推拉；智能推送；智能拉取

一、引言

网络时代，浩如烟海的信息如潮涌般扑面而来，让人们产生一种在海上漂泊迷失的感觉。尽管优秀的搜索引擎能够在一定程度上解决信息查询的问题，但必须按照搜索到的信息提示，再进一步跟踪，如果搜索到上万条，甚至上千万条信息，进一步的过滤、筛选工作将会非常繁重。众所周知，数据管理和用户群数量是 Internet 发展的关键，如何解决这一难题是关心和致力于 Internet 发展的人们十分关注的问题。

1999 年，中国人工智能学会理事长、北京科技大学计算机与系统科学研究所所长、计算机科学与工程系主任涂序彦教授提出了“智能信息推拉技术”(Intelligent Information Push-Pull，IIPP)新概念，给出了相关的理论方法与实现技术。

当时，我是涂教授指导的博士生，主要从事“基于 IIPP 的智能管理系统”的研究、开发、应用工作。

本文总结、综述了涂教授和师生合作，关于“基于 IIPP 的智能管理系统”的研究开

① 彭岩，女，首都师范大学管理学院教授；涂序彦，男，北京科技大学计算机与系统科学研究所教授。

发应用的成果。

二、智能信息推拉基本概念

随着信息技术的发展，生产、获取各种数据的能力提高得很快。互联网的发展更是为我们带来了海量的数据和信息。但存储在各种数据媒介中的海量的数据，在缺乏强有力的工具的情况下，已经远远地超出了人的理解和概括的能力。人们迫切需要更加智能的信息获取方式。北京科技大学涂序彦教授创新性地提出的智能信息推拉技术(IIPP)[1]，因其在网上信息获取技术中加入了智能成分，从而有助于用户在海量信息中高效、及时地获取最新信息，提高了信息系统主动信息服务的能力。

1. 信息"推送"技术

文献[2]就推送的方式与技术进行了研究，与使用浏览器查找的"拉取"(Pull)信息技术不同，"推送"技术是根据用户的需求，有目的性地按时将用户感兴趣的信息主动发送到用户的计算机中。"推送"技术主动将最新的新闻和资料推送给客户，使用者不必上网搜索。使用Push技术，可以提高用户获取信息的及时性和效率。

2. 网络信息"拉取"技术

文献[3]阐述了网络信息"拉取"(Pull)技术，近几年来，随着Internet上资源的日趋丰富，面对拥有海量信息的互联网环境，为了能快速、高效地寻找到有用信息，搜索引擎应运而生。实践表明，搜索引擎是有效的网络信息拉取(查询)的辅助工具。信息拉取技术的主要优点是：针对性好、信源任务轻。其缺点是：及时性差、要求用户有一定的专业知识。

3."推送"与"拉取"的关系

涂教授带领多名学生对"推送"与"拉取"的相互关系进行了分析比较研究。指出拉取方式人是主动的，机器是被动的。客户必须完全掌握系统功能和操作方法，也清楚自己的需求，并把需求解释为某一种或分解成若干种系统功能来执行。客户得到的信息具有很强的针对性。推送方式人是被动的，机器是主动的。机器系统具备了各种信息服务功能，还具备预测客户兴趣和需求的功能。

三、智能信息推拉IIPP的理论方法与实现技术

1. 相关理论

涂序彦教授在其著作[4-7]中对IIPP的理论进行了详细阐述。知识发现(Knowledge Discovery in Database，KDD)、挖掘(Data Mining，DM)、机器学习(Machine Learning，ML)以及基于Web的知识发现理论，为IIPP的实现提供了理论依据。人们能够

从大量的、不完全的、有噪声的、模糊的、随机的数据中，提取隐含在其中的、人们事先不知道的、但又是潜在有用的信息和知识。

如图 1 所示给出了一个 KDD 系统的模型。

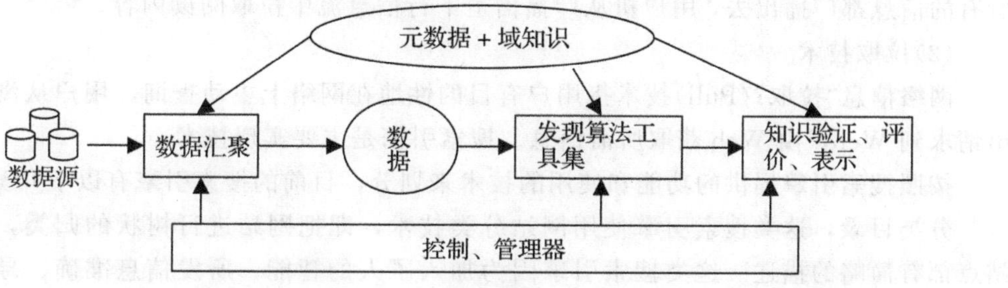

图 1 KDD 模型

其中，数据汇聚是指从源数据库中抽取相关的数据作为当前知识发现的“数据基”。知识发现算法、工具集是知识发现系统的核心，主要有以下四大类算法：关联分析、分类、聚类和顺序模式。从数据库中发现的知识并不都是有意义的，还要进行评价和筛选，对于发现的知识必须进行验证。最后使用可视化、类自然语言或图表等方法将发现出来的知识表示出来。

Web 上的知识发现(Knowledge Discovery in Web，KDW)和网络信息检索是比信息检索层次更高的技术。对 Web 文本(包括 text、HTML 等)挖掘的目的是对页面信息进行聚类、分类和关联分析，以及利用 Web 文档进行趋势预测、分析等。多媒体信息挖掘是对多媒体文档(包括 image、audio、video 等媒体类型)的挖掘。Web 访问信息挖掘是对用户访问 Web 时服务器方留下的访问记录进行挖掘，从中可以得出用户的访问模式和访问兴趣。Web 结构挖掘是对 WEB 页面超链关系、文档内部结构、文档 URL 中的目录路径结构的挖掘。

2. 实现技术

文献[4]、[7]研究了推送与拉取的实现技术。

(1)推送技术

基本的推送技术有自动拉取技术和事件驱动技术。

现在还没有统一的推送技术标准。不同厂商的推送产品彼此互不兼容。其中 CDF 是一种文本文件，是为现有站点信息内容建立的一个目录索引文件，包括内容摘要、图标、刷新时间和其他信息，用户可决定何时更新下载内容。另一种是“元内容格式”(Meta Content Format，MCF)。这两个标准都已提交给了万维网协会(World Wide Web Consortium，W3C)。

还有一种广存机制：采用“推”与“拉”辩证统一的方式，改造传统的广播结构，克服纯粹“推”的呆板，并引入“拉”的特性和优点。它利用专用广播信道，如卫星、CATV 等，作为推送的途径。

广播是一种可基本实现无冲突信道共享的技术，具有极大推送能力的高速信道把所有的信息都广播出去，用户机从广播信道下行信息流中拉取阅读内容。

(2)拉取技术

网络信息“拉取”(Pull)技术指用户有目的性地在网络上主动查询，用户从浏览器发出请求到 Web，由 Web 获取所需信息。搜索引擎是主要实现技术。

按照搜索引擎提供的功能和使用的技术来划分，目前的搜索引擎有以下几类：

分类目录，这类搜索引擎使用网站分类技术，即把网站进行树状的归类，对每个站点都有简略的描述。这类搜索引擎因为加入了人的智能，所发信息准确、导航质量高，缺点是需要人工介入、维护量大、信息更新不及时、成本较高。

网页搜索，这类搜索引擎采用基于 Robot 的技术，它利用一个称为 Robot(也叫作 Spider、Web Crawler 或 Web Wanderer)的程序自动访问 Web 站点，机器人程序以某种策略自动地在互联网中搜集和发现信息，由索引器为搜集到的信息建立索引，由检索器根据用户的查询输入检索索引库，并将查询结果返回给用户。服务方式是面向网页的全文检索服务。

图形图像搜索，是一种新的搜索引擎服务。由于涉及图像等多媒体信息，图形图像搜索引擎的数据库组织需要采用不同于网站和网页搜索引擎的技术，需要充分考虑到多媒体信息的组织和查询问题。

四、基于 IIPP 的智能管理系统设计

1. 智能信息“推—拉”的结合方式

北京科技大学涂序彦教授提出信息“推—拉”相结合可以采用“先推后拉”“先拉后推”“推中有拉”“拉中有推”等多种方式。

(1)“先推后拉”式：先及时地推送最新信息(更新的动态信息)，后有针对性地拉取所需的信息。这样，便于用户浏览动态信息变化的新情况和趋势，从而动态地选取需要深入了解的信息。

(2)“先拉后推”式：用户先拉取搜索所需信息，从而，可根据用户的兴趣，再有针对性地推送相关的其他信息。比如，个性化的频道订阅、电台节目点播等。

(3)“推中有拉”式：在信息推送过程中，允许用户随时中断，定格在所感兴趣的网页上，做进一步的搜索，主动拉取更丰富的信息。

(4)“拉中有推”式：在用户拉取信息的搜索过程中，根据用户输入的查询信息，信源主动推送相关信息和最新信息。例如，在电子商务，当商家发布供货信息后，信源

将该信息存入供货数据库，供其他需求用户检索。并将需求信息存入需求数据库，对供需信息进行匹配，把经过排序和过滤的信息再推送给用户。

2. 基于 IIPP 的智能管理系统总体方案

首都师范大学彭岩教授给出了互联网上的“智能信息推拉”技术总体结构，如图 2 所示。

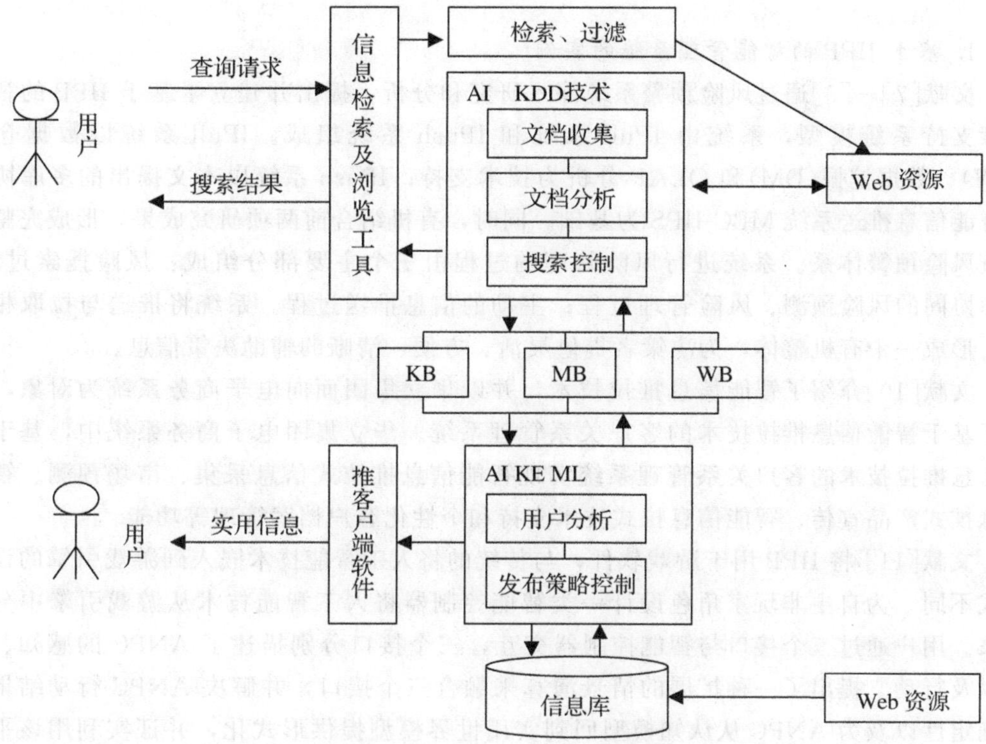

图 2　互联网上信息推拉总体结构

为了实现互联网上的智能信息推拉，将 IIPP 技术分为两部分：

如图 2 所示的上半部分为智能拉取(IIPull)，它首先对用户提出的搜索请求进行解析，并进行数据查询，为了防止盲目地在互联网上漫游，IIPull 的搜索控制功能用以确定优选的搜索策略和搜索范围。然后应用人工智能、知识工程的知识推理及知识挖掘方法对查询到的大量信息进行进一步分析、筛选，最后将搜索结果返回用户端。

图 2 所示的下半部分为智能推送(IIPush)，信息发布者不再盲目地向用户组发送信息。比如，向喜好足球的用户提供所有有关体育的新闻，而是通过人工智能、机器学习等方法，对用户的习惯和爱好加以分析，同时选择较好的发布策略，更加有针对性地、及时地向用户推送所需信息，以满足不同用户的个性化需求。

整个系统利用知识库(KB)、方法库(WB)及模型库(MB)和KE、ML、KDD等人工智能和知识工程的理论和方法，形成多库协同系统，提高了网络信息获取的智能水平，从而使用户能够更加快速、准确地获得自己感兴趣的信息。

五、基于IIPP的智能管理系统的应用与实例

1. 基于IIPP的智能管理系统的实例

文献[7]—[9]通过风险预警系统深入研究和分析，提出并建立了基于IIPP的智能决策支持系统模型，系统由IPull系统和IPush系统组成。IPull系统以数据仓库(DW)、数据挖掘(DM)和OLAP分析为技术支持；IPush系统以本文提出的多库协同的智能信息推送系统MBC-IIPS为基础。同时，有机结合前两项研究成果，形成完整的信贷风险预警体系。系统进行风险管理的过程由三个主要部分组成：风险搜索过程；多库协同的风险预测、风险管理过程；主动的信息推送过程。系统将推送与拉取相结合，形成一个有机整体，为决策者提供灵活、方便、清晰的辅助决策信息。

文献[10]介绍了智能信息推拉技术，并以华立集团面向电子商务系统为对象，给出了基于智能信息推拉技术的客户关系管理系统。华立集团电子商务系统中，基于智能信息推拉技术的客户关系管理系统实现智能信息推拉式信息采集、市场预测、智能信息推式产品宣传、智能信息拉式技术支持和个性化客户档案管理等功能。

文献[11]将IIPP用于游戏软件，与传统的将人工智能技术嵌入到游戏引擎的设计方式不同，为自主非玩家角色设计一类智能控制器将人工智能技术从游戏引擎中分离出来。用户通过三个接口与智能控制器交互，三个接口分别描述了ANPC的感知、思考以及行动。提出了一种扩展的情景演算来融合三个接口，并解决ANPC行动结果的不确定性以及为ANPC从认知模型回到实用世界模型提供形式化，并证实利用该平台可以很方便地创建与真实玩家的对抗。

文献[12]提出基于智能信息“推—拉”技术的多源、多层次信息整合模式。应用系统之间的接口采用现在比较流行的Web Service技术封装，对于不直接支持SOAP技术的系统采取设计模式中的数据交换适配器来解决接口的兼容性问题，屏蔽了数据格式与平台的差异，可以实现跨平台的应用集成以及应用之间的松散耦合特性，为应用集成提供了一种新思路。

文献[13]针对旅游业的现状，开发了主动信息服务系统，给出了智能信息推拉技术的特点和种类，建立了推送模型和拉模型，提出了基于智能信息推拉技术的主动信息服务系统的设计方案，给出了系统开发的流程图，采用用户兴趣模型和可信度模型相结合的分析方法采集网络信息数据，利用C# .net编程语言和Ajax技术开发了主动信息服务系统。该系统达到了平衡用户需求和信息可信的目的。

面向个性化的营销管理是营销工作的发展方向，文献[14]介绍了一种智能信息推拉技术，并提出了一种采用可拓决策方法的面向个性化的营销决策模型，以及基于该模型的互动营销决策系统设计方案，讨论了其对个性化营销的意义。

此外，文献[15]—[16]也分别对 IIPP 进行了相关应用研究。

2. 基于 IIPP 的智能管理系统的应用展望

北京科技大学涂序彦教授、首都师范大学彭岩教授分别展望了 IIPP 系统的应用前景：

(1)个性化服务

个性化的信息服务可以为用户创立和管理自己的信息或兴趣群组，并提供应用服务以帮助用户管理这些信息。采用“Push＋Pull”的方式，服务器不仅要把信息推给客户，还能够按照客户预先设定的触发事件和发送要求，在条件满足时自动向客户发送消息。个性化服务不再仅仅停留于大众化的娱乐性或专业性资讯信息的提供，而且把用户的许多个人业务处理也加入了服务的范畴。

(2)电子商务

采用 IIPP 系统，代表买方去网上查看“广告牌”、逛“商店”、寻找商品，代表卖方分析不同用户的消费倾向、购买习惯和消费能力并据此向特定的潜在用户群主动推销特定的某一类商品。

(3)智能手机

智能手机是集移动电话与移动电脑于一身的新型通信工具，手机要显示图文网页，向用户提供高查准率和具有个性化色彩的信息服务就显得尤为重要。IIPP 系统的应用可以对所收集的信息进行分析和判断，从而为用户提供经过筛选、整合、优化之后的个性化、针对性的服务。

(4)教育

远程教育是促进教育机会平等的重要手段。在网络环境下，可以调动多种教学手段，包括讲解、演示、练习、实验和考试等。IIPP 系统可以作为远程的教师、图书馆管理员等出现在远程教育系统中，增加教学内容的趣味性和人性化色彩，改善教学效果。

(5)娱乐

在网络娱乐中 IIPP 系统可以使娱乐效果得到加强，如：进行个性化的节目点播、在游戏和虚拟现实中设计更加人性化的机器角色、智能化的决策(战争或经济活动)等。

六、总结

“推送”与“拉取”两项技术各有优缺点，因此，应当取长补短，相互结合。在两者结合的基础上融入人工智能、知识发现技术、互联网及数据库技术从而形成的“智能信息推拉”技术，是当前Internet/Extranet/Intranet、数据库系统及其他信息系统为用户提供信息服务的发展方向。上述技术的引入，可以提高网络及数据库的智能水平，从而从根本上解决“推送”和“拉取”技术应用过程中所遇到的难题。总之，IIPP技术因其在网上信息获取技术中加入了智能化的成分，从而有助于用户在海量信息中高效、及时地获取最新信息。同时它提高了信息系统主动服务的能力，可以更好地满足不同用户的个性化信息需求。因此，我们认为：在互联网、大数据等各种信息系统中，推广应用IIPP技术，具有重要意义。

参考文献：

[1]涂序彦．智能信息“推—拉”技术[J]．计算机世界，2000(14)．

[2]彭岩．信息推送技术[J]．计算机世界，2001(11)．

[3]齐剑峰，彭岩．信息拉取技术[M]．计算机世界，2001(11)．

[4]涂序彦．人工智能及其应用[M]．北京：电子工业出版社，1988．

[5]涂序彦．智能管理[M]．北京：清华大学出版社，1995．

[6]涂序彦，王枫，郭燕慧．大系统控制论[M]．北京：北京邮电大学出版社，2005．

[7]彭岩．基于IIPP的银行信贷风险预警方法研究与应用[A]．北京科技大学，2002．

[8]彭岩，涂序彦．基于系统理论的分布式数据库系统设计与分析[J]．计算机工程，2002(8)．

[9]彭岩，涂序彦．基于DW的信贷风险评级预警系统设计与分析[J]．计算机工程与应用，2002(13)．

[10]王枫，成可．基于智能信息推拉技术的客户关系管理系统[J]．计算机工程与应用，2001(20)．

[11]黄向阳，彭岩．一个基于情景演算的自主非玩家角色模型研究[J]．电子学报，2005(5)．

[12]马忠贵，叶斌，王成耀，等．基于“推—拉”技术的多源复杂信息整合研究[J]．计算机工程，2002(5)．

[13]王肃，杜军平．主动信息服务系统的设计与实现[J]．智能系统学报，2007(6)．

[14]郑利强，杨嵩，陈薇薇，等．基于IIPP的个性化互动营销决策支持系统设计方案[J]．计算机工程与应用，2002(18)．

[15]曹斌，齐剑锋，涂序彦．商业智能决策支持系统[J]．计算机工程与应用，2001(20)．

[16]段军，涂序彦．基于MAT的IIPP交通事故处理辅助决策支持系统[J]．计算机工程与应用，2003(35)．

创新项目与学科竞赛相结合提升大学生的科研能力

苏　波　王福合　张盛博　何敬锁①

摘要：大学生创新项目是通过培养学生提出问题、分析问题和解决问题的能力，最终达到提升学生创新能力的目的。而学科竞赛是实现理论到实践转化的平台，是对理论教学的有益补充。本研究将创新项目和学科竞赛相结合，采用严控创新项目质量、搭建学科竞赛平台、深度发掘创新项目和学科竞赛的潜力，进一步向科研方向发展的模式，循序渐进，逐步从学生创新能力和实践能力的培养过渡到科研能力的提升，取得了良好的教学和科研成果。

关键词：创新项目；学科竞赛；实践能力；科研能力

一、引言

2010年，党中央、国务院颁布的《国家中长期教育改革和发展规划纲要（2010—2020年）》中明确提出，学校在对学生的教育过程中应“支持学生参与科学研究，强化实践教学环节”，“着力提高学生的实践能力”。首都师范大学物理系积极响应号召，在重视学生创新实践能力培养的同时，也不断提升学生的学术科研能力，在教学和科研方面都取得了一定的成绩。

首都师范大学每年都为本科生提供各种类型的创新实践项目，包括：大学生科学研究与创新项目和实验室开放基金项目；另外，物理系是全校院系的工科实训基地的主责单位，每年也为工科院系的学生提供工科实训基地的实践项目。这些项目为学生将理论和实践相结合提供了应用的平台，同时也为学科竞赛打下了基础。创新实践项目的实施，主要是为了调动学生学习的积极性、主动性和创造性[1]，激发学生的创新思维和创新意识[2]，培养学生的实践能力[3]。学科竞赛是在紧密结合课堂教学的基础上，以竞赛的方法培养学生的综合能力，引导学生通过完成竞赛任务来发现问题、解决问题，增强学生学习及研究的主动性[4-5]，培养学生的团队协作意识和创新精神[6]，

①　苏波，男，首都师范大学物理系副教授，研究方向：电磁场与电磁波教学；王福合，男，首都师范大学物理系教授，研究方向：近代物理实验教学；张盛博，男，首都师范大学物理系实验师，研究方向：实验竞赛教学指导；何敬锁，男，首都师范大学物理系副教授，研究方向：通信原理教学。

掌握从事科学研究的方法，最终达到提升学生科研能力的目的。

二、多种措施并举，循序渐进培养大学生的科研能力

(一)成立教师指导团队，严控创新项目质量

1. 积极动员，鼓励申报

从新生刚入学开始就通过宣讲、公众号推送以及优秀学生作品展示等形式大力宣传大学生创新实践的重要意义，带领同学参观实验室，展示已取得的成绩和获得的奖励，介绍研究的方向和主要内容，提升学生对创新实践的认识，使其逐渐产生兴趣和爱好，并参与到高年级的项目中来。当到了大二、大三高年级时期，则鼓励他们积极申报各种类型的大学生创新实践项目，由项目参与者变为项目主持者。

2. 聘请专家，严控质量

从别的院系或者校外聘请相关领域的专家对学生申报项目的研究内容、技术路线、研究方案以及可行性等关键步骤进行认真评审，给出评审意见，然后将信息反馈给学生，让其根据评审意见进行补充、修改或者删减，严格把控创新项目的质量关，保证项目具有一定的创新性，并且切实可行，确保学生学有所获，为将来项目的进一步拓展和深入研究打下基础。

3. 组建团队，悉心指导

虽然大学生是创新项目承担的主体，但由于经验的不足和专业知识的欠缺，大学生承担的创新项目，必须由专业教师进行指导，为此物理系成立了以青年教师为主的专业教师指导团队，为学生的创新项目提供指导。在指导过程中，首先引导对创新活动有兴趣的同学参加教师科研活动，在他们掌握了基本的科学素养和实验技能后，进一步引导他们结合自己的专业，探寻科研兴趣的方向，并进行深入的资料调研，为申报大学生科研创新项目打下基础。在项目的申报过程中，对学生的申报材料提供专业指导。当项目获批后，指导教师对项目的实施进行全程的指导，制定具体详细的实施计划和方案，发现项目执行过程中遇到的问题并指导解决。另外，物理系还聘请校外有关专家和一线应用工程师作为校外指导老师，来校园做讲座、进行实地培训，使学生的实践创新活动得到及时的支持和帮助。

(二)搭建学科竞赛平台，开展实践创新活动

1. 建立宣传机制，扩大影响范围

从大一开始，物理系就派遣有经验的指导教师为新生作专题报告，宣传竞赛的相关事宜，解答同学们的疑难问题，并定期组织学生进行与竞赛相关的实践活动，使其提前了解竞赛所需要的准备工作。每周都有参加过竞赛的高年级学生为感兴趣的学生进行培训，使其掌握竞赛必须具备的基本技能。

2. 整合闲置空间，提供场地保障

近年来物理系逐步改善现有的实验室条件，建成了创新实验中心、工科实训基地；通过对实验室进行大规模的整合、报废陈旧仪器设备的办法，拓展可利用的空间；根据实验课开课学期的不同，对闲置的实验室进行有效的管理，最大限度地发挥实验室的利用效率，为学科竞赛提供场地保障。

3. 依托实训基地，提高实践水平

首都师范大学校内工科实践训练基地是以物理系为主责单位，旨在进一步深化学校人才培养模式改革，在充分整合校内教学资源的基础上，为本科生开展各类创新实践、学科竞赛等活动提供基础性公共平台，促进学生科研创新能力的全面提升。目前，工科实训基地在建立及逐步完善各项运行机制的基础上，不断摸索并提炼如何提高学生的专业实践能力与工作创新能力的培养理念，使基地成为工科类学生由学校到企业的过渡平台。

4. 建立管理机构，组织学科竞赛

为了使各个级别的竞赛有条不紊地进行，物理系建立竞赛管理机构。对于校级竞赛，由物理系承办的主要有首都师范大学生物理实验竞赛和首都师范大学虚拟仪器大赛，机构的职责是负责竞赛方案的指定、竞赛的指导与培训、竞赛的具体实施以及赛后的工作总结。对于市级和国家级的竞赛，机构的职责是竞赛信息的发布、竞赛的宣传、竞赛的组织、竞赛的培训以及竞赛的实施和总结。

(三)创新项目和学科竞赛的深度发掘，向科研学术方向发展

1. 创新项目研究的进一步深化

学生的创新项目通常以一年为一个研究周期，时间较短。学生们从项目的申报到资料的调研再到项目的具体实施，往往需要花费过半的时间，真正出成果时已临近项目结题。若以此时的成果进行结题，一些有价值的创新项目将不能得到很好的发掘，成果的产出也将大打折扣，在精力、时间、资源上都造成了一定程度的浪费。为此，物理系采取了优秀项目持续资助、鼓励学生继续研究以及优秀学生重新组合等措施，使普通的学生创新项目结出丰硕的科研成果。

2. 学科竞赛成果向科研成果的转化

学科竞赛通常也是以一年为周期，学生们往往在获得证书后就告一段落，转而从事其他方面的研究，没有将竞赛的成果进一步细化。物理系非常重视学科竞赛成果的转化，首先，派有经验的老师对获奖项目进行评估，明确其蕴含的学术价值；然后组织学生进行深入研究，并配备有学术经验的老师进行辅助指导，将学科竞赛的成果经过深加工，转变为具有一定价值的学术论文或者发明专利。

(四)建章立制，为培养创新型、学术型人才保驾护航

1. 建立多重保障机制提高教学质量

课堂教学不仅包括理论知识体系的讲授，而且也涵盖实验教学环节，是教学中的重中之重。物理系历来重视课堂教学，坚持教学指导委员会的听课制度和督导制度，注重对青年教师教学能力的培养，每年举办 35 岁以下老师和入职时间不满三年的青年教师教学基本功大赛，做到以赛促教。定期邀请学校教学督导小组成员前来听课，并将听课情况反馈给院系和相关教师，促使教学质量的提高。

2. 采取“名师聘请、校内培养、校外引进”的措施，提高师资整体水平

(1)实施“聘请名师施教”。物理系每年都聘请国内外有较大影响的教学名师或专家来物理系从事基础课程、核心课程的教学，并要求系里的中青年教师全程参与教学活动，该措施不仅提高了学生的学习兴趣，保证了课堂的教学质量，而且也使中青年教师的教学技能得到提升。此外，还将定期邀请教学名师、专家指导教学改革研究工作，使师资整体水平在尽可能短的时间内得到提升。

(2)采取青年教师校内培养措施。第一，为青年教师配备教学导师，在其指导下进行教学能力的培养。第二，建立助教制度，要求新入职的青年教师为教学技能成熟的老师担任助教。第三，推荐老师参加教师教学技能培训。第四，鼓励青年教师积极申请境外进修。

(3)积极引进国内外博士、博士后参加教学工作，为教学注入新鲜血液，以改善学缘结构、提高学历层次、拓宽学术视野。

3. 积极发挥各实验室的功能，为本科生提供仪器设备

通过对各实验室的合理调配，建立了物理系创新实验室，配备了常规的仪器设备，但有时还不能进行更深层次的研究。为此，物理系制定了相应的管理制度，规定不论是教学实验室还是科研实验室，所有的大型设备和高精尖仪器在导师或管理人员的指导下向本科生开放，保证创新项目的顺利实施。

4. 加强过程管理

加强各类创新项目实施期间的管理，包括活动场所、项目经费、仪器设备等。严格落实项目申请、开题报告、中期检查、结题验收等环节。系统设计统筹规划各类学科竞赛活动，落实指导教师，制定规章制度，做到开始有动员、中期有检查、结束有总结。

三、应用效果及影响

(一)创新项目的数量和参与人数稳步增加

从 2015 年至今，学生共申报“大学生科学研究与创业行动项目”98 项，“首都师范大学校内创新实践训练基地实训项目”80 项，“首都师范大学实验室开放基金项目”203

项，每年参与的学生约150人次。在指导教师的精心指导以及项目经费的支持下，探索多层次培养学生实践能力的模式，建立边用边学、以老生带新生的课外创新培养体系，培养科学研究的方法、思路和过程。

(二)本科生创新成果和科研成果显著

近五年来，本科生创新成果显著增多，获得国家级学科竞赛奖项38项，其中金奖1项，一等奖5项；市级竞赛奖项52项，其中特等奖1项、一等奖10项。本科生为第一作者的学术论文23篇，其中SCI收录论文7篇；本科生为第一发明人申请专利7项，授权5项。

2016届的李琨同学，其作品“便携式激光雕刻机”在分别获得了校级特等奖和市级特等奖后，参加了全国大学生“挑战杯”大赛最终获得了二等奖。随后在老师的指导下，通过人员调配的方式，将研究成果进一步优化和包装，申请了2项发明专利和1项实用新型专利，最后还将研究成果转化为产品并推入市场。

2019届的刘欣等同学，在参加了2018年的北京市光电大赛和全国光电大赛并取得二等奖的成绩后，继续拓展光电大赛题目的深度和广度，并在单像素成像领域进行了一系列的深入研究。2019年在*Nature*子刊*Scientific Reports*期刊上发表学术论文1篇，申请发明专利2项。2020年又在*Journal of Optics*和*International Journal of Optics*杂志上发表了学术论文3篇。

(三)本科生的培养质量得到社会的广泛认可

近五年来，物理系本科生升学率稳步提升，学生考研率从2015年的31.25%增长到2020年的45.37%。读研院校包括中国科学院物理研究所、中国科学院声学研究所、北京师范大学、北京航空航天大学、北京理工大学、北京邮电大学、北京交通大学等。学生出国留学人数逐年增多，2020年达到了9.23%，留学国家包括英国、美国、德国等，从一些境外高校和留学生的反馈来看，我系毕业生的素质普遍较高。

物理系本科毕业生的就业率和就业质量稳中有进。近三年师范专业毕业生的平均签约率达到90%以上，考研率高于40%，就业率达到100%，其中城区示范校占54%，郊区师范校占40%，比如2018届的陈贸辛、冼雨等同学分别在北京市平谷中学、北京市第二中学等学校工作。物理系师范生毕业后，秉承“为学为师，求实求新”的校训精神，在工作岗位迅速成长，多名学生就职后短短几年就成为学校的教学骨干，比如2018届的赵星洁同学，在毕业后的两年多的时间里就获得市级奖项14项，区级奖项4项。光电信息科学与工程专业的毕业生近5年的平均签约率达到80%，考研率达到了35%，就业率达到100%，其中2018年签约率位列全校非师范专业第一名。部分毕业生已经成为高新企业的骨干力量，比如2017届的牛奕同学，现在已经成为北京杏林睿光科技有限公司的业务经理；2018届的李泽远同学，现为北京曾宜科技有限公司的技术总监。

(四)成果初显辐射示范作用

近年来物理系在实践中探索培养创新型人才和学术型人才的新模式，通过创新项目和学科竞赛的实践，逐渐形成了可以借鉴的经验模式，并多次在不同级别的教学会议上分享经验。另外，物理系非常重视与北京各中学间的联系，先后多次接待中学学生参观实验室、举办物理竞赛培训、开展科技实践活动。人才培养模式改革极大地提升了学科水平和实力，应用效果辐射至国内兄弟院校。

参考文献：

[1]周玉青，都宏霞，许宁．新形势下大学生创新创业研究进展[J]．教育教学论坛，2019(35)：124-126.

[2]阚祥才，王慧鑫．大学生实践创新能力探究[J]．当代经济，2019(6)：152-155.

[3]陈中．理工科大学生创新实践能力培养的路径探究[J]．教育理论与实践，2016(15)：24-26.

[4]王伟，李忠文，周细应．浅谈工科大学生创新实践能力的培养——以教师指导学生参加创新实验为例[J]．教改教法，2014(274)：64-65.

[5]贾智伟，贺科学，黄亚飞．大学生创新性实验计划的实施实践与思考[J]．教育现代化，2019(63)：65-68.

[6]罗嘉文，米银俊，赵天阳．依托新型研发机构建设的工科大学生创新创业能力培养路径研究[J]．高教探索，2019(7)：117-122.

虚拟仿真实践教学与思想政治理论课的“四化”融合*

樊姗姗[①]

摘要：本文在论述了虚拟仿真技术在思想政治理论课教学“四化”融合的应然趋势、实然状态的基础上，对虚拟仿真技术在思想政治理论课专题化、项目化、信息化、小班化的“四化”融合的设计与实现途径进行了探讨。这将为学生提供有深度、有态度、有温度的可视化、体验化的优质思想政治理论课内容，同时期望探求虚拟仿真场域下教学的规律和学习机制，构建他律与自律相结合的教学机制，为提升思想政治教学效果提供借鉴。

关键词：思想政治理论课；虚拟仿真；实践教学

虚拟仿真技术作为新的教学媒体在教育教学的各方面都展现出了强大的应用可能性，蕴藏了无限生机。国内外学者在虚拟仿真技术的研究和应用方面取得了十分显著的成绩，都在加紧进行如何在教育领域有效使用虚拟仿真技术的研究。通过思想政治VR实训室搭载VR技术、智慧教学软硬件系统和直录播系统，与历史人物、历史事件互动对话，实现一个教室三重功能，丰富思政课程的教学方法和教学内容。同时，在沉浸式的虚拟环境中学生可以自主探索、充分发挥逻辑与创新能力，在接受知识与自我探索、反思总结中提升分析问题与解决问题的能力。这为思想政治理论课专题化、项目化、信息化、小班化的“四化”工作带来了全新的发展机遇。为此，本文将在论述虚拟仿真技术在思想政治理论课教学“四化”融合的应然趋势、实然状态的基础上，对虚拟仿真技术在思想政治理论课“四化”融合中的设计与实现途径进行了探讨。

一、虚拟仿真在思想政治理论课教学“四化”融合的应然趋势

在当前现代信息技术逐渐影响甚至塑造新的教育教学形态的大背景下，国内外越来越多的高校开始重视信息化教学资源的建设，积极推动虚拟仿真技术在教学中的应用，然而思政课引进虚拟仿真技术还处于起步阶段。

国外虚拟仿真技术起步较早，实验案例丰富，这为我国推进思想政治理论课教学

* 本文属2021年首都师范大学本科教学建设与改革项目。

① 作者简介：樊姗姗，女，首都师范大学讲师，研究方向：科学技术哲学、马克思主义基本原理等。

的"四化融合"建设提供了丰富的"语料库"。就国外而言，美国是虚拟仿真应用的最早国家。《国际教育信息化地平线报告》是由美国新媒体联盟（NMC）按年分系列而出，该报告被视为全球教育信息化建设、发展的风向标。该报告曾指出虚拟仿真应用教学是现代教育的重要引领方式。（NMC Horizon Report，2015）下表系国外虚拟仿真教学的基本类型。就国外在虚拟仿真教学中使用的主要技术有：多媒体技术、人机交互技术、可视化技术、仿真技术、虚拟现实技术、虚拟仿真技术、增强现实技术、虚拟世界、3D打印技术、遥感技术等。（王卫国等，2015）而国外比较有影响力的虚拟仿真教学实践案例有：英国开放大学开放科学实验室、印度—美国高等教育领域校际创新合作项目、美国耶鲁大学发挥移动实验室、美国科拉多大学的PhET交互式虚拟仿真实验、东京大学的KALS、新加坡南洋理工大学的COTF等（王卫国等，2015），而虚拟仿真实验教学在国外高校的应用类别和形式可从表1中窥见一斑。这些国外的实践案例为我国推行思想政治理论课教学的"四化融合"提供有益的他山之石。

表1　国外高校虚拟仿真实验教学的主要类别与基本形式

应用技术	实验方式	支持平台
多媒体	交互式虚拟实验	虚拟实验室
虚拟现实	沉浸式实验	虚拟现实实验室
增强技术	3D虚拟实验	虚拟实验室
3D打印	综合设计性实验	虚拟实验室
遥感	远程协同实验	网络实验室
移动应用	移动式虚拟实验	移动实验室
平板电脑	交互式移动实验	虚拟实验室
虚拟世界	网络协同实验	网络实验室
游戏和游戏化	个性化自主实验	网络实验室

就国内而言，虚拟仿真运用于思想政治教学起步较晚，在学理和实践方面都尚在建设和发展的初期，这为思想政治教育的"四化"融合提供了"新范式"。从技术角度来看，虚拟仿真技术起步晚、发展迅速，相较于国外，该技术纵向深度差距较小，但横向普及应用差距较大。2013年以来，教育部共遴选、建设了300个虚拟仿真实验教学中心。之后我国先后颁布了《教育部办公厅关于2017—2020年开展示范性虚拟仿真实验教学项目建设的通知》《教育部关于加快建设高水平本科教育全面提高人才培养能力的意见》等一系列文件，提出要加强虚拟仿真实训教学环境建设。为此，国内众多高校和研究在舰船仿真、虚拟驾驶、医学解剖、工程实训等方面进行了积极的虚拟仿真技术的研究和引进。从内容来看，根据中国知网专业检索，限定篇名为"思想政治教育"

和“虚拟”，同时限定文献来源为 SCI、EI、CSSCI、CSCD 以及北大核心，可以检索到 36 篇较有影响力的文章。这些文章或从思想政治教育与虚拟仿真融合的必要性、面临的挑战上着力，或从二者结合的原则、策略上分析，或从二者结合的特点、案例价值上挖掘。

二、虚拟仿真在思想政治理论课教学“四化”融合的实然状态

通过上述分析，不难发现国内外虚拟仿真教学现状与趋势略有不同，而国内高校虚拟仿真在思政课教学上的应用模式可归纳为两种：(1) 虚拟课堂，师生、实体学习资源、学习场景等为虚拟对象。(2) 虚拟实验室，实验设备为虚拟对象。就目前这两方面在思想政治理论课中的应用来看，正如刘建军等人所述：“信息网络技术的发展和普及，给加强和改进大学生马克思主义理论教育提出新的严峻挑战”(刘建军等，2007)我国高校虚拟仿真教学在思政课的应用模式中需要审视以下可预见的风险。

第一，虚拟仿真的应用将为教学提供多样化的形式和丰富的内容，但高度“拟态环境”(李普曼，2006)隐含着消解思想政治理论课话语“专业化”的风险。拟态环境是一种用技术对客观环境进行建构的虚拟环境。拟态环境容易让个人注重主观感受而忽视思想政治教育认同。卡西尔也曾经指出，新媒体时代，人们生活在一个由语言、神话、艺术、宗教等组成的人类经验的符号世界里而非单纯的物理世界。在这个符号的世界里人们不再直接面对物理实在，而是与自身不断进行对话。而人的符号活动愈加丰富，物理实在范畴就愈加缩减。而无论是思想还是经验层面，人类在不断的进步过程中符号之网会变得更加的牢固和精巧。(卡西尔，2009)这里卡西尔强调的物理实在与符号实在之间的冲突，就体现了一种现实与虚拟之间的话语冲突。因此，虚拟仿真为思想政治教育提供新手段的同时，也不得不警惕其弊端，在虚拟与现实之间保持张力。

第二，虚拟仿真技术通过图像、语音、视频等融入思想政治理论课，这是为学生提供个性化教学的关键步骤，然而它所潜在的“泛娱乐化”“浅学习”致瘾机制瓦解着思想政治教育价值权威和“项目化”进程。在消费主义浪费和信息致瘾机制的影响下，人们往往易于沉浸在数字消费与全景式狂欢中，同时，爆炸式的学习信息与有限的学习时间形成反差，这成为虚拟技术与思想政治理论课“四化”融合过程中需要反思的问题。而其中“浅学习”类似于黑格尔的外部反思，指学习者对于知识的把握停留在表面，较难进入知识内部。(黑格尔，1976)这种“泛娱乐化”和“浅学习”，根源在于虚拟仿真技术在为教学提供一种更加数字化的教学环境的同时，会侵蚀着教师、学生在教学过程中的主体价值与角色参与。因为当教学辅助超过了教师与学生之间直接的语言、文字交流，这势必会造成教师与学生在教学过程中参与度的降低。因此，虚拟仿真为思想政治教育提供教学辅助的同时，需在教师、学生主导的教学模式与数字化虚拟教学之

间保持协调。

第三，虚拟仿真技术通过独特的沉浸体验、构想性与实时交互性开辟了时间教学的空间，同时它也容易带来的“信息茧化”“回应室效应”(桑斯担，2008)，引发思想政治教育话语意义流失和阻碍思想政治理论课实现真正的“信息化”和“小班化”。李普曼曾经将大众传媒对客观环境的加工建构称为“象征性现实”(李普曼，2006)，可以说虚拟仿真在教学中搭建的“象征性现实”与其他新媒体技术的融合会为思想课的教学提供一种个性化的、针对性的学习方案。它们可以根据学习者的知识与能力进行“因材施教”。换句话说，这是一种很好的自适应学习模式。但虚拟仿真在让人们获取信息更为便利的同时会使得人们倾向选择喜欢的信息而拒绝不喜欢的信息。沉浸在信息的茧房里人们好像是处在了一个封闭的回音室，只能听到自己的声音。这与吉登斯强调的学科分化带来的“现代人无知”(吉登斯，2001)相似。同时，学生也极为容易被量化为各种数值，潜在地排除了学生的其他可能性。因此，虚拟仿真融入思想政治教学要做好数值与多元标准之间的融合，避免单一的教学评估和学生成绩反馈的审查。

可见，思想政治理论课教学，在通过虚拟仿真独具特色的3I特征将云平台、VR软件、教材、案例、影视、图片、课件等资源进行整合，再通过手机VR、VR一体机、主机VR和主机VR＋大屏等VR教学应用模式下(见图1，高义栋等，2017)搭建起的虚拟化场景，这一过程需要考虑上述三种可能的风险。这对教学内容的虚与实、教学关系的师与生、教学手段的新与旧、教学评估的一与多之间提出了更高的要求。

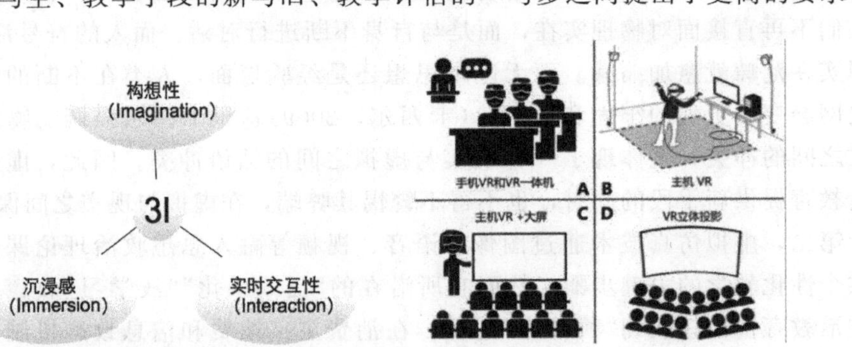

图1　虚拟仿真教学特色与模式

三、虚拟仿真视域下思想政治理论课创优路径

除上述可见的风险外，从内容上看，思想政治理论课教学方面可能还面临虚拟仿真作品更新时效性不足、内容较少致使信息传播缺乏张力和回报率低等问题。同时，从工具理性的角度来看，虚拟仿真对思想政治教育的冲击本质上是技术现代性与文化

现代性的产物，也是现代性的核心基础危机(韦伯，1997)。为此，需要全面优化虚拟仿真在思想政治教育实践方面的应用，从而全面实现从意识沉浸到思想引导、培养时代新人的教育目标。这就要求在思想政治与虚拟仿真教学进行融合的过程中设计出一套既有技术可行性又能满足教学需要的实施路径。基于以上思路，可以从以下几个方面进行着手。

虚拟仿真与思想政治理论课的结合要做到结构布局逻辑化、场地布置合理化。之所以需要结构布局逻辑化和合理化，是因为虚拟现实中只有将离散的知识碎片，通过清晰明了的逻辑主线或参观浏览顺序或严格的主题选择进行布局，学生才能更好进行理解、记忆和形成认识。构建虚拟现实课堂主要运用 maya 和 Unity3D 软件。其中，maya 和 Unity3D 软件技术发展成熟，功能强大，操作简单。但虚拟仿真技术的效果要受到主机环境、场地灯光、辅助仪器如头盔等设备的影响，因此在思想政治理论课虚拟化设置方面要合理布局。此外，通过将抽象的知识进行直观形象化的方式，虚拟仿真技术根据不同的“专题”可以实现将危险的实验、昂贵的器材等移动到计算机界面中，在虚拟环境、数字化信息中进行体验。这极大地弥补了传统思想政治理论课教学模式单一分散、教学工具的欠缺和教学空间受限的缺点。在结构布局逻辑化、场景化的过程中，根据不同的主题，教学的实效性、经费使用的合理性、教学资源的公平性进而可以得到很好的实现。这使得思想政治理论课在虚实同在的场域中其“专题化”得以保障。

虚拟仿真与思想政治理论课的结合要实现硬件选择前沿化、内容呈现精细化。一般而言，虚拟仿真课堂建设的基本技术线路为：应用开发与设置硬件对接点→从角色和模型角度的三维搭建→动作捕捉→角色动画、表情→场景和角色导入 unity3d 工程、用安卓 SDK 包输出 APK 软件包→效果测试。当前，传感、人工智能以及人机接口等技术已经发展成熟，虚拟仿真技术与其他技术的结合可为思想政治理论课的教学提供强大的技术支持。然而，虚拟仿真硬件发展迅速、产品迭代频繁，因此在产品的选择上要具有前瞻性。为此，该技术应该将内容的可视化呈现作为设计和制作的核心要素，通过色彩、光线、图片、物件、音效等视听觉元素渲染出与思想政治相一致的情绪和基调，让学生全身心融入虚拟环境，产生情感共鸣并获取知识。只有这样，从硬件与内容两大方面切实保证思想政治理论课的“专业化”水平。

虚拟仿真与思想政治理论课的结合要争取主客体协同“搭桥”、优化案例品质。在拉图尔“行动者网络”理论视域下，任何参与实践的因素，无论是人还是非人都可以视为“行动者”，没有主客之分。(拉图尔，2005)虚拟仿真技术对于思想政治理论课的建设具有积极的作用，因此，在应用的层面我们可以把该技术以及教师、学生都看作是“行动者”，他们共同构建了思想政治理论教学的话语体系。比如通过虚拟化的实验场景，学习《共产党宣言》、《资本论》、人民群众创造历史等思想政治教育中经典理论与文献分解为菜单化、模块化的知识词条，并通过在线互动更新教师与学生在新问题和新知识之间形成思想政治教育的“行动者网络”和素材的“众筹”模式，这实现思想政治教育话语供给的持续创造。因此，虚拟仿真通过仿真性、行动者网络再现特定场景，加强师生、学习者与知识点之间的关系，并推动着思想政治理论课的“信息化”。

虚拟仿真与思想政治理论课的结合要做到坚持立德树人的服务宗旨，创新发展意识“领航”。习总书记曾指出，落实立德树人是思想政治理论课的根本任务。为此，虚拟仿真技术与思想政治理论课的融合，实质是要做好立德树人根本任务和利用虚拟现实技术开展沉浸式教学实践之间“道”与“器”的内在逻辑关系。（王寅申等，2021）一方面，立德树人为道，沉浸传播为器。另一方面，要坚持以人为本，不断强化思想政治教育的价值引领作用。思想政治教育工作者要重视利用虚拟现实技术开展沉浸式教学实践，全面促进智能技术与思想政治教育的深度融合。在虚拟世界中，交往表现出了新的规则：去礼仪化、宽容和趣缘聚集（刘大椿等，2003），从而对个体行为产生更大的影响力。同时，这种新颖的交往模式可以使学生在轻松愉悦的环境中建构起一种自律与他律相互结合的新模式，这相比于传统的大班教学而言，可以打破空间限制进而真正实现“小班化”的目标。

四、小结

虚拟仿真技术与思想政治理论课的“四化”融合是国家战略的重要要求，是提升教学质量的重要手段，同时也是供给匹配精准的重要保障。这要求我们要处理好教学内容的虚与实、教学关系的师与生、教学手段的新与旧、教学评估的一与多之间的辩证关系，以规避思想政治理论课与虚拟仿真技术“四化”融合过程中的潜在风险。而通过沉浸式教学，促进思想政治理论课教学实现“四化”融合，需要从结构场地、硬件内容、案例品质和宗旨意识等环节协同推进虚拟教学模式创新，以持续有效提升课程亲和力，这将有利于建构他律与自律相互结合的教学制度，也尤其有利于实现思政课的政治性和学理性的统一、理论性和实践性的统一。

参考文献：

[1]Johnson L，Becker S A，Estracla V，et al. NMC Horizon Report：2015 Higher Education Edition[DB/OL]. http：//cdn. nmc. org/media/2015-nmc-horizon-report-HE-EN. pdf.

[2]王卫国，胡今鸿，刘宏．国外高校虚拟仿真实验教学现状与发展[J]. 实验室研究与探索，2015，34(5)：214-219.

[3]凯斯·桑斯坦．网络共和国：网络社会中的民主问题[M]. 黄维明，译．上海：上海人民出版社，2003：5.

[4]沃尔特·李普曼．公共舆论[M]. 阎克文，江红，译．上海：上海人民出版社，2006：16.

[5]尼尔·波斯曼．技术垄断：文化向技术投降[M]. 何道宽，译. 北京：北京大学出版社，2007：2.

[6]马克斯·韦伯．经济与社会[M]．北京：商务印书馆，1997：56.
[7]恩斯特·卡西尔．人论[M]．北京：光明日报出版社，2009：23-24.
[8]黑格尔．逻辑学(下卷)[M]．北京：商务印书馆，1976：20.
[9]安东尼·吉登斯．现代性——吉登斯访谈录[M]．北京：新华出版社，2001：86-88.
[10]布鲁诺·拉图尔．科学在行动：怎样在社会中跟随科学家和工程师[M]．刘文旋，郑开，译．北京：东方出版社，2005：184.
[11]王寅申，朱忆天．沉浸传播时代思想政治教育的发展变革与价值澄明[J]．思想理论教育．2021(4).
[12]刘大椿，刘永谋．技术现代性与文化现代性的困惑——以虚拟现实及其沉浸性为例[J]．江苏社会科学．2003(3).
[13]秦睿．新时代 VR 技术应用于高校思想政治理论课的价值与路径探析[J]．北京教育(德育)．2020(5).
[14]刘建军，王易，张雷声．加强和改进大学生马克思主义理论教育[J]．高校理论战线．2007(11)：19-24.
[15]高义栋，闫秀敏，李欣．沉浸式虚拟现实场馆的设计与实现——以高校思想政治理论课实践教学中红色 VR 展馆开发为例[J]．电化教育研究，2017(12)：73-85.

基于信息架构学的线上课程内容数字化呈现

——以“品牌设计”课程为例

王　佳　张启源[①]

摘要：随着数字技术的普遍应用，“互联网＋教育”的教学方式加速了教育现代化与课程育人改革的实现进程。本文以信息架构学为理论依据，提取了线性结构、层级结构、分散结构和矩阵结构四种信息结构应用于课程内容数字化的视觉呈现。从建立可视化标准以及信息视觉表现四方面诠释了课程信息可视化的操作流程，思考了课程内容视觉呈现的发展趋势，探索了基于线上平台课程信息传播的新方法。

关键词：信息架构学；线上课程；数字化呈现；信息可视化

一、引言

在信息革命的浪潮下，数字技术正在不断与我们的工作方式和生活习惯相融合。在互联网的技术和教育现代化改革的双向驱动下，教育领域的各个子行业、子领域的变革正在逐步深化。幕课、翻转课堂和移动端应用程序等各种基于互联网技术的教学创新方式正在纷纷涌现。根据世界经济论坛的数据，2019 年全球数字化学习科技投资已达到 186.6 亿美元。2020 年初，新冠肺炎疫情在全国蔓延使得各大高校不得不延期开学，教育部为保证疫情防控期间的教学质量，号召“停课不停教、停课不停学”，鼓励学校利用互联网等数字化手段线上授课。这一特殊时期加速了教学现代化改革的步伐，线上教学要求师生通过多媒体资源和网络媒介环境开展教学活动并完成教学任务，这对授课教师的课前资源准备、课上任务布置、课后学习反馈等方面都提出了更新、更高的要求。原有的纸质教材，甚至多媒体教学课件都需要根据互联网传播的技术特点进行更新，实现移动学习、个性化学习的授课效果。信息架构学理论和信息可视化手段能够链接当下学习者的行为习惯，将教学资源与互联网技术有效结合。本论文将

---

① 王佳，女，首都师范大学美术学院副教授，研究方向：信息可视化研究、设计思维研究；张启源，女，首都师范大学研究生，研究方向：品牌设计研究。

以作者建设完成的“品牌设计”线上课程为例，论述数字化教学的创新方法，为线上课程建设提供可参考性的解决方案。

二、基于信息架构学的线上教学实践

(一)信息架构学理念

所有的信息与流程，都是功能与用户的交互，那就离不开信息的传递。如何保证用户在面对庞大的信息资源时实现对现有信息的易查找和易理解，这就是信息架构要做的事。信息架构是指对某一特定内容里的信息进行统筹、规划、设计、安排等一系列有机处理的想法。简单来说，信息架构就是研究信息的表达与传递。

(二)教学内容数字化呈现

课程是一项重要的教学成果，线上课程则是教学信息化的重要表现形式之一。数字化教学资源通过线上课程得以集中、有序地展示，达到远程教学的目的。疫情期间，在政府的主导及互联网技术的推动下，我们国家的线上教育平台和教学形式呈现多样化的选择，主要有视频直播、录播、社交网络平台和高校专业的教学平台。本次“品牌设计”课程教学基于专业教学平台“师星学堂”进行视频录制模式，将制作好的课程视频发布到教学平台供班级观看，学生通过线上学习，回答问题以及课堂讨论达到教学目的。

数字化课程教学资源呈现形式种类丰富，包含视频、音频、图片、动画、微课、课件等。与传统教学相比，线上课程互动性和实时性差，长时间面对视频讲解，学生容易对抽象的知识理解和吸收不充分。如何将课程内容以数字化资源的形式进行展现，既能体现课程目标又能精准传递信息调动学生的课堂积极性是数字化建设的最终目标。

三、信息视觉呈现类别

在信息架构学中，把整个信息视觉呈现设计过程分为了5个层次，分别是战略层、范围层、结构层、框架层和表现层。对于信息可视化图表进行架构设计处理的重点主要是将信息整合集中到结构层和框架层，结构层指信息整合的过程，运用组织方式对信息进行初步的分类、统筹规划。随后由框架层负责做好信息的架构设计。在信息整合分类的组织方式上，运用到的视觉信息呈现大概可以总结为4种类型：线性结构、层级结构、分散结构和矩阵结构。

(一)线性结构

线性结构是对于信息的处理以某一个元素作为主线贯穿发展，通常是以时间线或空间线为主线。使用线性化的结构图表，可以按照时间的延续或者空间的布局逐步呈现出各种具有线性、并列或者连续关系的数据信息，使之更加清晰直观地表现数据的变化。

线性结构通常与其他信息架构匹配呈现，使数据表达全面化，丰富画面内容。在课程设计中线性结构用于讲解历史脉络、流程技法步骤等按照主线发展的信息。韩国信息图表设计大师张圣焕设计的“信息图表的历史”(见图 1)，就是按照历史的时间前后关系向我们呈现从古至今人们为了信息的视觉化所做出的努力，同时在信息图表中标注时间节点和时间轴。

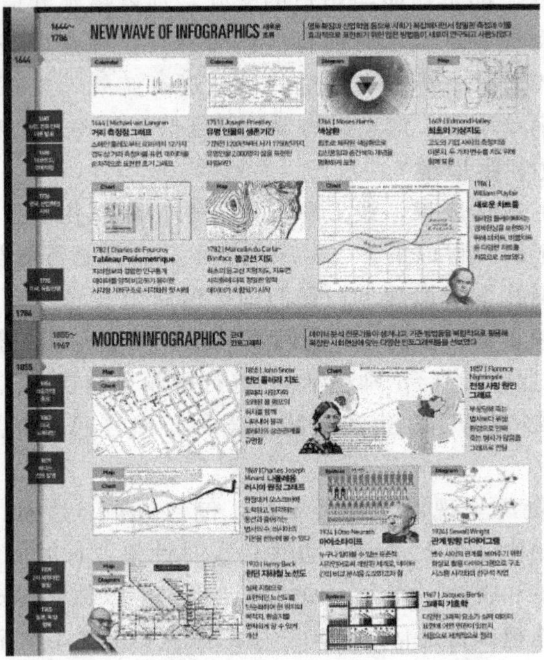

图 1　信息图表的历史(局部)　作者：[韩]张圣焕

(二)层级结构

层级结构是图表设计中最常见的结构形式。在层级结构中，信息主体通常有一个或多个明确的联系，并且大多数形成进行关系。在运用层级结构划分信息时，首先要明确表达主题，围绕主题排布信息，采用箭头、流程框架等符号表现数据之间的层级关系，也可使用颜色、大小、位置等构图排列表示层次递进关系。当多种视觉元素共存时，更需要突出视觉重点和信息优先级顺序，使主次分明，条例关系明晰，整体视觉协调又有节奏韵律感。图 2 呈现的图表是多媒体教学课程的教学目标，一种自内而外的层级递进关系，居于中心位置的是课程核心目的，其次是掌握多媒体制作的技法与经验，最外圈是课程的拓展学习内容。图表层层递进，让受众直接把握课程重点。

图 2　课程教学目标

(三)分散结构

分散结构图表常用来展现没有规律可言、凌乱无序的数据信息。这种数据信息一般没有明确的逻辑关系和接触点，随机性明显，信息之间没有特定关系，图表属性松散、空闲、随机、无重点。整个图表中的任意一个点提取出都是一个完整的信息传达。如图 3“不一样的水果馅饼”，这是最简单的一种运用分散结构方法的表现方式，通过总结不同类型的甜果馅饼形成了一张图表，每个元素之间没有相互的关联性，重在传递不同类型的甜品的差异感。此类图表通常用于解决课程内容中大段文字信息、没有贯连性的数据，通过图形化让信息更易理解吸收，画面视觉效果更美观。

图3　不一样的水果馅饼

(四)矩阵结构

矩阵结构图表中的信息分类通常存在多个主题线索，将信息从多个维度进行分类。矩阵结构图表通过分析受众的需求确定主题线索，准确呈现数据信息之间的层级、秩序关系以及各种结构关系。如图 4“北京中轴线建筑历史文化信息图表”就是一个矩阵结构，整体画面以平面图表形式进行展示。将北京古建筑以中轴线为主的特点呈现在二维界面，通过色彩渐变、图形引导清晰地看到整个中轴线中所包含的建筑，让受众快速整体把握建筑地理位置分布以及查找目的地站点。在课程设计中，想要表达多者之间复杂的关系时适合使用矩阵图表，准确呈现多者之间的关系，还可通过线索指向获得隐性信息。

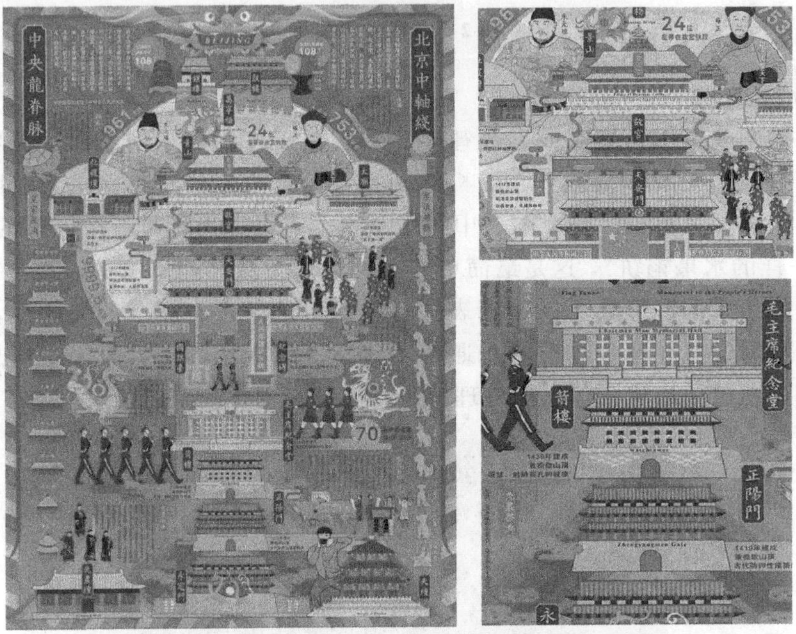

图 4　北京中轴线建筑历史文化信息图表

注：本图表为 2019 年 DGC 获奖作品。作者：CLAB design 叶超、邓婕

四、课程内容可视化流程

(一)“品牌设计”课程特点

“品牌设计”课程是视觉传达设计专业的一门专业核心课程，面向设计专业学生开放。该课程旨在从总规划师的视角将历史、文化、情感转化为视觉语言，引导学生掌握品牌设计的设计原则、设计原理和设计方法，培养并具有一定的设计能力，以讲解和传达实用技法为目标包括了品牌基础、品牌三大要素、品牌设计程序、品牌设计电脑操作共四大板块。目的是在新媒介时代背景下，用系统设计的视角来定位和认识品牌以及通过案例赏析等的综合训练，使学生能够认识设计的详细运作方式及流程，从

概念、历史、战略等角度建立大品牌格局认知，从而加深对品牌设计课程学习的意义和本质特征的认识。

由于本门课程理论知识相对复杂、强调创意，在教学中需要结合具体的课题或项目展开教学并有大量的图形匹配解说。信息设计源于平面设计，用语言、文字、图形、图像等形式帮助受众理解信息，设计者通过设计与数据相匹配成某种视觉符号将抽象文字图形可视化，讲述完整的故事。因此信息图表设计方式正适用于"品牌设计"课程教学，既符合当代学生对课堂知识性、趣味性的需求又可以使受众轻松理解品牌，提高设计素养。

本课程可视化实施流程如图 5 所示，分为品牌设计定位、模块划分、信息视觉表现等阶段。

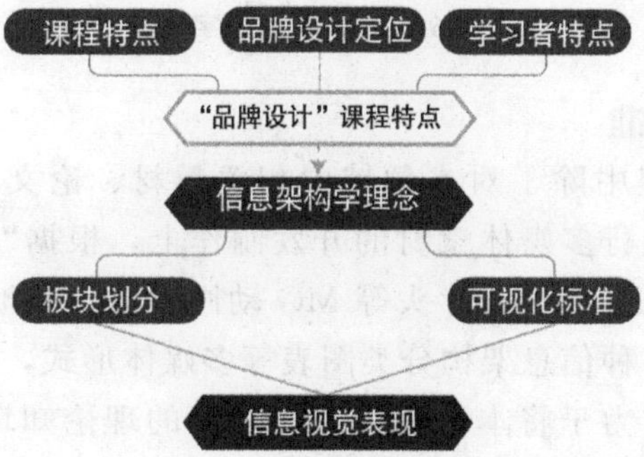

图 5　课程可视化流程图

(二)课程信息结构整理

"品牌设计"课程旨在在扎实学理的基础上打造品牌设计修业金字塔，基于信息架构学视觉信息呈现分类理论，对品牌设计各大板块内容数字化信息图表进行分类。品牌设计课程介绍部分是对课程教学大纲简要介绍，内容安排具有递进性、由简入难、由深入浅，因此采取层级架构的图表展示。如图 6，为与课程宗旨修业金字塔相匹配，采取金字塔外形，内部通过色彩阴影进行层级划分。

"品牌设计程序"板块中以讲解具体的项目演练过程为主，讲解从接到项目首先进行品牌调研，其次品牌定位进而制图，到最后提案的完整设计流程。为使学生充分了解品牌设计的始末过程，在此板块多以线性结构图表为主，通过流程图直观呈现具体步骤。

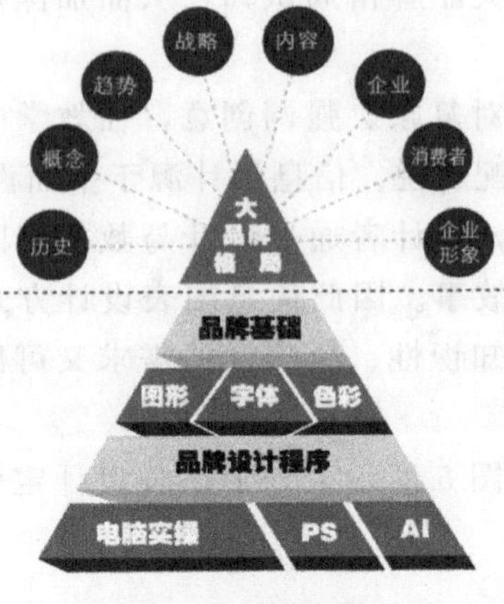

图 6　品牌修业金字塔

(三)建立可视化标准

在课程内容建立过程中除了对本领域中相关教材、论文、设计项目等资料收集、整合，还花费巨大精力进行多媒体素材的开发制作上，根据“品牌设计”课程的特点以及教学目标精心制作课程宣传片、片头等 MG 动画视频，同时尽量在每节教学内容中穿插人像视频、动画、多种信息架构分类图表等多媒体形式，见图 7。使课程展现得更生动形象、精彩有趣，致力于将本课程中不易理解的理论知识通过信息图表、视觉符号等图形元素可视化呈现，便于学生吸收掌握。

图 7　品牌设计课程的动画及图表

针对每部分内容板块制作不同的课件模版，版式、色彩、图形元素、教材都经过专业团队设计制作而成。文字部分对字号、大小、格式、重点标记、段落间距都做了具体标准要求；画面尺寸、页边距统一化；内容制作上以图形制作为主，减少大段文字出现，通过图形传递信息加深记忆点，使课程更有趣味性。整体课程制作保证内容传递准确的基础上追求设计美的法则，让画面更具美观性、设计感，从而提升学生的审美能力。

(四)信息视觉表现

标志作为一种媒介宣传，具有个性鲜明、视觉冲击力强的特点，便于受众识别、记忆。为了加深学生对本门课程的印象、记忆点以及区别于其他线上品牌课程，因此对“品牌设计”进行标志设计(见图 8)。在色彩上选取本门课程的主色调黄色为主，亮眼吸睛，可以瞬间抓住学生眼球，加深记忆的同时也将学生注意力转移到课程上提升学习专注度。标志以文字设计为主，对字体重新排列，并且笔画之间互相连接使文字更具设计感，文字是信息传递中最简单又最具效果的形式，将文字和外部圆形进行搭配组合，促使主题信息更加明确，受众在观看时可以清楚了解到信息的传递。

图 8　品牌设计课程标志

品牌设计修业金字塔分为形而上和形而下两大部分，在顶层的知识架构中，从概念、历史、战略等角度建立大品牌格局认知。金字塔的形而下部分将课程内容分为四大板块介绍，为了方便学生了解课程内容大纲采取信息图形化呈现。

在外形设计上为匹配课程目标采用金字塔形状，通过不同的色块、位置以及线条划分形而上和形而下两大部分；由于形而上部分所占顶部塔尖位置体积小，基于视觉平衡的原理因此在塔尖周围加入放射性分布的圆点，从而达到上下比重平衡。金字塔是层级架构图表，为了区分每个层级之间的内容，每个层级的板块制作进行颜色区分并在底部加入阴影，既有效凸显重要信息又增加整体造型的体量感，达到扎实敦厚的视觉效果，给学生传递“本课程内容设计是极具理论、专业性的精品课程”这一信息。

四、未来趋势

随着可视化技术的不断提高，信息图表的制作方式越来越多样化，并呈现出动态交互的趋势。信息图表的设计载体出现新媒体类(交互式网络媒体)信息图。这类图表突破了传统信息图表静态的限制，从视觉、听觉、触觉等多维度帮助观者更有效地获取并解读信息。与此同时，品牌的表现形式和内涵受时代的影响也在发生变化。从品牌设计发展的过程来看，其表现形式已经从传统具象化的图形转变为具有意义的抽象简单图形。在此过程中，各种数字媒体和技术手段被应用到品牌设计当中，使品牌设计由二维平面化转向动态化和多元化，在设计理念和表现手法上都得以创新。

疫情防控期间的线上教学为教师探索新的教学模式打开了全新的篇章。作为高校的教师，要认真思考、不断探索如何在线上教学中基于信息架构学将课程内容可视化呈现，保证线上教学与线下教学的实质等效。

参考文献：

[1]孙慧琛，孙琦．信息图表中的架构设计方法[J]．大众文艺，2018(10)：67-68.

[2]何萍．信息可视化图表架构设计与创意表达[J]．现代经济信息，2019(22)：321-322.

[3]胡诗逸．大数据时代下的信息图表可视化传达[J]．大众文艺，2017(10)：113.

[4]郝凝辉．探析信息设计中的信息图表设计[J]．包装工程，2016(9)：76-81.

[5]刘晓宇，陆小龙，黄玉波．基于OBE理念的线上教学实践探索及后疫情时代思考——以“测控仪器设计”课程为例[J]．科教文汇(上旬刊)，2021(0)：87-90.

[6]赵然，孙晓莉．基于“互联网＋”背景的线上教学模式探讨——以房地产金融课程为例[J]．黑龙江科学，2021，12(9)：36-38.

[7]卞卡．当今时代下的品牌设计发展与趋势探讨[J]．才智，2018(23)：212-213.

声乐在线课程教育提升教学效果分析

李媛媛　朱智楠[①]

摘要：在"互联网＋教育"的时代背景下，在线课程的建设正在以"全覆盖"的趋势蓬勃发展，加之疫情防控常态化需要，线上教学比例相比以往有了大幅提高。声乐在线课程不仅延续了传统声乐教学的精华，而且深化推进线上线下的混合式教学模式。更符合新时代教育发展的趋势，能够为声乐教学提供良好支撑。

关键词：在线课程；声乐教学；教学效果

2012年以来我国教育信息化领域的政策集中出台，《国家中长期教育改革和发展规划纲要(2010—2020年)》中提出"加快教育信息化进程"、2012年3月的《教育信息化十年发展规划(2011—2020年)》对未来10年的教育信息化建设提供了指导意见和总体方向。教育信息化的核心内容是教学信息化。教学是教育领域的中心工作，教学信息化就是要使教学手段科技化、教育传播信息化、教学方式现代化。适应正在到来的信息化社会提出的新要求，具有重大的意义。2018年4月13日，教育部正式发布《教育信息化2.0行动计划》。2021年1月，全国教育工作会议提出"加速推进教育信息化，提高应用水平"。

笔者认为声乐学习是一门极具个性化的学科，演唱技巧的"教与学"须秉承交互式针对性的教学理念，声乐在线课程作为一种以网络平台为依托的学习模式是无法完全替代线下声乐学习的，但网络技术井喷式发展又将师生们推动到"互联网＋"的洪流之中。"疫情防控常态化"也进一步催化和检验了网络平台教学的强大发展空间。当今的音乐专业学生需要适应网络学习并运用其优势于今后的学习与工作中，这对于学生而言无疑是提出了更高的要求。笔者认为能够适应时代发展要求的关键在于以下几个方面。

① 李媛媛，女，首都师范大学音乐学院副教授，研究方向：声乐演唱与教学；朱智楠，女，门头沟少年活动中心声乐教师，门头沟少年活动中心合唱团指导教师兼指挥，研究方向：声乐教学、合唱指挥。

一、学术中的梳理

当下高校都对运用网络平台教学的活动大力扶持，如在线课程录制、直播课程平台技术支持、线上线下混合式教学后台支撑，以及后期学生考核评估跟进等。在硬件不断提升的背景下，对于教师教学内容、教学手段、评测闭环等方面软实力要求就成为关注要点，声乐教学亦是如此。一名有能力有经验的声乐教师，在线下一对一课堂中能够完美地完成教学任务，源于技巧性课程的唯一实时性特点，可以说：教师处理相同的演唱技术时，切入到不同学生不同阶段其教学方式会有所变化。而在线课程录制，需要标准统一具有可重复观看学习的属性。这就需要在课程内容设计上下功夫，即便有多年的教学经验，也要对重要教学点予以剪裁取舍，教师梳理知识点后完成在线课程录制，将全面提高教师教育水平、教学理念、执行手段。尤其是在声乐在线课程的测验评估环节，教师需要准备文案、问答、欣赏、点评、课堂交流互动等诸多内容，使得声乐教学又具有模块化集成特点，使得教师的学术水平得到最大化的体现。

二、实效中的坚持

表演类学科受时间、空间影响较大，导致在网络教学过程中势必会遇到较大的阻碍。例如教师的示范、学生的演唱演奏、情绪的传递都会受到信号干扰等因素的影响而断裂，尤其对于刚入学的学生，他们对专业技术的掌握尚停留在建立认知的基础阶段。所以很多教师面对这一阶段学生的教学，以输出理论性的知识或简单易操作的技术为主，学生在这一过程中需要反复实践。尤其是技术性的实践，建议学生们通过录制、听辨、纠正的过程总结感受，达到熟练掌握的程度。这些看起来不高效的方法看似花费更多的时间，但完整的过程能够培养学生分析自己的演唱与演奏，辩证思索，不断突破自我。

三、规范中的个性

因材施教是教师展现品格与能力的重要标准。在教与学的初期均是规范性的重要表现时期。学生在这一阶段要着重理解学科与教师的教学理念，甚至是具有标识性的代表意义。突破这一阶段后，则体现出文化与人文的多元性与多样性，也是教师由专业影响向人文关怀上转型的过渡时期，正可谓经师易遇、人师难遇。在这一过程中，教师与学生的沟通能力会直接影响沟通的有效性，这既是教师教学能力的体现，也是学生需要提升的重要能力之一。沟通能力的提升在学习与工作甚至是生活中都具有十分重要的意义，它可以提升我们学习与工作的效率。在与工作后的毕业生交流中，体会尤为深刻。在教学资源配置不断优化的今天，衡量一名师范学生的标准已经从具备专业素养提高至运用专业素养，从能教提高到会教。因此，单一培养学生的专业技术已经不能满足高速发展的社会。

四、严谨中的灵活

我们最初在接触网络时学习的形式就是运用网络平台搜集资料，它的优势体现在信息体量大、来源广，至今仍是许多学科前期工作的重要来源。在庞杂的资料中梳理出精练的信息，是学生们能够完成的初期工作。但这些信息是否具有实效性则需要实践来检验，例如许多专著中提出的观点与技巧正是经过理论、实践、再理论、再实践而生成的。在教学过程中不难发现，有很多学生运用网络平台搜集的内容依然处于固守、单一的模式，即按照要求在搜索引擎中输入关键词、相关词。提出的观点与实践的结果显示这些成果虽然严谨但不免缺失了创造性与灵活性，当然，这与我们国家的教育体制亦有关联。基于此，学生们利用网络平台的形式与内容都需要革新。引导学生由被动化为主动，引导学生主动思考，激发学生学习热情甚至敢为人先，敢于革新是“互联网+”时代对于师生的考验。

五、行业中的引领

高师院校在培养师范类人才的征途上经由一代又一代前辈的教育实践，在学科建设上渐趋完善，在不同时期形成了各具特色的教学风格，硕果颇丰。在回顾历史中不免思索，如何进一步突破，全面、准确、扎实地把握教育的实质。应当说，音乐教育是音乐艺术的特殊组成部分，它随着音乐艺术的发展而变迁与不断变化，也可以说，离开音乐的音乐教育犹如脱离具体肤色、发色而评价某件服装的搭配是否得体，十分片面。因此，我们的音乐教育不能与音乐分割开来，也要着重考量其专业与素养综合而来制定学生的短期或长期培养目标。学生在宝贵的大学学习期间需夯实基础、精于专业技术的成长，达到专业与教学的有机结合，在探索音乐艺术与音乐教育的路上不断前行。

六、经典中的传承

经典作品的研习是学生学习过程中不可或缺的组成部分，学生在经典作品中汲取的养分不仅停留在作品的本体，更多的是作品背后的文化背景。不难设想，倘若巴洛克时期的音乐家再世，面对今天声乐演唱所迸发出的艺术魅力与奇幻色彩是否会瞠目结舌？时至今日，活跃在世界各地歌剧舞台的经典作品几乎都贴有创造性、开拓性的标签，所以在与学生探讨经典作品的学习时，使他们能够以历史演变的脉络为源头，以分析研究形成风格的内在规律为重要抓手，最终达到促进学生成长并对推进教育起到积极的意义。

声乐在线课程中设计了“中国声乐名作欣赏”章节，以中国经典作品为入选标准。这一环节设置，不但对学生学习有帮助，更是一个重要的思政教育的教学点。比如入选的中国经典歌剧选段欣赏，入选歌剧都是具有民族底蕴经得起考验的经典，贯穿中华民族伟大复兴的精神。革命题材如《江姐》《洪湖赤卫队》《白毛女》，历史题材如《西施》《赵氏孤儿》，文学名著题材如《伤逝》《原野》，又如中国民族声乐作品《红楼梦》《民族民间歌曲》《古诗词作品》《当代创作歌曲》，这类作品不但需要极高的演唱水准，还能够凸显我国民族多样艺术门类丰富，百花齐放的繁荣艺术氛围。

七、前进中的鞭策

“创新”一词，已成为人们学习、工作、生活中出现的高频词汇，不少学生也希望通过“创新”获得便利。回顾音乐学科的历史与发展，我们时而认为这个学科难创新、时而认为这个学科易创新；“难”在我们难以突破作品的创作手法、难以摒弃科学的演唱方法，“易”在好像我们与别人不同就是创新。也许音乐艺术的生命力正是来自匠人精神，是爱与坚持所带来的美好。我个人希望培养学生能够具有创新精神，但并不鼓励学生在基础尚未牢固时为了创新而创新，在不具备创新能力时生硬创新，这样的创新只是无谓的空谈。在音乐教育队伍日益壮大的背景下，我们既要高效地培养有扎实学识的学生，更要培养有高尚情操、有艺术风骨的音乐教育工作者。

八、文化中的自信

二十余载的音乐教育生涯使我对教育，特别是声乐教育的各种问题有了许多思考，其中涉及教育理念与体制、学科建设与发展等。声乐教育在课程思政层面有着强大的功能性，如何培养出具有文化自信的学生，使其内化于心、外化于行是每一位声乐教学工作者的初衷与目标。民族风格的作品是我国人民幸福生活的一个个鲜活的缩影，如此，引领学生加深加强对于中国作品的演唱与学习的深度与广度，追求鲜明的民族特色已成为教学过程中重要的基石。所以，我将要求学生在民族风格作品的学习中要体现出艺术性、深刻性、纯粹性，呈现出我国丰厚的历史文化背景及与丰富情感相匹配的音乐精品。这不仅是技术层面的新的尝试，更是对民族文化的自信和民族精神的弘扬。

九、结语

“互联网+”时代下，教师应该思考，“互联网+”最需要“+”什么？首先要满足学生的学习需求，共享优质教育资源和接轨社会职业趋向并重。教师应深入学习贯彻党的十九届五中全会精神，繁荣发展文化事业和文化产业，提高国家文化软实力。坚持马克思主义在意识形态领域的指导地位，坚定文化自信，坚持以社会主义核心价值观引领文化建设，加强社会主义精神文明建设，围绕举旗帜、聚民心、育新人、兴文化、展形象的使命任务，促进满足人民文化需求和增强人民精神力量相统一，推进社会主义文化强国建设。

声乐在线课程紧扣探究性特点为培养目标，强化声乐表演的综合性专业化要求。以传承经典为契机，引入思政教育。在教学材料组织、范例选取、活动设计、练习要求等方面，力求突出“思想性、实用性、综合性、多元化”。

参考文献：

[1]许欢．国内高校在线课程建设理念演化研究[D]．重庆：西南大学，2019.

[2]姜玉砚．优化混合教学模式　提升高校办学质量[N]．山西日报，2021-04-27(10).

[3]赵磊．高校 MOOC 创新扩散动因及路径研究[D]．大连：大连理工大学，2017.

[4]张琳．师范生信息化教学能力培养研究[D]．上海：华东师范大学，2019.

[5]廖明智．疫情背景下“翻转课堂”模式在高校在线声乐课中的应用[J]．歌剧，2020(4)：90-91.

[6]顾玉宛．基于分段式的 SPOC 在线课程教学设计与实践[J]．计算机教育，2021(5)：45-49.

[7]崔有波．互联网对学习型社会建设的影响研究[D]．北京：中共中央党校，2019.

[8]张金龙．交互视角下高校教师网络培训效果的影响因素研究[D]．重庆：西南大学，2017.

[9]陈静．面向 MOOCs 的学习行为与情感分析[D]．西安：西北大学，2020.

[10]吴慧婷．基于多维度信息融合的学生在线学习投入度研究[D]．武汉：华中师范大学，2020.

依托慕课探究高等职业教育教学模式改革趋势

赵 婷 李媛媛①

摘要： 当前，高等职业院校正面临大踏步改革的春天，学历层次的提升，专业实操能力的提高都是迫在眉睫要解决的主要问题。此前，我国职业教育基本集中于职高三年，多分层于初三毕业后，而大部分职高学生在经过三年的职业培训后很难找到薪资高、技术含量高的工作岗位，在工作岗位中也很难提升和受到重用，阻碍了社会经济的高水平发展。随着社会的进步和市场经济的建立健全，多数职高生毕业选择升入大学进行深入的学习。在2019年初，国务院正式印发的《国家职业教育改革实施方案》中全面概括了职业教育的新时代发展趋势，我们迎来了高等职业教育的大发展。慕课作为一种新型教学模式，应与高等职业教育教学模式改革充分融合发展，解决高等职业教育诸多根本问题。本文将以慕课在高等职业教育中的融合为研究基础，进行高等职业教育教学模式改革趋势的探究。

关键词： 职业教育；慕课；教学模式改革

2021年4月，教育部印发《关于学习宣传贯彻习近平总书记重要指示和全国职业教育大会精神的通知》，要求教育系统深入学习宣传贯彻习近平总书记重要指示和全国职业教育大会精神，加快构建现代职业教育体系，推动职业教育高质量发展，为全面建设社会主义现代化国家提供坚实的人才和技能支撑。在2014年习总书记就对职业教育做出重要指示，习总书记用三个“重要”描述职业教育的战略地位。第一个“重要”是，职业教育是国民教育体系和人力资源开发的重要组成部分；第二个“重要”是，职业教育是广大青年打开通往成功成才大门的重要途径；第三个“重要”是，职业教育肩负着培养多样化人才、传承技术技能、促进就业创业的重要职责。我国自1996年9月1日起，施行《中华人民共和国职业教育法》，当中陈述职业教育是国家教育事业的重要组成部分，是促进经济、社会发展和劳动就业的重要途径。国家应发展职业教育，推进职业教育改革，提高职业教育质量，建立、健全适应社会主义市场经济和社会进步需要的职业教育制度。实施职业教育必须贯彻国家教育方针，对受教育者进行思想政治教育和职业道德教育，传授职业知识，培养职业技能，进行职业指导，全面提高受教育者的素质。

---

① 赵婷，女，北京青年政治学院声乐教师、学前教育专业艺术教研室主任，研究方向：声乐演唱与教学；李媛媛，女，首都师范大学音乐学院副教授，研究方向：声乐演唱与教学。

MOOC即"大规模开放在线课程"，中文音译为"慕课"，近年来引起了国际社会的广泛关注，甚至被一些学者比作教育界的"海啸"。其本质上是不受时间地点限制，根据个人能力需求，学生可以自主选择学习科目、教师以及学习内容。深化教学改革和优质教育资源共享是教育的永恒主题。以信息技术与教育教学深度融合为特征的教育信息化逐渐成为了我国高等职业教育领域的大势所趋。推进MOOC与高校职业教育的深度融合，为促进资源共享和教育公平提供理论参考与现实依据。

职业教育与普通教育是两种不同教育类型，具有同等重要地位。慕课成功开启了职业教育"互联网+"的运营机制，改革开放以来，职业教育为我国经济社会发展提供了有力的人才和智力支撑，现代职业教育体系框架全面建成，服务经济社会发展的能力和社会吸引力不断增强，具备了基本实现现代化的诸多有利条件和良好工作基础。随着我国进入新的发展阶段，产业升级和经济结构调整不断加快，各行各业对技术技能人才的需求越来越紧迫，职业教育重要地位和作用越来越凸显。

但是，与发达国家相比，与建设现代化经济体系、建设教育强国的要求相比，我国职业教育还存在着体系建设不够完善、职业技能实训基地建设有待加强、制度标准不够健全、企业参与办学的动力也不足等问题。这时，慕课这种新型的教学模式，就能够将这些实际问题在不受时间空间约束的前提下解决了。这种课程模式实现了顶尖高校教育资源在世界各地的共享扩散，满足了职业学生对学术的渴望，为职业教育革新带来了机遇。"没有职业教育现代化就没有教育现代化"，将慕课融入高等职业教育教学模式改革中，将有力促使高等职业教育全面快速发展。

一、慕课促使高等职业院校完善贯通培养体系

以北京作为案例进行分析，我们会发现，一方面，北京的中职学校近五年内都在逐步萎缩，部分学校面临没有生源的困境，而升入普通高中的学生大多都不甘于报考高职类高校继续学习，由此，高职学校一度成为"考不上本科院校"的代名词，家长与社会舆论在这时也起到了不少负面作用。这些升入高职院校的生源背负着这样的标签，加之自身学习动力又不足，好的学习习惯没有养成，总体上就变成为社会中下层的工作者。

另一方面，教师队伍在生源有限的情况下，教学质量得不到提升，教学发展成为了掣肘的关键所在。随着信息化时代的到来，改变学习方式和工作方式迫在眉睫。慕课作为一种新型的开放式网络课程，充分实现了教育教学资源的共享，学生可以借助慕课平台学习感兴趣的课程内容，教师也可以在慕课平台将自己擅长的课程教学分享给更多的学生，大大提高了"教与学"双方的积极主动性。

职教二十条中提到的中高职贯通培养体系，正需要慕课的融入，将传统教学模式

打破，形成更加开放、灵活、便捷、高效的新型教学模式补充，优化教育教学结构，摆脱中高职教育教学内容衔接不充分的尴尬局面。

二、慕课推进高等职业教育高质量发展

“高质量发展”是现今社会崇尚的教育教学理念，我们国家正在从制造大国向技术核心强国转变，大国工匠的层层辈出，需要大力推进高等职业教育教学的高质量发展。大学是象牙塔，更是培养全方面人才的高地，慕课作为一种新型的开放式网络平台，为高等职业教育教学提供了“云空间”。课程互通、学分互认、资源共享，慕课以一种开放式的态度为高等职业院校的学生们打开了一扇大门。学生可以在这个平台充分汲取营养，无论是跨专业、跨学科，还是跨地域、跨山河。学生学习不再以修满学分为目的，而是依据学习兴趣和学习特点出发，寻找自己最感兴趣的、最喜爱的课程。在根本的原动力上有了改观，学习的成效定会显著提升。

三、慕课提升高等职业教育教师专业素养

慕课教学，对教师的数字化教育教学能力有着极大的考验，这不仅能够促使教师个人努力学习和提高信息化教学水平，更能够加快高等职业教育教学水平的整体提升。在开放、灵活、便捷的慕课网络平台，学生们不仅可以自主选择课程，还可以选择自己喜爱的授课教师，真正意义上实现了“翻转课堂”。高高在上的教授、专家、学者，平日里抢不到前排位置的尖端讲座、学术论坛，学生可以充分行使自己的选择权，如果还有教师故步自封，不能够与时俱进，那必将被时代所抛弃。所以，高等职业院校的教师必须不断提升自己适应时代的新要求、新变化，努力让自己成为慕课平台的“实力主播”。

四、慕课完善高等职业院校教育教学评价体系

新形势下，高等职业教育教学评价体系需要针对慕课的融入制定新的标准，其内容可以囊括翻转课堂、学习效果、混合学习、教学模式、教学设计、音视频资料、学习行为等诸多方面。建设教育教学评价体系，通过调查研究评价慕课平台的建设效能，运用具体参考指标反推教学效果，如课程播放量、学生学习评价值、学生作业水平反馈、社会影响度、业内专家认可度等参考值加以评价。一个完整的教学评价体系，需要线上线下两部分组成，指标参数可以进一步研讨和规范，这将对高等职业教育慕课教学模式起到良好的支撑作用。

综上所述，慕课作为一种新形势下高等职业院校教育教学模式，必定会对高等职业院校的全面发展起到积极的推动作用。我国的社会主义经济建设、社会发展和劳动就业也必定会越来越好。

参考文献：

[1]吴向明，杜学文，孙丽雅．国际比较视角下职业教育专本研衔接的内涵与路径[J]．中国高教研究，2021(5)：92-97．

[2]阎惠丽．工匠精神培育视阈下高等职业教育人才培养模式探究——评《工匠精神与职业教育》[J]．皮革科学与工程，2021(3)：1-2．

[3]唐智彬，贺艳芳．当前国际职业教育发展主题及我国的改革走向[J]．河北师范大学学报(教育科学版)，2021，23(3)：82-92．

[4]李辉．新时代我国高校师范生职业理想教育研究[D]．石家庄：河北师范大学，2020．

[5]杨婷婷．教育投入与我国经济发展研究[D]．北京：中国社会科学院研究生院，2020．

[6]俞亚萍．高职院校教学名师能力素质模型构建及应用研究[D]．南京：南京师范大学，2020．

高校外语课堂信息技术融合的实践探索

——以“西班牙语听力”课程为例*

奚晓清①

摘要：“互联网＋”时代背景下灵活采用多种形式的在线教学契合外语学科的个性化学习需求，是信息技术与课程深层次整合的必然发展趋势。本研究以西班牙语听力课程为例，开展了基于移动学习软件和翻转课堂的混合式教学模式的探究与实践。混合式教学设计应以学生为中心，发挥必要的教师主导作用，将线上线下学习环节有机结合，实现二者的优势互补。相关学生调查问卷的数据分析既表明了混合式教改实践取得的积极效果，也呈现了不足之处，本文针对需要改进的地方也提出了应对策略。

关键词：西班牙语听力；混合式教学；移动学习

一、引言

近十年来，教育开始步入数字化时代。教育部在《教育信息化十年发展规划(2011—2020年)》中明确指出，教育信息化要以教学方式的创新为核心，高校深化教育改革需要着力推进信息技术与教育教学的深度融合。② 当前以慕课和翻转课堂为代表的“互联网＋教育”新形式正在加速改变传统教育模式，形成一场基于信息技术的根本性变革。2020年初全球新冠肺炎疫情暴发，高等教育领域面临重大挑战。教育部要求高校充分利用“大规模开放在线课程”和省级、校级优质在线课程教学资源，依托各高校在线课程平台、校内在线学习空间，有效开展线上教学与线上学习，以实现“停课不停教、停课不停学”。③ 可以说，新冠疫情作为一剂“催化剂”介入到高等教育系统，正在

* 本文属首都师范大学校级教改项目“基于移动学习软件和‘翻转课堂’的混合式教学模式在西班牙语专业听力教学中的设计与实践”。

① 奚晓清，女，首都师范大学外国语学院讲师，研究方向：翻译、听力教学。

② 中华人民共和国教育部：《教育信息化十年发展规划(2011—2020年)》，http://old.moe.gov.cn//publicfiles/business/htmlfiles/moe/s5892/201203/xxgk_133322.html，访问日期：2021-04-01。

③ 中华人民共和国教育部：《关于在疫情防控期间做好普通高等学校在线教学组织与管理工作的指导意见》，http://www.moe.gov.cn/srcsite/A08/s7056/202002/t20200205_418138.html，访问日期：2021-04-01。

加速推进高等教育与互联网的深度融合和换挡提速。

在后疫情时代，高等在线教育已从应急转换为新常态①，疫情防控下的复学复课必然要继续同在线教育相结合，同时也对高校教师提出了更高的要求。如何将技术更好地融入教育教学过程中，如何将实体课堂与线上活动更好地衔接起来，如何根据课程特点选取恰当的教学策略完成混合式课程设计，以及如何更妥善应对目前干扰线上学习的各种不利因素（如教学流程烦琐、网络不稳定等）都是亟待我们在实践中不断思考和解决的问题。鉴于此，本文以首都师范大学外语学院西班牙语系"西班牙语听力"课程为例，深入探索混合式教学改革模式，以期能为高校同行实施混合式教学提供有益借鉴与实用参考。

二、西班牙语听力课混合式教学模式的设计与实践

（一）前期研究和混合式教学改革设计理念

目前我国混合式教学的研究和实践正呈现迅猛发展态势。随着互联网技术和移动终端的快速发展，微课、慕课、翻转课堂、在线会议等多种形式的线上学习方式已日益融入高校教学活动中。而我们在前期调研和查找文献过程中发现外语教学类的相关研究大多集中于英语专业的某些科目，具体适用于小语种专业小班的完整教学设计，以及评估教学实践效果的研究寥寥无几。因此，在2018—2019学年度，我们首先依托我校本科生科研与创业行动项目，以学习者的个性化需求为导向，同西班牙语系专业本科二、三年级同学在课堂内外开展了"'互联网+'时代大学西班牙语听力教学变革探究"项目。在包括我校在内的国内11所高校的西语专业投放了"关于西班牙语听力教学现状"的调查问卷，考查了学生对于传统听力课堂教学以及混合式教学手段和学习策略的看法，并在分析调查问卷反馈结果的基础上，设计并实验了利用微信小打卡程序辅助线上自主学习与翻转课堂相结合的混合式教学模式。在实验课结束之后，我们再次通过问卷调查和记录学习日志获得学生详细反馈，明确了本次混合式教改研究的设计思路和创新突破口：

第一，在信息化背景下成长起来的"00后"大学生对数字化学习方式已经非常适应，他们的问题在于面对互联网上海量的碎片化信息和学习资源容易感到茫然焦虑，不知如何筛选。教师可以依据教学目标充分利用在线上的优质学习资源，精选出符合学生外语水平和认知能力的视频自主学习材料，通过在线教学平台按每月一次的频率推送给学生学习。在混合式教学环境中，学生的学习环境、态度、策略和学习方法均发生

① 刘永林、周海涛：《后疫情时代高等在线教育治理：实践逻辑与政策应对》，《中国电化教育》，2021年第3期，第8页。

了变化，学生的自主学习意识更强，对于搜集并整理优质的、适合自己的学习资料的需求更大。[①] 定期更新的互联网多媒体资源不仅有效拓展了学习的广度与深度，其语言较传统课本教材更加鲜活生动，贴近时事热点，可以充分调动起学生的注意力和积极性，激发学生主动探究的兴趣。

第二，充分利用“师星学堂”网络教学平台和“学习通”教学软件，创建移动教学空间，打破教师、学生、教学资源间的时空限制，实践混合式教学模式。移动技术辅助语言学习在扩展学习时间、丰富学习交互、提高学习效率等方面具有无可比拟的优势[②]，能为学生听力学习创造理想的“全天候”浸泡式语言学习环境，弥补线下听力课学时不足的问题。此外，切实利用好我校专属的教学平台和企业微信班级群，可以有效实现对学生线上学习的监督和引导，并解决之前使用普通微信群和微信小打卡程序开展在线学习频繁出现的系统稳定性差，学生自主学习易受外界信息干扰等问题。

第三，利用小组合作学习方式和翻转课堂教学模式，把线上和线下学习有机结合起来，实现优势互补。师生通过在线讨论和小组协作合作完成自主学习视频作业，将其转化为 PPT 课件成果，在线下课堂完成讲演展示。自主学习小组展示作业不仅培养学生主动发现、思考问题的能力，创新创造的能力，也有助于提升与听力学习密切相关的综合概括以及思辨分析的能力。

(二)课程基本信息与教学环节设计

“西语听力”课程是首都师范大学外国语学院西班牙语系面向西班牙语专业一、二年级本科生开设的专业必修课，旨在提高语言应用能力和交际沟通能力，并将文化知识的拓展和跨文化交际能力的发展融于培养听力能力的动态发展过程中。该课程时长共计 16 周，每周 2 学时。在 2020—2021 学年度第一学期，我们采用了线上“师星学堂”平台和“学习通”移动教学软件辅助线下语音室面授课堂的模式，探索实践了混合式教学过程。

1. 线上学习环节设计

课前教师将音视频材料、PPT 课件通过网络教学平台推送到学生的移动设备上，学生在网络学习平台课程上的“资料区”和“章节区”即可在线播放、回看或下载学习资料，完成课前预习和课后复习。经过教师精选的音视频自主学习内容短小精练，信息密度高，便于学生使用智能手机等各种便携移动设备将听力材料变为“口袋丛书”，充分利用碎片化时间完成学习任务。下一步即翻转课堂的准备阶段，我们将班内学生分为 10 个小组，每组 2 人。每 4 周完成一个单元的自主学习内容，并准备每月一次的小

① 张欢瑞、杨芳、张文霞：《基于 MOOC 的混合式教学设计与实践——以“基础英语听说”课程为例》，《外语电化教学》，2019 年第 5 期，第 65 页。

② 张洁、王以宁：《移动技术促进英语听说教学的实证研究》，《现代远程教育研究》，2011 年第 3 期，第 74 页。

组展示作业。依靠在线学习平台和移动终端的交互功能，师生和学生之间可以实时交互，完成答疑、合作讨论学习等形式的教学活动。我们主要使用课程“讨论区”发帖展示 PPT 形式的小组作业，设置讨论主题，教师和课程助教负责答疑和引导在线讨论。

2. 线下学习环节设计

在面授课堂上，学生经过线上自主预习视频内容便可跨入翻转课堂的实施阶段。学生通过小组汇报展示自主学习作业，具体步骤包括：视频回顾、词汇拓展、复述大意、测试练习以及互动讨论。听力课堂在经过以学习者为中心的“翻转”后，极大地缩减了教师的讲授时长，增加了互动、探究、问题解决和个别化指导的时间，提高了学生课堂学习效率。在翻转课堂探究活动结束后，教师对整个教学过程和内容进行点评和总结，帮助学生归纳、提炼最核心的学习内容，以便学生把握课堂重点，提升认识。课堂授课的最后一个环节是为新一个周期的线上学习布置课前准备活动，最终形成翻转课堂教学的闭环设计。

三、教学实践效果评估与思考

为检验教学改革效果，我们在学期末使用问卷星软件制作调查问卷并通过企业微信班级群面向 2019 级全班 20 名学生发放了调查问卷，共回收有效问卷 19 份。笔者依据该问卷调查的数据分析、师星课堂学习平台的统计数据、课堂观察以及对学生的访谈对“西语听力”课程的混合式教学实践、效果以及需要改进的问题进行了梳理和思考，得出结论如下。

第一，从教学实践效果来看，调查数据显示学生对使用移动教学平台与翻转课堂相结合的混合式教学模式改革的整体满意度非常高：52.63％的学生很满意，47.37％的学生满意，总体满意度达到了 100％。89.47％的学生认为目前所采用的在线自主学习与翻转课堂小组讲演展示相结合的教学活动效果很好，10.53％的学生认为效果一般，自主学习吃力。这表明线上与线下教学实现了有效衔接，融合度较高。

第二，相比传统课堂，应用混合式教学模式的优势明显。从笔者本人的课堂观察来看，大多数学生对小组学习和翻转课堂的参与度远高于传统课堂，学生学习的兴趣和主动性都有了明显提高。翻转课堂除给予学生更多提升外语听说能力的机会外，也培养了学生协作、创新等综合能力。问卷调查数据同样印证了这一点：73.68％的学生认为混合式教学形式新颖有趣，提高了学习积极性。63.16％的学生认为通过课前自主学习缓解了听力学习中容易产生的紧张情绪。26.32％的学生认为对扩充词汇量和积累文化常识有所帮助。

第三，我们在教学实践的过程中发现目前采用的混合式教学模式还存在一定局限性，需要继续改进。首先，传统教师的角色转变为课堂活动的组织者和协助者，这对于线上线下驾驭课堂以及引导学生的能力提出了更高的要求。我们在师星课堂教学中发现的突出问题是学生对在线发言讨论普遍不够积极主动。针对这一问题的调查显示，89.47%的学生认为可以设计更有趣味的在线讨论话题和题型，31.58%的学生认为应该增加师生互动。仅有一名学生认为在线讨论对自主学习视频的学习帮助不大。这表明在线讨论活动与传统课堂教学一样需要教师精心设计、组织和陪伴才有良好效果，教师应更加灵活机动，对线上线下活动进行实时的动态调整。另外，应转变传统的以终结性评价为主的考核方式，引入在线评论、同伴互评等多元化评价方式增强学生自信心和成就感。

第四，为更加客观地反映混合式教学改革的成效，以及真正做到以学生为中心，应以学情分析为基础展开更深入的研究。教师可以对学生的听说水平进行前测和后测成绩对比，通过实验班和对照班进行横向和纵向比较，获得更具说服力的数据报告。也可以通过学生在线学习的时长、访问频次等学习行为数据分析学生的学习偏好，通过学习过程中产生的各种成绩了解学习效果，实现个性化、差异化教学。

最后，混合式教学模式对学生自主学习能力和自我管理能力有较高要求。通过问卷调查我们发现31.58%的学生认为学习视频的难度应降低，26.32%的学生认为使用移动学习软件练习听力时集中注意力有困难，易被与学习无关信息干扰，或线上学习负担重。这表明教师在设定自主学习任务时应充分考虑学生的实际语言水平，西语听力课程开设在本科低年级，学生尚处于初学一门新外语的阶段，因此教学目标的设定应以课本知识点为基础，自主学习的视频材料不宜过难，应围绕学生较熟悉的题材挑选。此外，可以设计与学习视频相关的课前准备与导入活动，让学生明确学习目的。翻转课堂的小组展示作业也可以根据学生个性特征和兴趣爱好更加多元化，可以增加更加丰富多样的翻转课堂活动，如：段落配音、词汇比赛、角色扮演、课堂辩论等。

四、结语

教改实践研究表明基于在线学习平台和翻转课堂的西班牙语听力课程混合式教学模式能够将信息技术智能、高效的优势与教学深度融合实现教学创新，受到了学生的普遍欢迎。移动设备终端不受时空的限制，契合外语听力学习和个性化学习的需求，弥补了因传统课堂学时不足和语言环境缺失造成的目标语言输入量不足的问题。翻转课堂形式的教学突破了传统语音室教学机械操练的固定模式，给予了学生自己建构知识的机会，同时也锻炼了学生各方面的能力。

未来，“互联网+”是驱动教育发展的要素和动力，将推动整个教育生态的解构与重构。① 作为高校教师我们应把握时代契机，积极应对教育变革带来的挑战。以提升教学质量为目标，不断探索各种教学手段、教学媒体和教学策略的优化组合，依据学科特点构建更加科学合理、行之有效的混合式教学模式。

参考文献：

[1]陈坚林．计算机网络与外语课程的整合[M]．上海：上海外语教育出版社，2010.

[2]郭建鹏．翻转课堂与高校教学创新[M]．厦门：厦门大学出版社，2018.

[3]刘永林，周海涛．后疫情时代高等在线教育治理：实践逻辑与政策应对[J]．中国电化教育，2021(3).

[4]叶玲，章国英，姚艳丹．"互联网＋"时代大学英语翻转课堂的研究与实践[J]．外语电化教学，2017(6).

[5]张洁，王以宁．移动技术促进英语听说教学的实证研究[J]．现代远程教育研究，2011(3).

[6]张欢瑞，杨芳，张文霞．基于 MOOC 的混合式教学设计与实践——以"基础英语听说"课程为例[J]．外语电化教学，2019(5).

[7]中华人民共和国教育部．教育信息化十年发展规划（2011－2020 年）[EB/OL]．[2021-04-01]．http：//old.moe.gov.cn//publicfiles/business/htmlfiles/moe/s5892/201203/xxgk_133322.html.

[8]中华人民共和国教育部．关于在疫情防控期间做好普通高等学校在线教学组织与管理工作的指导意见[EB/OL]．[2021-04-01]． http：//www.moe.gov.cn/srcsite/A08/s7056/202002/t20200205_418138.html.

[9]中华人民共和国教育部．打造面向未来的"互联网＋教育"[EB/OL]．[2021-04-01]．http：//www.moe.gov.cn/jyb_xwfb/moe_2082/zl_2019n/2019_zl15/201903/t20190311_372914.html.

① 中华人民共和国教育部：《打造面向未来的"互联网＋教育"》，http：//www.moe.gov.cn/jyb_xwfb/moe_2082/zl_2019n/2019_zl15/201903/t20190311_372914.html，访问日期：2021-04-01。

人工智能在西班牙语教学中的应用思考

刘　柳　刘春学①

摘要：伴随着大数据、云计算、神经网络等相关技术的不断进步，人工智能在各领域的应用越发广泛，如何让人工智能在教育教学中发挥作用成为各方关注的焦点。文章梳理了人工智能在教育上的应用现状，结合西班牙语教学中的难点和不足，对人工智能在西班牙语教学上的应用前景进行了探讨。

关键词：人工智能；高等教育；西班牙语教学

一、引言

近年来，人工智能技术在现代教学工作当中的应用越来越广泛，中共中央和国务院在2018年印发的《关于全面深化新时代教师队伍建设改革的意见》中提出"教师主动适应信息化、人工智能等新技术变革，积极有效开展教育教学"②。教育部办公厅于2021年4月印发了《关于开展第二批人工智能助推教师队伍建设试点推荐遴选工作的通知》，积极推进人工智能在教育教学和教师培养方面的应用。

随着中国经济日益全球化，中国与西班牙和拉丁美洲国家的交往呈跨越式发展。我国的西班牙语教学界努力对接国家需求，正在为国家和社会培养输送更多的堪当时代大任的青年人才。西班牙语也成为近十年来人才需求巨大、教学规模增长最快的外语语种之一，成绩引人瞩目。③ 如何充分发挥人工智能技术的作用，助力我国的西班牙语教学发展，值得我们进行深入研究。

二、传统西班牙语教学的不足

传统西班牙语教学模式偏重于基本语法技巧的传授，有助于学生在短时间内形成

① 刘柳，女，首都师范大学外国语学院讲师，研究方向：西班牙语语言文化与教学、外交学、西汉互译等；刘春学，男，国家广电总局广播影视信息网络中心高级工程师，研究方向：广电信息化、网络视听发展。

② 黄博彦：《关于全面深化新时代教师队伍建设改革的意见》，《广东教育（综合版）》，2018年第3期。

③ 张一帆：《浅析二外西班牙语教学现状及应对策略》，《艺术科技》，2019年第11期，212—213页。

基础语言知识框架，但是在很多方面也存在一些不足。

首先是教学资源不足、分配不均匀。虽然近几年来越来越多人开始学习西班牙语，但无论是发展时间还是语言环境，相比较于英语、日语都有较大的差距。在知名图书网站当当网分别以“英语”、“日语”和“西班牙语”为关键词进行搜索，搜索到的图书资料数量分别是 3607281、205510 和 24216[①]，可以看出英语资料和日语资料是西班牙语资料的 149 倍和 8.5 倍。据不完全统计，全国 3000 多所高等院校中仅有 115 所开设了西班牙语相关专业，虽然教育部在 2018 年已经将西班牙语纳入高中课程体系，但能够开设西班牙语课程的高中往往集中在北京、上海、广州等一线城市。

其次，西班牙语学习效果的体现形式也比较单一，主要是一些全国性的专业等级考试，如专四、专八考试等。虽然近年来在各项等级考试中陆续加入了口语考试，但是学生的实际沟通交流水平总体还是令人担忧，学生们的实际应用能力更是远没有达到熟练使用的程度。

此外，传统西班牙语教学通常以大班为单位，以使用固定教材和完成课程教学进度为教学要求，无法做到因材施教，很难同时兼顾到所有学生的学习情况，从而无法提升西班牙语教学的实效性。

三、什么是人工智能

人工智能(Artificial Intelligence，AI)一词其实我们并不陌生，更是我们现如今许多领域的重点发展对象。2017 年，著名科学家、投资人李开复说：“未来的十年将会有 50%的工作岗位被人工智能所取代。”[②]同年，谷歌的 AlphaGo 战胜了世界排名第一的围棋选手柯洁，宣告了在围棋领域人工智能对人类的绝对碾压。人工智能的一个比较流行的定义，是由美国学者约翰·麦卡锡在 1956 年的达特矛斯会议上提出的：人工智能就是要让机器的行为看起来像人所表现出的智能行为一样。[③] 总体来讲，目前对人工智能的定义大多可划分为四类，即机器“像人一样思考”、“像人一样行动”、“理性地思考”和“理性地行动”。[④]

现在人们在日常生活中其实已经方方面面地运用到了人工智能技术，比如网上购物的个人化推荐系统、人脸识别门禁、人工智能医疗影像、人工智能导航系统、人工智能写作助手、人工智能语音助手等等。随着大数据、云计算、神经网络、图像识别

---

① 搜索时间为 2021 年 5 月 1 日。

② 李开复：《未来十年人工智能趋势的崛起》，https://tv.sohu.com/v/dXMvMjUwMzQyOTA1LzglNjk4MDI4LnNodG1s.html? src=pl，2016-10-31.

③ 王万森：《人工智能原理及其应用(第 4 版)》，北京：电子工业出版社，2018 年版，5—20 页。

④ 同上。

等技术的不断发展，人工智能在教育教学中的应用日渐丰富，特别是语音识别、图像识别技术的发展使得人工智能在外语教学上的应用越发广泛。尤其是在人工智能语言识别与翻译的基础上，各种语言翻译软件蓬勃发展起来，为外语学习提供了极大便利。

四、人工智能在教育中的应用现状

人工智能在教育教学中的应用尝试最早可以追溯到 B. F. Skinner 在 1958 年开发的程序性教学器，它能储存和查看教材，接受学生的提问并回答，从而帮助学生强化学习效果。[①] 此后，研究者从课堂实践、教师协作、学习者支持等多个不同角度研究了人工智能技术在教育教学方面的应用，并取得了一些丰硕的研究成果。例如，将人工智能技术与语言学、教育学、心理学、神经科学等领域的相关理论结合，开发了如智能导学系统、智能代理、自动化测评系统、教育游戏等各类 AI 教学应用工具，并在教学中进行了大量实践。[②]

国内学者也从许多不同角度对人工智能在教育教学上的应用开展了诸多研究，并取得了丰硕成果。在中国知网上以“人工智能”和“教育”为关键词进行检索，最早的一篇文献是王正旋于 1984 年发表在《计算机科学》杂志上的一篇名为《人工智能技术在教育中的应用》[③]的论文，该论文对计算机辅助教学系统进行了研究分析。国内多所知名院校纷纷设立人工智能专项研究机构，中国科学院大学、西安电子科技大学、天津大学、南开大学和南京大学等都成立了人工智能技术学院。此外，社会上也涌现了诸多以人工智能教育为特色的校外培训机构，如 OKAY 智慧教育、智慧超人、K13 课外辅导等。进入 21 世纪，随着图像识别、语音识别等相关技术的快速发展以及教育信息化的不断深入，人工智能在教育领域的应用越来越受到人们的重视。

通过对国内市场的调查研究发现，国内已知的人工智能运用于外语教育的产品大多数集中在英语教学方面，主要分为五类：语音测评、智能批改、习题推荐、教育机器人、智能陪练，其中前三类较多。比较成熟的产品有科大讯飞、流利说、驰声、朗播网、极智批改、批改网、作业盒子等等。[④]

近年来，针对西班牙语学习的智能化平台和工具也陆续出现：综合智能西班牙语学习平台网站 Lingualia(https://www.lingualia.com/es)可以根据你的水平匹配课程，

---

① HOLMESW, BIALIKM. Artificial intelligence in education: promises and implications for teaching and learning, https://curriculumredesign.org/wp-content/uloads/AIED-Book-Excerpt-CCR, 2019-08-01.

② 郭炯、荣乾、郝建江：《国外人工智能教学应用研究综述》，《电化教育研究》，2020 年第 2 期，91—98、107 页。

③ 王正旋：《人工智能技术在教育中的应用》，《计算机科学》，1984 年第 4 期，16、33—34 页。

④ 李春琳：《人工智能在外语教学中的应用及研究热点》，《中国教育信息化》，2019 年第 6 期，33—36 页。

提供音频、词汇、语法的记忆卡和在线练习等智能化功能；Memrise（https://www.memrise.com），每节西班牙语课都有游戏和互动，通过生动、图文并茂的方式，让你记忆西班牙语，社区人气也很旺，有很多视频、音频、用法、记忆法、词源的多媒体内容可下载。与此同时，各大翻译器也陆续开始提供对西班牙语的AI翻译功能，如讯飞晓译、清华准儿、网易翻译蛋、搜狗旅行翻译宝等。

五、人工智能在西班牙语教学中的应用思考

人工智能在教育教学中的应用在20世纪便已出现，从早期的CAI到智能导学系统、教育机器人、智能代理等表现出不同的应用形态。国务院于2017年发布了《新一代人工智能发展规划》[①]，将人工智能写入国策，后续发布的《中国教育现代化2035》进一步强化了人工智能在教育现代化中的重要意义[②]。具体到西班牙语教学中，我们认为人工智能应该从以下几个方面发挥更大的作用。

(一)为老师开展教研提供助力

教研工作是影响教师教学效果好坏的重要因素。利用基于班级或个体的学情，通过计算机视觉、自然语言处理、数据挖掘等人工智能技术，并且能根据学生学习过程中产生的新的学情，再次做出调整。

"通过计算机视觉，自然语言处理，数据挖掘等人工智能技术"[③]，基于班级或个体的学情，"为教师生成个性化的教案，包括教学计划，对应课件"[④]，并根据教学过程中学生、老师的反馈，不断进行教案的自动优化。人工智能技术还可以"为教师提供虚拟化的课堂场景，根据老师试讲的过程提出建议，如肢体动作和谐，语言逻辑性等等"[⑤]；同时，可以将教师的体力型工作完全交给人工智能，最大限度地为教师减负，更好地发挥教师的教书育人作用与教学科研智慧。

(二)为学生提升学习效率助力

利用人脸检测、表情识别、姿态识别等分析学生上课的专注度，动态调整学习内容。利用图像识别、文字识别等技术根据授课内容自动生成笔记，将学生所做笔记与

① 《新一代人工智能发展规划》，http://www.gov.cn/zhengce/content/2017-07/20/content_5211996.htm，2017-07-20.

② 《中共中央、国务院印发〈中国教育现代化2035〉》，http://www.xinhuanet.com/politics/2019-02/23/c_1124154392.htm，2019-02-23.

③ 《人工智能在教育中的应用场景》，https://blog.csdn.net/kymdidicom/article/details/114326633，2021-02-27.

④ 同上。

⑤ 同上。

智能生成的笔记进行对比，帮学生笔记查漏补缺。为学生提供更加丰富灵活的语言环境，自动根据学习内容生成虚拟人物、场景，结合虚拟现实等技术让学生在更加真实的语言环境中实践；实时收集学生多维度的学习数据，及时将学生对知识点的掌握程度、认知等级与薄弱点反馈给老师，提升学习实效；利用大数据等技术，将与西班牙语学习相关的资料进行自动甄别、汇总，构建国内西语研学资料库，方便师生特别是偏远地区师生查阅学习。

(三)为家长减负助力

目前，国内绝大多数家长都不具备西班牙语知识背景，对于孩子西班牙语学习上的事情更多的只能是来自于学生自己和老师的口头反馈。在未来，人工智能技术与西班牙语教学的结合将使家长更直观地了解学生的西班牙语学习效果，通过学生课上学习状态、作业完成情况、测验等数据收集，利用知识图谱、深度学习、神经网络的算法，为学生进行西班牙语专业学习画像，进行分析后自动发送给家长，减少家长的焦虑。

(四)为解决作业谁来批、唯分数论等难题助力

利用图像识别技术和智能机器人，精准定位每一位学生，自动识别学生上传的题目并检索答案，及时反馈学生的错题，助力学生高效答题；同时，“用数据指导学生‘定向学习，精准作业(作业减负)’，帮助学生‘减负增效’”[①]，为家长和老师双向解压；“基于手写识别，自然语言处理等技术，实现客观题及主观题的自动批改及赋分，大幅提升阅卷速度”[②]；通过设置虚拟考试场景，利用虚拟机器人对学生西班牙语掌握情况进行综合评判，不再只停留在卷面分数层面。

(五)为学校教学管理提质助力

通过对教师教学质量、学生学习效果、就业实效等综合分析，建立教师、学生智能管理系统，丰富老师、学生评判维度，对教学质量波动、学生综合表现等情况，给出全面评判，从多个维度提升院校西班牙语教学管理。

未来，人工智能在西班牙语教学上的应用不应该仅仅体现在提高教学质量上，更要通过人工智能手段提高学生的学习兴趣和学习效率，变静态的被动学习为动态的主动学习，避免人工智能沦为单纯强化应试教育的工具。这个过程，需要依靠人工智能技术的进步，更需要学校、老师、学生等教育相关方的积极参与。从另外一个角度来说，人类在批判性思考和情感交互等方面的优势，也将不断促进人工智能的自我学习与完善。

---

① 《人工智能在教育中的应用场景》，https：//blog. csdn. net/kymdidicom/article/details/114326633，2021-02-27.

② 同上。

六、结束语

当前，人工智能技术与教育教学活动的结合仍处于积极探索的阶段。当教育遇到人工智能，教育会出现革新，人工智能也会迎来市场的挑战。人工智能在教学应用的表现、应用范围与人们的期待仍有差距，已取得的成果大部分为个案，在通用性方面还未取得突破性进展，在很大程度上还需要深入探究和摸索。随着“00后”成为大学校园的主力军，他们在学习和认知模式、信息技术运用习惯方面有着鲜明的特色，正如腾讯团队在2019年发布的“00后”研究报告中谈到的，互联网和科技应用塑造了“00后”的学习和生活①。可以预见，人工智能作为一种技术工具进入教育教学领域，应用前景将越发广泛。尤其是对于西班牙语等外语语言教学，人工智能将逐步地从辅助走向融入。在宏观上，能够极大地消除贫富差距以及地点等资源限制，让学生们能接受到同等同质的教育机会；在微观上，人工智能可以实现个性化教学，为学生打造更丰富、更生动、更真实的语言环境，让西班牙语学习不再只停留在卷面上、书本里，让语言学习更立体、更鲜活，让中国学生口中的西班牙语更加美妙灵动。

参考文献：

[1]郭炯，荣乾，郝建江．国外人工智能教学应用研究综述[J]．电化教育研究，2020(2)：91-98，107.

[2]黄博彦．关于全面深化新时代教师队伍建设改革的意见[J]．广东教育(综合版)，2018(3).

[3]李春琳．人工智能在外语教学中的应用及研究热点[J]．中国教育信息化，2019，441(06)：33-36.

[4]尼克．人工智能简史[M]．北京：人民邮电出版社，2017.

[5]王万森．人工智能原理及其应用[M]．4版．北京：电子工业出版社，2018.

[6]王正旋．人工智能技术在教育中的应用[J]．计算机科学，1984(4)：16，33-34.

[7]张一帆．浅析二外西班牙语教学现状及应对策略[J]．艺术科技，2019，32(11)：212-213.

[8]Holmesw B. Artificial intelligence in education：promises and implications for teaching and learning[EB/OL]．[2019-08-01]．https：//curriculumredesign. org/wp-content/uloads/AIED-Book-Excerpt-CCR.

[9]Jolin. 人工智能在教育中的应用场景[EB/OL]. https：//blog. csdn. net/kymdidicom/article/details/114326633，2021-02-27.

[10]李开复．李开复：未来十年人工智能趋势的崛起[EB/OL]．[2019-04-21]．https：//tv. sohu. com/v/dXMvMjU-wMzQyOTA1Lzg1 Njk4MDI4LnNodG1s. html? src＝pl，2016-10-31.

[11]国务院．新一代人工智能发展规划[EB/OL]．[2017-07-20]．http：//www. gov. cn/zhengce/content/2017－07/20/content _ 5211996. htm.

[12]腾讯 CDC. 2019 腾讯 00 后研究报告[EB/OL]．[2021-05-01]．https：//zhuanlan. zhihu. com/p/91564935，2019-11-13.

[13]新华网，中共中央、国务院印发《中国教育现代化 2035》[EB/OL]．[2019-02-23]．http：//www. xinhuanet. com/politics/2019-02/23/c _ 1124154392. htm.

① 腾讯 CDC：《2019 腾讯 00 后研究报告》，https：//zhuanlan. zhihu. com/p/91564935，2019-11-13.

“互联网+”背景下高校提升师范生教育实践能力路径初探

周 全①

摘要：教育信息化的快速发展，为高校对师范生的教育实践能力培养提供了新的思路，但信息技术不能替代高校和教师的主体作用。针对目前高校在师范生教育实践培养环节中存在的问题，一些学者运用信息技术在师范生教育实践所涉及的数字资源、空间设计、管理平台、过程评价等方面进行了尝试。本文聚焦师范生和教师两类主体，提出高校应从三个方面提升师范生教育实践能力，包括：建设智慧校园，为师生创造更多的沟通交流空间与机会；优化数字教育资源供给，让师范生能够获得个性化的教育实习资源和学习体系；通过“产学研用训”协同创新有效提升教师的教育实践指导能力。

关键词：“互联网+”；师范生；教育实践

一、引言

当前，随着互联网、人工智能、大数据等信息技术的快速发展，高等教育迎来了新的发展机会，越来越多的学者关注信息技术与学科教学的“深度融合”[1]，致力于研究信息技术所带来的教育教学变革与创新机遇。根据目前的情况来看，在学生的成长过程中，包括互联网、人工智能等在内的信息技术不可能完全替代教师这一角色，特别是自疫情以来，各地通过线上教学落实“停课不停学”的实践经验也表明，传统教育有在线教育取代不了的地方：优秀教师的言传身教、优秀教师的人格魅力以及校园的传统文化氛围[2]。优秀教师对学生潜移默化的影响难以替代。《第四次教育革命》的作者安东尼·塞尔登等人指出，随着时间的推移，未来的教师会逐渐成为学生学习的组织者，给学生答疑解惑，组织学生集体讨论，并给予学生无微不至的关怀，帮助学生实现“德智体美劳”全面发展[3]。这无疑是对未来教师——当前高校的师范生培养提出了更高的要求。兴国必先强师，教师是教育高质量发展的第一资源，师范大学作为开展教师教育的主力军，必须进一步强化政治意识和责任担当，致力于培养学科知识扎

① 周全，男，首都师范大学助理研究员，研究方向：智慧校园、智慧教育、人才培训等。

实、专业能力突出、教育情怀深厚的人民教师[4]。在师范生的培养过程中，教学实践环节是学生从理论学习迈向现实教育教学的关键一步，师范生的教育实践能力高低是师范大学人才培养是否成功的重要指标之一。本文拟探讨"互联网＋"背景下，高校提升师范生教育实践能力的思路和方法。

二、问题提出

2016年，教育部印发了《关于加强师范生教育实践的意见》，明确提出以教育见习、实习和研习为主要模块，全方位构建教育实践的内容体系。在教育见习环节，师范生在见习课堂中，通过课堂观察、问卷调查、访谈等相关调查研究方法，从中发现、分析、研究和解决问题，为后续的教育实践打下理论和实践基础。在教育实习环节，师范生将知识综合运用于教育和教学实践，培养和锻炼自身从事教育和教学工作的能力，进一步加深和巩固专业思想。通过教育研习，师范生重新回忆教育教学情景，认真反思教育教学实践的经验教训，从教育教学活动中选择和确定有价值的研究专题，主动地获得知识、应用知识、解决问题。当前，由于中小学教师的严重缺乏使得高校师范生的大量扩招以及其他一些客观因素，导致师范生的教育实践活动面临着诸多现实困难，主要包括：教育实习基地缺乏，教育实习时间短，实习相关资源匮乏，指导力量薄弱以及"重实习轻研习"等问题。目前大部分高校对于师范生教育实践能力的培养仅限于几周的教育实习，并将教育实践过程作为课程管理，用等级方式进行简单评价，这与2017年教育部印发的《普通高等学校师范类专业认证实施办法(暂行)》中的师范生毕业要求仍存在着较大差距。

三、相关研究述评

师范生的教育实习实践活动与高校、中小学、政府教育管理部门、社会企业等多个主体有关，相关研究论述很多，涉及教育实践理念、课程资源、师资配套、效果评价、运行管理机制等各个方面。在信息技术与教师教育实践相结合方面的论述较少，较有代表性的论述有：李广[5]介绍了东北师范大学提出并实施的"U-G-S"(师范大学、地方政府、中小学校合作)教师教育模式，并在数字资源的特色化建设方面，积极应用信息技术，建设了"互联网＋'U-G-S'"教师教育者专业发展平台、"大中小学课堂对接"基础教育资源服务平台、师范生专业成长交流展示平台等。杜炫杰[6]梳理了师范院校教育实践空间的演变过程，提出了"互联网＋"教育实践空间的特征。在此基础上，基于OPST框架的学习空间再设计流程，形成华南师范大学现代教师教育实训中心设计实例，提出师范院校"互联网＋"教育实践空间设计的方法、空间功能及技术框架。姚云等人[7]在分析了师范生教育实习的基础上，提出应构建“师范生教育实习平台”，实现实习资源的丰富与更新，使实习模式突破时空限制，实现实习管理过程的规范化和自动化。王晓芳等人[8]介绍了新加坡为师范生提供教学实践的做法，包括在实习过程中构筑“课程＋实习”的专业成长网络，开发了记录师范生教育实习全过程的评价工具(电子学习档案)，强调证据驱动，建立严谨规范、多元参与的评价程序。曹彦杰[9]介绍了美国佛罗里达大学的混合现实教学实训系统(Teachliv)。该系统通过VR(虚拟现实)技术创设一种虚拟和现实相结合的混合虚拟环境，让师范生沉浸于一种完全“真实”的课堂环境中，训练其教学技能、管理技能和反思技能等教育教学核心素养，以强化现实环境中教师教育实践和反思的薄弱环节。这些论述主要集中在师范生教育实习中信息技术的应用，包括用于教育实习的数字资源建设、“互联网＋”教育实践空间设计、管理平台建设、教育实习全过程评价系统以及基于VR的混合现实教学等方面内容，既有设计设想和建设实践，也有国外技术应用介绍。可以看出，信息技术在师范生教育实践应用中发挥了一定的作用，如在共享实习资源方面、见习方面可以不受时空限制等；也存在一定的问题，如师生互动不足以及由于技术成熟度的不足，只能构建有限真实和复杂的实习环境等。

四、“互联网＋”视角下高校提升师范生教育实践能力的策略与路径

教育信息化支撑和引领教育现代化，在“以人为本”的理念下，需要进一步聚焦师范生和教师两类主体以及他们之间的沟通环节，充分发挥高校在培育师范生教育实践能力过程中的指导作用。以下从三个方面提出高校运用“互联网＋”思维，提升师范生教育实践能力的策略与路径。

(一)建设智慧校园，为师生创造更多的沟通交流空间与机会

从理论教学研究到教学实践活动，以教师为主体所实施的高水准指导和持续性监督对学生教育实践能力的提升有至关重要的作用，这要求教师和师范生能够获得更多的途径和更好的空间进行沟通交流，使得教师有更多机会引导学生理论联系实际，深入思考，不断总结提高。

当前，作为教育信息化高级形态的智慧校园建设正在全国高校范围内如火如荼地展开。智慧校园将信息技术作为工具和手段，遵循以学习者为中心的理念，以校园里的任何人在任何时间和地点通过任何智能设备均能得到所需课程与服务作为建设目标[10]，是推动信息技术与教育教学深度融合的重要落脚点，也是促进实现师生更多更好地沟通交流的有效途径之一。例如，智慧校园建设中常见的智慧教室，一般兼具课堂直播、录播，远程交互，资源共享等功能。通过课堂直播，可以更大规模地分享优秀教师和学生的课堂经验，录播则便于对优质课堂案例的反复研究；通过远程交互、

资源共享等功能，能够免去师范生进入中小学的各种不便(比如去往实习基地学校的路途不便)，并可以以"上帝视角"了解中小学课堂教学的各种情况，也可以与中小学教师进行沟通交流。师范生在高校教师指导下对实习课堂预先进行学习和了解后，便于后续在实习基地的学习与思考验证，做到有的放矢，有疑问困惑时也能与老师及时沟通，请老师答疑解惑。智慧校园规划建设下的其他各类系统，帮助实现高校各部门业务办理的无纸化、线上化，让"数据多跑路，师生少跑腿"，有效节省教师在非育人工作(如行政工作、日常业务等)事务上所花费的时间，将更多时间和精力倾注在一线教学上。

(二)优化数字教育资源供给，让师范生能够获得个性化的教育实习资源和学习体系

在师范生培养的过程中，一些院校曾尝试建设和应用网络化实习平台，但大部分平台的建设和资源的使用没能达到预期的效果，其关键原因在于平台综合运用困难，资源也只是简单聚集，内容庞杂且未经处理不便检索，没有按照学生所期望的形式进行有效组织和供给，导致师范生使用信息化平台时的获得感与预期之间存在巨大差距，最终使得平台没有得到有效利用。

对于目前的青年学生来说，其认知规律和接受特点呈现出兴趣化、个性化、碎片化的特点，习惯于"去繁求简"，是典型的互联网时代下的年轻人获取信息的方式。因此，必须优化数字教育实习资源的供给方式，使之与知识传授体系以及学生的个人偏好进行有机融合，以此为基础充分发挥好学生的主体作用，使学生更容易获得既丰富又具有针对性的教育实习资源。例如，高校可以将数字教育实习资源从知识图谱、学习体系等多个方面进行整理，将长篇幅、长时间的资源按照具体内容进行细化分类，如听课、评课、交流、备课、试讲、专题研究等，将内容通过个性化、标签化的方式进行组织，并方便师范生查看和反馈(点赞与评价)。在实习平台后端应用数据智能分析技术，对师范生的访问、交流以及反馈数据进行分析处理，以定位其学习兴趣、学习水平、学习能力等特征，在此基础上主动推荐个性化的学习资源和服务，让师范生能够获得适合自己的学习内容和学习体系。同时，优质资源也会通过反馈评价从众多资源中不断脱颖而出，既吸引和惠及更多学生，也为汇聚更多优质资源打下基础。

(三)通过"产学研用训"协同创新有效提升教师的教育实践指导能力

《中国教育现代化 2035》提出，要"加强创新人才特别是拔尖创新人才的培养，加大应用型、复合型、技术技能型人才培养比重"。在新发展阶段，高校必须不断提升师资水平，努力实现用最优秀的人培养更优秀的人。因此，要不断培训提升高校教师素质，帮助教师更好地适应"互联网+"思维，具备信息技术的基本理念和实践基础，能够独立进行深入的学习、思考和实践。例如，在了解混合式教学模式的基础上，教师要能够深入论证所教授的课程是否适合混合式教学，教学目标是以知识的传授为主还是以学生的情感、态度和价值观的提升为主，以及如何利用信息技术设计教学的过程性考核和实践应用能力考核，等等。"产学研用训"协同创新是包含产业企业、高校、科研院所、培训组织等主体在内，按照以人为本、深度融合、多方共赢的原则，通过平台共建、协作应用、优势互补来实现人才培养优化的过程总和[11]。一般由高校牵头，联合产业企业、行业协会等相关主体共同搭建协同创新平台。教师通过在平台中的学习、培训、研究以及应用，一方面能够更新本专业领域内的知识技能体系，为学生提供更多更专业的教学、培训以及实际的帮助，另一方面可以将最新的科技成果知识引入到课程当中，开拓学生的视野，提升人才素质。最终教师通过将学习思维、反思思维、创新思维在教育实践环节传递给师范生，让师范生领悟到教育实践的无处不在以及"三人行必有我师"的深刻内涵。

五、结语

对将来从事教师职业的师范生而言，教育实践能力是一项重要能力，高校和教师在师范生培养过程中扮演着关键角色。本文在分析信息技术在师范生教育实践应用过程中常见问题的基础上，较有针对性地给出了"互联网＋"视角下高校提升师范生教育实践能力的一些策略建议，对于高校应用信息技术培养师范生教育实践能力具有一定的参考价值，也为人才培养实践提供了新的参考思路。

参考文献：

[1]何克抗．如何实现信息技术与学科教学的"深度融合"[J]．教育研究，2017(10)：88-92.

[2]何克抗．以中国特色的教育信息化体现文化自信[J]．中国远程教育(综合版)，2018(9)：17-19.

[3]安东尼·塞尔登，奥拉迪梅吉·阿比多耶．第四次教育革命：人工智能如何改变教育[M]．吕晓志，译．北京：机械工业出版社，2019：166-167.

[4]孟繁华．新时代师范大学改革发展之道[J]．教育研究，2021(2)：17-21.

[5]李广．教师教育协同创新机制研究——东北师范大学"U-G-S"教师教育模式新发展[J]．教育研究，2017(4)：146-151.

[6]杜炫杰．师范院校"互联网＋"教育实践空间建设的研究与探索[J]．电化教育研究，2017(10)：82-86.

[7]姚云，李福华，张继华．我国师范生教育实习改革的路径思考[J]．教育研究，2012(2)：103-108.

[8]王晓芳，周钧．新加坡师范生教育实习质量保障机制研究[J]．比较教育研究，2019(5)：76-82.

[9]曹彦杰．虚拟现实技术在美国教师教育中的应用研究——以中佛罗里达大学为例[J]．比较教育研究，2017(6)：93-102.

[10]李有增，周全，钊剑．关于高校智慧校园建设的若干思考[J]．中国电化教育，2018(1)：112-117.

[11]周全，李有增．面向高校智慧校园建设的"产学研用训"协同创新研究[J]．中国电化教育，2021(3)：104-110.

优秀教师的实践性知识特征

——基于大数据的知识发现

王　陆　彭　功　李　瑶　任　艺①

摘要： 帮助千万名普通教师成长为优秀教师，一直是教师专业发展领域中的研究者和实践者的共同诉求。对此，作者利用多种基于大数据的知识发现方法与技术，对1166名靠谱COP研修教师2016年一年的实践性知识大数据进行了数据挖掘，发现了优秀教师群体实践性知识的成分特征与结构特征，为教师专业发展项目和教师的专业学习提供了新的视角和方法。

关键词： 实践性知识；优秀教师特征；大数据；知识发现

教育改革的实践证明，教师是教育改革和发展的中坚力量，是教育质量的关键因素，教学活动的有效性和学生发展的关键在于教师[1]。早在20世纪30年代，美国的巴格莱就曾提到，"教师问题的重要性可以说超过其他所有问题加在一起总和的重要性"[2]。优秀教师是教师群体中高素质的代表，对巩固和提高教育质量起着重要作用[3]。研究优秀教师的特征及其特征规律，对于引领普通教师的专业发展，促进教师的专业化成长有着重要的积极意义和示范意义。本文以教师在线实践社区（The Teacher's Online Communities of Practice，简称靠谱COP)为研究背景，即一种由专业人员提供基于大数据的专业知识发现服务的学习型组织，针对其中来自10个项目地区的1000多名中小学教师的实践性知识，运用基于大数据的知识发现方法与技术，分析并获得优秀教师实践性知识特征，为教师实践性知识的提升提供理论支持。

一、文献综述

(一)优秀教师及优秀教师特质

对于优秀教师的界定，具有一定的时间范畴属性和空间范畴属性，即具有历史动态性特征和相对性特征[4]。20世纪前半叶，人们往往用社会的理想标准来定义优秀教

①　王陆，女，首都师范大学教育学院教授、博士生导师；彭功，男，北京优学社教育咨询服务有限公司工程师；李瑶，男，首都师范大学教育技术学硕士研究生；任艺，女，首都师范大学教育技术学硕士研究生。

师，将其看成“一个优秀的人——符合公众理想的模范人物”；20 世纪中期，一些心理学的研究，开始尝试鉴别优秀教师的心理和人格特征，并将研究的焦点聚焦在了优秀教师特征的描述和概括上；20 世纪 80 年代以后，随着定量课堂教学行为研究的开展，有关优秀教师的研究开始重视教师在课堂中的行为特点，关注课堂中所发生的师生活动，关注教师对学生成长的影响以及教师自身的工作表现等[5]。

对于优秀教师特质的研究目前还是多以调查研究或经验归纳为主。例如科特勒(Kottler J. A.)等人发现美国小学和高中优秀教师具有良好的学科知识、适当的教学方法和其他相关技能[6]。海(Hay McBer)管理咨询公司的研究发现英国优秀教师普遍在专业能力、教学技能和课堂气氛掌控上超过一般教师[7]。贝苏泽恩(Beishuizen J. J.)等通过调查荷兰小学和高中优秀教师的观念，发现优秀的小学教师关注传授知识和技能，高中的优秀教师更关注建立良好的师生关系[8]。波士顿(Boston M. D.)和利特尔-约翰逊(Rittle-Johnson B.)等人发现优秀教师更多地关注教学任务和学生活动的性质，以便在教学过程中让学生参与概念性的理解、分析性思考和推理，而不是组织或参与以教师为中心或以学生为中心的教学[9-10]。

国内的相关研究中，郑和总结了优秀教师与普通教师相比在教学创造性、学术潜能、专业信念、专业追求、专业个性和专业地位共 6 个方面的特征[11]。时艳芳和刘莎莎通过对学生的开放式调查及运用扎根理论，发现优秀教师特质可以概括为：为师之基、为师之道和为师之本 3 个方面，同时认为“优秀”是一个整体，不能将各个因素割裂开来[12]。

经过长期的实践探索，目前国内外对优秀教师的特质分析正在逐渐丰富研究方法，正在克服仅仅使用单一的经验性研究的现象。但是就研究现状来看，仍然存在对优秀教师的潜在特征，如教师的实践性知识的特征等研究不够，且缺乏相关研究成果和研究案例的问题。

(二)教师实践性知识的内涵和特征

到目前为止，关于教师实践性知识的界定，仍没有具体的、明确的和系统的概念[13]，这是由于实践性知识是一个涵盖多种特征和多方面的概念。20 世纪 80 年代初，艾尔贝兹(Elbaz F.)在《教师思维：实践性知识研究》一书中从实践的角度研究了实践性知识，提出了实践性知识的概念[14]。康纳利和克兰迪等人提出了教师个人实践知识的理论，主张通过个人叙事探究的方式获得教师知识[15]。范梅南(Van Manen M.)认为教学机智或者说教育智慧是一种教师知识，注重体验在教师知识获得过程中的作用[16]。荷兰学者贝加德(Beijaard)和威鲁普(Verloop)等人进一步拓展了教师个人实践知识的研究，进行了具体的学科教学、教师评价、新手教师和富有经验的教师之间的比较以及专业身份等方面的研究[17]。

进入 21 世纪后，国内学者开始引进国外对于实践性知识的研究成果并努力使之本土化，陈向明、钟启泉、石中英等众多学者对实践性知识的内涵进行了一定的研究[18]。陈向明指出，教师实践性知识是指教师对自己的教育教学经验进行反思和提炼后形成的，并通过自己的行动做出来的对教育教学的认识，由六个方面的内容构成：教师的教育信念、自我知识、人际知识、情境知识、策略性知识和批判反思知识[19]。

由于教师实践性知识的缄默性、模糊性等特征，对其进行研究具有较大的难度，尤其是在实践性知识的捕获、测量和动态描述等方面。现有的研究大多是对实践性知识的界定和表征，主要以静态方式呈现，缺乏对实践性知识生成和发展过程的动态描述[20]。不过近年来，已经有一些学者通过基于大样本的内容分析、基于大数据的视频案例分析等方法对实践性知识进行了一些探索，例如：王陆教授等人研究了教师在线实践社区中教师策略性知识的发展与变化[21]，教师在线实践社区中不同教师群体的反思水平[22]，等等。这些研究通过定量与定性的综合分析，为探索教师实践性知识的特征提供一定的依据。

(三)基于大数据的知识发现

知识发现是从数据中提炼与萃取隐性的、未知的和有应用潜力的信息的过程[23]。随着信息技术的飞速发展，知识发现萃取过程的对象——数据，正以巨大的速度增长和积累。所谓大数据是指数据规模巨大到无法通过人工在合理时间内被截取、管理、处理、并整理成为人类所能解读的信息的数据[24]。

在 20 世纪 80 年代末 90 年代初，随着不同学科中数据资源积累速度的飞速增长，人们逐步意识到发展新的技术与工具来实现从数据中提取信息与知识的重要性[25]。由于 DIKW(数据—信息—知识—智慧)模型揭示了知识是如何从数据中逐步地被萃取和提炼出来，以及知识与智慧的关系，所以 DIKW 模型是近年来最普及，也是应用最广泛的知识发现模型。

在知识发现的过程中，知识是双向演化的。一方面，信息由数据经过分类、整合、计算与选择转化而来，并且信息经过提取后进一步转化为知识、智慧，决定了人们如何依据自己的价值观正确地运用知识[26]，在从数据到信息、知识、智慧的转换过程中，人为参与、人工施为的成分越来越多，其价值也越来越高。[27]另一方面，知识也可以通过文本化、可视化的方法外化为信息，而信息也可以被储存和捕捉转化为数据。

二、数据分析与结果

本研究以靠谱 COP 项目中的 10 个项目地区的 1166 名研修教师于 2016 年一年的实践性知识大数据为研究对象，并对其进行了较为系统的知识发现研究。

首先，研究者通过聚类分析进行了优秀教师群体的发现研究。研究者使用了聚类分析，运用 K 均值聚类法，从 1166 名教师的实践性知识大数据和课堂教学行为大数据中发现了优秀教师群体和低水平教师群体。其中优秀教师群体的实践性知识水平和课堂教学行为水平都具有高水平特征，共23人，占样本总数的2.0%；低水平教师的实践性知识水平和课堂教学行为都具有低水平特征，共有20人，占样本总数的1.7%。

(一)不同教师群体实践性知识水平的对比分析

经过对优秀教师群体和低水平教师群体的六种实践性知识成分进行独立样本t检验后发现两类教师群体六种实践性知识均存在显著性差异：两类教师群体两两组之间在六种实践性知识维度上均存在置信水平为0.99的显著性差异。通过进一步比较两类教师群体实践性知识水平的均值可以发现：优秀教师群体的六种实践性知识成分的均值均远高于低水平教师群体，且约为低水平教师群体的三倍。同时，不难发现优秀教师群体的六种实践性知识水平差别不大，没有明显的知识短板；而低水平教师6种实践性知识水平普遍较低。

(二)不同教师群体实践性知识主成分分析

针对23位优秀教师的实践性知识大数据，本文作者首先运用主成分分析法从6种实践性知识数据中提取出6个成分，其中排名前三的主成分能够累积解释方差达到总方差的85.9%，即排名前三的3个成分能够在85.9%的程度上代表6个维度实践性知识。主成分的分析结果表明：优秀教师实践性知识最主要的成分是由策略性知识、教育信念和自我知识组成的，次主要成分是由情境知识和人际知识组成的，第三主要成分由批判反思知识构成。针对20位低水平教师的实践性知识大数据，作者也同样运用了主成分分析法从6种实践性知识数据中提取出其主成分，排名前二的成分累计能解释的方差达到总方差的88.5%，即排名前二的两个成分能够在88.5%的程度上代表6个维度实践性知识。主成分分析结果表明：低水平教师实践性知识最主要的成分是由人际知识、情境知识和自我知识组成的，次主要成分是由批判反思知识组成的。

综上所述，优秀教师群体与低水平教师群体的数据分析结果显示：优秀教师群体的策略性知识、教育信念、自我知识是其实践性知识的最主要的成分；其次是情境知识和批判反思知识；低水平教师群体与优秀教师群体相比，实践性知识的主成分具有显著差异，低水平教师群体的实践性知识主要缺乏教育信念和策略性知识。

(三)不同教师群体实践性知识焦点分析

为了进一步发现优秀教师实践性知识的特质，作者首先将本研究样本区分出的优秀教师群体与低水平教师群体在靠谱COP中进行非正式学习时发帖的文本进行了关键词编码分析及词频统计以寻找实践性知识的焦点，并运用词云图生成工具绘制了词云图，如图1至图2所示。词云图是一种可视化工具，能够通过词汇字体大小直接映射该词汇在文本中出现的频次，从而可以表征该词汇在文本中的重要程度。本研究中，作者利用词云图实现了文本可视化，发现了不同群体教师实践性知识焦点的差异。所谓实践性知识焦点即为词频最高的词语。

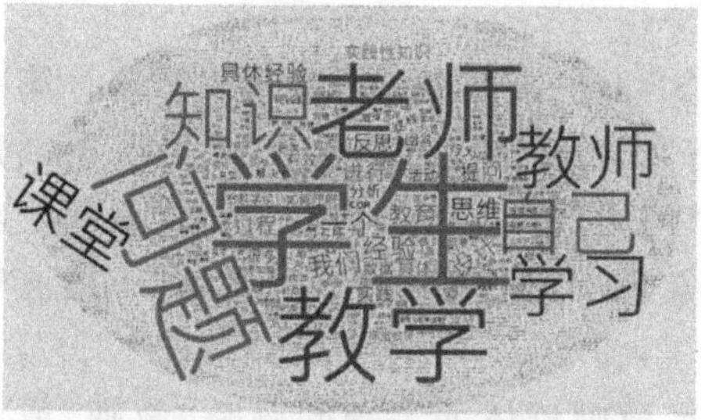

图 1　优秀教师群体实践性知识词云图

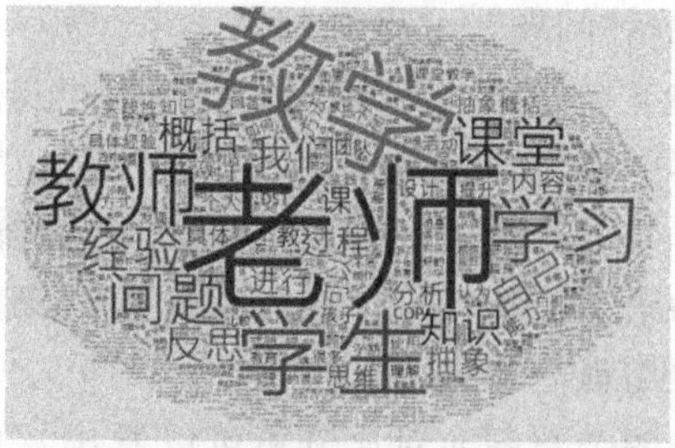

图 2　低水平教师群体实践性知识词云图

图 1 至图 2 表明：优秀教师群体的实践性知识焦点与低水平教师群体的实践性知识焦点存在很大差异，优秀教师群体的实践性知识焦点是“学生”，而低水平教师群体的实践性知识焦点是“老师”。显然，优秀教师群体的实践性知识体现了以学生为中心的教学理念。

(四)不同教师群体实践性知识结构分析

运用多维尺度分析法可以通过模型拟合将高频词等特定对象定位到“概念空间”的特殊位置，点与点之间的距离表征了词与词之间的相似性或差异性的程度，从而可视化地呈现高频词的分布状况。由于本研究中所涉及的高频词，都是来自优秀教师群体和低水平教师群体的实践性知识的文本编码，所以多维尺度分析的结果可以反映出不同教师群体实践性知识的结构特征，具体分析结果如图 3 至图 4 所示。

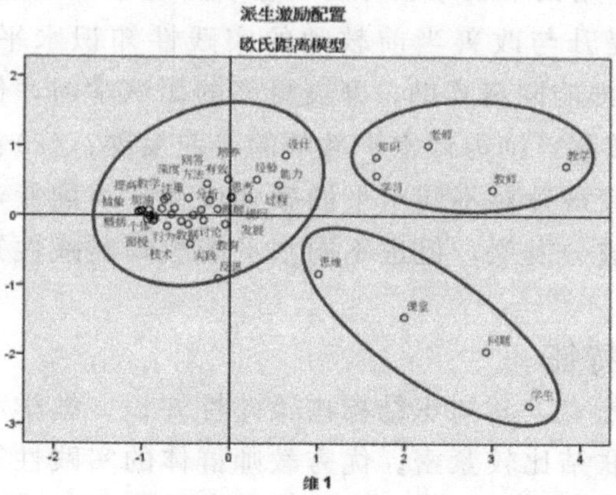

图 3　优秀教师群体实践性知识多维尺度分析

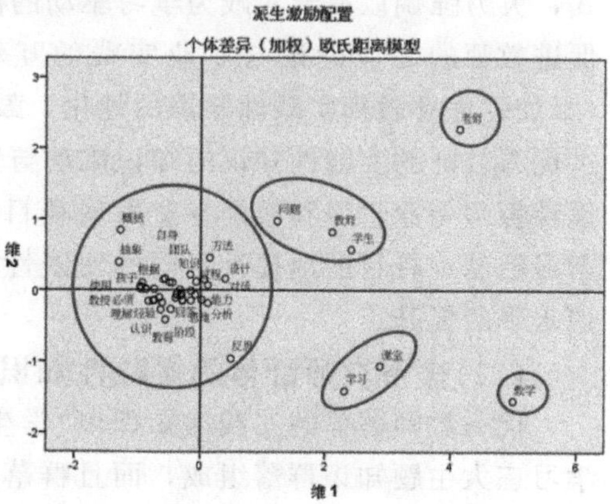

图 4　低水平教师群体实践性知识多维尺度分析

图 3 反映出：优秀教师群体的实践性知识结构呈现出三个知识群落。第一个知识群落包含较多的高频词，并且呈聚集状态，相似程度较高，反映出较多的策略性知识和信念知识成分；第二个知识部落群集中表征了与“教”相关的语义，包括教学的主体“老师”和“教师”，以及教学的知识“教学”等；第三个知识部落群表征了“学”的相关语

义，包括“问题”、“思维”和“学生”等。

图 4 反映出：低水平教师群体的实践性知识结构呈现出五个知识群落。第一个知识群落中包含较多高频词，如“方法”、“能力”、“思维”和“教育”等；第二个知识群落表征了与“教”有关的语义，例如：“教师”和“问题”等；第三个知识群落表征了与“学”有关的语义，如“学习”和“课堂”等；第四个知识群落为孤立节点“老师”；第五个知识群落也为孤立节点“教学”。

从图 3 与图 4 对比分析可以看出，低水平教师群体的关键问题是“教师”或“老师”与“学习”、“课堂”及“教学”都处于不同的知识群落，知识点之间距离较远且没有形成强连接。

三、研究结论

(一)优秀教师群体的实践性知识成分特征

优秀教师群体以策略性知识、教育信念和自我知识为实践性知识的主要成分，其组成的第一主成分对实践性知识的解释量为 58.69%。优秀教师群体与低水平教师群体的实践性知识主成分存在显著差异，两类教师群体的实践性知识种类和比例均不相同，主要表现为低水平教师群体的策略知识与教育信念缺失。

这一研究发现所带来的启发是：(1)应转变当前教师研修以任务为学习驱动的模式，大力强调以教学实践为学习驱动的模式，用技术联结教师的工作场所与学习空间，促进教师的专业理论与专业实践的互动，提升与改善当前教师的实践性知识水平；(2)加强优秀教师实践性知识的外化，鼓励教师的同侪互助，开展更多的团队学习，促进优秀教师的实践性知识的知识流动与知识转移，助力低水平教师的专业发展；(3)在设计教师专业学习和教师专业发展项目时，应该针对不同水平的教师设计不同的专业学习活动，有目的地提升不同的实践性知识成分发展，促进不同水平的教师实践性知识水平的提升。

(二)优秀教师群体的实践性知识结构特征

优秀教师群体的实践性知识以“学生”为焦点，其知识结构由策略性知识、教学和学习三大主题知识群落组成，而且群落之间联结比较紧密。优秀教师群体的实践性知识结构特征，充分体现了以学习者为中心的教学理念，同时优秀教师群体能够将“教”与“学”紧密地联系在一起，既注重教师传授知识，又能在学法上对学生予以指导，促进理解达成知识内化。而低水平教师在实践性知识结构上存在较为突出的短板和缺陷。低水平教师群体的实践性知识群落呈现出较多孤立节点，其中“教”与“学”没有发生强连接，知识结构相对松散。

这一研究发现所带来的启示为：(1)教师专业学习与研修项目应该着眼于教师实践

性知识的发展与培育，开展更多的非正式学习，在大数据知识发现等新技术的支持下，有效地对低水平教师的实践性知识短板和缺陷进行干预，帮助他们在研修项目中重构实践性知识，获得跨越式的专业水平提升；(2)应该转变当前教师研修项目的绩效评估目标，不应以对培训内容的接受程度为培训绩效的目标；应该引入大数据的知识发现技术，转绩效评估为教师专业学习的支持服务，为提高与改善教师实践性知识提供切入点和抓手。

四、结束语

针对教师群体实践性知识的大数据采集与测量，可以有效提升教师专业发展过程中的洞察力；基于教师群体实践性知识的多种大数据的分析方法，可以有效优化教师专业发展过程中的决策力；而运用大数据知识发现的方法与技术，发现优秀教师实践性知识的特征，则可以有效地提升教师专业发展过程中的优秀教师的影响力，从而可以助力更多的教师成为优秀的教师。

正如佐藤学所指出的：教师这一职业的专业性，并不是指在教学过程中熟练地应用教育学、心理学业已经阐明的原理与技术的“技术熟练者”，而是指直面“课堂教学”这一复杂的问题情境，运用来自经验的知识反思教学实践，从而创生教学的“反思性实践家”[28]。优秀教师的发展仍然受制于多种因素影响，优秀教师的培养仍然需要系统地进行教师专业化学习，同时树立终身学习、终身发展的教师发展观念。优秀是一种品质，是一种吸引，是一种个性，是一种影响，更是一种对社会的贡献。在实现优秀，追求卓越的道路上，教师教育的研究者还有许多需要进一步求索与反思的空间。

参考文献：

[1] 赵昌木．教师成长论[M]. 兰州：甘肃教育出版社，2004.

[2] 范敏．西学东渐影响下的中国师资文化问题——专访华东师范大学陈桂生教授[J]. 教师教育学报，2015，2(6)：47-53.

[3] 徐建平，黄浪萍，张伟．国内外中小学优秀教师评选标准、流程与方法[J]. 教师教育论坛，2015，28(7)：35-41，47.

[4] 赖学军．优秀教师概念的科学内涵与外延[J]. 教育评论，2004(4)：55-58.

[5] McEwan E K. Ten traits of highly effective teachers：How to hire，coach，and mentor successful teachers[M]. Thousand Oaks：Corwin Press，2001.

[6] Kottler J A，Zehm S J. On being a teacher[M]. 2nd ed. Thousand Oaks：Corwin Press，2000.

[7] Hay McBer. Research into teacher effectiveness：A model of teacher effectiveness Report to the Department for Education and Employment[DB/OL]. https：//www. education. gov. uk/publications/RSG/Teachersandschoolworkforce/Page11/RR216，2000.

[8] Beishuizen J J，Hof E，Putten Van C M，et al. Students' and teachers' cognitions about good teachers[J]. British

Journal of Educational Psychology，2001(71)：185-201.

[9] Boston M D，Smith M S. Transforming secondary mathematics teaching：increasing the cognitive demands of instructional tasks used in teachers' classrooms[J]. Journal for Research in Mathematics Education，2009，40(2)：119-156.

[10] Rittle-Johnson B，Siegler R S，Alibali M W. Developing conceptual understanding and procedural skill in mathematics：an iterative process[J]. Journal of Educational Psychology，2001(93)：346-362.

[11] 郑和．基于优秀教师特点的自主成长模式[J]. 教育发展研究，2005(3)：34-37.

[12] 时艳芳，刘莎莎．大学生视角下优秀教师特征研究——基于Z学院的分析[J]. 当代教育论坛，2015(6)：76-81.

[13] Meijer P C，Verloop N，Beijaard D. Exploring language teachers' practical knowledge about teaching reading comprehension[J]. Teaching and Teacher Education，1999，15(1)：59-84.

[14] Elbaz F. Teacher Thinking，A Study of Practical Knowledge[C]//Croom Helm Curriculum Policy and Research Series. New York：Nichols Publishing Company，1983.

[15] Connelly F M，Clandinin D J，He M. Teachers' Personal Practical Knowledge on the Professional Knowledge Landscape[J]. Teaching and Teacher Education，1997，13(7)：665-674.

[16] Van Manen M. The tact of teaching：The meaning of pedagogical thoughtfulness[M]. London：Routledge，2016.

[17] 邵光华．教师专业知识发展研究[M]. 杭州：浙江大学出版社，2011.

[18] 张敏霞，王陆．远程校本研修中教师实践性知识的特征研究[J]. 电化教育研究，2014，35(8)：108-113.

[19] 陈向明．实践性知识：教师专业发展的知识基础[J]. 北京大学教育评论，2003(1)：105-113.

[20] 陈向明．搭建实践与理论之桥——教师实践性知识研究[M]. 北京：教育科学出版社，2011.

[21] 王陆，张敏霞，杨卉．教师在线实践社区(TOPIC)中教师策略性知识的发展与变化[J]. 远程教育杂志，2011(4)：27-32.

[22] 王陆．教师在线实践社区中不同教师群体的反思水平研究[J]. 电化教育研究，2012(5)：99-102，109.

[23] Frawley W J，Piatetsky-Shapiro G，Matheus C J. Knowledge Discovery in Databases：An Overview[J]. Springer Berlin Heidelberg，1992，13(3)：57-70.

[24] Tom W. Hadoop：The Definitive Guide[M]. Sebastopol：O'Reilly Media，2012.

[25] Fayyad U，Piatetsky-Shapiro G，Smyth P. Knowledge discovery and data mining：towards a unifying framework[J]. International Conference on Knowledge Discovery & Data Mining，1996，7(4)：82-88.

[26] Sternberg R J. Wisdom：its Nature，Origins，and Development [M]. Cambridge：Cambridge University Press，1990.

[27] Rowley J. The wisdom hierarchy：representations of the DIKW hierarchy[J]. Journal of Information Science，2007，33(2)：163-180.

[28] 佐藤学．课程与教师[M]. 北京：教育科学出版社，2003.

基于发展性督导，促进首都师范大学本科教学督导的实践研究

刘秀江[①]

摘要：深化高等教育改革，提升高等教育质量是新时代赋予高校的神圣使命。以教学督导促进教育质量提升已成为高校发展的现实路径之一。发展性督导是以学校发展为导向而展开的对学校教育教学的检查与评估，最终目的是促进教学质量的提升和学校的特色发展。首都师范大学在发展性理念指导下，结合自身发展定位，形成了主管校长领导下的教学督导机制，在组织机制、工作机制等方面形成了自己的特色，并在教学反馈机制、深层督导机制和全面督导机制方面做出了积极探索。

关键词：发展性督导；反馈机制；深层督导；全面督导

本科教学质量是高等教育人才培养的重要内容，是新时代深化高等教育改革的必然要求。适应这一时代发展的要求，2019 年教育部在《关于深化本科教育教学改革全面提高人才培养质量》中提出，全面加强本科生教学质量。教学质量的提高需要相应的政策支持。2020 年 2 月，中共中央办公厅、国务院办公厅印发《关于深化新时代教育督导体制机制改革的意见》(以下简称《意见》)，吹响了我国新时代教育督导体制机制改革的号角。《意见》强调新时代教育督导体制机制深化改革要坚持以习近平新时代中国特色社会主义思想为指导，全面学习贯彻党的十九大精神，深入学习贯彻全国教育大会精神，到 2020 年基本建成全面覆盖、运转高效、结果权威、问责有力的中国特色社会主义教育督导体制机制。[②] 为回应新时代高等教育对本科教育质量的要求，落实《意见》精神，深化本科教学督导机制建设，首都师范大学本科教学督导工作进行了积极的实践探索。

一、发展性教育督导的基本理念

20 世纪 70 年代，一些西欧国家受教育民主化浪潮的影响而产生了发展性教育督

---

① 刘秀江，女，首都师范大学教育学院副教授，研究方向：教育经济与管理、教师发展。

② 《关于深化新时代教育督导体制机制改革的意见》，《闽东日报》，2020 年 2 月 20 日。

导。发展性教育督导旨在“改变传统教育督导模式偏重于监督而忽视指导和服务功能的做法，具有民主、高效、服务性强的特点”。[①] 所谓教育督导，“是由教育督导组织及其成员根据教育的科学理论和国家的教育法规政策，运用科学的方法和手段，对教育工作进行监督、检查、评估和指导，以期促进教育效率和教育质量提高的过程”。[②] 发展性教育督导是相对传统的教育督导而言的，传统教育督导理念表现为静态、单一和以结论性评价等特征，没有把学校的发展属性考虑进来。发展性教育督导强调发展，是以发展为指向、以学校自主发展为出发点而展开的督导，学校发展变化的属性纳入教育督导工作范畴。由此，可以把发展性教育督导理解为，以服务学校自主发展为宗旨，依据学校自身发展规律、现有办学水准和学校发展目标，运用督导与评价的理论、方法和技术，对学校发展现状和潜能进行价值判断，提高学校自我评价、自我调控、自我完善的意识和能力，增强学校可持续发展能力，使学校最终发展成为各具特色的办学主体。

发展性教育督导的理论基础是第四代评估理论。美国学者埃贡·G. 古贝、伊冯娜·S. 林肯在《第四代评估》一书中对第四代评估理论进行了深入的分析和阐释。他们依据建构主义方法论，针对前三代评估中存在的“管理主义倾向”“忽视价值多元”等不足，从民主精神出发，提出评估本质上是一种心理建构过程。第四代评估理论主张评估过程中以“回应”、“协商”、“共同建构”和“建构主义方法”为原则，倡导应答性模式，让所有评价对象和有关人员都有机会表达自己的意见，并对所关心的问题发表自己的看法。为此，评估者在编制、设计评价项目和评价目标时，能够充分考虑评价对象的意见，引导评价对象参与评价活动，提供评价信息，从而提高评价对象的工作质量和效率。[③] 第四代评估理论所具有的民主、包容、合作、平等的精神奠定了发展性教育督导的理论基础，而且对发展性教育督导服务学校发展、提高教育质量的实践，具有明确的指导意义。

二、建立有效的教学督导机制

(一)教学督导机制

长期以来，首都师范大学坚持以质量为本，促进学校发展。在主管校长的直接领导下，形成了适合首师大发展需求的本科教学督导机制。

在组织机制上，实行主管校长领导下的教务处负责制，由教务处组织并实施。根

① 丁笑梅：《英国学校发展性督导评价改革及其启示》，《比较教育研究》，2003 年第 8 期，31—36 页。

② 黄岁：《现代教育督导引论》，广州：广东高等教育出版社，1998 年版。

③ [美]埃贡·G. 古贝、伊冯娜·S. 林肯：《第四代评估》，北京：中国人民大学出版社，2008 年版。

据专业的不同，教务处将本科教学督导分为文科、理科两组，每组有专门的负责人组织协调各组的督导工作及其他事宜。在督导人员构成方面，本科督导人员的构成主要是各院系的退休教师和一部分在职具有副高级以上职称的教师。在督导工作机制方面，校级督导主要是参与学校的本科教学评估及反馈。在本科教学督导工作的具体内容方面，主要包括校内听课、督导工作交流研讨、本科生毕业论文抽查评审、试卷抽查评审等工作。督导听课对象主要包括优秀主讲教师、青年优秀教师、新任教师和教学效果不良的教师，基于听课情况做出教学情况的质量评价。本科生毕业论文采用随机抽查的方式进行评审，并根据评审情况遴选出优秀毕业论文。试卷抽查主要是对每学年的期末考试试卷通过随机抽查的方式，在试卷难度、区分度、考试内容分布与覆盖、考试题目的数量、试题题型与开放程度等方面进行评审。在本科教学督导交流机制上，文理科督导组每月各有一次组会，主要交流听课情况，分享听课经验，反映听课中存在的问题并探讨解决问题的策略与方法。

总之，在由督导组织机制与工作机制构成的首师大督导模式的基础上，首师大本科教学工作有序进行并取得了一定的成效，形成了教师对本科教学督导是学校日常教学工作重要组成的基本理解与认同，形成了教学督导工作的日常化，形成了学校督导工作各个环节的有效衔接，学校的本科教学督导机制不断完善。教学督导的最终目的是通过对日常教学的督导，达到促进教学改进、提升教育质量的目的。

(二)教学督导工作特色

基于本科教学督导的工作实践，结合本科教学督导的工作体验，本文对首师大教学督导工作的特色进行了归纳与总结。

1. 探索适合首师大发展需求的教学督导组织机制

目前我国高校教学督导工作主要存在三种模式。(1)教学校长主管模式。即教学督导工作直接面对主管教学的校长，在评教、评学、评管的过程中不受其他机构的干涉，评价的结果可直接报送学校领导，他们的“权力”比较大，反映的结果也比较客观、真实和全面，反馈信息也比较及时。(2)教务处主管模式。即教学督导工作直接由教务处领导。这种模式的优势是教务处主管全校的本科教学工作，教学督导是教务处工作职能中的重要组成部分。教学督导由教务处领导，在工作中更容易沟通，获取信息更加方便及时。由于教务处是学校的二级职能单位，其工作力度不如教学校长直接负责制的影响力度大，而且工作职能发挥主要在评教方面，评学和评管的职能发挥受到限制。(3)教学校长和教务处共管模式。即教学督导工作同时接受教学校长和教务处的双重领导，教学督导机构分为独立设置与教务处附设两种方式，无论哪一种形式，都接受教学校长和教务处的领导。这种模式既有权威性又有灵活性，教学管理与教学督导两条线结合紧密，针对性强，对应急问题的处理能力较强。

首都师范大学是北京市重点建设大学之一，是教学与研究并重的综合性大学。其主要职能是为北京市基础教育提供优质师资。为了实现对优质师资的培养提升本科教学质量与教学水平，首都师范大学坚持发展的理念，注重内涵式发展，关注教学质量，以质量作为立足之本。为此，在多年的督导实践中，首师大充分认识自身的发展定位与自身特点，积极探索适合本校的教学督导机制，形成了教学校长主管、教务处实施的教学督导模式，即教学督导是在教学校长的直接领导下，由教务处组织实施开展教学督导工作。这种模式的优势在于学校高度重视，能够从整体布局、从长远设计，积极组织并协调各方面的资源，保障教学督导工作的有效展开。因此，教学督导工作能够获得相应的工作机制与制度保障等方面的权威性支持。与此同时，教务处作为全校本科教学的主管单位，具有丰富的教学资源，组织起来更加直接、顺畅，有利于实现学校的教学组织、教学实施、教学评价的一体化管理。

2. 注重建立以学科专业为模块的督导工作机制

所谓以学科专业为模块，就是建立相应的以学科专业为依据的专业督导范围。在本科教学的督导实践中，首都师范大学督导人员按照文理科的专业划分，分成文科督导组与理科督导组。文科督导组根据专业设置与校区分布，分成五个督导模块，分别是外语模块、政法管理与马哲模块、文史模块、教育模块、艺术模块，由相应专业的教学督导老师参与相关学科专业的教学督导工作，初步形成督导责任区。以学科专业为模块的教学督导方式的优势是专业性强，督导老师能够依据专业知识和教学实践经验对教学做出评估与指导，从而加强督导的针对性，提高督导效率与督导质量。首都师范大学正是通过不断完善督导的专业分工，进而提高教学督导的专业契合度和教学督导人员的专业意识。

3. 注重完善本科教学督导之间的协作机制

在以学科专业模块展开督导的基础上，为提高督导工作的效率，使督导工作合理有序地展开，教育模块的督导教师初步摸索出一套较为有效的协作机制。首先，整体布局。将本学期所要听的课程作整体设计，即把所听院系的新入职教师、青年优秀、优秀主讲的课程进行整体安排，按照上课时间进行排列组合，组成不同时间单元下的听课表。其次，高效设计。依据在职督导教师的上课时间，将督导听课尽量安排在上课的同一天，减少往返通勤时间，提高单位时间内的工作效率，相对减轻督导老师的负担。第三，相互协作。对于排在本组教师非上课时间的督导任务，多层次立体安排。如果优秀主讲、青年优秀、新入职教师、普通教师督导安排在同一天(学校规定：优秀主讲、青年优秀需要 5 名督导听课，而新入职教师与普通教师需要 2—3 名督导听课)，就需要采用单组与双组的组合变换，这就需要督导教师之间相互协调、相互合作、相互支持。在督导实践中，督导教师形成了这样的协同与配合，初步建立了良好的协作机制。

三、以发展为导向，完善教学督导工作机制的策略

(一)建立畅通的教学反馈机制

教学反馈机制是指本科教学督导对所听的有问题课程的信息反馈能有效地反馈到被听课教师本人。本科教学督导对所听课程有两种反馈方式，一是督导听课表，即教学督导把听课情况写在听课表里；二是在开文理科小组交流会或是学期督导总结大会时，在会上交流存在的问题。这两种方式都需要通过教务处把督导结果反馈给教师，如果反馈不到任课教师就会出现督导听课反馈机制链条的缺失，督导效果也会大打折扣。所以，一定要把督导听课中发现的问题通过教务处反馈到院系，形成对教学问题的及时沟通，找出工作中存在的主要问题，提出整改建议，切实使教师能通过反馈意见或建议而改善个人在教学中存在的问题。同时通过再次督导，评估教师课堂教学是否发生改变，进而提高教学质量。

(二)实现以发展为取向的深层教学督导机制

在教学督导工作中经常可以看到一些教学督导表层化现象，即在督导工作中以“督”为取向，通过自上而下地开展各种形式的检查性活动来推进工作，并形成相应记录文本的一种工作状态和工作方式，也就是关注督导的表层价值和功能。受“督”的工作思维方式的影响，表层化督导的工作范围主要集中在一些带有浓重“监督”色彩的教学常规性检查活动。常见的有随堂听课，包括优秀主讲、青年优秀评选、招聘试讲、新教师等听课任务；抽查本科毕业论文；抽查教学资料(如教学大纲、期末试卷)等。这些工作往往是督导组相关制度(或主管领导)的硬性要求，如听课要听多少节以上、审查本科论文多少篇、抽查期末考试卷多少份等。在完成检查工作后，督导员往往会填写相应的工作记录表，如听课记录、本科论文审阅评语、试卷检查记录等。以听课记录为例，记录的内容多是反映课程名称、听课时间地点、学生出勤人数、听课内容、听课方式以及授课优缺点简评等可感知的表层信息。最后，教学督导需要将各种填写完成的督导记录表交由教务处保管并存档。由此可以看出，形式督导遵循的是“形式检查→形成督导记录表→资料保存”的单向度行动逻辑，重视检查记录是否完备，而很少关注教学督导检查的全面性、深刻性以及督导反馈质量等，这种工作逻辑导致了教学督导资料的静态“档案性”，忽视了对教学督导全面诊断和持续改进的动态性。针对督导表面化所带来的问题，深化督导工作各个环节的工作极为必要。

首都师范大学在发展建设过程中，顺应新时代的发展要求，以发展为取向，学校所有的工作都以促进学校发展为目标而有序展开。教学督导工作作为学校工作的重要组成部分，也必然是在发展性理念的指引下深入展开，而不是流于表面的摆设。为此教学督导应该是深层督导。所谓深层督导，它是区别于表层督导的一种督导，它力求

回应督导的内在价值诉求——以督导来促进教学。深层督导观念上以发展为价值取向，在实践中通过平等对话的方式来发现教学中存在的问题及其原因，收集系统的工作材料来描述并解释教学问题，帮助教师改进教学。也就是说，深层督导关注督导的深层价值和功能。

基于发展性理念，在督导工作实践中，深层督导具体表现为以引导教师改进和持续发展为价值内核，督导工作主要围绕如何收集真实性的数据材料展开，帮助教师准确明晰教学中的不足，并促成其不断改进问题。对话往往是深层督导的行动路径，不管是督导标准的制定还是教学问题的发现，抑或是教学改进方案的构建、方案的实施，都贯穿着对话精神。可以肯定，督导方式是督导理念的外在表现，深层督导作为一种区别于表层督导的工作方式，其实施的路径可以采用不同于表层化督导的方式，如差异性督导、研究性督导等来帮助教师实现课堂教学改进，提高教学效能。

(三)加强全面督导机制建设

当前各高校在实施教学督导工作时，在不同程度上存在着督导范围狭窄的问题。督导范围狭窄是指督导工作偏重某一方面的督导而忽视其他方面的督导。其主要表现在偏重课堂教学的督导，忽略对其他教学环节与教学过程的督导；偏重理论教学的督导，忽略实践教学环节的督导；偏重教学秩序的督导，忽视对人才培育方案、课程设置的督导；偏重对教师的教学，忽视学生的学习等。这些表现说明在督导工作实践中，督导工作重心主要放在对课堂教学的督导。教学工作有不同的工作阶段与工作环节，包括备课、上课、布置作业、课外辅导、评价等，上课是教学工作的中心任务，它与其他教学工作一起构成一个相互联系、密切衔接的有机整体。所以上课固然重要，但其他方面也不容忽视。

以发展性督导理念为导向，拓宽督导范围，有利于加强督导工作的全面性。它意味着督导工作不仅仅局限在课堂，而且在教师教育教学的其他环节方面。比如对教师实践课程的督导、对教师期末考试评价的督导、对教师教学大纲与教学计划的督导等，这些是构成教学督导工作全面性的重要内容，它真实地反映教师在教学过程各个不同阶段和环节中的工作内容，从而为学校教学工作提供更有价值的一手材料。

总之，以发展性理念为导向，不断完善首师大的教学督导机制任重而道远。

参考文献：

[1]黄岁．现代教育督导引论[M]．广州：广东高等教育出版社，1998.

[2]埃贡·G．古贝，伊冯娜·S．林肯．第四代评估[M]．秦霖，译．北京：中国人民大学出版社，2008.

[3]周玲，凌昊，李慧．督导制度的渊源及本科教学督导的实践与探索——以华东理工大学为例[J]．教育科研，2020(7).

[4]刘朋．发展性教育督导评估助推高考改革新政落地的实践探索——以上海市浦东新区为例[J]．教育科学研究，2019(1).

[5]赵岚．试论我国教育督导合理发展的走向问题[J]. 国家教育行政学院学报，2013(11).
[6]赵连根，朱爱忠．以发展性教育督导评估推进学校主动发展(下)[J]. 中小学管理，2004(7).
[7]洪成文．90年代国外教育督导发展轨迹初探[J]. 比较教育研究，2001(6).
[8]杨颖秀．教育督导制度发展的新趋势[J]. 教育研究与实验，1999(1).

基于小学语文教学大纲的古诗词教育游戏设计

张诗芸　乔凤天①

摘要：教育游戏作为一种促进课堂教学的有效模式，与学科结合是其未来发展趋势之一。而小学语文教学大纲规定了学生在此阶段通过学习获得技能以适应新时代人才的需求。小学语文是基础性和应用型学科，古诗词学习是重中之重，可训练学生听说读写等多方面的能力。指向小学语文教学大纲的古诗词教育游戏设计，可让学生从多角度体味古诗词的魅力，并在游玩过程中提升能力。

关键词：小学语文教学大纲；古诗词教育游戏；《小诗一酌》游戏

一、前言

教育游戏作为教育信息化发展的十大趋势之一，已经不可避免地逐渐走上教育领域的舞台。然而自教育游戏产生以来，就存在诸多争议，说其从属于教育，它又不像教育那样专门为了学而学，将游戏的元素融入，让学生们在玩中求学；将其直接划分为游戏，又有失偏颇，游戏产生的本意是为了通过游戏的形式经过训练获得某种能力，仅此一点，我们便不能将其归为游戏。最好的做法便是设计教育性与游戏性的均衡发展，将教育游戏与学科有效结合发挥教育的本质、游戏的优势。

义务教育小学语文教学纲要明确规定语文学科是基础性和应用型学科，不仅需要具备能够通过学习语文知识学习其他功课、获得新知和将来从事各种工作、具备听说读写基本的能力之外，还需能够表达一定思想的语文内容，如有意识地将语言文字用听说读写的方式来训练思想教育、在培养听说读写的能力中发展智力、综合采用智力因素和非智力因素提高学习效率、促进各种语文能力的发展等[1]。古诗词的学习恰能满足以上能力的培养。同时，小学阶段的儿童正处于语言和智力发展的关键时期，儿童尝试获得抽象概念，但其思维活动仍需要具体内容的支持，并趋于守恒。此阶段中，大脑发育需要丰富的精神刺激，优雅的古诗词，朗朗上口的韵律，精湛的语言，是良

① 张诗芸，女，中国人民大学附属中学丰台学校教师；乔凤天，男，首都师范大学教育学院讲师，研究方向：教育游戏、创新教育。

好的精神刺激物，这科学地论证了小学生学习古诗词的重要性和必要性[2]。然而，综合分析与小学语文古诗词教育游戏相关的研究发现，国内外专门针对古诗词教育游戏的设计甚少，且还不能被划分为教育游戏的范畴，如将游戏化学习的理念融入微课的设计和制作过程中，创设真实的情境，使学生作为问题解决的探索者将知识融会贯通，以达到学习目的[3]。其整个设计过程将游戏化学习作为情境创设的手段录制成微课导入课堂，并采用翻转课堂模式教学，然而此类设计大都将教育游戏弱化为一种教学手段，主要用于吸引学生学习兴趣，并未深入教育游戏的核心。相对较多的还有英语儿歌应用于英语学科、幼儿教学中具有较大优势的研究，诗歌在移动环境中可激发学生学习兴趣以及文字“游戏”(对字词的推敲)的设计等相关研究，这些研究成果都是通过采纳诸如角色扮演、情境演练、简单的文字游戏等教学手段来调动学生对古诗词学习的兴趣，游离于游戏设计的外部机制，尚未接触到教育游戏的核心机制与规则[4]。基于此，本文从小学语文教学大纲出发，综合分析了古诗词融合教育游戏带来的多重优势，构想了一款 Scratch 小游戏——《小诗一酌》，让学生从多角度体味古诗词的魅力，并预期使学员在游玩过程中能力获得提升。

二、语文学科与教育游戏结合现存问题分析

让学生在做中学、在玩中学，实现“寓教于乐”的教育理念一直是教师追求的教育梦想[5]。教育游戏与学科教学结合开辟了教育领域的新视野，丰富了教育教学的相关研究，为教学创新改革提供了新思路，然而设计开发一款教育游戏需要多方面技术人才的支持，并且在真正应用于教学实践时，出现了诸多问题：教育游戏仍处于起步阶段，小学语文教师在使用游戏软件教学时出现较多难以解决的技术问题；教育游戏的设计未针对特定的古诗词教学内容，产生信息污染，对学员造成不良影响；并非所有的古诗词都适用于同一游戏模式展现，不恰当运用，会影响教学目标的有效实现以及注重游戏的外在形式，忽视了游戏“重体验”“重过程”“重愉悦”的本质追求，缺乏教育性等。如张利设计的《静夜思》小游戏[6]，该游戏主要为 Flash 制作的《静夜思》MV，整个界面被设计为动画形式的一轮皎洁明月下的游子背影，为学员营造了一种浓厚的思乡情境，全部色彩设定为暖色调，听觉效果、色彩搭配和界面布局也均设计为卡通形式，符合学员的心理认知，同时还设计了连连看和“救小鸡”的环节以识别字词拼音。整体来看，“情境体验化”游戏教学模式的确充分地调动了学员学习情趣，激发了学员学习的热情，但这种教学模式极其类似于学习机器，学员观看动画学习古诗，并将字词掌握，这很符合应试教育要求学生学会古诗的教学模式，但远远无法达到新时代下技术和人才竞争的需求，况且小学阶段是学生由具体运算思维向抽象思维发展的关键期，学生不应局限于有限的动画、生字词的掌握，更应该深层次理解古诗的内涵，从听说

读写、能力迁移等多层面培养学生多方面的能力，尤其是空间想象创新能力，这就需要学科教师充分理解小学语文教学大纲的要求，关注符合儿童认知的发展规律及其语文学科思维的培养，恰当选择并有效使用教育游戏，不断改进设计，以做出有效的评估。因此，游戏设计应关注儿童的认知发展规律，综合培养学生多方面的能力。

三、基于小学语文教学大纲的古诗词教育游戏构想

大多数古诗词类小游戏，都强调“情境体验化”“角色模拟类”游戏教学模式，带动学员学习情趣，营造身临其境的氛围，激发学生的学习兴趣，但其设计并未深入了解儿童学习古诗词的意义，将儿童弱化为只会背古诗的机器，而古诗词的学习作为小学语文课程中重要的教学内容，应该尝试采用多种教学模式综合培养学生多方面的能力，与教育游戏的结合为解决该问题提供了新思路。“小诗一酌”通关型小游戏类似于“开心消消乐”，该游戏设想通过对小学语文教学大纲等多方面的分析，构建表征符号使之与古诗中被表征的知识之间建立一定的关联，使文字符号的外部视觉特征与其表达意义之间存在映射关系，“以字绘形，以形绘意”[7]，从游戏过程中抽象出古诗的内涵，构建符合学生认知发展规律、能够激发学生学习兴趣的核心玩法，鼓励学生积极玩乐其中。该游戏核心玩法如图1。

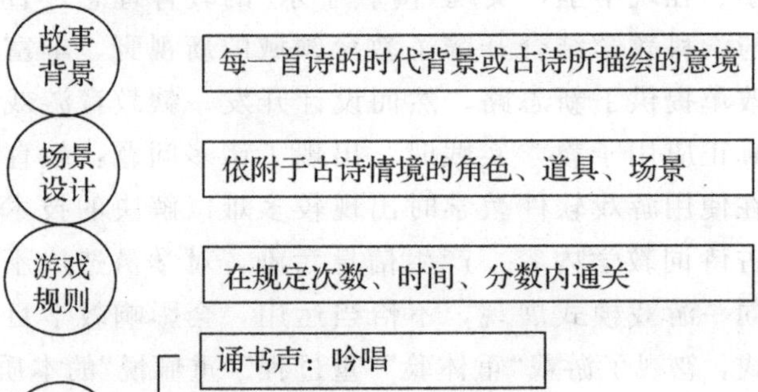

图1　《小诗一酌》核心架构模式

在“诵书声”环节中，其核心玩法设定为“古诗KTV”娱乐场所，界面设计与KTV主界面并无二样，用古诗词替换歌词并将其唱出来，平仄押韵，抑扬顿挫，朗朗上口，严格的格律、韵脚促使学员在朗诵时产生浓烈的参与感与愉悦感[8]，训练学员学会听古诗、朗诵古诗、充分地表达古诗的情感等多方面的能力，掌握古诗的韵律规则，并

尝试将该能力迁移运用到朗诵其他古诗上。

在“笔生花”环节中，其核心玩法为“以字绘形，以形绘意”，将诗词转化为图形、艺术符号，符合学员由具体到抽象的认知发展规律，且图形、艺术符号本身依托于诗人创作时的“情感灌注”和儿童阅读时的“情感参与”，学员深刻理解诗句每一字词的含义，如置身于诗词意境创作中，培养学员会写、会表达等灵活运用古诗词的能力。

在“幻其境”环节中，其核心玩法为拼图和绘画，但又不如此简单。拼图模式将古诗意境与拼图融合在一起，视觉与情感体验的双重作用使学员能够更深刻清晰地理解、感悟诗词，综合多种因素提高学习古诗的效率，此过程中，既享受了拼图的乐趣，也体会到诗人创作古诗时所拥有的情感，所想表达的思想，营造出浓厚的诗风氛围；而当由学员自己绘制古诗情境时，学员学会如何表达古诗内涵，有意识地临摹诗人诸如爱国、怀旧、壮志难酬的情感，并深情地投入古诗情境的创作中。“小诗一酌”主页设计如图 2。

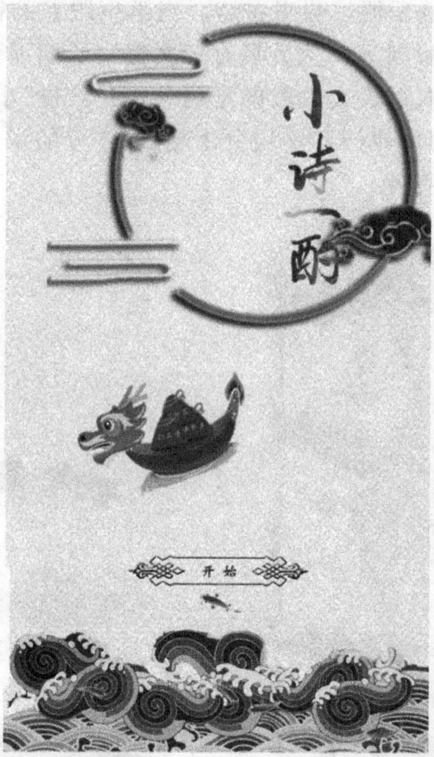

图 2　基于小学语文教学大纲的古诗词教育游戏《小诗一酌》主页设计

四、古诗词教育游戏《小诗一酌》设想实例

(一)游戏总体介绍

《小诗一酌》是一款充分体现古诗词魅力的小游戏，选择的知识点是小学语文必背古诗词，古诗似树藤状由易到难，每首诗均从郎朗书声、妙笔生花和身临其境等主题活动展开，提升学生听说读写、创新想象等多方面的能力，最后通过三关获得在该层的总分，以获得每一层游戏的排名，但也需学员满足每一环节的答题要求，整个游戏过程中实行奖励机制，其竞争对手是排行榜上的所有学员。具体如图 3 所示。

(二)设想分析

“诵书声”环节是指在古诗 KTV 中，先为学员设置浓厚的情境氛围，并以歌唱形式播放韵律古诗，允许学生模仿、吟诵，锻炼学生的听说读能力，既允许学员多人联机哼唱比拼，也允许学员自选乐器，哼唱古诗。当学生跟着韵律朗诵出来时，根据其音调韵律判断得分。此环节规则为：学员只有三次提交所朗诵诗歌的机会，在机会未用完前亦可放弃剩余机会，取得提交次数的平均分，并获得“小小朗诵者”的排名，最高分为 30 分。同时，朗诵的韵律诗其平均分未超过 15 分的学员，需重新学习诗歌，不得进入下一环节。如图 4 所示。

图 3 《小诗一酌》古诗词教育游戏设计

图 4 “诵书声”游戏环节设计

“笔生花”环节主要锻炼学生的书写能力，并使学生掌握诗中诗词要点，理解古诗内涵。它包括两种形式：古诗填空和古诗默写。“古诗填空”一字一分，填写的古诗以图片、符号特征展示出来，与诗词之间存在一定映射关系；“古诗默写”根据字数计算得分，以词为引，语言描绘设置情境，营造氛围或类似情感场景，使学员在对古诗理解的基础上默写诗句。当默写完成提交之后，会根据诗中答题对错出现相应的诗词解释，以使学员巩固学习。此环节规则为：根据默写正确的个数获得最终成绩，分数低于10分者不得进入此首诗的下一环节，重新完成随机抽中的诗句题型，总分为20分。如图5所示。

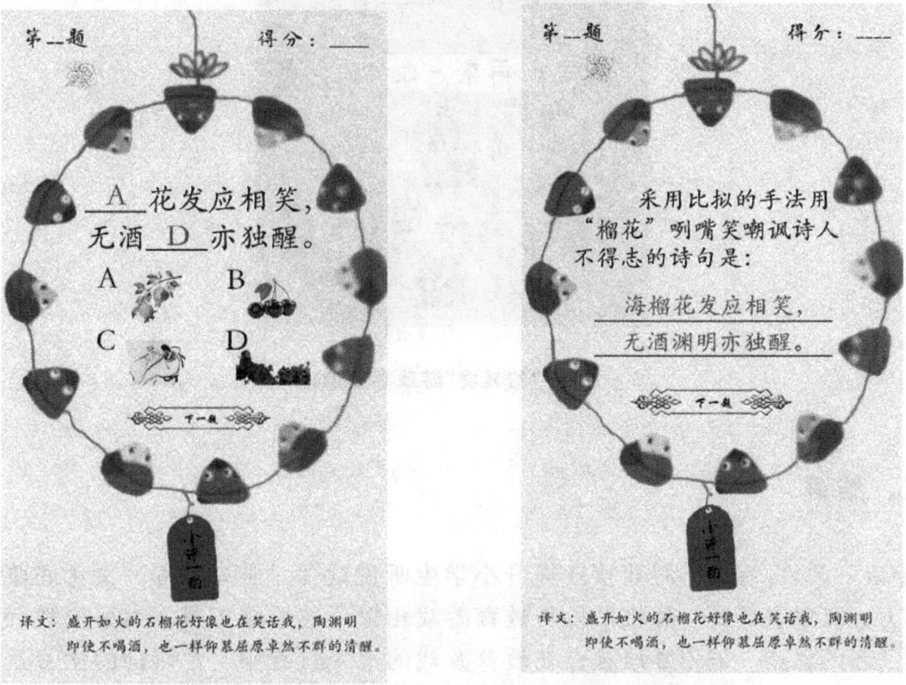

图5 “笔生花”游戏环节设计

“幻其境”为学员渲染了一种浓厚的诗歌氛围，要求学员既可选择“小小画板”自己绘制古诗场景，描述古诗意境；也可选择拼图模式，锻炼学生的审美和空间想象能力，领悟古诗意境。本环节在绘图模块要求学员在规定时间内创作一幅图画，并取得相应的分数，既发挥了学员的发散创造思维，也考查了学员的情景表达能力；在拼图模块会为学员提供部分混淆图片供学员理解辨别，学员需筛选图片完成游戏，根据正确拼图块数获得一定的得分，总分为50分。如图6所示。

图6 “幻其境”游戏环节设计

五、结语

《小诗一酌》古诗词小游戏重在提升小学生听说读写、学科素养、文化底蕴等多方面的能力。具象表征是一种将学科与教育游戏相融合的思维工具，为解决教育教学问题提供了新的思路，被巧妙地融合在教育游戏的整个过程中。古诗词的学习是小学语文阅读教学的一个重要组成部分[9]。“诵书声”调动学生乐于开口的积极性，同时也饱含了中华民族的文化底蕴，将古诗词唱出来，回归本里，在充分培养学生听说读等方面能力的同时不忘文化的根本；“笔生花”锻炼了学生的背诵与默写能力，只有在通识古诗词意境的基础下才可将古诗词更快地掌握，运用想象沉浸于诗词意境；“幻其境”强化了学员空间想象和表征绘画能力[10]，符合学员的认知发展规律，并在此基础上加以创新。多方面技术的支持为小学语文古诗词教育游戏的成功实践提供了可能，后续研究将继续深入，以验证该游戏的科学性。

参考文献：

[1] 国家教委基础教育司. 九年义务教育全日制小学语文教学大纲[G]. 2010.

[2] 刘武德. 小学语文不同文体的教学研究(二)——古诗及古诗教学[J]. 江西教育，1999(5)：32.

[3] 张志，张攀峰. 基于游戏化学习的小学语文古诗词微课设计与应用研究[J]. 中小学电教，2019(3)：21-24.

[4] 蒋希娜，黄心渊，黄如民. 基于多元表征的儿童数学游戏设计[J]. 现代教育技术，2015，25(3)：101-108.

[5] 刘成新，王秋娟. 教育游戏应用于学科教学的现状与问题分析——基于 2001—2011 年度中文期刊的文献统计研究[J]. 电化教育研究，2012，33(12)：94-98.

[6] 张利. 小学一年级语文教育游戏设计研究[D]. 曲阜：曲阜师范大学，2014.

[7] 葛艳梅. 图形诗：穿梭于诗画之间的视觉游戏——视觉符号与英语儿童图形诗歌的意义建构[J]. 中北大学学报(社会科学版)，2015，31(5)：70-76.

[8] 刘思琪. 新媒体时代的古诗词"游戏化"视觉呈现[D]. 北京：中央美术学院，2019.

[9] 西安小学课题组. 小学语文"四结合"支架式古诗教学模式初探[J]. 电化教育研究，1998(3)：88-89，91-92，98.

[10] 蒋希娜，黄心渊，蒋莹莹. 指向图形表征能力培养的儿童绘画游戏设计研究[J]. 电化教育研究，2017，38(8)：83-88，95.

教育游戏在基础教育中的研究现状与反思

李伊欣　乔凤天　陈宇晴　张诗芸①

摘要：近年来，教育游戏的不断发展引起了教育工作者的广泛关注，迅速成为教育领域研究的热点。当前我国教育游戏还处在发展阶段，各个方面都不够完善，本文通过研读文献，对国内外教育游戏的现状进行分析，综合当下基础教育阶段的教学环境和形势，总结教育游戏在我国基础教育中存在的一些问题，并提出相应的建议。

关键词：教育游戏；基础教育；现状反思

一、引言

教育游戏是将教育性和游戏性相结合，以教育为目的，使游戏者在玩游戏的过程中潜移默化地学习到知识和技能的严肃游戏。教育游戏被认为是未来十大学习趋势之一，近些年已成为我国信息化教学领域研究的一大热点，不仅能提升学生的学习主动性，也能帮助学生拓展思维。在电脑游戏的迅速普及以及人工智能时代的大背景下，越来越多的研究者提出将数字化教育引入基础教育，利用信息化手段，将网络游戏与教学融合，从而设计出适合学生的教育游戏，实现"寓教于乐"的教育理想[1]。其中，基础教育是国家为了全体国民的终身发展，在青少年期实施的奠定其一生基础的教育[2]。随着几何画板、仿真实验室、3D打印机等被引入到基础教育中用来辅助教学，教学形式变得丰富多彩，学生们的学习也不再局限于书本和黑板，在时间和空间上都打破了局限，而教育游戏同样作为教学中的重要载体，在基础教育中的应用也愈发受关注。

二、国内外研究现状

笔者在CNKI和WOS数据库中分别以"教育游戏"和"Education games"为主题进

① 李伊欣，女，北京景山学校京西实验学校信息技术教师；乔凤天，男，首都师范大学教育学院讲师；陈宇晴，女，首都师范大学教师教育学院2020级毕业生；张诗芸，女，中国人民大学附属中学丰台学校信息技术教师。

行检索，过滤掉关联度较低和重复发表的文章，将最终搜索到的近十年231篇中文核心期刊文献和2599篇外文核心期刊文献，通过Bicomb软件对关键词进行计量可视化分析，并且分别列出前十位关键词及其频次，这些高频关键词基本代表了国内外近十年教育游戏的研究热点(见表1)。

表1 国内外教育游戏高频关键词表

序号	CNKI数据源关键词	频次	WOS数据源关键词	频次
1	教育游戏	142	Physical education(体育)	155
2	游戏化学习	14	Education(教育)	144
3	游戏	10	Game-based learning (基于游戏的学习)	130
4	游戏设计	10	Gamification(游戏化)	120
5	教育游戏设计	9	Games(游戏)	115
6	信息素质教育游戏	8	Interactive Learning Environments (互动学习环境)	107
7	设计	7	Simulation(模拟)	84
8	电子游戏	6	Serious Games (严肃游戏)	83
9	游戏化	6	Educational games (教育游戏)	80
10	信息素养教育	6	Higher Education (高等教育)	70

由表1可知，除去主题词“教育游戏”之外，结合其他关键词及其频次可以看出，国外在教育游戏领域的研究热点较为广泛，对于研究热点的关注较为平衡，在各个方面都有深入的探究。而国内近十年对该领域的关注热点主要集中于教育游戏及其设计，过于集中于“教育游戏”这一概念，且游戏的设计并未深入到学科内容、贴合学生的需求，理论研究较多但相对零乱[3]，许多研究仍流于表面。反观国外研究宽泛且均衡，逐渐趋向成熟。可以看出当前我国对教育游戏的研究和运用仍处于发展阶段，虽具有美好发展前景，但还不够成熟，存在诸多问题，相关研究者也应正视当前存在的问题，并予以重视和反思。

三、教育游戏在我国基础教育应用中存在的问题

(一)教育游戏相关研究覆盖不足，且缺乏针对性

目前市面上的教育游戏数量越来越多，但游戏质量仍有待提升，在基础教育中偏向于幼儿和小学阶段。研究发现，教育游戏在小学教学中的应用，特别是在小学数学及小学英语中的应用最普遍，相关文献数量及游戏软件数量最多[4]，针对中学生的少之又少，其中很大原因是相比于中学的知识内容，针对低龄学生的知识易于呈现，而高层次知识涉及更多的科学知识和逻辑推理，难以在游戏中模拟出来[5]。每个阶段的孩子适合的游戏不同，基础教育阶段中游戏的设计不能一概而论，应根据不同阶段的孩子特点具有针对性地设计不同的游戏或是不同的关卡等级。此外，许多教育游戏注重游戏的画面场景和音效等，无法平衡其教育性和游戏性。还有部分教育游戏仍然以答题和游戏相结合的形式为主，使教育和游戏的连接出现了断层，既没有娱乐性，也无法很好地提升教学效果[6]。

(二)教育游戏与学科融合过于单一，不够深入

笔者通过研究文献以及部分教育游戏软件发现，目前国内开发的教育游戏大部分是针对单一学科的，应用对象重点集中在小学的数学、英语学科[7]，而其他学科的则相对很少，综合性的跨学科式的教育游戏更是很难找到。再加上应试教育强调语、数、英的学习，从而造成教育游戏软件以及研究者倾向于主流学科[8]。笔者分析了下载量较高的几篇核心期刊设计的教育游戏，陈向东等人设计的《泡泡星球》，主要是面向幼龄儿童、小学低年级学生的英语词汇教学游戏[9]，裴蕾丝等人设计的《怪兽消消》是一款小学一年级学生学习“20以内数的认识和加减法”数学教育游戏[10]，夏云等人围绕小学英语听力、语法、写作等入手，搭建了“小学英语教育游戏家园”学习平台[11]，几位学者分别是针对小学数学和英语学科进行设计的。当前国家倡导培养全面型人才，这对于教师和家长来说，不应该只重视语数外三门主流学科，游戏的设计和开发者也应当关注多个学科。此外，还有许多教育游戏还停留在知识的表面，没有深入教材内容，学生无法理解知识而只是靠纯粹的记忆，这既不能让学生很好地掌握知识点，同时对于培养学生的能力也远远不够。

(三)教育游戏的认可度和普及度有待加强

教育游戏的推广缺乏良好的环境支持，尤其在当前应试教育的大背景下，大部分的教师和家长都将学生的升学率和考试成绩作为衡量标准，这也导致许多信息技术手段无法深入到教学环节当中，可以发现许多家长仍然对教育游戏持有偏见，其中的很大原因是许多教师和家长对教育游戏不够了解，就用先入为主的观念去否定教育游戏[12]。还有的家长不赞成孩子玩游戏，对教育游戏的作用持怀疑态度，认为游戏只会

耽误学习[13]，限制孩子使用电子设备甚至不允许孩子接触电子设备。中国教育技术协会教育游戏专业委员会召开的“教育游戏发展现状”课题研讨会上指出，通过对全国上万名家长对教育游戏的接受度及使用倾向的问卷调查发现，家长认为其最大缺点便是“孩子沉迷其中”。而许多老教师不愿意改变原有的教学方式和教学工具，所以也不会推崇教育游戏，这也使得学生无法接触到教育游戏，导致教育游戏的普及度较低。

四、建议与反思

(一)拓宽研究广度，明确游戏定位

教育游戏软件需要充足的需求分析和优良的设计，其设计涉及教育心理学、计算理论、游戏设计与编程理论、美学等多学科[14]。这也要求教育游戏的设计开发者要能够清楚地掌握不同阶段学生的学习需求，并且能够熟悉不同年龄学生的学习特点和心理特征，同时要对教材学习的内容有深入透彻的研究，全方位地分析教学需求问题，明确定位游戏的教学目标。同时加强高校理论研究者和一线教师的合作，扩大对教育游戏的研究覆盖面，争取普及到各个阶段的学生。同时研究者在相关理论、方法等方面可对教师进行相应的指导，鼓励教师更好地设计开发教育游戏，从而推进其在教学中的应用。

(二)深入多学科知识，融入新兴教学模式

随着信息技术不断发展，慕课、STEAM 教育、项目式学习等新兴教育模式应用到了基础教育中，改变了传统教学，也为教学注入了新的活力，教育游戏也不应该再局限于单一的类型以及学科局限，在今后的研究中应当与多元化的新兴教学模式相结合，综合多个科目，开拓跨学科模式的教育游戏，均衡发展，且应充分结合学科特点，比如在数学学科的几何知识点中，可以从多维空间的角度进行设计，增强立体性，帮助学生理解抽象的知识点等等。新课标的发布倡导教育的育人价值，培养能力型人才，关注人的全面发展，重在使学生在掌握知识的基础上培养相应的实践能力和创新意识，因此，教育游戏应当深入到各学科的知识内容当中，从“知识与技能”“过程与方法”“情感态度与价值观”三个方面帮助学生在掌握知识的基础上还能培养创新意识及正确的价值观。

(三)普及教育游戏，增强社会认可度

教育研究者及专家应当多普及教育游戏，让家长和学生看到教育游戏的优势，家长和学校方面应当对孩子进行引导和监督，设计者可以在教育游戏的设计上设置防止沉迷的措施，让学生分阶段完成任务，循序渐进，掌握知识点并且从中培养学生的能力。除此之外，相关的研究者应当对教师多开设培训、研修活动等，鼓励教师打破传统的教学模式和教学工具的局限，培养他们设计游戏的能力，让教师从根本上认识教

育游戏，结合自己的教学情况和专业知识，设计教育游戏，让教育游戏更加地贴合教学和学生需求，在提升自己专业技能的同时让学生能够很好地使用教育游戏并从中获益。

五、总结

教育信息化的不断推进使教育游戏在基础教育中的应用也逐渐深入，我们应该在看到教育游戏的价值和优势的同时，用现实的眼光衡量实际情况，对当前存在的一些问题加以关注，理性看待。在新课程改革背景下，教育游戏在基础教育教学中有着难以替代的重要作用和地位，如何更好地将教育游戏与教学相结合，应用在基础教育阶段中，帮助提升教学效果，发挥教育游戏的优势，也需要一线教师、教育研究者和相关人员的共同努力，设计和开发出更加贴合学生需求的教育游戏，有效引导学生更好地学习和发展。

参考文献：

[1] 程君青，朱晓菊．教育游戏的国内外研究综述[J]．现代教育技术，2007(7)：72-75.

[2] 侯怀银，时益之．“基础教育”解析[J]．当代教育与文化，2019，11(4)：1-6.

[3] 周雯婷，王云峰，史菁菁．教育游戏应用的现状研究[J]．学周刊，2018(31)：17-18.

[4] 凡妙然．国内教育游戏研究现状的可视化分析：热点与趋势[J]．现代远距离教育，2018(2)：27-34.

[5] 张琪，陈琳．我国教育游戏研究述评及展望[J]．开放教育研究，2009，15(5)：107-112.

[6] 柯尊臻．教育游戏面临的现实问题分析以及发展前景展望[J]．山东工业技术，2018(8)：238.

[7] 廉雪冰．教育游戏的国内研究综述[J]．中小学电教，2019(5)：10-12.

[8] 程君青．国内外中小学教育游戏软件的比较分析研究[D]．金华：浙江师范大学，2006.

[9] 陈向东，万悦．增强现实教育游戏的开发与应用——以“泡泡星球”为例[J]．中国电化教育，2017(3)：24-30.

[10] 裴蕾丝，尚俊杰．学习科学视野下的数学教育游戏设计、开发与应用研究——以小学一年级数学“20以内数的认识和加减法”为例[J]．中国电化教育，2019(1)：94-105.

[11] 夏云，李春晖．教育游戏融入小学英语教学的模式构建[J]．电化教育研究，2012，33(2)：117-120.

[12] 宗玉蓉．教育游戏在小学生非正式学习中的应用现状研究[D]．银川：宁夏大学，2016.

[13] 马博．教育游戏在小学英语课堂教学中的设计与应用研究[D]．成都：电子科技大学，2018.

[14] 陶侃．教育游戏发展中的“吸收裂痕”与缓解策略[J]．中国电化教育，2009(2)：20-24.

基于超星泛雅平台的“教育学基础”在线教学的实践研究

徐　玲①

摘要：疫情期间对“教育学基础”这门师范院校师范专业的必修课采取了线上教学的模式。在进行在线教学的实践中，首先精选教学平台，优化整合教学资源，为创建在线课程提供保障，其次精心组织在线教学活动，课前环节侧重于老师集体备课，加强学生预习，课中着重于师生互动，课后则进行及时反馈与督促，并且开展在线的多元评价。经过一个学期的在线教学实践，教学效果良好，既激发了学生的学习积极性，又提升了学生的专业能力与综合素养。

关键词：在线教学；学习通；教学设计；教学效果

一、前言

2020上半年新型冠状病毒肺炎疫情突如其来地暴发，使得春季学期的开学及其之后的教学不得不按下“暂停键”。根据《教育部关于2020年春季学期延期开学的通知》相关要求[1]，“停课不停学”成为全国各级各类学校的主要防控措施。2020年2月17日，首都师范大学教务处发出采取各种远程教学形式（包括企业微信群、腾讯会议、钉钉直播、雨课堂等）进行授课的通知，以解决疫情期间的教学问题。

传统的课堂教学是以实体课堂的授课为主要方式，网络课程及其大量的网络资源，如慕课和众多出版社开放的免费教材资源，则是有效的辅助性教学手段。现今，在线教学不是传统的线下实体课堂教学的复制，也不是课堂录像或课堂直播，而是将课堂教学通过模块化、系统化的教学设计，并结合在线网络平台来开展的教与学的过程。因此，在线教学需要具有以下要素：教学资源（视频与文本资源）、网络平台（可以是大学慕课平台，或雨课堂，或超星泛雅学习通平台）和线上的师生教学活动[2]。可以说，在线教学是一个完整的教学过程，并非教学资源的堆砌，也并非师生的讨论区域，而是需要老师从教学目标、教学内容、教学手段、教学评价等环节上做精心设计与组织

① 徐玲，女，首都师范大学教育学院副教授，研究方向：教育经济与管理。

的教学活动。

“教育学基础”是一门理论性和应用性相结合的师范类学生的专业必修课，全面实行线上课程与教学，这对于老师和学生来说都是新的尝试与挑战。教育学院的老师们依托网络平台，结合专业必修课的特点，开展在线教学的建设与实施，以适应特殊时期无法进行线下课堂授课的情况，从而实现“停课不停教、不停学、不停育”的目的。

二、创建在线教学平台

(一)精选教学平台，为在线教学设计提供保障

特殊时期，在教学时空的分离，教与学分离的情况下，网络教学平台成为行之有效地完成在线教学的基础。虽然有多个平台，如腾讯课堂、雨课堂等都可支持在线教学，但我们主要采用超星泛雅学习通平台(简称学习通)。这是面向智能手机移动端、教室端、管理端等的“一平三端”智慧教学系统，是一个功能齐全与强大的教学辅助平台，建课简单、易操作，且资源丰富，具有多种在线授课模式[3]。学习通中包括海量图书、期刊等资源，便于学生进行查阅；有丰富的活动环节，如签到、投票、选人、抢答、讨论、学生反馈等，便于老师组织课堂和学生参与课堂；有完善的教学评价体系模块，如作业、考试以及成绩的评定等，便于学习效果的监督与测试。根据这个平台的模块与架构，笔者进行了“教育学基础”的教学设计，搭建起“教育学基础”的学习平台，包括 5 个单元 13 章、38 个任务点、27 个讨论话题、13 次小测验、3 次作业等(见图 1 与图 2)。

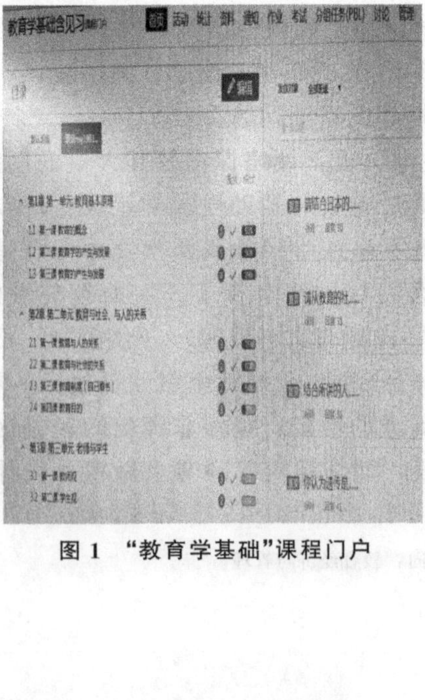

图 1　“教育学基础”课程门户

图 2　学习通活动界面

由于使用学习通平台的学校及人数较多，直播时会出现网络卡顿、崩溃等现象，为确保教学的顺利进行，笔者还启用企业微信群作为辅助的师生互动交流的信息平台。在企业微信群里，笔者会把教学通知、课件、教材文本等推送到群里，学生可以讨论与互动，形成师生沟通交流的氛围，它逐渐地成为老师辅助性教学工作不可缺少的手段。

(二)优化整合教学资源，丰富在线教学内容

在“互联网＋”时代，教育从封闭走向开放，创造出一个人人能够创造知识、共享知识、获取知识、使用知识的环境。做好课程资源的建设，是有效开展在线教学的基础。本人遵循“互联网＋教育”理念，在创建“教育学基础”这门课程时对各种各类的教学资源进行优化与整合。在每一单元每一课里，本人展示本课的电子教材、学习目标、课件、大学慕课上的同类课程的视频，以及近5年的教师资格证的考试真题或模拟题，还在资料库这个模块里提供大量的供学生们开阔视野的教育学经典著作、教育家的思想与教育政策、教育论文、中小学名师教学视频等，形成丰富、实用且符合大学生认知特点的教学资源系统，从而最大化地发挥各类教学资源的价值。

其中就电子教材来说，疫情期间有些同学身处国外，或者西藏和新疆等较边远的地区，在开课之初无法及时地购买到纸质教材，就可直接进入资料库查看电子教材，方便其进行阅读与学习。

三、精心组织在线教学活动

在线教学并不是单纯地将线下课堂直接进行在线直播即可，也不是简单地让学生上网观看课堂视频、阅读材料等，而是通过课前、课中和课后三个教学环节的精心设计与组织，才能顺利地实现在线教学。

(一)课前教学环节——老师备课、学生预习

课前，老师们对线上教学做好了充分的思想准备，也对学习通平台有了一定的了解。在此基础上，经过教育学院老师们的集体备课，制定出线上的教学日历，并上传至学习通，供同学们来了解教学进度安排。

除了备课之外，课前还有发布上课通知、学习内容等环节。通过学习通的通知模块和企业微信群，本人向学生提前发布本节课的学习任务，如上课时间、学习目标、重难点以及课前预习内容，要求学生接到通知之后进入学习通做好预习。另外，本人还设置简单的测验题，并发布讨论主题，然后进入学习通后台查看学生们的完成情况，以便了解他们对知识点的掌握程度，还会对他们的预习情况及时做出反馈，以强化课前预习效果。

课前五到十分钟，本人发布签到任务，如普通签到、手势签到、位置签到与二维

码签到等，以 2019—2020 年第二学期为例，共计签到 14 次，签到率 90%以上，甚至达到 100%。如此变化多样的签到活动，能够吸引学生们的注意力，使之积极主动地融入课堂学习中。

(二)课中教学环节——师生互动、教学相长

课堂教学仍然是线上教学的核心环节。首先，精心设计课堂导入。“教育学基础”前两个单元的内容偏理论性，为了让学生能更好地理解教育理论流派及其思想观点，本人通过教育案例、有代表性的教育家的事迹、两会的教育热点话题或者学生关心的时事话题来创设出教学情境，激起学生的好奇心，吸引他们的课堂注意力。

其次，师生讨论交流，提升教学效果。传统的课堂师生互动是通过教师的语言、神情、肢体语言、目光等进行的，而在线教学不同于课堂面对面的教学，没有了实时互动，只能隔着屏幕进行交流。在时空分离的背景下，如何加强师生互动成为线上教学的难点。为此，本人会在学习通的讨论模块里预先发布多个讨论话题，让学生积极思考，各抒己见；课堂上则会借助选人模块指定学生来回答，并让其他学生进行补充评价，或者通过连麦的方式与学生直接交流，或者通过小组竞猜的方式进行生生互动。一学期下来，学生讨论次数达到 2000 多次。多样化的师生讨论交流方式，既活跃了线上课堂气氛，又提高了学生线上课堂的参与度。

最后，直播教学，加深理解。本人通过学习通的同步课堂功能，以直播的形式对本节课的重难点进行串讲与总结，进一步加深学生对新知识的理解。

总之，课中教学环节，灵活多样，既有直播讲解，又有师生互动，再加上归纳总结与布置作业，有效地提高了在线教学的教学效率。

(三)课后教学环节——反馈评估、管理督促

与学生没有见面的线上教学是很难观察到学生的学习和上课状态的，因此加强课后的追踪管理与反馈评估是非常重要的。为此，本人通过学习通发布每章的考试真题或模拟题，其中选择题让学生直接在线作答，而名词解释、辨析题、简答题和论述题则让其整理到笔记本上，通过拍照上传到作业模块，既能了解到学生对本章内容的把握情况，又能对其学习效果做有效的评估反馈。

再者，通过对学习通平台上的任务点的完成，作业提交、讨论次数等的追踪，对学生的在线学习状况进行有效的管理与督促，使其能够跟上教师的教学节奏，不让其落伍。

四、开展在线多元评价

(一)过程性评价——提高学生的学习积极性

以往的线下课程的过程性评价包括出勤、作业和课堂表现等，这种评价手段显然

无法用来评价学生线上的学习状况。学习通里设置了多种多样的环节以大数据的方式来对学生的学习过程进行系统客观的过程化评价考核，如参与投票、问卷、抢答等活动，教师可以给予相应的积分；如积极参与讨论与小组活动，可对表现出色的学生进行加分和点赞，充分激发起学生线上学习的积极性。再者，还设置作业评价和章节测验题模块，在其中设置出及格分数和允许重做次数，学生若未达到及格分数，需再次答题直到通过，而那些已达到合格要求的学生，同样具有三次答题机会，最终得分取最高成绩，以给学生提供一个主动提高的机会。

“教育学基础”的过程性评价借用了上述所提及的评价手段，由作业(50%)、小测验(20%)、讨论(15%)、学习任务点(10%)、签到(5%)组成，占总成绩的50%。学期结束时，学生认真完成作业，完成率达到100%，并且认真做了各章小测验，完成率也达到100%，平均成绩都在90分以上，还能完成本人所布置的任务点的学习，完成率也超过95%。可见，这种全面客观的过程性评价方式有效地提高了学生在线学习的主动性与积极性。

(二)终结性评价——提高学生的学习成绩

由于疫情的影响，期末考试只能采用线上考试的方式。线上考试不同于以往的线下考试，考试内容和题型都会发生较大的变化。于是教育学院的教师们集体讨论后，将题型简化为三种，包括名词解释、简答题和论述题，以随机组合的方式让学生来答题，考试结束之后，试卷由教师流水批阅，从而公平公正地检验学生的最终学习效果。2018级与2017级英语教育系学生的期末成绩对比见表1。

表1　2018级和2017级英教系学生的期末成绩对比

成绩分布(分)	2018级英教系(人)	2017级英教系(人)
90～100	20	25
80～89.9	29	6
70～79.9	4	6
60～69.9	2	3
59.9及以下	0	1

如表1所示，2018级英教系学生期末平均成绩为85.5分，比以往线下授课的2017级英教系学生的成绩高出1分，且期末成绩在较低分数段(69.9分以下)的人数比例有所降低，较高分数段(80分以上)的人数比例大幅增加。

五、在线教学效果的分析

“教育学基础”结束了一个学期的在线教学，由学校教务处向英教系55名同学发放了调查问卷，有效回收率是96.36%，其中问题的答案设置成"很好""较好""好""一般""差"五个选项。由表2可知，78.7%的学生认为"教育学基础"的课程资源是完整的，72.3%的学生认为在线课程资源是优质的；在整个线上教学过程中，由于本人抓住线上教学的互动与课后反馈这两个难点，72.3%的学生认为师生互动交流愉快，83%的学生认为老师能定期批改作业并给予评价；经过一个学期的在线教学，74.5%的学生认为自身的学习积极性高，线上学习气氛活跃，68.1%的学生认为自身的专业知识、专业能力和综合素养得到提升。

表2　学生对线上教学效果的评价

线上教学		评价所占比例					平均分（分）
		很好（%）	较好（%）	好（%）	一般（%）	差（%）	
课程资源	在线课程信息完整：课程介绍、教师介绍、课程公告、考核方法、教学日历、教学大纲等	78.7	6.4	14.9	0	0	94.47
	在线课程资源优质：教案、视频、PPT、拓展资源、推荐资源	72.3	6.4	19.1	2.1	0	92.34
	在线课程互动环节设计丰富、合理：测试作业、讨论考试等	68.3	6.4	23.4	2.1	0	91.49
线上教学	线上指导答疑、作业和考试评价认真积极，乐于与学生交流	72.3	21.3	6.4	0	0	93.19
	定期组织和指导线上讨论，定期解答学生疑问	70.2	4.3	24.4	2.1	0	92.34
	定期批改作业，定期完成测试评价	83.0	2.1	14.9	0	0	96.17
教学效果	学生在线学习积极性高，线上学习气氛活跃	74.5	4.3	19.1	2.1	0	93.19
	学生乐于和教师探讨问题，交流思想	66.0	4.3	25.5	2.1	0	90.64
	学生掌握课程内容，专业能力、信息素养、综合素养得到提升	68.1	8.5	21.3	2.1	0	90.36

六、结语

当今，随着"互联网＋教育"的迅猛发展，在高等教育教学改革中运用互联网技术形成的教学模式和手段应运而生，信息技术与教育教学的深度融合为高等教育的发展提供了重大机遇。2020年5月，教育部高等教育司司长吴岩在介绍全国高等院校在线教学的情况时指出，我们再也不可能，也不应该退回到疫情发生之前的教与学状态，因为融合了“互联网＋”“智能＋”技术的在线教学已经成为中国高等教育和世界高等教育的重要发展方向[4]。

本研究以师范类专业必修课“教育学基础”为例，借助网络平台——学习通创建在线课程，创新在线教学过程，将网络平台（互联网）作为一种创新要素，深入融合到教学活动的课前、课中和课后环节，并开展在线的多元评价，摆脱时间和空间的束缚，为学生营造出良好的教学环境，有效地加强了课上的师生互动，激发学生学习的主动性和积极性，既改变了教师教的行为，也改变了学生学的行为，又提升了教学效果，提高了教学质量。

本人相信，随着信息技术的发展与教学实践的不断积累与尝试，线上教学（包括学习通在内的网络学习平台）也将会不断地完善与发展，势必会对提升教学质量、促进高等教育教学改革做出巨大的贡献。

参考文献：

[1]教育部．教育部关于2020年春季学期延期开学的通知[EB/OL]．[2021-04-08]．http：//www.moe.gov.cn/jyb_xwfb/gzdt_gzdt/s5987/202001/t20200127_416672.html.

[2]庞淑萍．线上授课中教与学的适应性问题的实践探讨——以《概率论与数理统计》课程为例[J]．金融理论与教学，2020(5)：106-108，118.

[3]李玉梅，王楚盈，张亚杰，等．基于QQ课堂和超星泛雅平台的在线课程建设与实施[J]．高教学刊，2020(27)：101-104，108.

[4]教育部．介绍疫情期间大中小学在线教育有关情况和下一步工作考虑[EB/OL]．[2021-04-02]．http：//www.moe.gov.cn/fbh/live/2020/51987/mtbd/202005/t20200515_454595.html.

课堂互动反馈系统在高校混合式教学中的应用研究*

张　鸽　陈勤霞①

摘要：随着智能学习技术的发展，课堂互动反馈系统在大学教学中的应用在近10年中呈现上升的趋势。本文梳理了互动反馈系统在高校教学中的相关研究，设计了将互动反馈系统有机融合于高校课堂教学和混合式教学中的教学模式和策略，并应用这些模式进行了常态化的教学实践。实践结果表明，互动反馈系统的合理运用，对提高学习者的课堂参与度、获得感、学习兴趣以及学习绩效有积极的作用。

关键词：互动反馈系统；混合式教学；移动学习；教学模式

一、引言

在传统的课堂教学中，教师在讲台上讲课，学生则在座位上被动地听课，这种被动的、缺乏互动的课堂教学模式已经不能够适应数字化时代学生的需求。[1]如何激发学生参与课堂学习和课堂互动的积极性？教师如何实时获知学生的学习情况，给与即时的反馈，并且根据学生情况进行教学调整呢？课堂互动反馈系统是其中的一种解决方案。“互动反馈系统”(Interactive Response System，IRS)是课堂信息化教学系统[2]，在课堂教学中，课堂中的每一个学习者都可以按照教师设定的问题，以选择、简答、抢答等方式参与到课堂互动中，并能立即得到反馈。

将课堂互动反馈系统应用在大学教学中的研究开始于20世纪90年代。哈佛大学的一个研究小组通过使用课堂无线应答系统提高了学生的课堂参与度，并显著提升了课堂教学的质量[3]。Ismaile等人[4]在护理学课程中采用焦点小组访谈等定性方法，探讨学生对IRS在课堂提问、同伴互动、课程形成性反馈方面的态度，结果显示IRS提高了学生的学习水平。Sheng等人[5]分析了本科护理专业学生对与多平台移动IRS软件相关的可用性、参与度和学习的看法，大部分学生的反馈数据表明IRS改善了学习，

* 本论文受首都师范大学2021年教改立项“混合式学习中课堂互动问答系统的应用研究”项目支持。

① 张鸽，女，首都师范大学教育学院教育技术系副教授，研究方向：教学媒体应用、混合式教学；陈勤霞，女，首都师范大学教育学院教育技术系硕士研究生。

对形成性评估和学生的参与度有积极的影响，但也存在功能冗余、技术使用困难等局限性。Jones[6]探讨了在韩国一所大学的英语会话课堂中使用IRS对学生在课堂上说英语的动机和愿望的影响，结果显示IRS提高了学生在课堂中的参与度，使学生更有热情，更有动力回答问题，且匿名性、新颖性等因素也有利于学生更好地参与到课堂中。国内，张萍等[7]在大学物理课程中，应用互动反馈系统进行了教学模式的创新实验。杨定新等[8]分析了以互动反馈系统为基础的敏捷教学模式的内涵、基本特征与实施途径。张晓彬等[9]讨论了将互动反馈系统应用于传统课堂教学的优化设计策略。兰菁[10]以信息技术中的Photoshop、Flash的教学为例，探讨了IRS在课堂中的教学应用流程。何克抗[11]提出了云平台支持下的课堂互动反馈系统在提升学科教学质量上的三大优势。

总的来说，互动反馈教学系统在大学教学中的应用与研究，近10年来呈现上升趋势。但这些研究大多集中在将系统应用在课堂上的策略或者有效性研究，较少常态化应用于课堂教学，也较少应用在混合式教学中。笔者在近几年的教学实践中，将基于移动云平台的课堂互动反馈系统有机融入课堂教学以及混合式学习中，设计了相关的教学模式和策略；并在教学中进行了常态化的应用与实践。课堂观察和问卷结果表明，使用课堂互动应答系统能够有效地组织多种形式的教学，对提高学生的课堂参与度、获得感、学习绩效有促进作用。

二、课堂互动反馈系统的互动特点和基本操作

在课堂教学中应用互动反馈系统，其互动优势和互动策略主要体现在以下几个方面。①全员性。学生要想获得课堂互动成绩或积分，必须参与答题。②实时性和可视化。教师和学生都能够实时看到答题情况，得知当前的学习状况。③反馈性。教师可以展示学生答题情况，并针对错误率高的问题，进行重点讲解。④激励性。针对答题情况好的同学，教师可以给与口头表扬或者积分奖励，以激励学生更加积极参与互动和答题。⑤针对性。根据学生答题情况，教师可以及时发现问题学生，进行个别化辅导。

目前国内市场上能够与在线学习平台相融合的互动反馈系统，主要包括清华学堂在线的雨课堂平台、超星的学习通平台、ClassIn在线教室等。笔者使用的是超星公司的师星学堂，该平台同时支持线上学习和课堂互动学习，可以使用电脑和手机双端同时操作，能够将混合式学习与课堂互动学习有机融合。该平台的基本操作包括：①线上学习部分。教师通过电脑登录师星学堂网站，或者手机登录学习通App，都可以进行在线课程的建设、资源的上传、任务的布置以及其他教学活动的管理和统计；学生可以通过电脑或者手机，进行在线学习、视频观看、作业提交、话题讨论、任务完成、

合作学习等。②课堂互动部分。教师可以提前使用电脑或手机上传课堂互动试题或建立互动任务，也可以在课堂上即时发送互动问题，开展抢答、选人回答、选择题、简答题、讨论题、小组活动、问卷等学习活动；学生在课堂中可以使用电脑或手机，完成相应的课堂问答或学习活动。

三、课堂互动反馈系统在高校混合式教学中的应用模式设计

1. 基于互动反馈系统的新授课教学模式（可用于课堂教学或线上直播教学）

应用课堂互动反馈系统，开展新授课教学的过程与策略如表1所示。该教学模式既可用于课堂教学，也可以用于线上直播教学。

表1　使用课堂互动反馈系统开展新授课教学的过程与策略

主要教学环节	教师行为与教学策略	学生行为
复习小测	①发放复习试题 ②展示学生答题情况，并针对错误率高的题目进行重点讲解	①做复习题，并在限定时间内提交
知识新授	③知识点讲授 ④针对重难点内容，开展互动答题或任务 ⑤展示学生答题或任务完成情况，展示优秀答题学生，针对错误率高的题目进行重点讲解	②听课 ③进行抢答、互动答题等活动
课堂小结	⑥小结本堂课知识点 ⑦展示本堂课课堂互动优秀的学生，予以表扬	

表1中，教师的活动④，可以通过选人、抢答、选择题、简答题等方式进行。教师的活动③④⑤，可以基于知识点反复进行。活动⑤和⑥，体现了实时反馈、适时奖励的原则，有利于提高学生的学习积极性和参与感。在面对面课堂教学中，教师的活动①②④⑤⑦，学生的活动①和③，需要使用电脑或手机，在课堂互动平台上操作。在线上直播教学中，所有的活动都需要使用电脑或手机来完成。

这些操作，对于初次使用者来说有一定的难度和技术屏障，但是经过一段时间的适应之后，操作还是简单和快捷的，不会影响正常的课程节奏和进程。

2. 基于互动反馈系统的课堂小组探究或实验活动教学模式

使用课堂互动反馈系统，开展课堂小组探究或实验活动教学的过程与策略，如表2所示。

表 2　使用课堂互动反馈系统开展课堂小组活动教学的过程与策略

主要教学环节	教师行为与教学策略	学生行为
提出问题	①创设任务情境，引导学生开展活动 ②发放活动或任务	①进行小组讨论、探究、实验或实践
开展活动	③巡视，监督和指导活动进展情况 ④查看学生活动和任务成果，针对性指导	②提交活动成果
展示与评价	⑤组织学生全员互动评价 ⑥针对性总结和评价	③进行组间评价、组内评价等 ④成果展示与交流

表 2 中，教师活动②④及学生活动②③需要使用互动平台来完成。在笔者的教学实践中发现，在活动类教学中使用互动反馈系统，与传统的小组活动相比，最大的优势在于学生可以将任务的阶段性成果上传，教师使用移动设备，能够实时看到所有小组学生的阶段性进展情况，并能够及时地通过线上或线下两种方式进行针对性的指导和意见反馈。其次，学生作品或成果的评价，也可以通过平台组织学生开展组间评价、组内评价等多元评价，以激励学习者的积极性。

3. 基于互动反馈系统的混合式翻转学习模式

混合式学习，需要教师首先建立完善的在线课程体系。在此基础上，与课堂互动反馈系统相结合，可以开展多种形式的混合式教学。表 3 列出了基于课堂互动反馈系统和在线学习的翻转学习模式。

表 3　使用课堂互动反馈系统开展混合式翻转学习的过程与策略

教学环境	教学环节	教师行为与教学策略	学生行为
线上	课前预习	①布置预习或学习任务	①预习课程知识点视频和相关资料，完成相关测试题或话题讨论等活动
线下	课堂活动	②展示线上学习情况，根据学生线上学习和测试情况，针对重难点知识进行讲解 ③指导学生进行小组活动、实验或实践 ④展示优秀学生互动或实践成果，组织评价	②回答课堂互动问题 ③将小组活动或实践成果，上传到课堂互动系统 ④进行小组评价和组内互评

表 3 中，教师活动①及学生活动①基于线上学习平台开展，教师需要组织学生完成知识点学习和预习(通常包括观看知识点视频，完成配套测试题和讨论活动等)；教师活动②③④及学生活动②③④的开展，需要课堂互动系统的辅助，包括发布任务、实时反馈或者可视化呈现学习结果等。

4. 基于互动反馈系统和混合式学习的全过程多元综合评价

传统的学生评价，通常是基于作业、作品以及考试成绩进行评分。在混合式学习模式下，学生所有线上的学习过程和学习成果都能够被跟踪和记录；应用课堂互动反馈系统，学生每节课、每个问题的互动情况都能够被跟踪、记录和评分，从而能够对每个学生进行线上与线下结合的过程性的多元综合评价。评价的主要因素见表4。在在线学习平台中，教师可以自行调节各因素的权重，平台能够自动计算出学生的课程成绩。

表4　基于课堂互动反馈系统和混合式学习多元综合评价指标

评价因素	评价的具体指标
线上学习情况	课程视频观看情况 线上测验综合成绩 章节学习次数 小组活动完成情况 讨论积分 作业成绩
课堂学习情况	签到情况 课堂互动答题成绩
考试	考试成绩
作品	作品成绩

四、课堂互动反馈系统在高校混合式教学中的应用实践

从2018年开始，笔者所教授的3门大学本科课程，逐步建立了完整的线上学习资源，并将课堂互动系统和线上学习有机结合，使用统一的师星学堂平台进行混合式教学，开展了一系列的教学改革和实践。到2021年，所教授的3门课，都基本进行了3轮的教学迭代，对上节中提到的4种教学和评价模式，进行了教学实践。以2020年秋季学期的“摄影学基础”为例，该课程有39人选修。在线上学习中，教师发布线上视频学习任务点81个，相关章节测验22份，话题讨论4次，线上作业和实践6次，学生线上章节学习次数达到9772次。在15周的课堂学习中，课堂互动问题和任务共148次，平均每次课约10次，达到常规化课堂互动应用。

1. 建立完善的在线课程体系，组织有效的在线学习活动

在线课程的教学策略：以周为单位，要求学生每周上课前完成知识点视频预习，完成测试题或话题讨论。教师在每周上课时，首先进行课前线上学习小结，包括：①针对线上表现优秀的学生进行表扬，对优秀学习作业和成果进行展示。②针对在线

学习的重难点问题进行讲评。图 1 是“摄影学基础”课程的线上章节学习内容截图，知识点被分为若干小节，每个小节都录制了微课视频，供学生预习或复习使用。

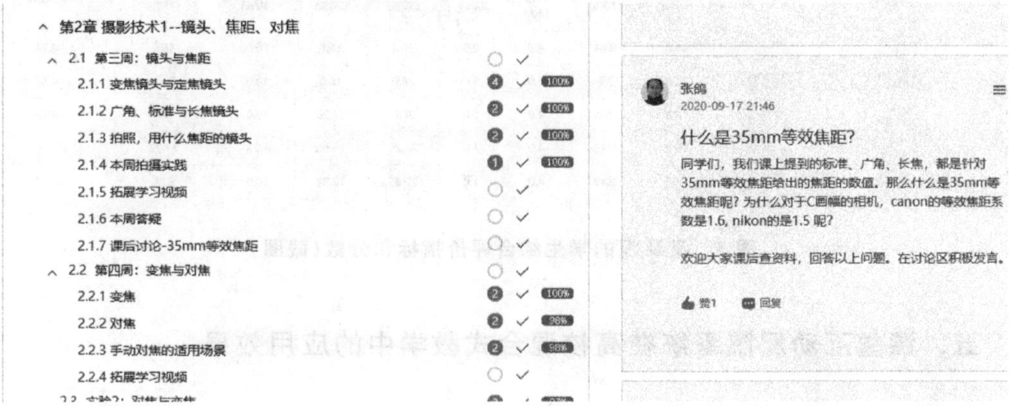

图 1 “摄影学基础”在线课程截图

2. 课堂教学中，常规化开展课堂互动问答和互动，实时公布互动结果，即时反馈调整教学

教师在课堂上应用课堂互动反馈系统，可以使用手机随机出题，也可以导入提前上传的题目；可以灵活运用选人、抢答等方式，激发学生参与互动的积极性。教师都能实时看到每道题的答题情况，教师能够实时表扬优秀答题学生，也可以根据答题情况进行教学调整，如图 2 所示。

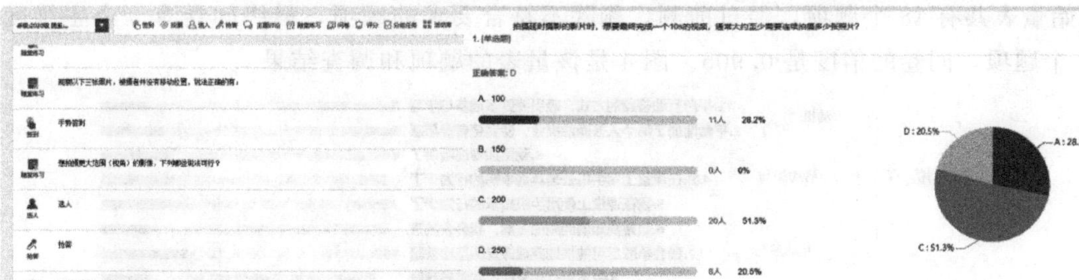

图 2 某节课的课堂互动题目截图

3. 基于在线学习情况、课堂学习情况，以及作业作品和考试情况，对学生进行过程性多元综合评价

图 3 是 2020 年秋季学期，某课程的学生综合评价体系和分数的截图。图 3 中，课程视频、章节测验、章节学习次数、讨论、作业均在线上完成；考试一部分是线上，一部分是线下完成；签到是在课堂上使用课堂互动反馈系统完成；课堂互动，是每节

常规课堂上使用互动反馈系统进行答题或活动的得分。

序号	学生姓名	学号/工号	课程视频(10%)	章节测验(10%)	章节学习次数(4%)	讨论(1%)	作业(30%)	考试(20%)	签到(10%)	课堂互动(15%)	综合成绩
1			10.0	9.64	4.0	0.9	28.4	16.8	10.0	15.0	94.74
2			10.0	7.5	4.0	1.0	28.0	16.0	10.0	8.32	84.82
3			10.0	8.9	4.0	1.0	28.6	17.28	10.0	15.0	94.78
4			10.0	9.48	4.0	1.0	28.25	16.56	9.23	13.28	91.8
5			5.52	8.19	4.0	1.0	27.85	12.32	10.0	5.25	74.13

图 3　某课程的学生综合评价指标和分数(截图)

五、课堂互动反馈系统在高校混合式教学中的应用效果

对于应用效果的研究，从两方面进行：①课程结束后，组织学生匿名填写“课堂互动反馈系统的使用感受调查问卷”，了解系统的使用对于学生的课堂参与度、获得感和学习兴趣是否有促进作用。②从学生作品、作业和考试成绩方面，与上一届学生进行比较，从客观上衡量该模式对学生学习绩效提升是否有促进作用。

1. 调查问卷结果与分析

问卷内容包括：(1)一般情况。学生的年级，性别，学号。(2)态度量表。采用 5 级李克特量表，包括对课堂参与度、获得感、兴趣 3 个维度进行评价。参与度包括动机、活动参与、互动参与 3 个子维度；获得感包括情感获得、绩效获得 2 个子维度。原始量表共有 18 个题项，经过前测，剔除不符合要求的题项，最终问卷有 3 个主维度 17 个题项，问卷的信度是 0.905。图 4 是该量表的题项和调查结果。

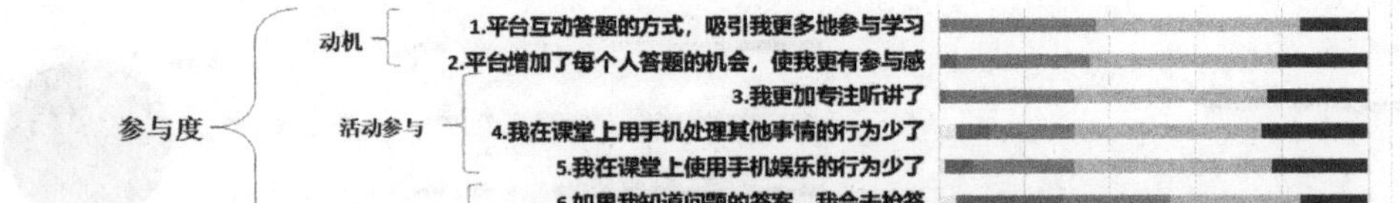

图 4　课堂互动反馈系统的使用情况调查结果

如图 4 所示，多数学生认为，采用互动答题系统，对于他们提高课堂参与感、获得感和学习兴趣具有积极作用。篇幅所限，不再赘述。

2. 学生作业、作品和考试成绩的比较

从学生最终递交的作品情况来看，2020 年秋季学期的摄影作品，比之前的学生作品要更出彩一些，好的作品更多一些。从考试成绩看，从 2018 年到 2020 年考试成绩的及格率、优秀率以及平均分在逐年提高，特别是在 2020 年的及格率达到 100%，优秀率相较 2018 年未使用互动答题系统时增加了 19%，且班级整体的平均分从 2018 年的 52.42 分提升到 2020 年的 76.86 分，如图 5、图 6 所示。

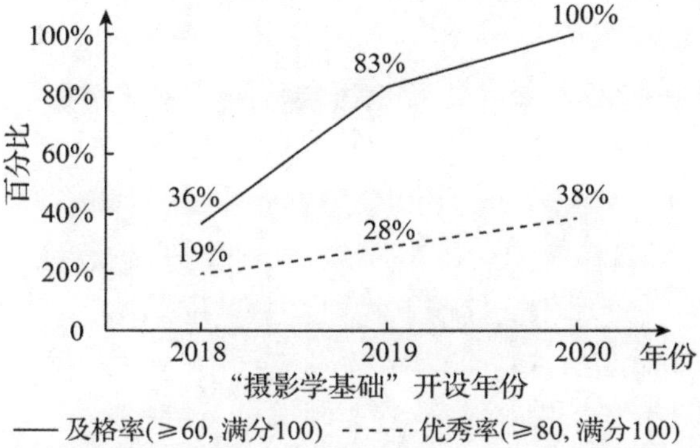

图 5 2018—2020 年摄影学基础课程的及格率和优秀率

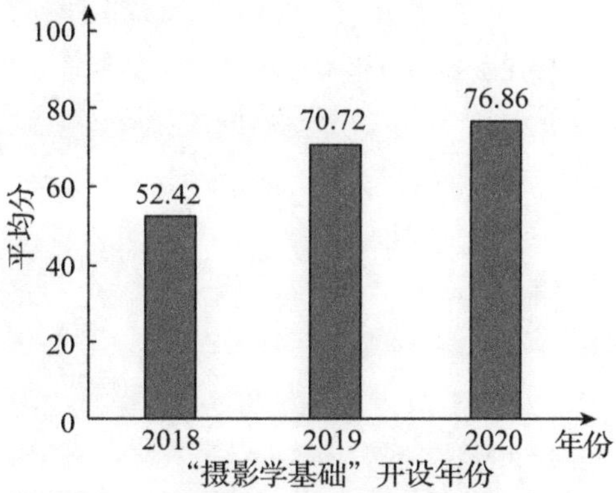

图 6 2018—2020 年摄影学基础课程的平均分

参考文献：

[1] Laxman K . A study on the adoption of clickers in higher education[J]. Australasian Journal of Educational Technology, 2011, 27(8): 1291-1303.

[2][11]何克抗. 21 世纪以来的新兴信息技术对教育深化改革的重大影响[J]. 电化教育研究, 2019, 40(3): 5-12.

[3]Castillo-Manzano J I , Castro-Nuño M, López-Valpuesta L, et al. Measuring the effect of ARS on academic performance: A global meta-analysis[J]. Computers & Education, 2016, 96.

[4] Ismaile S, Alhosban F. Students perceptions of audience response system in classroom feedback: A qualitative study[J]. International Journal of ADVANCED AND APPLIED SCIENCES, 2018, 5(4): 67-72.

[5]Sheng R , Goldie C L, Pulling C, et al. Evaluating student perceptions of a multi-platform classroom response system in undergraduate nursing[J]. Nurse education today, 2019, 78.

[6]Jones A G . Audience Response Systems in a Korean Cultural Context: Poll Everywhere's Effects on Student Engagement in English Courses[J]. Journal of Asia TEFL, 2019, 16(2): 624-643.

[7]张萍, 涂清云, 周静, 等. 大学物理课堂互动教学模式的研究——基于"教室应答系统"的构建[J]. 中国大学教学, 2011(7): 21-23.

[8]杨定新, 胡海峰. 基于 IRS 的敏捷教学及其在研究生课程教学中的应用[J]. 高等教育研究学报, 2019, 42(3):

92-96.
[9]张晓彬，李霜爽．互动反馈系统(IRS)及其对传统课堂教学的优化设计[J]．现代教育科学，2007(10)：87-88.
[10]兰菁．基于课堂应答系统的高中信息技术课堂教学研究[D]．长沙：湖南师范大学，2015.

视频创作类课程实践模式特征探究

吴 陶 崔蕴鹏[①]

摘要： 视频创作作为融媒体人才的核心技能之一，其课程实践却长期沿用了传统模式，缺乏对自身特色的探索。通过对传统工科和艺术类实践课程模式的分析和对比，结合教学实践经验，本文提出了视频创作类课程实践模式的"阶梯形、阶段性、多循环"特征，对视频创作类课程的实践模式设计提出了新的思路。

关键词： 视频创作；课程实践；模式特征

一、视频创作类课程的特色和定位

融媒体时代对高校人才培养提出了新的要求，集中表现为在人文底蕴、专业认知和技能体系等方面的深入交叉融合。事实上这一趋势一直存在于高等教育领域，在2001年教育部颁布的《关于加强高等学校本科教学工作提高教学质量的若干意见》以及2010年国务院颁布的《国家中长期教育改革和发展规划纲要(2010—2020年)》等文件中，对于在创新人才培养模式、强化实践教学环节，着力培养学生的学习能力、实践能力、创新能力等已经提出了明确的要求。

视频创作作为当代传媒的重要表现手段，具有鲜明的融媒体特色。在专业技能方面，视频创作类课程具有极高的"融合性"特征，课程融合了故事创意、摄影摄像、剪辑制作、传播展示等以往分散于多个专业课程中的技能。在训练环节方面，视频创作类课程具有鲜明的"全流程"特征，课程一般包含主题分析、提案讨论、前期准备、中期制作和后期展评等多个环节，对应媒体视频产品的全生命周期。

由于视频创作专业技能的融合性和训练环节的全流程特征契合了融媒体时代人才培养的需求，因此视频创作类课程在涉及融媒体人才培养的诸多院校和专业中，一般在课时和学分方面较为突出，甚至处于专业核心课的重要地位，并且与毕业设计等重要环节密切相关。在视频创作类课程的重要性不断提升的背景下，各院校、专业基本

① 吴陶，女，首都师范大学教育学院讲师；崔蕴鹏，男，中国传媒大学动画与数字艺术学院副教授。

沿用了自身以往常见的实践模式，其中具有代表性的是工科背景的院校专业以“实验”的模式开展视频创作，和艺术背景的院校专业以“项目”模式开展创作。

二、传统课程实践模式分析

1. 工科类课程的实践模式

工科背景的课程体系和实践模式较为成熟和严谨，其“实验”的模式特色也较为突出，主要可以概括为以下几点。

第一，与课程内容紧密贴合。工科实验往往是伴随课程的进程开展的，实验的内容与课程的章节或整体有着严谨的对应关系。但对于视频创作类课程，课程的理论讲授相对需让位于实践过程，甚至通过“翻转课堂”的模式让学生的创作实践在一定程度上成为课程推进的主要动力。

第二，具有明确实验的目的。工科实验一般在开始前就有明确的目标或主题，这一目标包含了该项实验背后的技能培养目的或理论证明目的。但是对于视频创作这一融合性极强的课程，其训练目的往往是整体感受性的，甚至是个性化的。

第三，过程管理和考核的精细程度高。由于工科实验一般是可重现的，因此往往有一套标准化的过程，同时其考核目标也分散于过程步骤之中。这对于视频创作“全流程”的特征有重要的参考意义，但难以直接照搬。视频创作的主题更为多变，其开展方式和步骤也因人而异，使固定的过程管理模式难以应对。实验报告的形式也需要改进成为适合视频创作实践的创作报告形态。

第四，实验规模多样、开展次数较多。既有课程中穿插的微型实验，又有持续数天甚至更长的大型实验，工科实验规模存在巨大的差距。这也为实验在不同课程中高频度开展、在培养过程中多次重复提供了基础。在这种情况下，学生往往对实验过程熟悉程度较高、操作更为规范，可以更专注于实验内容。而视频创作实践的规模起点较大，往往在培养进程中难以多次重复。因此容易出现由于学生不熟悉流程而浪费过多精力，疲于进行设计创意的问题。

2. 艺术类背景的实践模式

艺术类院校的实践更为突出其作为创作“项目”的模式，具有以下鲜明的特征。

第一，项目的独立性较强。相对于工科实验紧贴课程的特色，艺术类创作项目往往与课程进程关联不够紧密。如以学期为周期开展的项目练习，相对独立于线性展开的理论和技术课程。即使在理论和技术类课程中以结课作业模式开展的课程实践，也往往超越该时期其他课程的内容范围。

第二，选题自由度较高。创作实践中往往是由课程或教师提出一个范畴或主题，而具体创作的创意主题多由学生或小组提出。这对于平衡实践中学生项目的难度、周期和评判标准是不利的。也对整体课程进程的设计提出了较高的挑战，因此在很多艺术类院校的专业课程中可以看到系列创作项目，但难以形成系统有效的教学模式，进而难以对应人才培养过程。

第三，项目过程管理较松散。与工科实验重视过程管理和考核不同，艺术创作项目更重视通过完整的创作项目营造整体性的体验。在项目进行中由于过程管理的不足经常会出现在规定时间内计划无法完成等进度问题。在项目的组织管理方面，工科实验与艺术创作项目的两种模式可以说处于两个极端。然而融媒体时代的视频创作作为一种更接近"传媒内容产品"的形态，处于二者之间。

第四，艺术创作实践开展次数相对较少。无论是以结课作业形式还是以学期联合作业形式，艺术创作实践由于其环节较多、持续时间较长，导致其在学生培养过程中难以高频度重复。尤其是在非纯艺术类背景的院校中，普遍存在学生唯一的完整实践过程即其毕业设计的情况。这导致学生对合作中的环节职责、对接方式、交流技巧等非常陌生，也在很大程度上降低了创作实践的教学效果，不利于学生的职业发展。

上述因院校、专业背景设计视频创作类课程实践模式的情况不仅不利于学生的培养，更难以巩固和创新融媒体相关专业的特色，需要以视频创作自身的规律和融媒体人才的内在需求重新审视视频创作课程的实践模式，总结其特征。

三、视频创作类课程实践模式特征

针对融媒体时代的人才需求，根据视频创作的融合性和全流程特征，视频创作类课程的实践模式应平衡理论与实践、目标性与创造性、自主性与规范性等几对关系，形成系统化的课程实践模式。

首先，打通培养进程中的理论与实践，形成交替上升的"阶梯形"模式。在以学期为基本单位的培养进程中，课程基本以从易到难、从通识到专业的顺序开展，而在具体学期，则可以依主干课程和学期培养目标，集中设计视频创作类课程。如在以专业认知为主要任务的低年级，设计以完整性为主要目标的视频创作实践课程；在以专业技能学习为主要任务的中年级，设计以熟练应用创作技能为主要目标的实践课程；在自我定位和未来接轨的高年级，则可以设计以完整作品进行一定个性化艺术表达为目标的实践项目。如此形成课程为积累、创作实践为上升的良性互动，构成交替上升的融媒体人才培养上升阶梯。在视频创作实践课程的形式方面，可以充分利用慕课、夏季学期等创新的理念，充分与学期内其他课程互通、互动，形成创作需求与课程学习相互拉动的激励模式。

其次，结合实践中的目标性与创造性，形成规范而灵活的"阶段性"模式。针对视频创作过程环节多、可控性弱的问题，可借鉴工科实验中的过程管理模式，在视频创作课程中以创作环节的重要阶段为单位，进行集中的审看、讨论、指导，从而避免过程管理的缺失，同时形成教师督导和学生互鉴结合的良性学习环境。如视频创作课程的主题和规模先由教师提出命题要求，由学生以个人或小组的形式提出方案，进入集中展示和方案答辩，由学生和教师共同对方案进行评议。在剧本或方案、摄制计划、素材、粗剪、精剪、声音制作、成片包装等阶段，可以根据课程目标和课时容量灵活选择相应的时机中断自主创作，进行集中指导。这样有利于及早发现问题，减少无效甚至错误的实践；更有利于引导学生在实践中积极观察、思考、表达，也给教师作为项目主控，把握创作实践的进度和节奏、把控创作的价值取向和质量提供了有效的切入点；更助于构建智能化学业评价系统和制度，形成监督与日常学生管理联动的智能教学管理与质量监测体系。

最后，平衡实践中的自主性与规范性，形成专业规训与自由发展兼顾的“多循环”模式。融媒体时代对人才要求其技能复合程度高、创新能力强，而单一的实践内容或实践机会却难以应对这一需求。对于视频创作类实践课程，可以在课程内部形成小组成员的“小循环”，通过课程要求规定相应的轮岗制度促进学生对各个创作职位的认知。在多门视频创作课程之间可以形成滚动上升的“大循环”，通过在创作过程的重复中提出不同的创作要求，实现学生创作能力、专业认知水平和交流沟通能力的全面提升。对应前文有关“阶梯形”中提到的多个层次的实践创作目标，可以在实践课程的目的要求、实践形态、过程管理等方面进行有针对性的设计。如随着培养进程，视频创作实践的目的可实现“技术—流程—表达”的跃迁，在多次创作中以不同的岗位角色形成从感性到理性、从自觉到自由的实践水平提升。

总之，视频创作类课程所具有的融合性和全流程特征可以有效应对融媒体时代创新性复合型人才的培养需求，通过缜密的环节设计和科学的定位谋划，可更有效地实现高水平的人才培养目标。在视频创作类课程的模式设计中，可参考“阶梯形、阶段性、多循环”的模式，处理好此类课程的特点与培养过程的共性问题，平衡学生的个性化培养与专业规训之间的辩证关系，从而为构建科学的、可持续的高水平人才培养体系提供有益的探索。

参考文献：

[1]时伟．论大学实践教学体系[J]．高等教育研究，2013，34(7)：61-64.

[2]郑春龙，邵红艳．以创新实践能力培养为目标的高校实践教学体系的构建与实施[J]．中国高教研究，2007(4)：85-86.

[3]洪林，王爱军．国内外应用型大学实践教学体系比较[J]．盐城工学院学报(社会科学版)，2006(1)：82-84.

[4]吴林根．大众化高等教育背景下大学实践教学体系的构建[J]．高教论坛，2004(6)：101-104.

基于大数据的高校教学质量评价体系构建*

马　星　王　楠①

摘要： 大数据时代对高等教育发展来说既是机遇也是挑战。对于高校教学质量评价而言，以大数据为依托可以收集更多的数据材料作为评价的依据，但与此同时，这也为从体量巨大的数据材料中找到准确、有效的信息增加了难度。在大数据背景下，只有将“以学生为中心”和“以数据为依托”作为高校教学质量评价的价值引领和技术支持，逐步构建具有全过程、多层级、双功能特征的评价体系，才能实现由大数据带来的学习变革。为了实现这一目标，高等学校要实现常态化地收集数据、多样化地应用数据、制度化地管理数据。

关键词： 大数据；以学生为中心；学生学习结果；教育效能；质量评价

2012年由联合国发布的大数据白皮书《大数据促发展：挑战与机遇》中将技术创新和数字设备的普及所带来的变革称为“数据的产业革命”，并预言大数据技术将成为与纳米技术和量子计算技术同等级的革命性技术，大数据技术将塑造一个新的21世纪。对于高等教育而言，借助大数据的支持构建高校教学质量评价体系既是必然趋势，也是当务之急。高等教育发达的国家和地区的高校已经陆续建立了基于大数据的高校教学质量评价体系，如美国通过使用“学习管理系统”(Learning-management Systems)、“帆布”(Canvas)和“渴望学习”(Desire2Learn)等教学系统，对高校的教学管理与教学质量改进进行反馈与监控。[1]我国于2016年建立了高等教育质量监测国家数据平台，并已经采集了包括985高校、211高校、普通本科高校、新建本科高校、独立学院和合作办学等不同类型的1024所高校的相关数据，建成了世界上规模最大的高等教育质量监测国家数据平台。[2]如果说，大数据时代之前的高校教学质量评价是缺乏数据支持的“常识”判断，存在“缺少科学评价依据、评价层级比较单一、评价不能很好地指导改进”等局限性，那么在拥有海量数据的今天，如何从海量数据中筛选并挖掘出与教学质量有关的信息，就需要首先明确基于大数据的高校教学质量评价体系的基础是什么，

* 本文为全国教育科学规划2014年度国家青年课题“从类型学到分类学：我国高等学校分类体系重构”(课题批准号：CFA140134)的研究成果之一。

① 马星，女，南京信息工程大学高等教育研究所助理研究员，研究方向：高等教育管理、高等教育质量评价；王楠，女，首都师范大学教育学院副教授，研究方向：高等教育管理、高等学校分类。

并进一步探究如何利用大数据构建高校教学质量评价体系，以及实现这一评价体系的路径。这些都对高校提出了前所未有的挑战，也是本文力图回答的关键问题。

一、基于大数据的高校教学质量评价体系的基石

“以学生为中心”的高校教学质量评价体系离不开数据的支持，海量数据又需要“以学生为中心”作为引领，因此，“以学生为中心”和“以数据为依托”是构建基于大数据的高校教学质量评价体系的价值引领和技术支持。

(一)以学生为中心

基于大数据的高校教学质量评价体系应当坚持“以学生为中心”的价值取向。在大数据时代背景下，海量数据为高校进行教学质量评价提供了多样化的选择空间，但与此同时，也为高校对教育质量相关数据进行筛选与挖掘增加了一定的难度。我们期待利用大数据技术开展更加科学可靠的质量评价和质量改进活动，但更应把握数据选取、挖掘、分析的根本方向，不能盲目地迷失在数据的海洋中。因此，我们首先应该将“以学生为中心”作为构建高等学校教学质量评价体系的价值选择。

“以学生为中心”是国际高等教育评估与质量保障的主流趋势。“以学生为中心”，即以学生的学习和发展为中心，实现从以“教”为中心向以“学”为中心转变，从“传授模式”向“学习模式”转变，从而提高学生的学习质量，提升学习效果，使学生在知识、能力和综合素质上获得全面提升。高等教育在由精英阶段向大众化、普及化阶段发展的过程中，高等教育质量观也开始由关注高深学问转向关注人的发展，关注高等教育质量的最直接利益相关者“学生”的价值诉求。1998 年联合国教科文组织在世界首届高等教育大会宣言中提出“高等教育需要转向‘以学生为中心’的新视角和新模式”，倡导国际高等教育决策者把学生及学生的需要作为关注的重点，把学生视为教育改革的主要参与者，并预言“以学生为中心”的新理念必将对 21 世纪的整个世界高等教育产生深远影响。[3]由此，国际上普遍将人才培养作为高校核心职能，同时将人才培养质量作为衡量高校教育质量的核心内容。在高等教育质量保障方面，20 世纪 80 年代中期，美国高等教育为了应对大众对高等教育质量问责的需求，发起了一场以评价学生学习结果为主要内容的评价运动，在这一运动的作用下，世界高等教育开始高度关注“学生学习结果评价”(Student Learning Outcomes Assessment)，其主张将学生的学习结果作为评价高等教育质量的内容和标准，并通过“各种测量方法和测量工具，持续收集、分析有关知识、技能等学生能力增值和情感、态度变化情况的信息，并以这些信息为直接证据，对照学习成果的最初设定，进行评价、判断教育教学的成效，找出学生学习和教师教学及相关学生服务等各个教育环节中的问题并有针对性加以改善，最终实现提高学生学习成果、促进学生个体发展的高等教育质量保障之目的”。[4]评价范式的转型将对高

等教育质量的评价更加直接地指向了学生中心，这种“以学生为中心”的高等教育质量观将学生的学习结果与发展置于高等教育质量提升的根本地位，回归大学的“本源”，重塑高等教育人才培养的首要地位。

(二)以数据为依托

要实现“以学生为中心”的高校教学质量评价体系又必须以大数据为依托，才能保证评价的科学性与有效性。大数据是依托互联网技术而存在的海量、复杂、变化的信息资产，通过对大数据进行挖掘与分析，揭示数据背后潜在的关系，从而为管理决策提供更加科学、理性的判断依据。在高等教育领域，借助大数据技术对高校人才培养的各个环节进行评价与监控已成为必然趋势，通过教学评价实现学习变革的时代已经到来。评价作为教学过程的重要组成部分对学生的学习起到越来越重要的作用，大数据可以为教学质量评价提供更多有助于学生学习的数据支持，从而最终改变学生的学习方式，提升学习效率。首先，利用大数据技术能够将多方的反馈信息进行集聚，注重来自具有不同背景和经历的学生反馈；其次，利用大数据技术可以满足学生多样化的学习需求，为学生制定个性化的学习方案；再次，利用大数据技术可以通过概率预测等方法和技术手段来优化学习内容、学习时间和学习方式。[5]通过上述收集、反馈、分析与学生学习过程有关的数据，可以实现对学生学习效果的预测以及对教学方式的改进，使“以学生为中心”的高等教育质量观不仅停留在理念层面，同时落实到实践层面，对人才培养的各个环节进行改进与提升。例如，结合“院校研究”与“数据驱动决策”理念的发展，美国高校通过利用大数据对学生入学、留存与毕业以及学生学习结果等方面进行数据预测与挖掘，对教育管理与决策已经发挥关键作用。[6]美国学校管理者协会(American Association of School Administrators，AASA)与学校网络联合会(Consortium for School Networking，CoSN)联合高德纳公司(Gartner)共同实施了“消灭壁垒：数据驱动实践”(Closing the Gap：Turning Data into Action)项目，旨在促进在学生信息系统和学习管理系统中通过使用大数据为学生提供学习指导。[7]

二、基于大数据的高校教学质量评价体系的特征

大数据可以将零散、单一的评价数据汇集成连续、系统的数据，依托大数据技术，高校教学质量评价体系可以全方位地覆盖学生学习成长的各个阶段和各个方面，并实现“问责与改进”的双重功能，以期在对高校教学质量进行准确“画像”的同时，全面提升高校的教学质量。从评价过程、评价层级、评价功能来看，基于大数据的高校教学质量评价体系具有以下特征。

(一)全过程评价

基于大数据的高校教学质量评价体系将实现“全过程评价”，记录并分析与学生学

习相关的全过程数据。学生的学习是一个极为复杂的过程，我们不能仅仅通过结果评价来判断一所学校的教学质量，就像我们不能仅根据课业成绩来判断一名学生是否优秀一样。进一步来看，仅仅通过结果评价也无法让我们知道学生在学习过程中发生了什么，从而也无法对教育过程进行改进。脑研究的结果认为，学习可以被看作是一种身体与环境之间的连接，这种连接使得有机体能够对变化着的环境做出适当的反应。[8]也就是说，学习的发生不仅依赖环境，而且随着学习环境的改变而改变。因此，包括学习环境在内的输入评价、过程评价与结果评价同等重要，只有实现全过程评价才能揭示哪些要素有助于学生的学习获得。

"投入—环境—产出"评价模型(Input-Environment-Outcome Conceptual Model of Assessment)是对全过程评价的有力支持。"投入—环境—产出"评价模型的提出者认为"只有通过提供与学生学习结果有关的信息，才能帮助学校管理者和教师做出有助于教学改进的决策"，[9]缺失了关于投入和环境的评价，仅依靠结果评价做出判断必然是片面的结论。例如，我们想要评价工科专业学生和新闻专业学生在英语写作方面的学习结果，对他们进行英语写作方面的测试，结果显示新闻专业的学生英语写作成绩高于工科专业学生(结果评价)，但是我们不能仅凭此来判断新闻专业学生在英语写作方面的学习结果优于工科专业学生，因为通过培养过程的调查可以发现，新闻专业学生关于英语写作的课程明显多于工科专业学生(环境评价)。即便如此，也还是不能做出简单的结论认为只要提高英语写作的课时数量就可以提高工科专业学生的英语写作水平，因为从入学成绩来看，那些报考新闻专业的学生的英语成绩明显高于工科专业学生(投入评价)。因此，知道学生达到什么结果只是评价的一部分，而关于学生起点的信息和他们在求学过程中所经历的事件同样也是必不可少的。没有这些背景，想要利用学生学习结果评价的数据来提高教育质量是十分困难的。[10]以往由于人力和技术的限制，收集与学生学习有关的全过程数据难以完成，在大数据技术的支持下，包括学生在内的每一位教育参与者的一言一行都可以转变为数据进行存储、加工、分析，这就为实现全过程的高校教学质量评价提供了可能。

(二)多层级评价

基于大数据的高校教学质量评价体系将实现"多层级评价"，记录并分析与学生学习相关的多方面数据信息。教育决策的科学化既是我国教育治理能力与教育现代化的重要目标，同时也是推动我国教育治理能力和教育现代化的重要力量和依赖路径，多层级数据的收集和分析可以让教育行政人员、教师、学生家长等各方利益相关者做出更加科学、准确的决策，与传统"拍脑袋""靠常识"的教育决策相比，大数据使高校教学评价所采集的数据的深度、广度以及细分度不断延伸。从数据的深度来看，不仅可以收集学生已经达到的学习结果的数据，还可以对达到这一水平的学习结果的影响因素进行记录，并对各个影响因素进行阶段性的测量与分析。从数据的广度来看，数据记录和分析的范围既包括宏观的国家/地区层面，中观的学校层面和课堂层面，也包括微观的学生层面。国家/地区层面的数据侧重于教育政策的颁布实施对学生学习结果的影响，学校层面的数据侧重于学校管理制度对学生学习结果的影响，课堂层面的数据侧重于教师教学行为对学生学习结果的影响，学生层面的数据侧重于学生自身所具有的个性、动机以及生活背景等对学习结果的影响。从数据的细分度来看，数据收集与分析可以更加细致地记录包括弱势群体和少数族群学生在内的每一个学生在评价中的参与和表现，对比相同层级、相同类型学校之间的教育质量，促进教育公平和学校多样化发展。

结合"教育效能"(Educational Effectiveness)的研究可以将多层级评价聚焦于学生学习效率，从而对教育决策的制定提供更直接有效的科学依据。教育效能研究关注的是学校内外部环境中的教育参与组织和个人对学生学习和发展的增值影响，通过对学生在认知成果、高阶能力、学习态度和行为发展等方面的进步幅度，客观反映学生所受教育的影响程度，从而对教育质量进行说明。[11]借鉴教育效能的动态模型[12]，可以对多层级的评价数据进行记录、归纳和分析。首先，记录与分析来自于不同层级的数据，包括学生层面、教学层面、学校层面和国家/地区层面；其次，记录相同层级的各个影响因素对学生的学习结果发生的直接或间接的影响；再次，记录各个层级的影响因素作用于学生学习结果的频率、影响因素的相关行为和活动、影响因素的阶段性测量与分析、影响因素的指标维度和影响因素的区别。总之，实现高校教学质量评价的准确判断与科学决策依赖于对多层级的数据进行记录与分析，在大数据支持下，通过多部门之间对数据的收集与共享使多层级评价成为可能。

(三)双功能评价

基于大数据的高校教学质量评价体系着力实现"问责"与"改进"的双重功能。在大数据支持下，高校既可以对教学质量进行"基于证据"的说明，又能够对与学生学习结果相关的教学活动进行改进。"问责评价"与"改进评价"被视为两种难以调和的评价范式，长久以来，对于评价的功能是为了向外部利益相关者进行解释说明，还是为了对学校内部教育教学进行改进的争论从未停止。[13]从问责的角度来看，合规是问责评价的主要目的，评价所收集的证据更倾向于标准化测试，评价结果主要用于对外部利益相关者证明教育质量的整体水平。我国2010年发布的《国家中长期教育改革和发展规划纲要(2010—2020年)》中也明确指出"加强教育监督，完善教育问责机制"。自2011年起，各高校相继发布《本科教学质量报告》，教育部也连续多年编制、发布《中国高等教育质量报告》、《新建本科教学质量报告》以及《工程教育质量报告》等，以主动问责的形式回应社会对教育的问责，提高了公众对高等教育质量的知情权。不可否认，问责评价是高等教育适应大众化、普及化发展阶段的产物。另一方面，评价的改进功能从大学建立之初就一直存在，它通常表现为个体教师的自觉行为。以教师对课程改进为例，教师可以通过课堂作业、测试、展示等方式收集评价资料，也可以通过访谈、观察等质性研究收集评价资料，这些评价资料都将用于教师对个别课程进行的改进，因此它通常都是零散的、多样化的。高校教师对问责的评价并不欢迎，因为统一化的评价方法和标准忽视了不同学校所具有的使命、生源情况、获取资源情况以及外在环境，[14]评价结果既不准确，也不可用。

大数据“伴随式”收集数据的方式同时为两种范式的评价提供了“基于证据”的材料，以实现问责和改进的双重功能。正如前文所述，依托大数据可以对学生学习有关的全过程、多维度数据进行收集与分析，与教学质量评价相关的一切要素均以数据的方式进行记录。数据化的设施设备、普及化的移动学习、数字化的教学行为、可视化的学习行为等都成为高校教学质量评价的数据来源。这种“伴随式”的收集方式可以避免高校应对外部质量问责时的临时性，同时也可以避免教师为学生改进课程学习时的盲目性，从而实现问责与改进的评价功能。

三、基于大数据的高校教学质量评价体系的实现路径

大数据时代背景下，我们要着力于实现数据收集常态化、数据应用多样化和数据管理制度化，以科学有效地利用好大数据技术，构建基于大数据的高校教学质量评价体系。

(一)数据收集常态化

基于大数据的高校教学质量评价体系必须依赖于日常教育教学数据的收集，从而使数据的收集逐渐成为高校日常管理的一部分。从以往的高校教学质量评价活动来看，对学生学习结果的评价呈片段化、偶然性，学期课程测试或是专门机构采用标准测试的方法并不能准确地反映学生在经过一段学习之后的“增值”情况和“增值”过程，而且这些评价既不能形成真正意义上的反馈，也无法帮助学生了解自己对教材的掌握程度，或是为教师和学校管理人员提供教材选择以及环境构建方面的参考。[15]

获得连续的、伴随式的评价数据是突破这一屏障的关键。在美国高校中，通过收集与学生日常课堂表现相关的数据，对学生进行评价的方法称为“课程嵌入式”(Course-Embedded)评价，这种评价方法由于大大提高了学生评价的准确性和有效性而逐渐获得教师的认可。课程嵌入式评价是课程教学的一部分，教师通过系统化的方式确定课程目标，并制定出符合课程目标要求的评价量规(Rubric)，根据学生的表现对学生学习结果是否达到课程目标做出等级判断。用于记录和分析学生学习结果的材料形式多样，既可以是测试、研究报告、论文等纸质材料，也可以是汇报演讲、小组讨论等视频材料，教师对学生进行的课堂评价调查、自我评价调查以及包括教师访谈在内的一切材料都可以作为评价学生学习结果的依据。课程嵌入式评价能够检测、追踪学生发

展情况，确定学生知识、技能在哪些方面发展得快而在哪些方面有缺陷，让学生主动反思自己的学习过程，了解自己的长处和弱点。[15]另一方面，结合“课堂视频分析”技术的应用，课程嵌入式评价不仅能对学生的学习结果进行评价，而且可以通过研究教师教学活动对学生学习结果变化的影响来判定高效的教学行为，从而改进教师的教学效能。评价结果的准确和价值越来越依赖于大数据的收集，实现数据收集的常态化是实现评价目标的关键。

(二)数据应用多样化

大数据之“大”，不在于其表象的“大容量”，而在于其潜在的用于全面对数据进行分析的“大价值”。[16]除了对数据进行描述性的统计报告之外，体现数据价值的关键在于以多样化的方式应用数据，包括：首先，我们可以利用数据为学生学习状况提供预警。比如普渡大学(Purdue University)就开发和应用了针对课程层次的命名为“信号”(Signals)的软件，收集每一位学生在课程学习中的表现，包括出勤率、课堂回答问题频率、完成作业情况等，对出现问题的学生发送课程的学习预警提示、课程学习建议等信息。与此同时，学生也能够通过软件监督和管理自己的学习进步水平，并及时与指导教师进行沟通。[17]再如，我们可以利用数据预测学生留存率与毕业率：随着开放教育和弹性学制的不断完善，学生有了多种接受高等教育的方式，但学生转学、休学或弃学对学校的日常教学质量与管理有着不可估量的影响，因此，美国各高校通过对学生的学习成绩以及有关信息进行分析来了解学生离开的原因，并预测具有高风险辍学的学生，然后采取有效补救措施。[18]此外，我们可以利用数据改进教师课堂教学设计。教师的教学行为和教学方式是影响学生学习结果的重要因素，英属哥伦比亚大学(University of British Columbia)和美国缅因大学(University of Maine)共同承担的课堂观察项目旨在通过课堂观察数据，记录教师教授课程内容、指导学生互动以及课堂问答等各部分所花费的时间与教师教学行为，分析得出最有效的课堂教学方案，为教师教学能力的发展提供指导。数据的多样化应用同时也提高了教师和教学管理人员对教学质量评价参与的自觉性和主动性，数据不仅作为评价材料也作为评价结果不断地被应用到评价之中。

(三)数据管理制度化

数据信息作为循环的载体持续不断地参与到高校的管理与决策过程当中，需要高校对数据的收集、分析、应用与反馈形成制度化管理。一方面，实现数据管理的制度化需要动员高校各个部门的共同参与，并明确各个部门在数据管理中的职责，从而形成周期性、持续性的数据循环过程。数据设计阶段通常发端于教学研究中心或是教师发展中心，依照心理学、教育学、社会学等理论基础设计出评价数据内容和方法；数据收集阶段依赖于学校信息技术部门、图书馆服务以及其他学生测试和调查管理中心；重组和分析数据阶段需要得到院校研究部门的支持；数据的反馈和使用阶段涉及学校管理中心、学术委员会以及院系管理部门，从而制定相关政策并进行项目改进。[19]另一方面，对数据本身的质量管理也应该成为高校应用大数据关注的重点，如数据采集阶段对源头数据进行必要的稽核和验证；数据存储阶段按数据活跃程度实现多级存储、分散存储，降低访问压力；数据应用阶段保持数据来源、口径、指标定义的一致性等，[20]这些都需要形成制度化的管理模式，当下，也已经有越来越多的高校通过建立数据质量管理标准和体系，以制度化的管理来保证数据在高校中最大限度地发挥其作用。

参考文献

[1]胡乐乐．论国际视野中的"大数据与教育"[J]. 比较教育研究，2015，37(7)：70-77.

[2]吴岩．新理念新标准新文化，高质量做好审核评估[R]//教育部评估中心审核评估培训会，2016-03-18.

[3]瞿振元．着力向课堂教学要质量[J]. 中国高教研究，2016(12)：1-5.

[4]黄海涛．美国高等教育中的"学生学习成果评估"：内涵与特征[J]. 高等教育研究，2010(7)：97-104.

[5]维克托・迈尔-舍恩伯格，肯尼思・库克耶．与大数据同行：学习和教育的未来[M]. 上海：华东师范大学出版社，2015：104.

[6]常桐善．如何提高大学决策绩效——院校研究与"数据驱动决策"模式的视角[J]. 复旦教育论坛，2013，11(2)：54-60.

[7]徐鹏，王以宁，刘艳华，等．大数据视角分析学习变革——美国《通过教育数据挖掘和学习分析促进教与学》报告解读及启示[J]. 远程教育杂志，2013(6)：11-17.

[8]克努兹・伊列雷斯．我们如何学习：全视角学习理论[M]. 北京：教育科学出版社，2010：14.

[9]Astin A W. Assessment for excellence：The philosophy and practice of assessment and evaluation in higher education[M]. New York，NY：American Council on Education and Macmillan Publishing Company，A Division of Macmillan，Inc. 1991：p. xii.

[10]黄海涛．美国高校"学生学习成果评估" 的特点与启示[J]. 教育研究，2013(4)：138-146.

[11]孙河川. 论学校效能与学校改进研究[C]//学校发展：价值、挑战与对策——2011首都教育论坛学校发展国际学术研讨会会议论文集. 2011.

[12]Creemers B P M，Kyriakides L. The dynamics of educational effectiveness：a contribution to policy，practice and theory in contemporary schools[M]. London：Routledge，2008.

[13]Ewell P T. Assessment and accountability in America today：Background and context[J]. New Directions for Institutional Research，2008，2008(S1)：7-17.

[14]Shulock N. A fundamentally new approach to accountability：Putting state policy issues First[J]. Institute for Higher Education Policy and Leadership. California State University，Sacramento，2003.

[15]钱铭，汪霞．美国公立大学通识教育课程嵌入式评价[J]. 现代教育管理，2013(11)：109-114.

[16]姜强，赵蔚，王朋娇，等．基于大数据的个性化自适应在线学习分析模型及实现[J]. 中国电化教育，2015(1)：85-92.

[17]Borden V. Student and learning analytics：Big data in higher education[R]. Beihang University，2016.

[18]常桐善．数据挖掘技术在美国院校研究中的应用[J]. 复旦教育论坛，2009，7(2)：72-79.

[19]Banta T W. Building a scholarship of assessment[M]. San Francisco：Jossey—Bass，2002：180.

[20]彭雪涛．美国高校数据治理及其借鉴[J]. 电化教育研究，2017(6)：76-81.

新时代背景下，对高等教育质量监测数据的建设思考

杜 娟①

摘要：随着现代化进程的快速发展，我国信息化管理已经融入各行各业。高等教育质量监测国家数据平台作为"信息化＋高等教育"的有效融合，其核心功能是推动高等教育内涵式发展，是实施高等学校教学质量常态化监测的重要内容，更是提高高校人才培养质量的重要举措和重要依托。根据国家数据平台的内容特点和实践意义，本文充分利用国家数据平台完善本科院校教学质量监控体系，提出了创新引导、深化对平台建设认识、准确把握指标内涵、不断完善平台反馈机制等多维举措强化数据建设，提升教育教学质量的应对策略。

关键词：高等教育；质量监测数据；平台建设

一、引言

随着信息化时代的高速发展，大众的工作、学习和生活都发生了很大改变。信息技术在教育领域应用越来越频繁，如混合式教学、信息化教育管理、数据信息采集等，都是信息化技术的有效应用。而随着大数据时代的到来，原有的高等教育质量监测体系发生了很大改变，传统的教学质量监测不仅时间周期长、过程繁琐，而且监测过程静态化、结果相对滞后，难以满足高校快速发展改革要求，对教学质量提升难以发挥实质性效果。并且在新时期高等教育全面改革的大背景下，我国高等教育的教学质量监测工作已经进入快速发展的新轨道，因此只有充分利用先进完善的技术手段搭建数据分析平台，获取教育教学的有效数据，全面保障信息准确性和即时性，并在类型、体系建构等方面优化高等院校教育教学管理发展要求，才能加快教育信息化进程，促进教育教学质量的不断提升。[1]

---

① 杜娟，女，首都师范大学讲师，研究方向：教学管理，教学信息化建设。

二、高等教育质量监测数据内涵

(一)背景介绍

教学管理信息化是高校教育管理现代化非常重要的一个环节。教育管理信息化就是在现代化发展基础上，利用信息技术等现代手段，组织和配置教学资源，开发专业性强、关联度高的教务管理系统等，进行教育管理信息化的过程。中国高等教育信息化不断发展创新，学生人数、教师人数不断增加，高校办学规模的逐步扩大，不断增设新校区，使得教学管理数据和信息也成倍增长。传统的依靠人力操作处理教学信息的模式已经无法满足新时代背景下高校教育教学发展的内在需求，不能继续给予高校教育教学强有力的数据支撑。2018 年，教育部在《教育信息化 2.0 行动计划》中明确提出："全国各地的学校要提高教育管理的信息化水平，深化教育大数据的应用，通过优化和完善教育业务信息系统为教育管理、教学管理提供支撑。"教育管理信息化的建设重点正在从教育管理的数字化转向教育管理过程的数据化。当前，教育管理信息化发展新形势正在以迅猛速度加速迭代传统数据处理模式，面对新技术革新对高校传统教学管理模式带来的冲击，如何更好地利用新技术与教学管理无缝衔接，如何充分利用现代化发展服务于教育管理信息化建设，探索高效路径与对策，全面实现教学管理优质高效发展，都是亟须我们深度思考和解决的问题。[2] 2020 年全国教育信息化工作视频会议在京召开。会议指出，新冠肺炎疫情发生以来，教育信息化有效支撑了近 3 亿师生开展在线教学，为全国疫情防控做出重要贡献。新冠肺炎疫情作为一剂"加速剂"和"强心剂"，加速促进教育信息化的改革进程和实践探索，推进了互联网与教育教学深度融合与发展的趋势。

(二)平台概述

2007 年，教育部高等教育教学评估中心建立了高等教育质量监测国家数据平台，承载着全国 1200 多所高校的教育教学基础数据，其主要任务是负责开展高等教育教学质量常态化监测，也为各级教育行政部门及高校提供教育管理公共服务。[3] 从 2014 年起，在本科院校持续开展全国高等学校本科教学基本状态数据采集工作，通过网络信息化方法收集、汇总、分析和整理本科教学基本状态数据，从而对高校的整体教学情况、教学实际状况以及发展态势进行客观地反映。[4] 对学校管理工作来说，是完善学校内部质量管理体系，形成教学质量常态监控机制，促进学校教学管理科学化，服务于审核评估工作的重要手段。

高等教育质量监测国家数据平台基于高校的教学管理、教学过程等信息进行系统设计，数据可信且标准化，能够对接其他国家数据库，提高了信息的通用性和准确性。在此基础上开展的高等教育质量监测预警工作顺应国家对信息化的要求，为推动高等教育内涵式发展，建设具有中国特色高等教育质量保障体系、推进高等教育强国建设提供重要支持。高等教育质量监测国家数据平台的建设对于完善高等学校教育教学质量保障体系、提高学校教育质量、完善教学信息化管理方式、推进学校教育教学改革及提高人才培养质量起到至关重要的作用。

三、进一步提升高等教育质量监测数据建设分析的反思

(一)创新引导、深化对数据采集的认识

学校各部门都应该提高站位、提高认识，深刻意识到高等教育质量监测国家数据平台的教学状态数据采集工作的重要意义，以及对数据的有效科学利用和深度挖掘观念，树立数据质量和规范意识，创新数据平台建设理念，建立数据采集管理制度和数据审核责任制，形成科学有效、可操作且具有长效约束力的制度和规范，科学、合理、有效、客观地收集和利用数据。[5]只有转变教育教学理念和观念，树立创新思维、数据思维、质量思维等教育观念，才可以提供更加有效科学的教育方法。教育创新思维改革体现了平台在建设过程中思想观念和价值取向等内在科学性的变革。

高校是人才培养的关键一环，而教学质量的高低直接关系着人才培养的目标能否高水平完成。教学基本状态数据采集是教学质量与教学效果的客观反映，能够为高校教学方法、教学手段、教学模式等提供相应的指导，对培养高素质、全能型人才至关重要。因此，无论是教育部门、高校还是教师都应当改变传统观念，充分意识到教学状态数据采集在高等教育中的重要地位，重视数据，将数据平台的数据采集工作作为一项常规工作，并在实际教学中采取相应的措施，确保该工作能够真正落到实处。

(二)精准把握数据内涵，不断完善平台反馈机制

高等教育质量监测国家数据平台对高校的教育教学的检测需要实现常态化，以达到推动学校教育改革和提高教育教学质量的目的。笔者认为，高校提高教育教学质量需要以教育教学信息及时和准确的反馈为基础。正因如此，高校教学管理人员需要注意精准把握数据指标内涵和价值，不断挖掘数据含义，准确全面采集填报数据，并且深入研究数据之间的联系和互相支撑点，逐渐完善质量监测平台的反馈机制。

完善高等教育质量监测国家数据平台的反馈机制需要从以下几方面入手，首先要将现代信息化技术的优势发挥、利用好，现代信息化技术可以对教育教学的具体数据进行实时采集，并以不同时间单位进行分类、整理和进行进一步的分析，将数据填报工作需求与日常工作相结合，更加高效智能地为高校教育教学状况的精准反馈提供保障。其次，要将教育教学工作和平台的反馈及预警进行更好地结合。要加强平台及时查找、整理、分析和实时反馈、及时预警等功能，只有对教育教学的质量进行及时的评价和反馈，才可以使高校不同单位的工作人员都可以及时地了解教育教学的真实状态，及时给予反馈和处理。高等教育质量监测国家数据平台上所呈现的教育教学质量报告是在对平台上所填报的数据进行分析之后所整理出来的。教育教学质量报告为高

校质量状态提供全面的指导或建议性意见书面报告，对于提升高校教育教学质量、促进人才培养都具有重要意义。各高校在高等教育质量监测国家数据平台上填报的数据是教育教学质量报告的基础和来源，这就要求填报的数据信息既要丰富、全面和直观，也要清晰、高效和准确。在填报过程中，要不断增强过程数据与评价要求的融合性，不断增强数据分析反馈对人才培养持续改进的协同性，不断增强数据监测和质量提升全周期建设的融通性。[6]不断把握平台填报数据内涵，学深、学懂、学透高等教育质量监测平台指标体系，打开视野、精准发力、高效产出，使平台在高等教育教学质量建设中发挥独特性、引领性作用。

(三)充分利用平台数据分析，支持教学质量提升

怎样在平台建设的过程中更加有效地进行数据分析，进一步精准地对高校的教育教学现状进行评估，是当前完善数据建设非常重要的一个课题。平台会对收集到的数据进行整合、变换、归纳等步骤的处理，对相关数据进行多维度的整理，提高数据的质量，进而将数据分析效率提升。通过平台的信息分析技术所进行的精准评估，可以更好地实现对高校教育教学管理机制和现状进行预期性评价，提前发现在教育教学管理中可能发生的问题，分析造成问题的原因，并提出具体的相应的解决办法，更有针对地进行干预，确保高校的教育教学能够不断良性发展。

高等教育质量监测国家数据平台不仅可以进行各项数据的填报，同时也可以进行“校级分析”，其功能在日趋完善，非常便捷地就可以获取教学方面的数据并对其进行分析。通过平台的部分数据对比功能，可以分析出本校与国内其他院校的差异。“校级分析”功能通过与全国同类高校填报数据的对比，可以发现本学校相对落后的部分，为未来需要改善的工作做出提示。在大的层面，对高校的整体教育教学管理和规划、整体合理布局有指导意义，在更具体的点上，可以更直观地体现教师和学生的成长和进步的经历。利用“校级分析”，可以为学校相关工作人员提供更为直观的数据参考。分析报告可以在多部门间共享，节约办公时间，极大地提高了工作效率。通过信息技术的帮助，优化教学资源，可以更加合理地设置本校的专业，不断提升教育教学管理水平，提高学校整体教学质量。[7]

(四)全面加强数据工作的质量文化建设

高等教育质量监测工作对于高校整体建设而言至关重要，在做好数据监测的过程中，需要多方位完善文化建设，尤其是在服务文化、创新文化、质量文化和共享文化建设等方面。[8]只有多角度、全方位完善数据工作的文化建设，才能保障高等教育质量监测国家数据平台更好为教育工作服务。

多方位完善数据文化建设，首先需要从用户体验层面、规章制度层面、物质保障等层面进行构建，树立数据大文化意识，努力构建完善的制度文化和优秀的精神文化。在数据建设过程中，要提高各部门的积极性，使工作人员树立数据建设主体观念，努力创建广大师生共同参与、共同维护、共同完善的数据平台。学校各级行政、教学人

员以及全体在校学生都是数据采集工作的参与者，在数据采集和后续的分析、对比、评估、调整等阶段中，会让所有参与者都有可能成为进行评估的主体，同时也会作为被评价对象，这种多重身份会促使参与者可以更客观地进行自我审视，参照他人评价意见进行改进。[9]参与者会对教学质量监控的作用有更深入的了解，也会增加对平台的认同感，形成合力，共同促进高等教育质量监测国家数据平台良性运转并最终更好地服务教育教学。其次要重点完善数据平台的各项规章制度，在发展完善平台的同时始终重视平台安全建设。最后，共享数据文化也是非常重要的一个方面。数据平台既可以使本学校不同部门之间共享数据，提高工作效率，同时还可以为兄弟院校的文化建设提供参考和指导。多角度、全方位地加强数据工作的文化建设，是推动学校教育改革和提高教育教学质量的必然要求。

四、结语

新时期背景下，信息化＋高等教育是助力未来教育发展的主要推动力，应用前景十分广阔，将会促进整个教育环境的蓬勃发展。高等教育质量监测国家数据平台的建设充分把信息化与高等教育融合起来，是信息化应用于高等教育领域典型的成果案例，极大地促进了教学管理模式的转变，推动了高等教育内涵式发展，深化了教育现代化进程发展，对完善高等学校教育教学质量保障体系、提高人才培养质量起到至关重要的作用。对于全国高校来说，一方面要把握时代机遇，提高站位，积极应对新时代带来的挑战，不断创新思维，掌握数据内涵结构，利用数据反馈教学状态，构建教学质量文化氛围。另一方面借助国家数据平台建设发展经验，探索更多的手段与方法，让信息化＋高等教育理念落地生根，推动高校不断提高教学质量，提高人才培养质量，推动我国现代化教育进程。

参考文献：

[1]陈敏，范超，吴砥，等．高等教育信息化应用核心评估模型研究[J]．中国电化教育，2017(3)：50-57.

[2]杨宗凯．信息技术促进教学变革与创新[J]．中小学数字化教学，2017(2)：22-25.

[3]楼程富．高校教学信息化建设与教学模式改革的若干思考[J]．高等农业教育，2010(11)：21-23.

[4]龚晖．教学信息化亟需解决的三大问题[N]．中国教育报，2013-01-23.

[5]陈琳．中国高校教育信息化发展战略与路径选择[J]．教育研究，2012(4)：50-56.

[6]张景华．构建实践教学体系促进创新人才培养[J]．实验技术与管理，2017，34(2)：30-32.

[7]教育部高等教育教学评估中心．全国新建本科院校教学质量监测报告(2014年度)[R]．8-56.

[8]高小龙，刘铁雄．大数据视角下基于本科人才培养方案的教学运行管理研究与实践[J]．科教文汇，2018(10)：25-27.

[9]孙芳，张俪娜．大数据：驱动高校本科教学督导模式转型的杠杆[J]．北京教育(高教)，2020(3)：39-42.

慕课背景下高校教学信息化规划的探索与实践

——以首都师范大学为例

郑建峰　王建跃①

摘要： 近年来，教育部出台一系列规划和政策大力推动在线课程发展，开展以慕课为代表的一流本科课程建设，促进高校的优质课程资源共享、共建、共用。与此同时，教育部2016年印发了《教育信息化"十三五"规划》，2018年印发了《教育信息化2.0行动计划》，文件提出了加快智能化校园建设、探索新型教学方式、创新教育服务业态和推进教育治理方式变革。课程改革与教学方式改革是高校本科人才培养改革的核心内容，构建支撑课程改革和教学方式改革的教学信息化体系，对提升人才培养质量的意义越发显得重要。

关键词： 慕课；教学信息化；人才培养；规划

一、引言

"慕课"是Massive Open Online Course（大规模开放在线课程）英文缩写MOOC的中文音译，是一种具有交互功能的开放式的在线学习方式，其突出特点是以短视频为主要方式传授名校名师的课程教学内容，以即时测试与反馈促进学习者学习，并基于大数据分析促进教师和学生改进教与学[1]。2012年，"慕课"从美国兴起，它以信息技术与教育教学深度融合的方式打造网络学习平台，打破时间和空间的限制，为全球各地学生提供学习的便利条件，以全新的教育理念及教育模式在世界各地迅速流行起来。我国的慕课建设起步于2013年。近年来，教育部出台一系列文件，推动以慕课为代表的一流课程建设：2015年颁布《关于加强高等学校在线开放课程建设应用与管理的意见》；2019年颁布《关于促进在线教育健康发展的指导意见》；2019年颁布《关于一流本科课程建设的实施意见》。慕课的发展引起众多高校的关注，纷纷参与到在线课程建设与应用的趋势中。高等教育人才培养模式的变革迎来了新的契机，教学信息化为在线课程融入教学提供了技术支撑，促进了教育教学改革的发生。

---

① 郑建峰，男，首都师范大学助理研究员，研究方向：教学信息化；王建跃，男，首都师范大学助理研究员，研究方向：教学管理、教学信息化。

二、高等教育人才培养改革

（一）高等教育人才培养供给侧压力

近年来，高等教育面临“供给侧改革”的压力，高校人才培养面临挑战。高等教育大众化进程中，高校的招生规模逐年扩大，高水平高校、高水平专业招生规模有限，普通高校、民办高校招生规模持续扩大。在办学规模的扩大过程中，高校人才培养质量并未得到全面提升。高校办学同质化的现象越来越突出，“严口进，宽口出”的现象比较普遍，普通人才供给出现供过于求，优质人才培养供不应求。社会经济发展飞快，出现一些新行业、新领域，比如互联网领域、高端服务业、养老领域、高端装备制造领域等，这些领域对创新型人才、跨学科人才、优质人才需求迫切，人才缺口巨大。一些传统行业，随着社会经济发展，行业人才需求呈现减少的趋势，但对于跨专业人才和优质人才的需求在增加。高等教育的人才培养与社会经济需求之间出现了结构性的矛盾。高校面对人才培养结构性的矛盾，应该积极应对。《国家中长期教育改革和发展规划纲要(2010—2020年)》明确提出，“把提高质量作为教育改革发展的核心任务。树立科学的质量观，把促进人的全面发展、适应社会需要作为衡量教育质量的根本标准。树立以提高质量为核心的教育发展观，注重教育内涵发展，鼓励学校办出特色、办出水平，出名师，育英才。建立以提高教育质量为导向的管理制度和工作机制，把教育资源配置和学校工作重点集中到强化教学环节、提高教育质量上来”[2]。

（二）国家提出“双一流”战略

推进“双一流”建设，是党中央、国务院做出的重大战略决策。习近平总书记高度重视“双一流”建设，在多次重要讲话中进行了深入阐述，强调要加快建设中国特色世界一流大学，实现高等教育内涵式发展[3]。2015年国务院颁布了《统筹推进世界一流大学和一流学科建设总体方案》，制定“双一流”发展战略。从国家层面看，“双一流”战略是新时代下国家对高等教育提出的要求，激发一流高校的发展动力，促进一流学科建设，培养高精尖人才。同时，该发展战略会加剧高校之间、学科之间的竞争，鼓励各高校差异化发展，建立差异优势，进而优化原有人才培养，推动各高校化解高校人才培养结构性矛盾。“双一流”要求高校进一步聚焦内部发展，发挥高水平人才作用，推动学科优势转化为教学优势，重视本科教学改革等。社会经济的发展迫切需要一流人才、优秀人才，实现教育强国目标迫切需要一流大学、学科的引领。在“双一流”战略的引领下，不同层次的高校都可以分析自身优势、劣势，从不同层面把握发展新契机。

（三）慕课发展为高等教育人才培养改革带来契机

国务院颁布《国家教育事业发展“十三五”规划》(2017年)，教育部颁布《国家中长期教育改革和发展规划纲要(2010—2020年)》(2010年)、《教育信息化十年发展规划(2011—2020年)》(2012年)、《教育信息化"十三五"规划》(2016年)、《教育部关于加强高等学校在线开放课程建设应用与管理的意见》(2015年)和《教育信息化2.0行动计划》(2018年)。从2012年开始,教育部就密切关注国际慕课建设发展态势,从起步阶段就确定了我国的慕课建设要体现中国特色、世界水平。以"高校主体、政府支持、社会参与"为方针,立足自主建设,注重应用共享,加强规范管理,着力推动我国在线开放课程的建设与应用。

我国慕课建设已经步入世界前列,慕课建设与应用为世界慕课发展提供了中国方案,创造了中国模式[4]。按照"高校主体、政府支持、社会参与"的方针,跨区域、跨校、跨学科和跨专业的慕课联盟不断涌现,覆盖面逐步扩大,推动了在线学习、翻转课堂、线上与线下混合式学习等共享与应用模式的不断创新。目前已逐步建立独具特色的发展模式、科学合理的课程标准和共建共享的开放合作机制,探索形成了坚持质量为王、公平为要、学生中心、教师主体、开放共享、合作共赢等六大宝贵经验[5]。各省级教育部门和高校纷纷制定在线开放课程建设和应用规划,并在学分认定、转换以及相关配套机制建立等方面开始了积极探索与实践。在线教育是教育教学改革的重点,也是教学信息化的核心内容。在线开放课程的发展是在线教育发展的重中之重。

三、教学信息化支持人才培养

信息技术与教学的深度融合是指在数字化教学环境中,将信息技术融合进课程目标、课程内容、教学方式与学业评价等要素,以此变革传统教学结构和教学方式,培养学生自主学习的能力与信息素养。信息技术与教学的深度融合,根本动力在于人才培养定位的转变与满足学生成长的需要。[6]

高校本科教学信息化的主要目标是推动学校本科教学范式的转型,教学范式转型的核心是人才培养方式变革,即由以教师教为中心向以学生学为中心转变,进而探索人才培养模式的新思路、新途径。如何构建起以学生为学习中心,发挥教师教学的中心作用是破解问题的关键。

随着在线学习的发展,利用开放平台的优质在线课程开展的在线学习,打破时间和空间的限制,学生可以对课程按照知识点进行快速学习,可以对重点、难点进行反复学习,可以自主选择课程构建个人知识体系,可以通过交流、问答、协作等多种方式开展学习。优质共享课程激发学生学习热情、拓展学生学术视野、培养学生自主学习和分析问题能力。

教师是教学的中心,是教学改革的主要参与者和执行者。发展教学信息化,通过信息化技术手段为教师教学进行赋能,比如通过人脸识别进行点名;建设智能教学评价系统，更加科学地评价教师，推动教师对教学投入，支持教师进行教学改革，鼓励教师将科研成果引入教学；增加信息化培训，提升教师信息化素养，提高信息化水平。

学生是学习的中心，利用教学信息化搭建起新型成长平台。高校进行教学和改革，推动学生提升多方面的能力与素养：自主学习能力、团队合作能力、科研创新与实践能力等。推动教学信息化，构建起信息化学习生态环境：为学生建设在线学习平台，支持学生自主学习、个性化学习，实现随时、随地、随需的学习；为学生建立面向未来的信息化教室，支持混合式教学、翻转教学、STEM课程、创新创业课程等；建设优质的在线课程，引入优质教学资源；加强信息化课程建设，提高学生信息化素养。

随着高校对线上线下相结合的教学改革模式继续深入探索，引入优质慕课和自建在线课程相结合，全面推动课程改革。通过发展教学信息化，促进了人才培养模式改革和教学质量提升，提供高效率、智能化、科学化的管理和服务体系。利用信息化将在线学习引入并激活课堂教学，课堂从授课场所变为实践环境、探究环境、合作与互动环境。教学信息化是围绕着教师和学生，借助互联网、大数据、人工智能等技术建设得更加智慧的教学平台，构建基于数据化的教学和学习生态环境。教学信息化的发展，突出地表现为智能化、数据化、移动化，对管理方式、服务方式、决策方式的变革起到积极作用。

四、规划与实施路径

根据教育部颁布的《国家中长期教育改革和发展规划纲要（2010—2020年）》（2010年）、《教育信息化十年发展规划（2011—2020年）》（2012年）、《教育信息化“十三五”规划》（2016年）、《教育部关于加强高等学校在线开放课程建设应用与管理的意见》（2015年），学校于2016年制定《“十三五”期间首都师范大学本科教学信息化实施方案》。

（一）顶层设计先行，制度建设完善，保障体系完备

学校高度重视教学信息化工作，成立了由主管校长任组长的教学信息化工作小组。依托学校智慧校园建设规划，以教务处、数字校园建设中心、教育技术系、教师教育学院等多部门的主要领导为组员。教务处负责推动教学信息化改革，数字校园与教育技术系负责技术支持，主要学院负责理论与教学支持。学校专门研制《首都师范大学信息标准》和《首都师范大学教学资源建设技术规范》，在指导学校信息化建设，推动信息共享与集成方面发挥了重要作用。学校制定了在线课程建设、验收与运行的一系列管理规定，编制了在线课程自主学习和混合式教学评价相关制度，编写了智慧教室管理相关的管理办法。学校制定、修订适合学校信息化发展的相关管理文件超过25个。学校在市财政内涵式发展专项中专设了信息化子项目，确保了学校教学信息化建设的经费投入。为推动教学信息化持续发展，学校通过多方面争取资金，保证教改质量。

(二)搭建教学平台，建设在线课程，升级信息化教学环境

2018年初，学校的在线教学平台“师星学堂”正式启用，学校“四位一体”的在线教学平台体系形成。以“中国大学MOOC”等平台为引领，主推优质MOOC课程，服务社会；以我校“师星学堂”为核心，承载优质SPOC课程，推动学校的混合式教学发展；以我校BB网络学堂为辅助，为教师提供个人教学空间，支持计算机辅助教学；围绕企业微信建立直播、会议等微应用群，为全校师生打造线上教学、研讨及互动平台。

按照SPOC建设标准，学校大力推动在线课程建设。“十三五”期间，学校立项超过500门在线课程项目，推出50门以上的MOOC课程。2019年学校有10门课程被认定为首批国家级一流课程。学校积极建设“现代教育技术及应用”“信息技术教育”等信息化课程，提高本科生，尤其是教师教育专业学生的信息化教育素养。围绕师范专业素养建设“教师综合素质”“教育知识与能力”等系列课程。围绕师范生素养，建设美育系列课程。学校积极统筹新型信息化教室建设，升级建设了一批智慧型教室，利用移动教学工具对全部多媒体教室进行了升级。

(三)升级教务系统，建设微信企业微应用群，深化应用场景

为了推动教学改革，学校引进新本科教务管理系统，全面支持本科人才个性化培养，支持学生学籍、教务、排课、选课、考务、质量评估及相关信息的智能化、移动化、信息化管理。本科教务管理系统初步具备与研究生教务管理系统一体化管理的条件。

为了促进教学宣传的效率，学校围绕教学和管理工作，利用微信企业号构建起信息互动、查询、管理与服务体系。经认证后，校内师生可查看教学动态、学工信息等；可查收邮件、课表、成绩、奖学金等；可查询校园卡资费、网费、网络报修等信息。

学校的智慧校园和数字校园建设一直围绕着教学需求，不断探索教学场景的应用：第一，搭建信息门户和移动门户，提供“一站式”信息服务和一卡通生活服务系统；第二，以建设在线课程、完善一体化在线教学平台、完善教务管理系统、建设智慧教室及移动学习环境为基础，以制度化引领课程资源建设应用为重点，积极推动本科教学信息化，推动传统课堂教学范式转型，促进优质资源共享，创新人才培养模式，解决多校区办学的时空局限；第三，将教师教育精品资源共享与培训服务延伸至北京市乃至全国多个省市的基础教育领域，先后建立了基础教育优质常态课资源支持区域教师实践教学能力绩效平台、教师教育网络视频资源公共服务示范平台、中小学教师教育终身学习云服务支持平台，在促进我校师范生实践能力培养的同时，帮助北京市乃至全国多个区域基础教育领域的教师实现专业发展。

(四)坚持产出导向，构建混合式教学模式，推进在线教学评价

高校推动教学信息化发展，根本上是为了提升教学质量。提升教学质量，来自符合教学规律的教学改革。没有信息化支持的教学改革，主观成分为主，形式与内容容

易脱节，改革深入落实困难，教学改革执行情况的分析、问题分析、解决对策缺少数据支持。

学校充分利用多种信息技术手段深化本科教学改革，推动学校本科教学范式的转型，探索人才培养模式的新思路、新途径。以混合式教学为主要教学改革模式，以在线自主学习为辅助学习模式。学校围绕在线学习建立教学评价体系，制定在线学习相关规章，按照在线自主学习和混合式教学两种模式制定《首都师范大学在线教学质量评估表》等。评估表从课程资源、线上教学和教学效果三个维度对课程和教学进行评价。以信息化课程建设标准和课程教学评价为主要内容，建立起信息化教学评价体系。

五、未来展望

为适应信息化时代的要求和国家“互联网＋”战略，首都师范大学“十三五”发展规划提出，将信息化作为实现创新人才培养以及全面提升学校核心竞争力的发展战略，实现首都师范大学人才培养的全面信息化。随着“十四五”的到来，学校教学信息化将在“十三五”建设的基础上，推动云计算、物联网、大数据、人工智能等技术与教育教学场景的深度融合，进一步提高管理效率和服务能力，为师生构建起更智慧的教学环境，推动教学范式向纵深发展，提高人才培养质量。

参考文献

[1]钟秉林，方芳．“慕课”发展与大学人才培养模式改革[J]．中国高等教育，2015，(21)：24-28.

[2]国家中长期教育改革和发展规划纲要(2010—2020年)[M]．北京：人民出版社，2010.

[3]习近平．决胜全面建成小康社会　夺取新时代中国特色社会主义伟大胜利——在中国共产党第十九次全国代表大会上的报告[EB/OL]．(2017-10-27)[2019-09-19]．http：//www.xinhuanet.com/2017-10/27/c_1121867529.htm.

[4]岱宗．我国慕课建设步入世界前列[N]．中国教育报，2018-01-16.

[5]吴月．中国慕课数量和应用规模居世界第一[N]．人民日报，2020-12-13.

[6]王正青，唐晓玲．信息技术与教学深度融合的动力逻辑与推进路径研究[J]．电化教育研究，2017，38(01)：94-100.

在线教学支撑人才培养的实践与建议浅析

——以地理信息科学、遥感科学与技术专业为例

王 涛 郑 倩①

摘要： 自2020年初，在“停课不停教、停课不停学”的背景下，春季学期课堂教学转为线上完成，全国乃至全球开展了大规模在线教学实践。一段时间来，随着社会经济开始正常运转，学生正常返校，之前的线下教学得以恢复，然而线上线下混合教学已经成为发展趋势。面对教学变革，线上教学、线下教学、混合教学各有优势，应努力克服在线教学过程中面临的困难和挑战，探索混合式教学支撑人才培养目标达成的途径。本文以地理信息科学、遥感科学与技术为例，阐述在线教学阶段的教学管理实施、问题及持续发展建议，以期为在线教学、混合教学支撑人才培养的良性发展提供参考。

关键词： 线上教学；混合教学；人才培养

一、引言

从20世纪90年代开始，线上教学成为高等教育教学改革的方向，麻省理工学院、斯坦福大学等一批国际知名高校先后建设并在互联网上开放了各类专业课程资源。在2003年SARS期间，这类课程发挥了较好的示范作用。2012年起，教育部等部门开始建设了大批精品视频课程、精品在线课程等资源，并在2019年开展一流本科课程建设中，设置了线上线下混合课程的类别。然而，由于计算机软硬件、互联网带宽以及师生认同度等因素的限制，线上教学并没有得到普遍接受。

2019年底暴发的新冠病毒疫情迫使全球大多数国家延迟2020年春季学期的开始，并持续至秋季。根据联合国教科文组织(UNESCO)的统计，全球大约有10亿学生受到了停课影响。为了将疫情影响降到最低，教育部要求学校在保证安全的前提下，实行停课不停学，开展大规模线上教学，并确保线上线下教学等质同效。在线教学期间，高等教育、基础教育和中等教育存在很多共同的特点，也因学生年龄、教学形式、专业设置等而有其自身特点。经过2020年春季学期线上教学实践，师生共同克服线上教

① 王涛，男，首都师范大学地信国际学院副教授；郑倩，女，首都师范大学地信国际学院教学秘书。

学软件使用、授课讲解、答疑解惑、远程考试等环节中的技术、交流方式等方面的问题，逐渐体验到线上教学带来的方便灵活、资源丰富、课堂容量大、互动性强等优点。

在停课期间，地理信息科学、遥感科学与技术两个专业的课堂教学全部转为线上教学，停止了相关的实践教学环节。为了保障线上教学的顺利开展，学院在2020年的春季学期和秋季学期开学前，在上级部门和学校的部署和指导下，开展了各项准备工作。在此基础上，通过专业国际学术组织，收集国内外相关专业教学信息并发送给任课教师，并通过各种形式有针对性地收集教师和学生开学前、学期中、学期末的教学与学习情况，采取相应的保障措施。另外，在抗击新冠疫情期间，地理信息科学在疫情蔓延空间分析、抗疫物资配送、密切接触者追踪等方面发挥了重要作用，遥感科学与技术也可以为临时医院搭建选址、经济复工复产等工作提供支持，这些应用场景也为线上教学提供了鲜活的可以直接触及的应用案例。因此，地理信息科学、遥感科学与技术专业线上教学过程为教师和学生都提供了前所未有的“优质高效”的体验。

二、基本情况

为了切实做好疫情防控期间的人才培养的各项工作，根据教育部、北京市以及我校有关会议精神和规定要求，在做好疫情防控的前提下，对地理信息科学、遥感科学与技术专业人才培养工作进行了适应性调整，以保障教学活动质量和教学效果达成。

在“停课不停教、停课不停学”的指导意见[1]要求下，2019—2020年春季学期地理信息科学、遥感科学与技术两个专业开设的专业类课程共22门，其中，3门课程利用中国大学MOOC等平台开展教学，19门课程为主讲教师利用企业微信(10门，含英文课程2门)、师星学堂(5门)、腾讯课堂(2门)以及雨课堂(2门)等工具开展网络在线授课，共有11门专业课安排有实践环节，均由主讲教师以作业形式向学生布置。春季学期的地质地貌实习、暑假小学期的大运河区域地理综合实习改为阅读与项目作业的形式开展。课堂教学开课率为100%。随着线上教学的正常进行，部分学生参加了选修课程之外的课程学习，因此，总听课人数大于总的选课人数，学生总体出勤率为103.3%。随着疫情防控常态化，2020—2021年秋季、春季学期采用线上线下结合的授课模式，授课教师根据实际情况随时调整授课模式，以提升优化教学效果。

我校地理信息科学为北京高校重点建设一流专业、首批教育部“双万计划”一流本科专业建设点，人才培养体系中包括创造条件，支持本科生开展专业创新活动。2020年度，通过设置课题和学生自选课题，共支持学生创新课题8项，其中7项围绕疫情防控、空间分析等主题开展。

三、在线教学适应性举措

为快速适应由线下教学到线上教学的转变，地理信息科学、遥感科学与技术专业教学团队和教学服务工作采取多项适应性举措。

1. 提前部署教学安排

根据上级和学校的整体部署，在2020年春季学期开学前组织召开了全体授课教师会议，征求并收集了授课形式、课程安排、考核形式等信息，制定了“2019—2020第二学期延期开学教学活动安排”，对课程教学开设时间、授课模式和平台、实训实践、学生学习效果考核、教学过程归档、本科生科研立项、毕业生审核、联合培养学生等方面进行了统筹安排。各门课程主讲教师与选课学生均在开学前一周进行了教学测试，保证在线教学顺畅。

在开学前一周，召开了学生在线学习动员大会，说明教学模式和课程安排，并充分解释网络教学和居家学习在效率、灵活性、团队协作等方面的优势，鼓励学生根据个人兴趣和时间安排旁听其他课程、积极开展专业实践。本学期教学过程可以发现，整体上有10%左右的学生旁听了非选课。

2. 在线教学技术保障

结合学校在线授课平台培训，组织了企业微信、雨课堂、师星学堂、BB学堂等软件系统的使用说明和经验分享环节。教学办公室每周统计各门课程在线授课过程中的问题，有针对性地协助解决，并分享各自经验。教师根据教学计划，依托不同教学平台优势和特点，充分运用平台功能，实现签到、课程互动、PPT演示、直播教学、随堂测验、课后练习等教学环节，顺利开展教学任务。

3. 严控教学质量效果

根据学校及学院本科督导工作细则，执行督导听课检查、教学指导委员会把关、学生问卷调查、学生信息员等“四位一体”的远程教学质量检查制度。学院本科教学督导组成员及领导班子成员根据各课程组织形式，入驻各门课程教学平台，对教师的授课情况进行反馈及讨论。针对前两周教学情况，学院设计了地信国际学院网络学习及教学效果调研问卷，用于及时了解网络教学状态和在线学习效果。根据学生及教师的反馈可以发现，学生较快地适应了在线学习模式，对线上教学效果满意，认可教师教学质量，并能够利用线上教学特点，反复观看教师授课视频，听讲过程中通过文字消息提问和交流，提高线上学习质量，高效完成学习任务。此外，教师根据学生反馈，不断调整授课模式与方法，达到以学生为中心的课堂效果。整体而言，虽然教师与学生在相同时间、不同物理空间进行教学和学习活动，但是虚拟空间的介入使得更多学生有机会通过授课群或者单独的形式与教师直接交流。教师在授课之外需要投入较多的时间和精力为更多学生答疑解惑，由于虚拟空间交流的平行性，单位时间内，教师可以回答更多的学生问题。

四、在线教学面临的问题及其分析

伴随着大规模在线教学的实施，有关管理、技术、线上教学设计等方面的问题逐步显现。进一步提高线上教学质量，成为各方面共同关注的话题。

1. 网络教学平台软件的易用性问题

目前使用的平台中，企业微信的语音、视频网络传输效果较好，但是该软件并非针对网络教学设计，在外部课程资料引入、课程讲授过程互动、学生作业提交及协作等方面便利性有待改进。其他针对网络教学的软件平台在课程资料组织、教学过程管理等方面设计较好，但在网络实时多媒体教学方面存在不足。

2. 现有各类课程资源的丰富性问题

近年来教育部、省市教育主管部门和高校建设了大量在线课程资源，部分优质课程脱颖而出，发挥了较好的社会效益和经济效益。然而，也有相当部分的理论教学和虚拟仿真实验课程在教学内容、授课模式、互动教学材料、多行业多地域适应性等方面存在改进空间，为了保证教学质量，直接使用该类课程时需要投入较多的精力，因此部分教师短期选用后转为自建课程。

3. 学生学习主动性有待进一步培养

目前在校本科生基本具有较好的信息技术素养，无需较多培训即可灵活使用各类网络教学平台，然而在线上学习的虚拟空间中难以形成对学习要求的情感感知、客观约束和同学压力。从收集的一门课程的学习效果调查中发现，学生均能按时完成作业，主动记笔记的学生约为70%；然而提前下载教学资料并认真阅读的学生约为20%，80%的学生仅快速浏览，10%的同学没有查看，能够课后主动阅读教材的学生约为50%。

五、在线教学的持续发展建议

本次疫情导致了我国和全球最大范围的学校停课及在线教学活动，根据UNESCO的不完全统计，目前已有100余个国家、10亿以上的学生受到影响。我国从“十二五”开始紧跟国际教育发展模式趋势，开展了精品视频公开课、国家级精品资源共享课、国家精品在线开放课程和虚拟仿真实验课程等教学资源建设，在全国高校停课期间发挥了极大的作用。部分美国高校在20世纪末期已经开始建设开放课程资源，而在2003年“非典”期间发挥了一定作用(包括网络教学)。

1. 提升网络教学课程资源质量

目前各类大规模在线课程平台线上课程的数量较大、涉及门类较全，然而由于建设时间短等原因，部分课程存在照本宣科的现象，该类情形在偏重理论的教学领域可以满足教学需求，但从信息技术角度来看，难以达到地理信息科学、遥感科学与技术等偏工科专业的日常教学要求，课程内容和形式上仍需进行实质性提升，增加交互、插入案例，有助于学习者高效地获取和使用在线课程资源。

2. 加大网络教学资源建设的教师投入

教师(团队)是网络教学资源(课程、实验、案例和数据等)建设的主体，一线教师在建设过程中需要投入大量时间和精力，而网络教学资源建设投入与科研项目投入的产出从学校和个人的角度来看相差较大。目前各类教学改革和网络课程资源建设以项目支持的方式应当有所调整，切实调动信息技术水平较高的教师的积极性。

3. 建设体系化网络课程资源

据不完全统计，在地图学与地理信息系统领域，欧美等国家的高校以授予硕士学位为目标建设了20余项在线学习学位项目，其中部分课程在大规模在线课程平台发布。有必要针对本科或者硕士培养方案的课程模块，整合现有国家精品在线开放课程、虚拟仿真实验课程中的高质量模块，形成完整的在线教学体系。

4. 制定适应在线教学信息化的课程教学规范

针对目前在线教学软件繁多的现象，首先需要制定在线教学软件规范，对音视频、教学过程、学习过程、行为分析、效果评价、数据库等方面进行规定。其次，目前各个高校对教师授课在时间和空间上有非常严格的规定，较好地规范了教学行为，然而随着中小学各类培训项目的普及和网络教学资源的丰富，未来大学生在线学习行为必将逐渐有所改变，更加适应在线学习。固定时间和地点的教学模式不利于个性化、探究式学习，为了推动教学范式转型，应当将网络教学和在线学习纳入传统授课任务中。

教学研究和教学实践表明，师生面对面教学是无法被全盘替代的，在线教学同样也无法完全替代传统的课堂教学。同时，不可忽视的是，互联网与移动计算、大数据与人工智能、云存储与虚拟现实等信息技术正在以前所未有的态势推动着大学课程教学改革[2]，应借助网络虚拟空间开展多元教学模式、教学手段探索，实现教学以“教”为中心向以“学”为中心的实质性转变，为学生学习提供更多的提升效率、加强效果的网络课程资源、线上教学形式，促使线上线下混合式教学模式的形成。

参考文献：

[1] 教育部应对新型冠状病毒感染肺炎疫情工作领导小组办公室．关于在疫情防控期间做好普通高等学校在线教学组织与管理工作的指导意见[G]．2020.

[2] 孙华．疫情时期在线教学的实践与思考[J]．中国大学教学，2020(5)：52-56.

文化产业专业精准教学与线上“自适应学习系统”建设

徐海龙[①]

摘要：混合式教学要实现融合创新，首先依赖于对来源广泛的教育数据的获取，包括学生的知识背景、学习习惯、兴趣方向、情绪心理等经验式反馈数据，这需要由一线专业教师根据教学经验提出准确的专业方向，实施精准教学；其次是利用教育信息化手段，建立基于教育大数据的“自适应学习系统”。

关键词：精准教学；线上课程模块；自适应学习系统；文化产业

首都师范大学文学院文化产业系自 2005 年设立至今已有 16 年，在师资队伍建设、课程体系建设等方面取得了一定的成绩，可以说在本科教学和人才培养方面初步成型。但是，从这个专业建立伊始，就埋下了一个困境基因——文化产业这个学科包罗万象，从人文、经济、管理到政策、法律都可以进行研究；与此同时，本专业招收的本科学生也是兴趣各异，影视、动漫、音乐、网络游戏、文化资源、广告、会展都可能成为学生学习的方向。这为教师的教学工作提出了一个几乎不可能完成的任务。长期以来，为了更加全面系统地讲授文化产业理论，也为了满足学生们在各种文化产业的兴趣方向和求知欲，我系老师在原有的人文艺术学科背景下，又自学经济学、管理学，试图打通文化与产业、艺术与管理这些差异极大的学科领域(这比“大众文化研究”还要跨学科)，并且还要尽可能多地熟悉了解文化产业的各个领域。这种向“百科全书式”学者进发的历程实为艰难，耗费了任课教师几乎全部的精力。

为了探索和解决长期困扰我校文化产业管理专业师生的问题，即定位不清、知识庞杂、课程体系性和方向性不强，需要老师整合课程资源，并且设法腾出更多常规教学时间来进行技能操作的辅导。此外，紧紧抓住教育信息化的发展契机，大力建设线上的学生学习平台。

---

① 徐海龙，男，首都师范大学文学院文化产业系副教授，研究方向：文化产业。

一、教学信息化的背景：专业方向和线上课程模块的提出

由于文化产业专业从2004年开始设立时就缺乏科学论证，仓促上马，全国有此专业的院校都不同程度出现"定位模糊、教学空泛、不精不深"的问题。经过调研，目前一些院校已经进行改革，例如一些大学依托自己本省少数民族旅游资源丰富的特点，将文化产业专业分成文化遗产开发、跨文化传播两个方向；一些院校凭借自身的国家级平台，与各级政府或大型企业合作，进行文化产业政策研究、宏观规划的教学科研，培养国家智库型人才；还有的学校将文化产业设立在艺术学院之下，侧重于设计、演出、会展等文化项目运作人才的培养，等等。这样一来，本科生从进入这个专业开始，就主动或被动地走上了一个较为明确的文化产业方向，进行四年的学习；而教师这一方也会根据这少数几个方向进行培养方案设计、课程建设、毕业论文指导、师资引进等工作。

可以看出，至少在本科层面，文化产业专业必须要细分方向。那么，首师大的文化产业系的优势是什么呢？立足于首都北京，经过这些年的教学摸索和毕业生就业跟踪调查，得出了"文娱产业发达、互联网产业关联度高、产品宣发类工作多"的特征。

具体来说，北京是文化中心，大文娱产业发达，影视和艺人产业规模是全国最大的，并且与互联网行业密切关联。首师大文学院对比中国传媒大学、北京电影学院、北京舞蹈学院、中央美术学院这样的院校，没有文化产品(如影视剧、舞蹈演出、动漫、艺术品)设计制作的教学优势，但是文案写作的基础和氛围更加突出。

因此，文学院文化产业管理专业的人才培养方向，不是"内容"创作(制作)，而是"内容"的宣发，利用互联网尤其是社交媒体为影视"内容"做传播服务，这就需要着重发挥(宣发)文案的创意写作能力。而影视(电影、电视、网络剧、网络综艺)大部分以艺人明星为核心进行营销。总之，"影视＋艺人创意管理和宣发"可以作为首师大文化产业专业细分的一个合理化方向，系里一些教师专业对口，开课对口。利用文化产业系以及戏剧影视文学系的师资，从基础理论课"文化产业基础理论"开始，在大二阶段开始细分出"影视宣发(或艺人宣传)"方向，建设模块化课程：艺人经纪、影视艺术概论、制片管理，后期还可以开发艺人经纪、创意写作等课程。

这些课程中，"文化产业基础理论"是2016年校级在线课程建设项目；"制片管理"是2016年教学范式转变研究项目里的课程；"文化经纪人案例研究"是2016年在线课程培育项目和2017年人才交叉课程建设项目；"文化产业基础理论"是2012年首都师范大学教材建设项目，已于2015年在高等教育出版社出版；"文化艺术经纪理论与案例研究"(艺人经纪)是2016年校级教材建设项目。另外，系里已经与艺人经纪公司、影视宣传公司建立了较为稳定的合作关系。前期研究成果较为丰富。

二、线上课程群和“自适应学习系统”的建设

传统的学生行为管理，往往是经验的、路径依赖式的管理，如今的大数据应用让教师能主动掌握学生校园行为发生的特点和规律，并可据此做出研判和预测，实现学校“前置式”的管理模式创新。作为一线教师来说，无论是关注学生的日常生活情况，还是学习状态，都可以拿大数据来参照。教育大数据应用的实现，首先依赖于对来源广泛的教育数据的获取，那么如何获取学生的知识背景、学习习惯、兴趣方向、情绪心理等经验式反馈数据？这一方面就需要设计由一线专业教师根据多年的教学积累来设计新的教学体系；另一方面，就需要班主任对班集体学生的学习进行更多维度、更多渠道的沟通和讨论。因此基于教育大数据的“自适应学习系统”需要“教学一线+班主任”的双重身份教师来进行研究和建设。

在我校大力推进教育信息化和混合式教学的大环境下，笔者从2018年开始，陆续建立了线上课程体系，包括文化产业基础理论、影视艺术概论、文化经纪人案例研究、制片管理等，首先在课程上解决“课程知识点细分、讲授方法细分、学生群体细分、考核方式细分”的问题。接着在智慧教育专家的帮助下，初步建立“自适应学习系统”，实现从“教师中心”向“学生中心”的转变目标，让专业课程从一般在线课程升级为真正意义上的慕课(MOOC)，从而提高学生的专业能力。具体内容如下。

1. 丰富和优化教学资源，完善线上课程各项内容标准

首先，在现有在线课程的教学视频资源基础上，优化课程板块界面，完善教师授课仪态和场景，大量增加图像、视频、实景等模块；其次，在课程构架设计方面进一步加强教学过程控制、师生互动讨论、考核评测等功能；最后，让课程内容尤其是案例更加规范完整，及时更新反映学科专业最新发展成果内容。

2. 组建更专业、更稳定的混合式教学团队

在一般在线课程的师资基础上，扩充成员，完善讲课教师的仪态、声音以及课件PPT等内容，引入更专业的我校教育技术系的智慧学习专家教授团队，进行课程架构设计和大数据分析，分工协作，组建一支师德好、教学能力强、教学经验丰富、结构合理、人员稳定的混合式教学团队。

3. 以班主任职责为出发点，深化教学改革。

着力推动互联网、大数据等现代信息技术—课堂教学—班级管理的三维度融合。

通过线上课程的运行，以及班主任对本班学生的日常观察和交流，收集和分析学生的学习大数据，包括学生专业背景、登录时间、学习时长和周期、兴趣点分布、提问次数和问题类型、作业完成情况、考核情况等，经过整理分析，建立“自适应学习推荐引擎”和“学习者特征库”，然后把课程内容和考核方式进行差异化，从而打造适应学

生自主学习、自主管理、自主服务需求的智慧课堂，形成支持学生随时可学、随处可学的学习新环境。见图1。

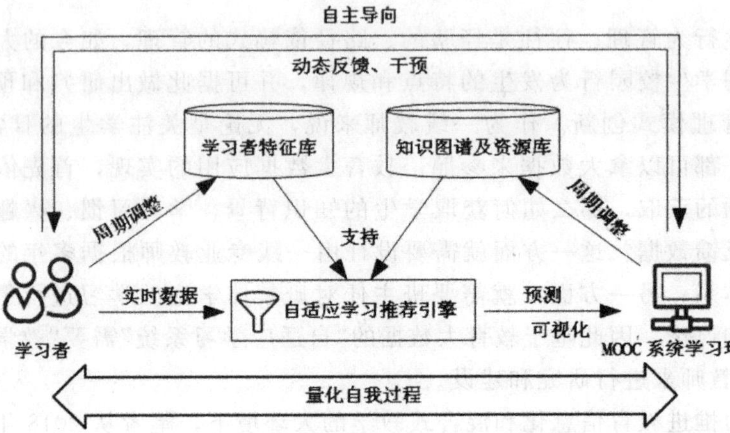

图1　在线课程"自适应学习"过程

依据上图，把专业课程建设为以班主任教师为统筹、以学生为中心的，内容丰富、考核合理、信息技术深度融合的混合式教学体系。具体流程见图2。

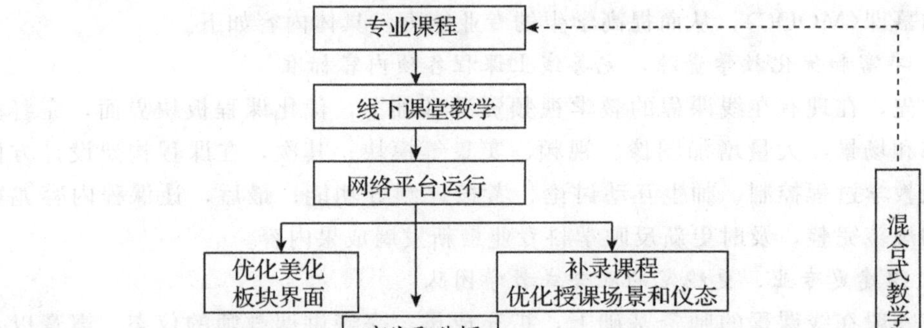

图2　基于"自适应学习"的混合式教学体系

美国当代教育家林德曼和诺尔斯的成人学习理论主要观点是：在成人教育活动中，要重视“经验”的作用。将“经验”作为重要学习者教育资源，量化自我对于学习者的反馈使得经验更易获得，也更准确。将量化自我运用到MOOC系统中，促进学习者自适应学习，形成面向教育大数据量化自我机制的自适应学习系统。对于“双肩挑”的专任教师担任的班主任来讲，最适合的数据获取方式就是进行专业在线课程(MOOC慕课)的建设和运行，以此来获得本班学生的教育数据。在此基础上，建立和引导学生进入和使用“自适应学习系统”。

三、在线课程和“自适应学习系统”的教学效果

这几年随着学校大力推进混合式学习模式，大量在线课程投入建设，我们也把模块课程里的重点课程进行了在线建设，基本理论知识点、技能演示和文献资料均在在线上随时预习、学习、复习及讨论，其效果如下几点。

1. 学生学习的时间和选择能力的培养

网络教学平台无疑可以让学习者开发自己独立学习的能力。在教学过程中，每单元的“预习和导入”这一步，都需要学习者课外自行到网络平台上了解与本单元主题相关的内容。学生上网络平台的目的就是为了了解所需的信息。因为这一步的学习是在课堂之外进行，所以学习者需要自己科学合理地安排好时间。这对他们培养时间管理能力也是个训练和挑战。

另外，由于存储量较大，网络课件的信息很丰富，尤其是文化经纪人、影视宣发行业的案例不断更新。面对海量信息量，学生需要根据自己的实际情况选取合适的学习内容和相应的学习手段(包括视频和网络链接资料)，可以自主决定学什么，何时学，如何学。

2. 学生对网络平台建设的参与意识和行为的培养

网络教学平台不仅通过灵活而便捷地提供各种学习手段和资源来鼓励学习者进行学习，还可以通过发帖和上传手段来激发学生对课件和平台建设的主人翁意识。例如，在资源补充这一学习步骤上，学生能够在网络平台上搜索与专业相关的资源，并在“公告栏”和现实课堂上为其他学生带来新的认知角度和知识亮点，使他们真正体验到专业的应用，以及自身的学习探究给集体带来的价值，使他们获得学习的“成就感”。对于课件内容的不完善的地方，学生可以在“答疑区”等进行与老师进行提问、解答、讨论和补充，这就形成了一个虚拟的话题争议的公共空间，达到课堂讨论的“情景创设”。

3. 协作交流中的虚拟与现实的整合

网络平台的便捷性和交互性，并不意味着学生独自进行隔离性的学习。由于现实课堂上学生不爱发言，不愿意对别的小组同学进行提问和质疑，因此无法引起讨论，

而网上在线交流在一定程度上缓解了面对面交流所带来的紧张、焦虑和矛盾。在互联网中长大的这一代学生，更善于在网上社区运用情感策略和社交策略来借鉴对比同伴，进而对自己进行需求分析，明晰自己的学习方向，更好地利用和补充网络教学资源。对于评估未通过的学生，通过交流模块，能够在课堂之外获得指导帮助，改进学习策略，尝试新的学习策略来掌握欠缺的知识点，及时赶上下一个阶段的学习。在每个阶段的课外实践和做作业中，学生可以把文化产业的业内调研、实习见闻和成果以图片或视频上传到网上，把自己的作业成果发布到网上，做一个集中的展览，除了让老师评价之外，更是为本班和全系学生提供展示和交流。通过这样多向的对比参考，学习者逐渐形成自己的学习计划，并学会监控自己的学习过程，以及如何评估自己的学习结果。

我们发现，在网络平台学习，教师的帮助依然不可缺少。除了平台上的组织和答疑之外，教师更大的作用是整合虚拟与现实两方面的教学资源。事实上，人与人面对面的课堂仍然是师生教学和交流的最佳空间。所有的陈述准备和讨论话题都可以在网上进行一个预热和“开题”，集中讨论还是应在课堂上展开，后续思考和深入学习则又可以回到网络平台。文化产业学界、业界的专家也可以通过在线课程平台进行接洽，举行云讲座、云会议甚至工作现场直播等交流活动。此时的在线课程平台也成为本专业的一个形象宣传窗口。当然，这样的传播平台已经不能局限为一个校内站点，而更适合建成独立域名的网站、公众号和自媒体。

总之，文化产业专业中的创意管理教学，无论是影视、艺人还是别的文化产业方向，线下的教学仍是重点，我们大力建设在线课堂教学体系，其重点还是希望能腾出大量的线下课堂时间供教师与学生进行创意讨论，以及项目管理实践中“面对面、手把手”指导。因为从创意的激发、碰撞，到创意管理中各种复杂的沟通协调工作，再到一些影视操作、制作技能演示，都不是仅靠线上教学能解决的。在这之后，学生会根据线下师生沟通结果，自动自主地返回去线上进行反复学习和思考。所以，只有实事求是，尊重创意类课程教学的规律，才能真正办好这个传统又新颖的专业(方向)。正是由于坚持这种线上线下相区别又配合的教学方案，我们才积累和获得了一些影视项目的创作、制作和管理的机会，有了作品，还赢得了奖项。虽然艺人经纪和宣传基本没有业内评比活动，但是从艺人宣传物料的关注度和转发率来看，从业内领导层的认可度来衡量，我们学生的艺人管理也做得很不错、很有效。只要坚持“影视＋艺人创意管理和宣发”这个专业方向，把一届一届的学生培养下去，就会积累更多的经验和成果，文化产业管理专业将会因特色而竞争出位、站稳脚跟、发展壮大。

大数据时代教科书研究范式的变革

王攀峰①

摘要：论文首先分析了大数据时代传统教科书研究面临的三大挑战，在此基础上，探讨了大数据时代教科书研究的变革：在研究对象上，海量数据飞速涌现；在研究功能上，预测性分析成为可能；在研究思维上，复杂跨界思维走向主导；在研究特征上，数据驱动的特征日益突出。最后，提出了“大数据”时代教科书研究范式变革的路径：加强我国中小学教科书数据基础建设；推进数据密集型教科书研究的方法和工具的研发；提升研究者跨学科的研究能力；拓展教科书研究的理论基础与学科新方向。

关键词：大数据；教科书研究范式；数据密集型研究

在“万物皆可数据化”的大数据时代，数据被赋予世界本体的意义，也成为科学认识的基础和科学发现的新途径。大数据不仅改变着人们认识和理解世界的方式，成为新发明和新服务的源泉，而且也从更深层次上引发了科学研究范式的转型。近年来，世界各国政府着手支持和推动教育大数据的研究和应用问题。2012 年 5 月，《美国政府大数据计划》出台，2015 年 2 月美国白宫政府在《投资美国的未来：为学生的 STEM 技能做准备》的报告中指出，继续支持教育部教育科学研究所(IES)发起的“虚拟学习实验室”研究，探讨“通过运用快速实验和大数据的方法，发现帮助学生掌握核心学术科目中重要概念的更好途径”。[1] 这个报告还表示要继续支持“高级研究项目机构——教育”(ARPA-ED)，其目的是通过推动大数据的应用，指导传统课堂教学，反思课程，加快“学会如何学习”的步伐。[2] 2015 年，中国发布了《促进大数据发展行动纲要》和《教育信息化“十三五”规划》，都强调积极发挥教育大数据在教育管理平台建设和学习空间应用等方面的重要作用。积极适应信息时代和技术革命的发展趋势，推动教科书研究范式的转型和创新，发展基于数据进行教科书研究的新范式和新文化，实现当代教科书研究的新发展和新突破。本文旨在探讨我国教科书研究范式面临的大数据挑战，以及大数据时代教科书研究范式转型的内容与途径。

---

① 王攀峰，女，首都师范大学教育学院教授，研究方向：课程与教学论、教科书研究。

一、大数据时代传统教科书研究面临的挑战

对于教科书研究而言，大数据具有不同的含义，它既是研究工具和研究环境，也是研究对象和研究内容，它对传统的教科书研究提出了诸多挑战。

(一)大数据时代的来临对教科书研究者数据素养的挑战

互联网加快了信息传递的速度，推动了教科书及其研究资料的数字化，为广大教科书研究者提供了一个全新的网络计算机环境，不仅改变了他们信息交流、科学研究和资源共享的方式，而且也使教科书研究者面临着数据的挑战和技术的困境。在大数据时代，伴随着教科书数据平台的创建和教科书数据的大量涌现，教科书研究过程愈来愈依赖教育数据分析技术的支撑。大数据时代呼唤着教科书研究与数据挖掘技术的深度融合，这是优化教科书研究质量、提升教科书研究效率和加强教科书政策制定科学性的必要途径。如何在纷繁复杂的教科书数据中寻找有价值的内容，如何对教科书数据进行深层解读和分析，以及如何利用数据进行科学的教科书评价和制定教科书政策，在大数据时代尤显重要，这便对教科书研究者的信息技术素养和数据分析技术提出了较高的要求。而传统的教科书研究者大多是教育学科专家，缺少信息技术素养和数据分析能力，难以适应大数据发展的时代潮流，从根本上制约了现代教科书研究的深化和优化发展。不仅如此，传统的教科书研究方法论主要建立在教育学、社会学、历史学、文化学、出版学等学科的基础之上，注重与人文社会科学研究者的合作，忽视了与自然科学研究者尤其是数据分析专家的跨界合作。教科书研究者运用互联网的意识和能力不足、研究队伍中数据统计和分析人才的缺失等问题，是大数据时代下我国教科书研究中存在的主要问题。

(二)大数据时代教科书存在形态的变化对传统研究方法的挑战

互联网将进一步推动教科书的数字化、电子化、网络化、个性化，促进教科书存在形态的革新发展，教科书在某种意义上将转变成收集和分析数据的平台，教科书研究对象也将从有限文本内容转变成无限的数据信息。研究对象和资料总量的快速增长给教科书研究者带来了巨大的挑战，研究资料的数量已经大大超过了研究者以传统的阅读方式处理资料的能力范围，教科书研究者不得不采用新的计算机技术来开展研究。大数据时代的教科书研究离不开大量的计算机处理模式和数据分析方法，各类依托互联网存储教科书内容及学生学习过程的数据平台的开发，基于电子教科书平台的综合数据分析的教科书评价，个性化定制的学生学习支持系统的开发等研究问题广泛兴起，从根本上改变了教科书研究的对象取样、资料收集、分析比较、结果阐释等方法。大数据对传统教科书研究方法提出了挑战和形成了冲击。比如，问卷调查和访谈调查常常用于了解和分析教科书的使用情况，但是，这种传统的调查方法不仅难以处理学生

学习数据平台上的海量信息，而且无法针对学生使用教科书的情况提出精准、有效的改进建议；内容分析法是在分析教科书文本时最普遍使用的研究方法，但是它只能选取有限数量的样本对象开展定量分析和定性分析，无法满足大数据时代对海量数据文本进行内容挖掘的要求；实验法常常用于了解学生使用教科书的真实情况和实际效果、分析教科书的适用性和有效性，但是传统的实验法需要严格控制实验条件，受到特定时空和条件的限制，实验过程无法消除“霍桑效应”，实验结果具有滞后性，效度和信度难以保证，无法为教科书的改进提供及时的反馈和精准的建议。

（三）关注用户体验的大数据时代对教科书研究中忽视读者反映分析的挑战

大数据时代，企业关注用户的个人体验和反馈，鼓励用户的积极参与和互动，以此不断优化和改进自己的产品质量。比如，英国的培生集团、美国的麦格劳·希尔公司和其他出版公司共同开发了“课程精灵”系统(Course Smart)，利用电子教科书收集和处理学生使用电子教科书的相关数据，不仅可以方便教师跟踪学生的学业进展、了解学生的学习参与度和学习成绩，为学生提供个性化指导，而且可以帮助出版商在分析数据的基础上有针对性地改进教科书质量，提升自己在同行中的竞争力。长期以来，教科书研究注重教科书的文本内容分析(Analysis of Texts)，集中探讨了教科书中的道德意识、价值取向、性别偏见、人物形象等问题，而忽视了教科书的读者反映分析(Analysis of Response to Texts)，缺少对学生学习教科书的体验、学生对教科书的理解和阐释、学生的学习接受效果等的研究。[3]事实上，不同的学生对相同的教科书会有不同的解读，而传统的教科书研究忽视了学生的创造性理解能力、差异性认知过程、个性化学习能力，学生被视为课程知识的接受者、技能的掌握者、学习的被评价者，而非课程文化的创造者、批判者和改进者；教科书被视为制度化文本、知识性权威，而非适合学生个性化阅读的文本、促进学生学习的工具；考试成绩成为判断学生对教科书理解、掌握和熟练应用程度的重要指标，而非评价或改进教科书编写质量和教师使用教科书效果的依据。对此，维克托·迈尔-舍恩伯格批评道：“我们对学生的学习表现进行打分，并要求他们对这一结果负责。然而我们却很少评价自己，更不会全面或大规模地对自己的教学进行评估。我们并未衡量所采用的教科书、测验和课堂讲解等教学内容与手段是否对学习有益”，“这种做法在其他行业是极不合理的”。[4]

二、大数据时代教科书研究范式的变革

图灵奖获得者詹姆斯·尼古拉·格雷认为，人类历史上的科学研究范式经历了从科学实验、理论推演、计算机仿真到数据密集型研究的发展过程，作为科学研究第四范式的数据密集型研究正在成为科学发现的重要途径。大数据时代的来临也将推动教科书研究范式的变革，未来的教科书研究领域将构建综合运用计算机、互联网技术与大数据分析手段的教科书研究方法体系。为此，大数据时代的教科书研究将在研究的

对象、功能、思维和特征等方面发生变革。

(一)研究对象：海量数据飞速涌现

数据、资料的收集与分析一直是教科书研究中的关键问题，以往对教科书文本的分析主要包括内容分析、故事分析、论辩分析、话语分析等方法，对教科书使用情况的分析主要采用调查、实验、访谈等方法。这些研究方法大部分是采用抽样的方式，从总体中抽取有代表性的样本，从有限的数据中分析出普适性结论，研究结论的科学性往往受到样本代表性的影响。由于研究对象或研究数据是由研究者按照一定原则抽取，选择何种数据或哪些对象便成为一个主观性较高的研究环节，无论抽取的样本多具有代表性，其误差都是不可避免的。

大数据的获取与分析有望为解决样本的代表性问题找到新的突破口。大数据不再是通过分析少量的数据样本来间接地研究事物总体，而是采用了“样本＝总体”的全数据模式，通过分析与处理全部数据来直接掌握事物的发展趋势。随着大数据分析的出现，教科书研究不再单纯地依靠经验数据或样本分析，在大数据时代，教科书研究者没有必要进行抽样，收集和分析海量数据的技术为教科书研究提供了直接处理和分析全部数据的可能性，基于大数据的教科书研究采用的基本上就是“自然数据”。教科书大数据“既可以来自于不同的学习者(学习者之间的广泛数据)，也可以来自于个体学习者(学习者个体的深度数据)”，“既包括纵向数据(多年来学生个体学习的多门慕课课程)，也包括丰富的社会互动(视频会议中小组解决问题的视频)，以及特定活动的详细数据(教育游戏中的个体活动或设计问题中的个体行为)”。[5]这些数据不是通过抽样获取的，而是电子教科书自身记录的数据或师生在使用网络课程时形成的数据，这样可以最大限度地减少教科书研究的偏见。不仅如此，与有限的样本相比，大数据可以更清楚地展示出样本无法揭示的细节信息，从更加微观具体的层面揭示事物的本质。基于大数据的思维，教科书研究可以从文本内容、学生学习、师生互动等不同类型的数据着手，通过大规模与时序性数据的研究重构教科书研究的基础。

(二)研究功能：预测性分析成为可能

以往教科书研究多采用描述性分析。描述性分析是基于已有数据信息，通过运用一套整理、描述和解释数据的方法，对已经发生的事情做出定性或定量的描述，它可以将收集的原始数据经处理后转变成有意义的信息，揭示出事物发展的现状和问题。比如，课程改革实施十年后，教育部组织研究人员对全国普通高中新课程教科书使用情况进行大规模调查，从教研员、教师和学生等不同对象中获得教科书使用状况的反馈，通过收集和分析资料对新课程教科书使用情况进行描述。① 这种大规模的调查收集

① 参见包正委、董玉琦、杨宁：《普通高中信息技术课程实施的现状与反思(上)——基于9省份5版本教科书使用状况的问卷调查》，《中国电化教育》，2014年第3期；钱薇旭、董玉琦、杨宁：《普通高中信息技术课程实施的现状与反思(下)——基于信息技术教科书使用的访谈研究》，《中国电化教育》，2014年第5期。

数据的过程是缓慢和滞后的，往往需要等待研究对象在大量使用教科书后进行，研究数据缺乏时效性，而且数据获取的成本比较大，问卷的发放、收集和整理大量依靠人工完成，这样不仅不能及时地为教科书编写者和出版社提供与教科书编写内容相关的反馈，而且也不利于教育管理部门制定合理的教科书政策和开展有效的行政干预。

对预测分析的关注则是大数据时代人类文化认知的重要特征。大数据不是有待于研究者收集和挖掘的客观存在的对象，而是由能够产生数据的全新信息化生态环境带来的产物，进入这种全新的信息化时代不仅意味着实时采集数据和高效存取海量数据的实现，而且意味着数据处理技术的极大提升和数据处理模式的多样化，这为提高预测的精准性提供了可能和便利。基于大数据的预测性分析是一种“用当下预测当下”的“现测”，即依靠大数据技术对新近的数据进行描述和挖掘，通过建立模型，发现事情发展之间的相关关系，帮助人们把握事物发展的真实趋势，并做出合理的决策。比如，美国2013年的调查发现，美国高等教育面临着巨大的学生辍学的压力，尽管90%的大学生希望进入大学后能获得学位或证书，但是六年内只有59%的全日制大学生能够获得本科学位，只有31%的社区大学学生能够获得学位或证书，在此背景下，“西维塔斯学习”(Civitas Learning)公司应运而生，这是一家专门聚焦于运用预测性分析提高学生成绩和提升高校吸引力的新兴企业，它在高等教育领域建立起最大的跨校学习数据库，通过收集100多万名学生的数据记录和700多万门课程的数据记录，分析和揭示了大学生的学习成绩、出勤率、辍学率等主要发展趋势。这家公司的软件可以帮助教师和学生合理规划自己的课程和安排、有策略地制定目标、选择与自己相适应的课程，让教师和学生提前获知导致辍学和学业不良的警告性信号。大数据模型大大提高了对具体事件预测的精确度，对加强教科书设计开发预测工作具有重要作用，如何将大数据的预测性分析运用到教科书设计、开发和管理工作中，是我们需要思考的一个重要课题。

(三)研究思维：复杂跨界思维走向主导

受传统工业社会中机械还原论的影响，当前的教科书研究探寻的是构建经典学科的路径，通过借鉴和运用教育研究的思维方式和方法论，力图谋求边界明确的独特对象、独特学科范畴，构建一个逻辑严密的学科体系，确立自己独立的学科身份。为此，学者致力于在这种经典的学科思维范式下推动教科书研究走向一门独立的学科形态，这种学科构建的思维是建立在机械思维和还原论的基础之上，是以牛顿力学、爱因斯坦相对论为代表的简单性科学范式，呈现出单一封闭、主客分离的特征，由此造成传统教科书研究范式中科学与人文之间的长期分离和二元对立。尽管教育学科的思维方式和方法论曾经推动了教科书研究的发展，但是由于其局限在简单性学科思维之中，采用一种二元对立的研究方式，难以认识到教科书与社会、文化、政治、人之间的复杂关系，因而，在某种程度上阻碍了教科书研究的发展和创新。

大数据时代带来了思维方式的革命，大数据思维是一种复杂性思维，具有多样、相关、整体、动态、个性的特征，大数据关注认识对象的多样性，认为世界万物都可以通过数据化转变成为研究对象；注重事物的相关性，首先关注事物之间的相关关系而非因果关系；关注事物的整体性，强调把握与事物相关的全部数据而非少量信息；强调以动态发展的眼光来看待事物，加强对数据进行实时收集和分析；突出知识的高度语境特异性，实现事物的大规模个性化定制。大数据时代的到来引导教科书研究从简单学科思维转向复杂跨界思维。大数据的复杂跨界思维要求打破科学与人文的学科界限，鼓励教科书领域专家与计算机、互联网、大数据等各方面专家开展跨学科合作，将新型的数据密集研究方法应用于教科书研究领域，推动教科书研究的科学化和优化；大数据的复杂跨界思维要求教科书研究者应具备交叉学科的背景，能够开展一种真正打破学科界限的整合研究，能够将学科知识与数据技术有效结合，从不同角度对教科书问题进行研究；大数据的复杂跨界思维要求教科书研究者与大数据专家合作，开发出能够有效实现研究目的的实际操作工具和方法，将教科书研究和数据技术深度融合，真正实现定性研究与定量研究相融合、计算机方法与人工处理相混合，推动传统教科书研究方法的升级和革新，从根本上改变人们认知和理解教科书的方式。对此，克劳斯·施瓦布在《第四次工业革命》中指出，以人工智能、物联网、量子计算为代表的第四次工业革命的来临，要求我们成为聪明伶俐、左右逢源的狐狸，而不是眼界狭隘、目光短浅的刺猬。①

(四)研究特征：数据驱动的特征日益突出

理论驱动型研究范式在当前教科书研究中居于主导地位。教科书研究建立在一定的社会学、文化学、教育学的理论基础之上，与社会文化立场和意识形态之间具有密切的关系，研究者是以特定的理论立场和文化视角来审视教科书问题，无论是人文理解取向的教科书研究，还是科学实证取向的教科书研究，都会自觉或不自觉地渗透研究者已有的理论预设、范畴体系和思维方式。区别是，人文理解取向的教科书研究不排除个人的主观经验，认为个人的主观经验构成观察问题和分析问题的“视界”，主张通过个体与历史“视界”的自觉融合，形成对教科书的深刻认知；科学实证取向的教科书研究强调通过观察和实验来收集“客观证据”，然后在推导和统计的基础上形成对教科书内在规律的科学认知，但由于教科书存在于一定的社会文化之中，对其观察和实验也不可能绝对客观。在基于理论驱动的教科书研究中，研究者的理论立场或文化视

---

① 参见克劳斯·施瓦布：《第四次工业革命》，北京：中信出版社，2016年版。“狐狸”和“刺猬”是西方思想史上一个著名的隐喻，前者性喜多方，是多元复杂思维方式的象征，“刺猬”一以贯之，是一元简单思维方式的象征。思想史家以赛亚·贝尔林以“刺猬与狐狸”这一隐喻来划分作家与思想家的深层次的区别，并认为当狐狸好过当刺猬。

角不仅影响其使用的研究方法，还决定着实质性的研究内容和结果。

大数据时代呼唤着教科书研究走向新的数据驱动型科学研究范式。科学始于数据，数据成为教科书研究的基础，教育数据挖掘为教科书研究提供了新的研究途径。“教育数据挖掘是一个将来自各种教育系统的原始数据转换为有用信息的过程，这些有用信息可为教师、学生及其家长、教育研究人员以及教育软件系统开发人员所利用。”[6]数据驱动型教科书研究就是利用教育数据挖掘来寻找海量数据背后的规律、揭示事物之间的相关关系，并利用数据之间的相关关系来理解和认识教科书问题。教育数据挖掘来自教育系统的独特数据，既包括师生在使用电子教科书或网络平台时产生的数据、学校在开展教学管理过程中产生的数据，也包括可通过各类检索系统检索使用的科研数据库中的数据。数据驱动的教科书研究直接面向数据本身，不必提前进行某种理论假设，通过对海量数据的抽取、转换、分析和处理，提取辅助人们开展教科书研究的关键性数据，形成对教科书问题的新认识。在大数据时代，教科书研究首先要直面数据本身，这些海量数据是在自然条件下产生和收集的，没有被研究者“污染”，是对客观世界的真实反映；教科书研究不再需要进行理论预设，不再需要预设研究结果，而是通过对教科书大数据的全面收集、准确分析、合理利用，形成用数据说话、让数据发声、用数据发现科学知识和事物规律的新的研究途径。

当然，大数据研究不会替代和颠覆传统教科书研究方法，它只是对传统教科书研究方法的补充和添加，它代表着当代教科书研究的一种新型路径和新型取向；大数据研究并不意味着理论的终结和对因果规律的排斥，而是用数据规律和相关关系补充了传统的理论范式和单一的因果规律，它大大拓宽了教科书研究的领域和视野。

三、“大数据”时代教科书研究范式变革的路径

(一)加强我国中小学教科书数据基础建设

“数据创建”是大数据时代推动教科书研究范式变革的基本前提。只有创建大型公共的教科书基础数据库、依托大规模在线开放课程的数据平台，才能产生标准化、可信度高、可无限获取的数据，才能成为研究者开展数据收集和数据挖掘的理想对象。哈佛大学 Chris Dete 教授指出，发展大数据技术，不仅要确立通用语言，更重要的是共享存储和分析数据的基础设施，从而确保数据的互通性。虽然这件事情是一件单调乏味、耗费时日，不能获得直接进展的事情，但是，它会带来巨大的长远利益。一旦共享数据的机制建立起来，公司被鼓励提供数据并与学者展开合作时，这将成为极其有益的事情。[7]

大数据时代的教科书研究需要加强专业的教科书科研数据库建设。教科书数据库将与教科书有关的信息资料转换成数字形式，存储于数据库中，研究者可以根据自己

的研究目的，利用检索系统寻找数据库中的相关数据，这种数据结构良好，可批量采集，可大大提升教科书研究的效率和质量。国际教科书研究机构基本都建立了专门的教科书数据库，比如，德国 Georg Eckert 国际教科书研究机构创设了教科书研究的数据库（www. edumeres. net），韩国教育发展机构（KEDI）创建了网络教科书博物馆（www. textlib. net），西班牙国立远程大学创建了西班牙、葡萄牙和拉丁美洲的教科书数据库（www. uned. es/manesvirtual/portalmanes. html），意大利的马切拉塔大学创建了可对多个国际教科书数据库进行直接检索和深度研究的搜索引擎（www. reseducationis. it/multiopac/default. aspx? Src = adv），联合国国际教育部创建了世界教育数据库（www. ibe. unesco. org/en/meta-navigation/unesco-ibe-contacts. html），等等。[8] 在中国，教科书数据库的建设正处在起步阶段，为开展教科书大数据研究提供了一定的基础。比如，人民教育出版社创建了“中国百年中小学教科书全文图像库系统”，将清末时期、民国时期、新中国成立后“人教版”和各省、直辖市教科书进行了数字化，形成了独具规模的中小学教科书研究资料中心。① 北京师范大学在参加中美百万册数字图书馆项目（CADAL）的过程中，将馆藏的解放前 4700 多册中小学教科书全部数字化，建立了“解放前中小学教材库”（www. cadal. zju. edu. cn）。应该说，教科书的数字化为教科书研究奠定了初步的数据基础，适应了大数据时代教科书研究的发展趋势。但是现有的数字化加工只能提供教科书的全文图像，它们只有通过人的阅读才能转化成有用的信息，其中的词语和内容不能被检索和分析，难以满足研究者进行数据挖掘和深度分析的需要。因此，有必要加强我国中小学教科书数据库建设，将现有的数字化教科书进一步转化成数据文本，使计算机能够识别教科书中的字、词、句等文本数据，以利于研究者对文本数据进行深度挖掘和专业分析。

（二）推进数据密集型教科书研究的方法和工具的研发

数据密集型研究是大数据时代占据主导地位的研究范式，加强教科书研究中大数据方法和工具的研发是推动教科书研究范式转型的重要途径。当自然科学和社会生活各个领域与大数据的关系日益紧密时，教科书研究领域也不应闭关自守、故步自封，而应主动借鉴发达国家的成功经验，将信息技术的最新成果应用到教科书研究之中。大数据时代，教科书研究需要与互联网技术、计算机和人工智能技术深度融合，根据特定的研究目的和数据分析的要求，开发出能够满足研究需要的数据密集型研究的工具和方法。

数据密集型教科书研究的工具和方法多种多样，可以把其他科学领域中的大数据研究方法转化和应用于教科书领域。美国教育部在相关报告中指出，大数据在教育领

① 中国百年中小学教科书全文图像库，http：//old. pep. com. cn/zt/szcb/rjszcp/yxs/201106/t20110630_1051926. htm.

域的具体应用主要体现为学习分析和教育数据挖掘这两种方法。为此，在教科书研究中，学习分析和数据挖掘方法可以用来分析网络环境下教师、学生、社会互动、教学环境等因素与课程内容相互作用时产生的数据，了解学生的知识基础、学习态度、学习动机和学习风格，改进教材内容的呈现方式和排列顺序，探寻有效合适的教学方法和教学设计。不仅如此，教科书研究还应大胆改革传统教科书研究中常用的内容分析、话语分析等方法，根据研究需要开发和研制新的工具和方法。传统的内容分析和话语分析只能针对有限的样本数量和内容范围，无法满足大数据时代处理公共数据库中海量信息的要求。大数据时代的教科书研究可以引入语料库研究方法，语料库分析方法建基于语言学、计算机科学和统计学等跨学科的基础之上，是传统的内容分析和话语分析在大数据时代的升级。它不限于有限的教材文本，而是针对海量的文本数据开展定量研究；它不限于表层研究或定性分析，而是着重于对潜在信息价值的深度挖掘和整体揭示；它可以通过收集运用话语片段建成的大容量的电子教材文本库，对教科书的文本内容进行全面而深入的研究，为教科书文本研究绘制出其在人类发展时空中的坐标系和发展轨迹。

(三)提升研究者跨学科的研究能力

虽然我国已经发布了促进大数据发展的国家行动计划，但是在教科书领域中开展大数据研究还没有得到应有的关注，还存在种种实际困难。一方面，教科书研究者缺乏数据资源，难以获得海量的教育数据，同时，由于研究者长期接受的是人文社会科学研究训练，技术素养不高，数据意识不强，不善于引入计算机处理模式和分析方法开展教科书研究；另一方面，计算机专家或相关商业机构虽然掌握了海量的教育数据，但是缺乏有效挖掘、深度分析和充分利用教育数据价值的能力。Chris Dete 指出："MOOCS 中的大部分数据都是由不熟悉教育研究文献的、计算机专业的研究者处理的，这也是导致已发表的论文成果质量不高的原因，在很多情况下，论文不知不觉地复制了经典教育研究中几十年来的正确结论。"从这个角度来看，组建一批既懂技术又懂专业的跨学科专业机构和跨学科研究团队，提升教科书研究者的跨学科研究能力，是推动大数据时代教科书研究范式变革的有力保障。

首先，构建跨学科研究团队，促进教科书研究者与计算机数据专家之间的合作。"在教科书领域运用数据密集型研究需要研究者开展跨学科的合作，通常情况，在某个领域中开发的数据密集型研究方法可以应用到其他学科领域，不仅可以节省时间和资源，而且可以有效地推动各个领域的发展。"为此，应鼓励跨学科、跨领域的教科书研究，大胆借鉴和运用国际上先进的大数据研究方法，促进大数据方法与教科书研究的深度融合，并将两者融合中形成的理论和方法运用于我国的教科书研究，用新的理论和方法拓展教科书研究的思维空间。

其次，培养教科书研究者尤其是青年学者的数据意识和数据分析能力、跨学科知识结构和研究能力，加强教科书大数据研究，促进大数据技术与教科书研究的深度融合。大数据是一门新兴的计算机科学，研究者只有了解和掌握这种新型的计算机技术，才能在未来的大数据时代中掌握研究的主动权和话语权。对此，Chris Dete大力倡导“培养资助研究生开展应用数字学习数据的研究”，并指出：“由于大学的学术不仅是教授的工作，而且是研究生的工作，研究生也能促进研究团体之间的合作，甚至推动他们的导师去学习新的分析方法和提出新的问题。有一些正在开展数据密集型教育研究的最好的研究者就是研究生或最近的毕业生，其中许多人建构了可获得财政支持和培训的跨学科团体。”[9]因此，通过方法培训和课题资助的方式，鼓励青年学者或博士生面对真实数据，利用数据分析和数据挖掘的方法开展研究，不失为一条提升研究者跨学科研究能力的有效途径。

(四)拓展理论基础与学科新方向

大数据时代教科书研究范式的变革要求打破教科书研究中定量与定性二元对立的思维方式，探寻教科书研究中科学与人文深度融合的新理论、新范畴和新方法，拓展教科书研究的理论基础和学科新方向。

首先，重构理论基础。当前教科书审查委员会在审查和评价教科书时，更多关注的是教科书在学科内容组织上的科学性和准确性、教科书与课程标准的吻合程度、教科书的价值取向等问题，却难以及时了解教科书的教学有效性、教科书与学生学习心理规律的符合程度、师生对教科书使用的反馈意见等。大数据技术改变了教育数据生产和收集的方式，重构了教科书研究的理论基础与方法路径。以MOOCs、PLeGs、可汗学院为代表的大数据时代的新型网络课程，将学校、课程和教科书转变为收集和分析数据的平台，这些开放的教育数据平台对师生与系统发生交互作用的情况进行了监测和记录，可以收集大量动态实时的教育数据，这些数据包括微观层面的数据(每个学生每秒钟的学习行为)、中观层面的数据(课堂中的教师模式)和宏观层面的数据(学生综合评价成绩)。在这些海量数据的基础上，研究者可以用数据挖掘技术发现学生的认知发展和概念掌握情况、学生的情感投入、学生的元认知策略等规律，在此基础上，形成和发展一种新型的基于数据的学习科学研究，并为我们开展教科书评价和研究提供科学理论和崭新视角，为教科书的质量改进提供更有针对性的建议。

其次，探索研究新方向。大数据的出现和使用改变了教科书研究的实证基础，推动定性与定量研究的深度融合，“教科书组学”这一新的学术方向将应运而生。2011年，以哈佛大学让-巴蒂斯特·米歇尔为首的来自心理学、计算机与人工智能、基因组学、大英百科全书等跨学科领域的学者与谷歌研究团队，合作发表了题为《运用百万数字化图书的文化定量分析》的论文。该研究主要建立在分析谷歌数字化图书的海量语料库的基础之上，该语料库收录了全世界从1600年到2000年间出版的500多万本书籍，涉及英语、法语、西班牙语、德语、中文、俄语、希伯来语等不同语言的5000多亿个单词。研究通过对关键词在语料库中的使用频率变化，揭示了词典编撰、语法进化、集体记忆、技术使用、追求名望、文化审查与压制等领域中鲜为人知的现象，从崭新的视角展示了500年来人类文化发展史的总体趋势。[10]“文化组学”这个全新的研究方向由此诞生。从词源上看，“文化组学”(culturomics)是由“文化”(culture)和“基因组学”(genomics)这两个词合并而成，其意思是指，单个的词语好比人体的基因，正如基因通过不同排列可以构成功能复杂、形态迥异的人类机体一样，词语通过不同形式的组合也可以形成纷繁复杂、林林总总的人类文化。如果把“文化组学”的思想和方法引入教科书领域，这将催生大数据时代教科书研究的新领域——“教科书组学”。教科书组学就是把教科书视为学校课程文化的有机体，教科书中的“话语”则是课程文化的基因，通过考察教科书文本中的“话语基因”的数量、内容和变化来揭示学校制度和课程文化的发展趋势。基于越来越完善开放的教科书大数据，通过对“话语基因”和词语频率的分析，研究者可以获得以往不能获得的理论启示和学科知识，可以从宏观层面和崭新视角对教科书问题进行精准的把握。比如，把教科书中词频的时间序列与反映国家政策文件的时间序列进行相关分析，有助于发现教科书内容和社会政治之间的关联；通过对教科书中特定词频出现的时间序列进行统计分析，可以探讨教科书文化发展史、教科书政治发展史、教科书经济发展史、教科书语言发展史等。“教科书组学”的探索将极大地推动当代教科书研究深度和广度的发展，适应大数据时代教科书研究范式的转型。

参考文献：

[1] White House Office of Science and Technology Policy. 2015. Investing in America's Future: Preparing Students with STEM Skills[EB/OL]. https://www.whitehouse.gov/sites/default/files/microsites/ostp/stem_fact_sheet_2016_budget_0.pdf.

[2] Department of Education. 2011. Winning the Education Future: The Role of ARPA-ED[EB/OL]. http://www.ed.gov/sites/default/files/arpa-edbackground.pdf.

[3] Kalmus V. What do pupils and textbooks do with each other?: methodological problems of research on socialization through educational media[J]. Journal of Curriculum Studies, 2004, 36(4): 469-485.

[4] 维克托·迈尔-舍恩伯格，肯尼思·库克耶. 与大数据同行：学习和教育的未来[M]. 赵中建，张燕南，译. 上海：华东师范大学出版社，2013.

[5][7][9] Dede C. Data-Intensive Research in Education: Current Work and Next Steps[DB/OL]. http://cra.org/cra-releases-report-on-data-intensive-research-in-education/.

[6] Baker R S J D, Barners T, Beck J E. The 1st International Conference on Educational Data Mining Proceedings [DB/OL]. http://www.educationaldatamining.org/EDM2008/index.php? page=proceedings.

[8] Pingel F. UNESCO Guidebook on Textbook Research and Textbook Revision(2nd revised and updated edition) [M]. Paris: UNESCO. 2010.

[10] Michel J B, Yuan K S, Aiden A P, et al. Quantitative analysis of culture using millions of digitized books[J]. Science, 2011(331): 176-182.

EI为高校教育信息化进一步融合赋能研究

张刚刚　胡雅鹏①

摘要： 高校教育信息化建设的发展已持续多年，目前已经取得阶段性成果。通过分析当前高校教育信息化存在的短板，参考商业智能BI(Business Intelligence)相关概念提出教育智能EI(Education Intelligence)模型架构，赋能高校信息化建设。通过对已有信息化成果的整合、管理、挖掘、推送，实现高校教育信息化的进一步融合和发展，使高校内各身份成员获得相应的知识或洞察力，促使其做出对高校发展更有利的决策或行为。本文从底层硬件建设、中层应用支持及上层业务应用三个部分介绍了EI模型，并结合不同场景介绍了应用效果，为高校信息化进一步建设提供新的思路。

关键词： 教育信息化；教育智能；EI；数字校园；智慧校园

一、引言

高校教育信息化融合发展已经持续多年，目前已经得到了广泛的应用。中共中央、国务院在2019年发布的《中国教育现代化2035》中明确提出，要加快教育现代化，把我国建设成为教育强国，服务支撑2035年国家基本现代化目标，实现新时代中国特色社会主义发展的战略安排。同年，为加快教育现代化建设，中共中央办公厅、国务院办公厅印发《加快推进教育现代化实施方案(2018—2022)》。教育部在2021年发布的《高等学校数字校园建设规范(试行)》，指导全国高校充分利用云计算、大数据、物联网、人工智能等技术，实现教育信息化2.0的发展。为国家培养具有创新精神和实践能力的高素质人才是高校教育的首要责任，实现学生的全面、自由、和谐的发展，把学生培养成为德、智、体全面发展的精英型、学术型人才是高等教育和高等院校的共性目标[1]。冷洪敏等人提出，智慧校园是人们在教育领域顺应教育信息化时代趋势、探索信息技术深度应用的重要尝试和成果[2]。黄艳等人提出，智慧校园建设是衡量教育信息化发展水平的关键性指标[3]。廖宏建等人提出，"智能感知"是智慧教学环境的首要功能，也是智慧校园的必选功能模块[4]，同时也为后续智慧建设提供数据基础。

① 张刚刚，男，首都师范大学数字校园建设中心工程师；胡雅鹏，男，首都师范大学数字校园建设中心助理工程师。

BI(Business Intelligence)又称商业智慧或商务智能，指用现代数据仓库技术、线上分析处理技术、数据挖掘和数据展现技术进行数据分析以实现商业价值，为企业发展提供方向。通过应用基于事实的支持系统来辅助商业决策的制定，为企业提供迅速分析数据的技术和方法，包括收集、管理和分析数据，将这些数据转化为有用的信息，然后分发到企业各处。

在上述背景下，参考BI相关概念及思想，本文提出EI(Education Intelligence)，即教育智能的概念及模型架构。EI通过对已有信息化资源及校内外数据进行汇总，同时结合具体职能及业务场景，向各身份成员整合、计算、分发各类有效信息，为高校教育信息化进一步融合赋能。

二、高校教育信息化发展现状

近年来，越来越多的高校通过建设数字校园来发展教育信息化。目前，大多数数字校园的建设主要包括数据整合与应用集成两个方面。在消除"信息孤岛""数据烟囱"，整合全校资源方面取得了一定的成果[5]。但是，当前高校教育信息化发展过程中仍存在以下问题：

(1)有效整合校内外信息的能力尚不够，不能很好为高层快速准确决策提供研判基础；

(2)普遍不具备有效、可靠的内—内、内—外的数据交换标准；

(3)利用数字校园建设成果进行校园的精细化管理的水平普遍不够深入。

分析以上问题产生的原因，我们发现当前高校的教育信息化发展追求系统数量而对系统的使用效果关注度不够，更依赖管理思维而缺乏需求导向。参与信息化建设的学校各部门人员的角色、视角不同，会在高校教育信息化进一步建设过程中形成阻力。

三、EI的定义及应用

EI是智慧校园的大脑，协同智慧校园各部分成为有机的整体。EI不是一种技术，而是一系列概念及方法。通过对已有多维资源的整合、管理、挖掘、推送，使高校内各身份成员获得相应的知识或洞察力，促使其做出对高校发展更有利的决策或行为。

如图1所示，EI分为基础设施层、服务支撑层及业务智能层。

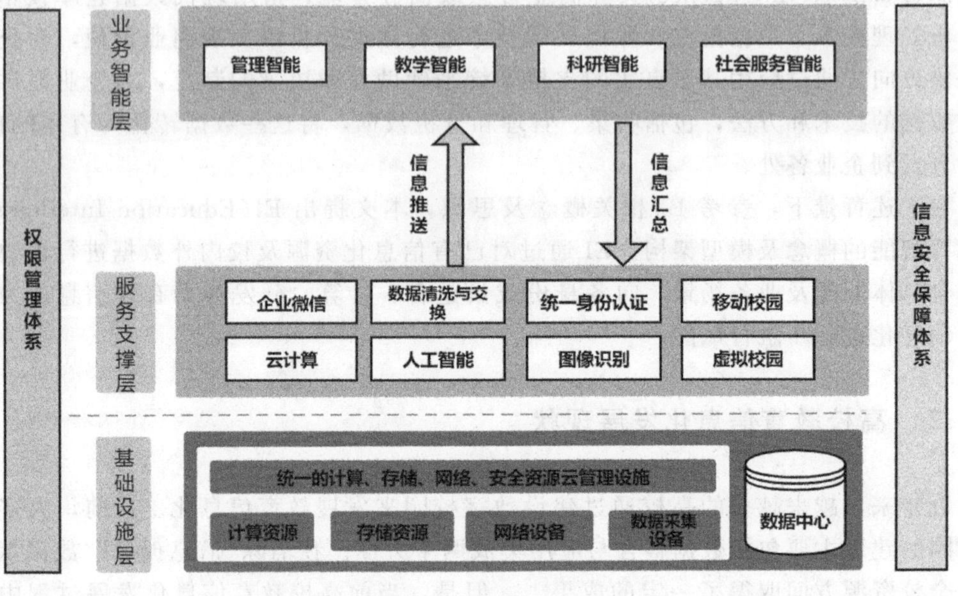

图 1 EI 架构图

(一)基础设施层

基础设施层是 EI 建设的最底层。包含各类计算资源、存储资源、网络设备以及数据采集设备。其中数据采集设备包含校内传感器、摄像头、无线 AP 节点、刷卡机、闸机等各类终端，同时也包含校外重要站点的信息收集系统。将不断采集的校内外数据进行交叉计算，最终汇总到数据中心进行统一的管理。数据的采集、计算以及存储严格加密，并建立完善的访问权限管理体系，保证数据安全性以及可用性。

(二)服务支撑层

服务支撑层是 EI 建设的中台，对基础设施层生产的数据进行加工。在 EI 架构中，服务支撑层分为 8 个模块，将业务场景细分，为业务智能层提供精细化数据支撑。

1. 企业微信

企业微信等业务系统为全校师生提供信息化建设的通信、通讯录、应用授权等支撑底座。校内人员可以通过企业微信迅速进行一对一、一对多的沟通及视、音频会议，通过企业微信一体化的服务能力，全面支撑各业务口业务系统的入口与集成。

2. 数据清洗与交换

数据清洗和交换平台为部门间的数据，校内外的数据提供加密传输，保证数据流动的安全性。数据清洗和交换平台一方面进行高校内部数据流转的脱敏和加密传输，另一方面充当校内外数据交换的过滤器。以校内系统为例，某部门的系统需要人事处数据，为保护隐私，人事处通过数据交换平台将人员数据加密后进行暗文传输，系统接收后解码进行使用。不论是开发人员还是系统管理员都无法获得明文数据。通过数据交换平台，保证各个平台间数据流转的可靠性。

3. 统一身份认证

随着各类型业务系统的建设，身份认证的安全性、唯一性、真实性以及登录的不可抵赖性必须具有一致的标准，通过统一身份认证系统为上层业务提供的统一登录接口，不仅方便校内用户划分权限，方便人员管理，同时也能为外部应用提供统一黑盒验证方式，方便校内人员安全登录访问资源。

4. 移动校园

“6A6C”是高校改革创新和跨越发展新阶段的具体实践，是推进新型发展模式、提升学校教育治理能力和综合服务水平的顶层设计蓝图[1]。疫情防控的常态化催生出了多种办公、教学和科研模式。远程办公、在线课堂、多人会议直播等形式，相比较于传统模式，移动校园能够为业务智能层提供更加灵活多样的工具，让随时随地的学习，跨设备间的交互成为可能。通过整合基础设施层设备，为“6A”建设提供了技术支撑。

5. 云计算

高校师生众多，每天生产大量的数据。为了给业务智能层推送更加全面的信息，还需要获取大量的外部数据进行综合比对。云计算技术在大数据处理方面具有得天独厚的优势，可以快速处理海量数据，并输出结果。

6. 人工智能

人工智能教育的开展是对教育领域的深化研究，也是对人工智能发展的推动，实现了学习的智能化。人工智能与教育的深入结合，也是未来教育发展的重要特点。“人工智能＋教育”正在引起教育的一场革命[6]。通过结合云计算的大数据，人工智能平台能为高校发展方向提供综合研判，从而能够进行更加精确的管理。

7. 图像识别

图像识别技术在20世纪60年代就开始研究，目前已经得到了广泛的应用。图像识别的发展经历了多个阶段，包括数字识别、文字识别以及物体识别。在高校中遍布大量的摄像头，这些摄像头数据结合图像识别算法，可以实现更加智能的校园管理。通过教室内的摄像头可以快速识别当前学生状态，可以帮助教师及时调整授课内容或形式；通过校园马路的摄像头可以快速获取当前人流状态、目的方向。在大型校园活动中能够提前引流错峰，防止踩踏事故等。图像识别技术与已有设施相结合，可以催生出更多样、精细化的管理。

8. 虚拟校园

区块链是近些年新兴的一种技术。从本质上来说，区块链是一个共享数据库。任何存储于其中的数据或信息，都具有“不可伪造”“全程留痕”“可追溯”“集体维护”等特征。基于这些特征，区块链技术在保证了数据的“可信任”的基础上，创造了可靠的“合作”机制。在高校中，各个部门每天产生多种、大量的业务单，每一次的校园消费都需要记录刷卡金额以及余额等等。这些业务一旦使用区块链进行存储，不仅能保证信息的一致性，同时也能降低各个业务部门存储数据的风险以及成本。

(三)业务智能层

1. 管理智能

科学有效的管理可以极大地提高学校建设和发展。通过整合底层设备以及中台应用，最终实现管理智能。管理智能包括决策智能、行政智能、安保智能、后勤智能以及舆情智能。在高校的精细化管理中，小到日常工作，大到学校整体发展方向都需要各级人员进行统筹决策。EI可以收集更加完整的内、外部信息，生成决策参考，并将参考推送给对应岗位人员，为其决策提供数据支持。

在各级部门的组织、控制、协调、监督等过程中，会生成大量的表单、流程。在过去行政管理时代，通常使用纸质表单，依靠人力完成各项流程，最终以纸质媒介进行存储；现在的行政管理通常使用OA系统，以办公人员手动发送电子邮件的方式完成行政工作，最终以纸质媒介＋电子数据两种方式进行存储；在未来，各项流程通过平台主动推到各个负责人面前，负责人通过使用电子表单＋电子签名/电子公章的方式完成各项工作流程。每一个工作节点都通过区块链进行永久的、不可篡改的可靠存储。行政智能不仅能缩减传统行政的流程，可随时溯源，提升办公效率，同时也方便对工作进行筛选、整理，降低人力、存储成本。

高校不仅是一个学习场所，也是工作和生活的地点。在学校长期工作、生活、学习的人员年龄跨度大，这对高校的安全保障提出了更加严苛的挑战。EI平台可以打通校内各类探头、闸机等设备的数据，同时结合图像识别算法行为识别，可以为保卫处、学生处等部门提供智能化安防管理，做到平时有预案，事前有预警，事后有总结，更好地实现平安校园建设。

一直以来，高校人员的一言一行都受到全社会的关注，舆情的管理愈发重要。通过对重点社交平台、重要话题的实时监控，可以第一时间获知舆情并给予相关部门领导充足的时间思考对策，从而避免“后知后觉”。

环保是最近的热门话题。习近平总书记在中央财经委员会第九次会议上研究促进平台经济健康发展问题和实现碳达峰、碳中和的基本思路和主要举措。在高校工作和生活的人员众多，每天消耗大量的资源。通过服务支撑层收集来自老师、学生的各类偏好信息、行为轨迹等大数据，从而分析出校内老师、学生的饭菜口味偏好、洗浴温度偏好、教室温度偏好等信息，并将这些信息推送给后勤、公共资源管理等部门，实现动态调整，最终为“碳达峰”做出贡献。

2. 教学智能

教学是高校的基本任务，内容和形式上的与时俱进能更好地为社会培养人才。在传统教学流程方面，教学智能可以帮助老师及学生更好地完成教学工作。不同时代的学生有着不同的学习方式。通过摄像头对课堂的学生进行实时行为分析，授课老师可以了解自己课堂的效果，并根据实时反馈更新教案。对于学生而言，以前是“人找课”，教学智能平台可以实现“课找人”。通过教学智能，可以把学生更加感兴趣、更擅长的课程推送给他们，提升学习效果。除此以外，教学智能平台也可以根据不同学生的偏好推送图书资源，引导其更多地使用图书馆资源。

3. 科研智能

科研是高等学校发展和传播科学文化的重要方法，也是学科、学位建设的重要手段。通过科研智能实时信息推送，使得科研人员、学生能够快速了解当前热门研究领域以及相应成果，极大地缩减信息获取时间。在学科评估中，不仅需要了解自身学科建设情况，更要了解其他高校的优势和劣势。这就需要EI平台来获取内、外部数据，并进行比对汇总。EI能够助力科研人员，使其更好地发挥专长，更好地产出成果。

4. 社会服务智能

《国家中长期教育改革和发展纲要(2010—2020年)》中指出，高校应增强社会服务能力，推进产学研用结合，加快科技成果转化，规范校办产业发展。高校作为教学中心和科研中心，应充分利用优质资源成为社会服务的中心。高校产出的成果不仅包含科研成果，也包含每年毕业的学生。紧抓热门领域，提高紧缺人才培养数量及质量，才能更好地服务社会。通过社会服务智能，可以帮助高校了解社会需要的人才需要具备哪些能力，并结合已有课程大纲及活动内容进行融合，使得培养出来的学生更加贴合社会整体需求。

四、结语

“互联网+”概念已经提出很久，并且已经在很多行业落地开花。在高校内，更好地利用互联网技术，结合已有校园设备及系统，能够更好地实现高校教育信息化融合，赋能高校。在互联网1.0时代，信息通过“订阅”的方式进行传递，使用主体必须主动点击、订阅才能获得有用的信息；而在互联网2.0时代，信息通过“推送”的方式传递。使用主体不需要点击，有效信息即可推送过来。信息获取形式的变化的背后是大量智能算法及数据在支撑。

高校的教育信息化发展持续了很久，且成果显著，已经极大地提升了高校的综合发展。EI根据不同身份实现“千人千面”的动态信息推送，能够进一步提升教育信息化融合程度，让不常使用的“僵尸系统”重新使用起来，进一步提升高校智能化程度，为智慧校园的建设提供条件。

参考文献：

[1]李有增，周全，钊剑．关于高校智慧校园建设的若干思考[J]．中国电化教育，2018(1)：112-116.

[2]冷洪敏，郭文良．构建智慧校园的价值关切与路径选择[J]．教学与管理，2021(10)：13-15.

[3]黄艳，周洪宇，郝晓雯，等．教育强国视角下智慧校园建设评价指标体系研究[J]．现代教育管理，2021(4)：75-81.

[4]廖宏建，黄立冬．面向智慧校园的移动情景感知服务模型研究[J]．现代教育技术，2021，31(4)：105-111.

[5]刘昕．“数字校园”向“智慧校园”转型中的问题与发展方向[J]．科技经济导刊，2021，29(9)：56-57.

[6]李涵，李中国．我国人工智能与教育融合现状[J]．科技经济导刊，2021，29(10)：38-39.

重构、拓展与融通

——“中国古代音乐史”课程的混合式教学探究

司冰琳[①]

摘要：本文是作者基于多年讲授中国古代音乐史课程而进行的思考，在新的时代条件和教育环境之下，混合式教学是课程改革的重要研究内容和工作方向。而目前这种形式在中国古代音乐史课程的实施并不常见，因此有必要在教学实践和推广中投入更多精力，本文拟对此提出个人的见解。

关键词：混合式教学；中国古代音乐史；教育技术；课程改革

“中国古代音乐史”是一门音乐专业的理论必修课，与高校的所有公共理论课讲授一样，其传统教育模式以教师讲、学生听为主，尤其是人数多的大班授课，很难展开有效的课堂互动，教师上课状态主要是讲座式，而课堂之外的自发学习和课堂之中的高效讨论等几乎在大班课堂上难以实施。如果只是单纯地以慕课作为唯一的一种授课类型，其实与大班授课并无太大区别，无论是娓娓道来还是激情澎湃，都无法脱离开形式的限制，那就是在录制前将文稿撰写好，在镜头前以适度的节奏和语速表达内容即可。那么如何利用慕课的优势呢？我认为最好是线上与线下相结合，即开展混合式教学。本文所讨论的“混合”是特指“线上”加“线下”，不涉及教学理论、教学策略、教学方法、教学组织形式等其他内容，因为教学本身是具有广义上“混合”特征的。这种混合式教学从外在表现形式上是采用“线上”和“线下”两种途径开展教学的，“线上”的教学不是整个教学活动的辅助或者锦上添花，而是教学的必备活动；“线下”的教学不是传统课堂教学活动的照搬，而是基于“线上”的前期学习成果而开展的更加深入的教学活动。

一、重构传统课堂教学

作为高等音乐院校、师范类院校和综合类大学音乐专业的主干课程，“中国古代音乐史”课程的质量和水平在某种程度上担负着培养高素质音乐教育人才的重任与使命。

① 司冰琳，女，首都师范大学音乐学院副教授。

在新时代教育信息化的背景下，其教学质量、教学思维、教学模式等方面都亟待探索新的天地，以更好地培养适应未来社会发展需要，适应基础音乐教育、各层次音乐教育需要的高质量人才，也无疑将影响到未来音乐专业学生的专业素养与理论水平。2016年暑假，首都师范大学美育中心组织了几位教师录制了第一批慕课，至今“中国音乐史”慕课在中国大学慕课的SPOC平台上运行了5年，收到学生较好的反馈与评估，但作为讲授的教师，深知无论是在教学内容还是形式上还有很大的提升空间。“慕课”一词进入大众视野中已有几年的时间，作为大型开放式网络课程，MOOC(Massive Open Online Courses)率先在美国的大学陆续设立网络学习平台，由于其具有不同于传统教学的优势，遂引发教育界广泛关注，甚至掀起以慕课为代表的网络教育和在线课程的革命，慕课也成为推动高校课程教学改革的重要形式之一。网络是一个虚拟的世界，慕课作为网络运行的课程，其特征是突破传统课程时间、空间的限制，依托互联网使得各地的学习者在家就可学习国内外著名高校的课程，能够满足大规模的学习者学习。这种信息技术化与课程教学的深度融合，是当下高校教学模式不断发展和创新的时代潮流，尤其是在疫情期间以及现在所处的后疫情时代，慕课的教学形式发挥着巨大的作用，这种基于教育信息化背景下的课程教学显然成为实现教育信息与知识共享，引领教育方式现代化转变的重要阵地，因此对近几年慕课教学实践、成败经验进行深入反思与探讨是十分必要的。

教学改革中的“改革”二字的意义，其目的是对教学的不断审视与反思，“改革”并非是否定以往，而是在保留以往合理元素之上更加优化与提高。因此汲取已有课堂教学的资源，总结原有课堂教学的经验，是开发教学新形式与内容的基础。SPOC课(私播课)在整体的教学质量上要优于慕课，原因是慕课的优势主要在于大规模学习，在资源共享上明显地解决了传统教学较为局限的传播面，使得更多的学习者关注更多的学习内容。而SPOC课(私播课)的平台尽管受众面相对较窄，但其优势是专业化、针对性地进行教学设计，尤其是对校本课程而言，可以很有效地与线下课堂教学相结合，学习也更加深入，做到知识的传递和知识的内化各自有其最佳通道，为实现翻转课堂提供适合的形式。以“中国古代音乐史”课程为例，我在2016年录制的“中国音乐史”慕课形式的视频作为线上课程内容，每次上课前让学生提前预习，并布置好相应的思考题和课上讨论问题，学生们通过在各种不同场合、不同条件下的轻松学、反复听，达到对即将开始的课堂学习做好知识储备的作用。于是在接下来的线下课堂开展中，以我的专著《一本书读懂中国音乐史》作为主要教材，让学生有凝练专业知识系统的依据，教师在课堂上扮演着引导者、启发者和传道者的角色，教师在课堂上阐述着个人的观点，倾听着学生的心声与困惑，了解着他们的懂与不懂，并且有的放矢地进行解答与讨论。这样的做法努力营造的是真正让学生最大程度参与、最高效率学习的教与学，值得进一步在实践中摸索、探究。

二、拓展教与学的空间

一个合格的中国音乐史教师一般需要经过系统的学术训练，获得对于历史文献的解读、对于音乐现象的分析等突显行业特点的素养，而教学工作是这些长期学术积累与个人体悟的呈现，用通俗易懂的语言表达、有效适用的表现方式，将音乐历史上重要的乐人、乐事、乐典等各种事项理顺为一个个知识的链条讲授给学生，用音乐历史的经验和智慧去启发和引导学生。教师要坚持自身的学术追求与质量标准，不能随意地迎合学生“得过且过”的心理，也不能为了迁就学生的评议和期末的教学评估而无限制地降低平时教学要求、降低期末考试要求。但摆在面前的现实是，“重技能、轻理论”的环境之下，中国音乐史一类的理论课相对吹拉弹唱等技能课是受到冷遇的，由此也激发了教师要深入思考如何在新、旧教学思维、模式和教育理念上进行改变。同时教师要不断思考如何用广博的学识和开阔的视野让学生真正体会到一种学习的获得感，一种文化的认同感。当代教育的理念是“以人为本”“以学生发展为中心”。因此，中国音乐史课程的改革宗旨也将学生作为教学的主体，教师将起到主导的作用。从赋予学生较大的学习自由度、提高学生上课的积极性和主动性等教学思想出发，进行有效的中国音乐史课程的教学改革。

混合式课堂的开展需要教学思维和教学模式的转变，其中教学内容的设计是混合式教学的重中之重。要根据教学目标和学习者群体来整合、择取教学内容，首先对于知识点要删繁就简、去粗取精，不要面面俱到、照本宣科。要思考经过选择的这些重要知识点该怎么讲？把一个大的知识点要分成多少个小的知识点讲？诸如此类的教学内容斟酌是非常重要的。其中除了从课程本身的特点考虑之外，还有一个关键之处就是在内容的选择原则上要立足历史、关照现实。其次，混合式教学对于教师的教学能力提出了更高的要求，无论前期的教学设计，还是后面的课堂驾驭能力，都成为一个很有挑战性的工作。我认为优质的备课要体现教研相长、互为所需的特点。教师要了解本专业的学术前沿动态，尽可能在课程重要的知识点上有较为深入的涉猎和钻研。因为时代在前进、知识在更新、学生在进步，对于教师而言，如果想要成就精彩的课堂和有获得感的学生，势必要在学术研究上有所建树，这样才能更好地在提出问题、分析问题、解决问题的学习链条中始终处于引领的地位。第三，教学内容上要有领域交叉、学科互融的学术意识和眼光。在讲述“中国古代音乐史”课程时，注意学科与学科之间的联系，有意识地拓宽知识面，将历史、文学、考古、美术等相关学科的资料与音乐史知识进行有机的融会贯通。尤其是将音乐、美术、书法和诗歌结合起来，相辅相成，美美与共。拓宽教学内容的知识面，其实是一种教学思维、学术视野的体现，将中国音乐与文学、历史等相关交叉学科进行融会贯通，应该成为“中国音乐史”课程教学内容改革的一个重点。

当然对于线上和线下相结合的具体方式以及各自占的比例，需要根据每门课程以及授课对象的接受能力而定。而翻转课堂的翻转程度是全翻转，还是半翻转，还是三分之一翻转，这些也都要基于讲授课程的特点而定。

三、线上与线下的融通

实施传统课堂教学模式与微(慕)课的教学模式相结合的做法，比较便于实现翻转课堂的形式。在进行线下的课堂之前，让学生利用微(慕)课资源提前预习、自学已经录制的视频内容，对即将讲授和讨论的知识有初步认知。教师在课堂讲授中，以启发式、引导式、研讨式的讲授为主，在发挥学生自主性的基础上，给予学生更为准确和深入的指导，并对学生所预习过的微(慕)课资源中的要点进行讲解，也可以选择某一个特定的专题进行深入拓展。在具体操作上，首先可以以“微课”的积累为之后“慕课”的开设打好基础。“微课”是以一个个小视频或者课例片段为主要载体，通常时长为5—8分钟，一般不超过10分钟，教学过程中围绕某个知识点或教学环节而开展教与学的活动。课程特征是教学时间较短，教学内容少，资源容量小，但教学主题突出、内容具体、类型多样、传播迅速。所以又称之为微课堂，便于观看和传播。不仅适用于学校课程学习，也适合各种机构或者企业的培训学习等。微课的最大特点是学习者可以利用碎片化的时间进行自我提升，但与慕课相比，最大的弊端是无法系统地学习一门课程、完整地了解一种知识架构。正因为微课突出一个“微”字，因此对于未接触过网络教学或者没有慕课教学经验的老师来说，不失是一种短时间内便于操作和掌握的教学形式。

线上线下混合式课程的开展是基于慕课等优质的在线课程基础上，对传统课堂教学进行创造性的改造，实现线上学习与线下面授相互融合的混合式教学模式。这种类型的课程建设是当下各个高校进行教学改革的方向，既涉及信息化教学技术的运用，也包含着新型教学方法的实施，同时也是对教师教学水平和科研意识的提升和考验。混合式教学改革没有统一的模式，但是有统一的追求，那就是要充分发挥“线上”和“线下”两种教学的优势改造我们的传统教学，改变我们在课堂教学过程中过分使用讲授而导致学生学习主动性不高、认知参与度不足、不同学生的学习结果差异过大等问题。混合式教学作为教学改革的一种新形式，其亮点在于重构传统课堂教学，因为这种教学把传统教学的时间和空间都进行了扩展，“教”和“学”不一定都要在同一的时间同一的地点发生，在线教学平台的核心价值就是拓展了教和学的时间和空间。对于“中国古代音乐史”的混合式教学的探索，也是响应教育部关于打造金课的一系列文件和要求的重要实践，在实施过程中会进一步提高课程质量，为实现“以学生发展为中心”的教学目标而努力。

基于现代教育信息化技术对“数学物理方法”课程教学提升的实践探索

胡　洁　纪安春　贺淑莉　吕睿洋　王欣琪[①]

摘要：“数学物理方法”是高校理工科专业一门重要理论基础课程，是理论物理的先行课程。“数学物理方法”中的诸多建模思想与数学思考方法为本科生学习物理知识奠定了基础，复变函数分析与数学物理方程的熟练掌握更是后续的理论物理四大力学课程的前提。然而目前教师普遍遇到课时紧张，教学内容抽象难懂，学生的学习兴趣不高等实际困难。我们针对这些痛点，探索了“课前—课中—课后”的线上线下新模式，将传统的“数学物理方法”与现代教育信息化技术相结合，丰富了课时，提高了效率，提升了学生自主学习的动力，得到了学生的好评。

关键词：数学物理方法，现代教育信息化技术，线上线下混合课程

一、引言

“数学物理方法”是高校理工科专业一门重要的基础理论课程，是理论物理的先行课程，也是物理系学生的必修课。它在我校于 1955 年开设，2009 年开始进行课程改革，2015 年开展“形象化教学探索研究”，2018 年建设了慕课，2019 年开始探索“课前—课中—课后”线上线下新模式。这门课的教学目标包括知识目标、能力目标和素质目标。学习了这门课程，学生应该能熟练掌握复变函数分析和留数定理的应用，会求解数学物理方程，了解特殊函数的性质，建立数学物理科学思维方法，提升分析和解决数学物理问题的能力，培养严谨的科学研究作风、踏实认真的理论研究方法，树立科技强国的意识。

二、“数学物理方法”与现代教育信息化技术结合

物理课程的传统的教学方式是教师进行课堂面授，学生在教师讲课的过程中要做

① 胡洁，女，首都师范大学物理系副教授，研究方向：凝聚态理论；纪安春，男，首都师范大学物理系教授，研究方向：凝聚态理论；贺淑莉，女，首都师范大学物理系教授，研究方向：凝聚态物理；吕睿洋，男，首都师范大学物理系硕士研究学生；王欣琪，女，首都师范大学物理系本科生。

到聚精会神，同时快速理解教师所表达的要义，并且将所传授的内容转化为自己的知识。这种教学方式对学生的专注力、理解力和知识的处理与转化能力都有很高的要求。此外它还要求学生在上课的过程中一直都保持良好的状态，一旦学生在上课过程中，心理或者生理状态不佳，注意力分散，都有可能导致学生没有办法跟上教师的节奏。然而在混合式教学中，学生可以通过线上视频课进行先导性学习，降低预习的门槛，当学生遇到课上没有听懂的内容也可以通过线上视频课进行反复的多次学习，从而达到巩固教学内容和进行深层次理解的目的。在混合式教学中，学生的测验、讨论等形式的学习都可移到线上的课堂进行，教师能够通过测验及时反馈的结果与讨论的过程中反映的问题，进行有针对性的讲解；学生在遇到问题的时候也可以利用平台和老师进行及时的交流，从而得到解答和指导。因此，我们针对“数学物理方法”的课程开展了混合式教学的真正实践。

“数学物理方法”这门课程的最大特点是，它既是数学课程又是物理课程，引导学生迅速掌握这些数学工具并应用于物理问题，是这门课程最大的挑战。这门课程利用数学模型与数学技巧等方法将生活中实际的物理问题和物理学习中抽象的物理问题建成简单的物理模型并通过方程等方法解决；同时在学习物理的过程中它将生活中的实际问题与物理方法紧密地联系起来，是一门重要且基础的课程。但因物理学科的特点，每个课程的课时有限，所以能否有效地利用时间更好地提高教学效率就尤为重要了。

本门课程主要是为二年级本科生开设，二年级本科生在大学的学习中要适应新的学习节奏、学习习惯和学习方法，由于“数学物理方法”这门课程在传统的课堂授课教学过程中受到课程的时间安排、课程的教学特点和大学生的学习特点等影响，教师可能无法在课堂上将知识完全地传授给学生。例如在实践教学中我们遇到了很多困难，学时少，内容多，64 学时要涵盖复变函数和数学物理方程两部分内容，且抽象难懂；还有时由于教学的需求会在课堂上会导入一些课外的内容与简单的小测试，而由于传统的课堂教学普遍是使用纸、笔、PPT、Word 等，在小型测试时若用到画图，统计结果等会占用一定量的课堂教学时间，这无疑会让课堂的学习效率降低，甚至可能降低教学质量。由于课程抽象难懂，学生很难看懂书来进行预习，另外，对于每年一百三四十人左右的大班授课，无法进行针对性辅导。针对这些痛点，我们探索了“课前—课中—课后”的线上线下模式。上课前学生完成线上的相关慕课学习，我们已制作了 80 多个课程视频，总长 12 小时，还有 45 个非视频资源，完成线上学习的同时，学生也必须完成线上的自测题，这样学生们可以带着问题进课堂。教师通过现代教育信息化技术(例如学习通软件)可以很快得到学生应对课堂小测的学习结果或测试结果，从而可以灵活地在课堂上调整授课节奏，也可以高效地优化教学内容与教学方式。因为学生在上课前已经完成部分内容的预习，教师在上课中就可着重讲解重点、难点，且有多余时间进行针对性辅导，同时在下课前要求学生完成线上的小测验，在第一时间巩固学到的知识。在课后，学生在线上完成作业及讨论，教师可以及时批改和反馈。对于学习程度较好的学生，他们会组成2—3人的小组，共同挑战一个课程的扩展项目，往往是运用数学物理方法课程中学到的知识来求解后续课程如电动力学或量子力学中的实际物理问题。

在这个新模式下，学生的教学评价也做了调整，完成线上预习和课堂小测验各占10分，期中考试20分，期末考试50分，完成线上作业及讨论占10分。另外完成扩展项目可以获得最高不超过10分的奖励附加分。

三、“数学物理方法”与现代教育信息化技术结合的成果

2019年秋以及2020年秋，我们通过学校的网络教学平台——师星学堂，开展了线上线下混合式教学的实践，共有276名学生参与了学习。

通过学习通后台数据的统计，我们得到以下结果。以2019年数据为例，学生对视频课程的完成率大于90%，平均完成率为93%，100%完成视频课程学习的人数为113人，达到86.92%，作业完成率94%，考试平均分89%。86.92%的学生都愿意观看视频课从而配合学习，这无疑促使学生养成预习的习惯，培养了他们良好的学习习惯。而通过2016、2017、2018年这三届学生总评成绩的纵向对比，可以明显地看出2018届学生的通过率和优秀率与2016、2017这两届学生比较都有了大幅度的提高。三届学生的通过率分别为78.10%、81.01%、90.77%(见图1)；优秀率(总评成绩大于等于90分的占比)分别为25.71%、36.21%、57.69%(见图2)。从数据中我们可以得出结论，在数字课堂教学的辅助下，通过率与优秀率都有了大幅度的增长，说明学生对于数学物理方法的学习有了更好的吸收，也说明了在现代教育技术——学习通的辅助下教师的教学效果有了更好的提高。

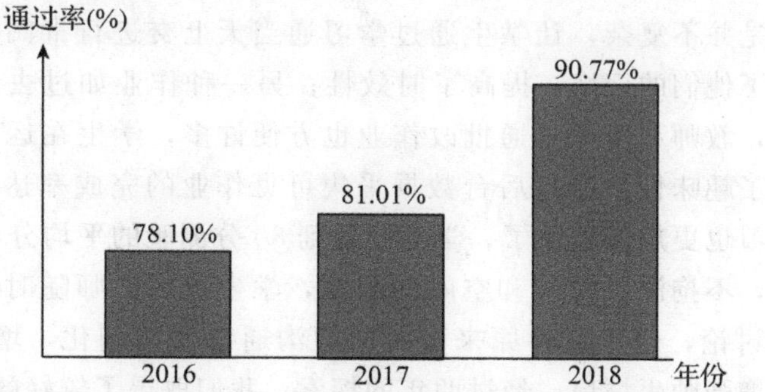

图1　2016、2017、2018年三届学生通过率纵向对比

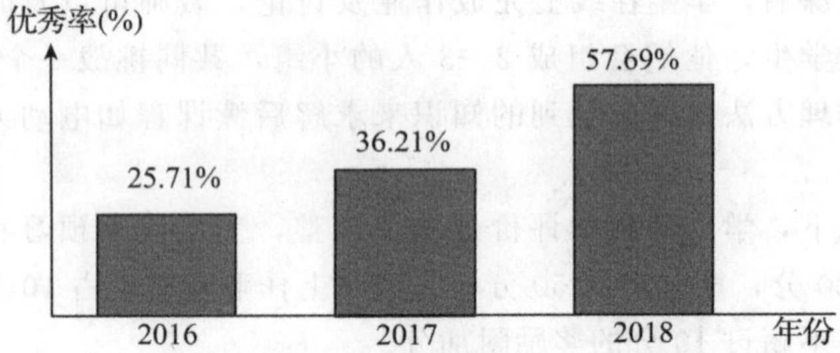

图 2　2016、2017、2018 年三届学生优秀率纵向对比

而对于授课教师而言，与过去相比，学习通的使用的确增强了课堂教学效果。利用学习通可以更好地帮助学生预习，提高学生学习的参与率，我们以 2019 年的学生数据为例，如图 3(图片来源于学习通的后台统计)，完成 91 个任务点以上的同学占了整体数目的 89%，所有同学平均完成了 106 个任务点，占了总任务点的 92%。因学生在学习时受到课程内容的抽象模型化和数学基本功要求等限制，看书预习对于学生而言有一定的难度，而通过看学习通中教师为其准备的视频课，学生对即将学习的内容有了初步的认识，在心中有自己的问题，带着问题上课，课堂教学效果事半功倍。因数学物理方法这门课程的特殊性，需要大量的数学练习与推导，尤其是数学类的计算最好是在课堂上学透吃透，故课堂的效率与时间安排就极为重要。而使用学习通，利用学习通对学生提问与发布小测验(一般是选择题)，可以大范围地准确知晓学生是否理解与掌握测验内容，教师可以及时调整课堂教学的安排，如出现较多的学生没有掌握的情况，教师就可以及时讲解，这样有助于学生的学习。同时因为线上预习节省了一部分课堂时间，教师就可以在课堂上带领学生进行练习，现场辅导，边学边练，进一步地提高教学质量与教学效率。在课后利用学习通，授课教师可以留下两种作业，一种是当天要交的练习题，这些练习题与当天所学的内容或者课堂中学生掌握不太牢固的知识有关，但是并不复杂，让学生通过学习通当天上交进行批阅，可以督促他们当天复习，也加深了他们的记忆，提高了时效性；另一种作业如过去一样，下次课前交即可。除此之外，教师利用学习通批改作业也方便许多，学生在运用学习通完成作业的过程中也增加了趣味性。通过后台数据采集可见作业的完成率达到 90%(见图 4a)；对每一章节的学习也更加细致化了，学生们得到 80 分测验的平均分(见图 4b)。另外在学习通的平台上，不拘泥于时间和空间的限制，学生可与教师随时讨论课程内容，学生之间也可互相讨论，这无疑将原来面对面的沟通学习便利化，增加了沟通的渠道，方便师生讨论，增强师生情谊。经过两年的探索，我们取得了较好的教学效果。

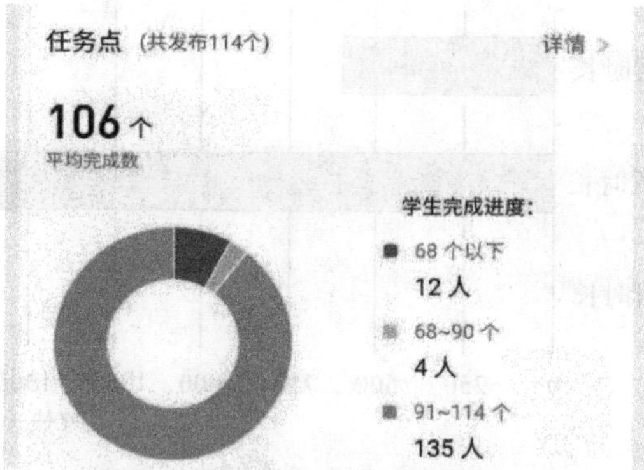

图 3　在线任务点完成情况统计

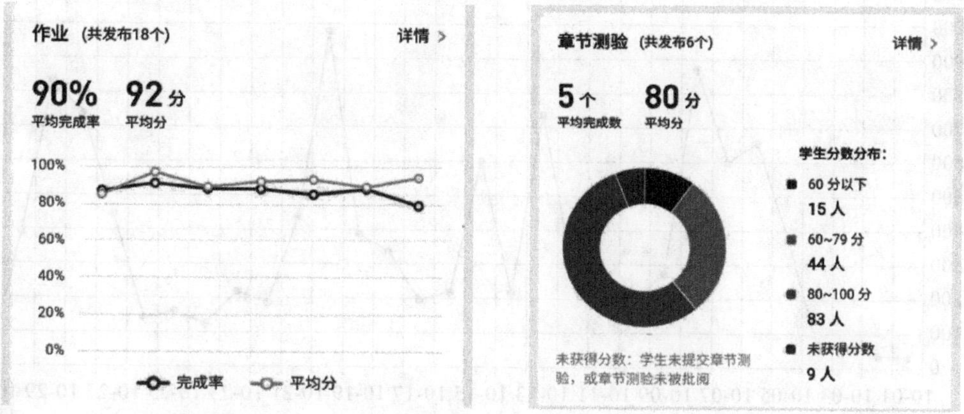

(a)　　　　　　　　(b)

图 4　学生作业和章节测验完成情况统计

这两年共 276 人参加线上线下混合式学习，以 2020 年秋季为例，学生平均观看视频课 610 分钟(见图 5)，最多的达到 1600 分钟，章节的学习总次数达到 39652 次，平均每人学习总次数为 141 次，在 2020 年的十月份，学生学习的次数统计，平均每天几百次(见图 6)。由此可看出线上线下新模式有效地增加了学生的学习时长。

以学生为中心的教学设计，提升了学生自主学习的动力。学生们对课程充满了学习欲望，也就能获得更好的效果。完成了线上预习，学生们带着问题来到线下课堂，课堂上主讲重难点，并给学生们上手机会，边练边学，学生学习质量有明显提升。本课程受到学生的好评，2020 年秋得到 99.37 分的教学评估成绩。有一名学生在教学评估中写到“教师通过对课本的独到深入的讲解，达到了很好的教学效果，能结合多种教学手段，使学生对知识的掌握更深刻。教学内容重点突出，教学目的十分明确，教师

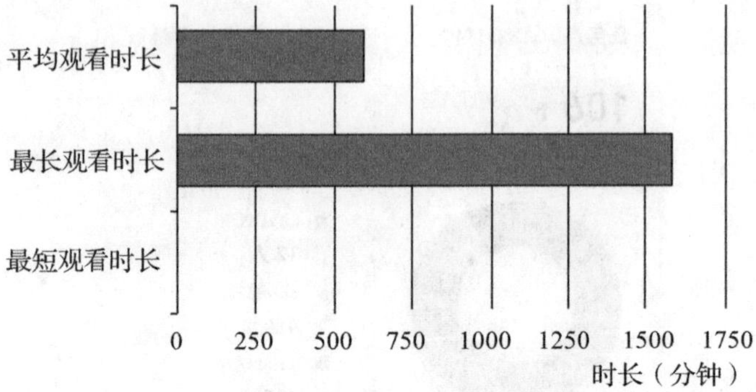

图 5 学生完成视频课程学习情况统计

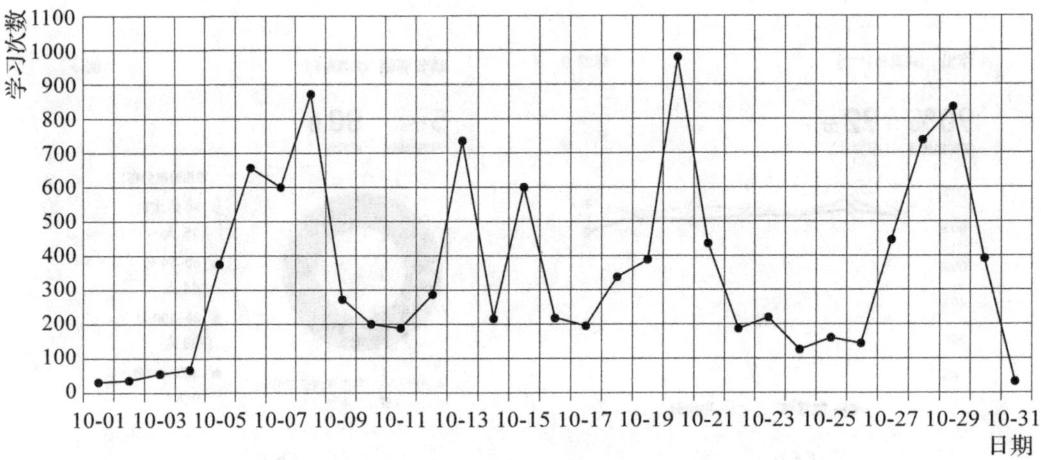

图 6 2020 年 10 月学生学习线上视频课程情况统计

具有极高的专业技能。授课方式新颖别致，激起同学们的兴趣，教师很注重互动，课堂学习氛围轻松愉快，真正达到了教学的目的要求”。

四、“数学物理方法”与现代教育信息化技术结合后的展望

“数学物理方法”线上慕课课程于 2020 年 9 月 9 日被超星收录为“示范教学包”，至今已被不同高校的 14 位老师克隆使用于他们的课堂。

通过“数学物理方法”与现代教育信息化技术相结合，我们形成了新的课程特色：结合线上线下混合实践应用，弥补传统课堂的缺憾，运用现代化的科技手段将其融入物理课堂的学习。对学生而言，让其在学习中感受到趣味性，提高学习动力；对教师

而言，帮助其在教学过程中提高教学效率；形成物理学传统优质理论课的特色传承。实现了“全过程学习与评价”和“学生自主教师辅助”新模式。实现了物理思维与数学思维的完美融合，大幅度提升学生对物理知识的理解与解决生活中实际物理问题的能力。我们将继续实践，进一步完善新模式的探索，并尝试运用到其他理论课程中去，期待结出更好的成果。

参考文献：

[1]杨明，王小六.《数学物理方法》课程教改的探索与实践[J]. 大学数学，2021，37(1)：18-21.

[2]徐晓丹，刘华文，段正杰. 线上线下混合式教学中学习评价机制研究[J]. 中国信息技术教育，2018(8)：95-97.

[3]杜春玲.“土木工程制图与识图”线上线下混合式教学模式探究[J]. 现代物业(中旬刊)，2020(6)：174-175.

[4]曹小丽，陈迎迎. 临床医学混合式教学模式下课堂评价体系初探[J]. 现代医药卫生，2020，36(9)：1419-1421.

[5]邓月. 发展性评价理念对混合教学模式下学习评价的启示[J]. 大学教育，2020(7)：13-16.

[6]杨韵桐，吕秀丽，牟海维，等. 专业认证背景下数学物理方法课程教学设计研究[J]. 黑龙江科学，2020，11(15)：20-21.

深度学习视角下高校翻转课堂教学模式研究*

王晓晨　张佳琪　杨　浩①

摘要：翻转课堂的教学流程重构将课堂焦点落在学生高阶认知水平和创新思维能力的发展上，这与深度学习的核心诉求不谋而合。已有学者试图站在深度学习的视角研究翻转课堂，然而，关于其核心问题，即深度学习与翻转课堂之间的适配关系，如何基于多样化的适配点去设计面向高等教育课程特性的翻转课堂教学模型，目前尚未形成较为明确的结论。本研究立足于深度学习视角，采用行动研究法，尝试从课前强调初步理解整合，到课中强调知识转化及迁移应用，再到课后强调反思拓展，逐步构建其深度学习结果导向的高校翻转课堂教学模式，设计中关注导引设计、面向知识类型的资源设计和面向课程类型的学习活动设计，以期解决目前翻转课堂"形"似而"神"不似，教学整体设计与思路不清晰、翻转脱离客观实际等问题。

关键词：深度学习；翻转课堂；教学模式；知识类型；学习结果

一、引言

翻转课堂的出现，颠覆了传统教学中知识接受和内化的物理空间秩序，具有深化教学目标、增强课堂互动、关注学生多元素养等特点。专家学者对翻转课堂的研究关注从最初的内涵解析，到实施条件与开发，再到教学模式构建，逐渐探索出许多本土化的研究成果：如曾贞等在Robert模型的基础上构建了翻转课堂模型[1-2]；王红等特别注重家长在不同翻转课堂实施阶段的参与和监督作用[3]；钟晓流等将"太极"思想融入翻转课堂，关注教与学的内在转化[4]；以及潘国清的"螺旋式"翻转课堂教学模型[5]。已有研究模式具有各阶段清晰分明、面向学习流程、重视学生问题解决的共性点，但不足之处在于忽视课前有效学习度、缺乏学习活动策略、师生角色指导性较弱。"形"具而"神"不似，是目前翻转课堂无法实现预期教学改革目标的根本所在[6]。

---

* 本文为国家社科基金教育学2017年度国家一般课题"'一带一路'开放教育资源共建共享机制及推进策略研究"(课题编号：BCA70073)。

① 王晓晨，女，首都师范大学教师教育学院副教授，研究方向：智慧教育及开放教育资源；张佳琪，女，首都师范大学教师教育学院；杨浩，男，纽约州立大学奥斯威戈分校教育学院。

翻转课堂对教学流程的重构可以有效支持学习者的高阶认知发展诉求，这与深度学习追求的内在结果不谋而合。已有学者试图从深度学习视域下切入开展翻转课堂研究，通过学习者学习程度来设计不同阶段的翻转课堂[7]；量化分析影响翻转课堂的深度学习结果达成的诸多要素[8]；开展教学实践研究，探索学习者借助翻转课堂达成深度学习结果的有效路径[9]。然而，关于其核心问题，即深度学习与翻转课堂之间的适配关系，目前尚未形成较为明确的结论。因此，本研究试图探索多样化的适配属性，针对高等教育课程设置和活动开展的特殊性，优化翻转课堂教学模型。

二、深度学习是翻转课堂的本质诉求

与计算机领域将深度学习理解为机器学习相比，教育学领域中学者们对于深度学习内涵的解读主要分为四种教学发展取向：方式取向、结果取向、目标取向及过程取向。本研究对于深度学习持“结果”取向。采纳度较高的深度学习结果取向内涵的相关分析，如表1所示。

表1　深度学习内涵分析(结果取向)

研究者	内涵	关键词
Bransford[10]	深度学习是指教师通过让学生深度理解课程内容形成长时记忆，在此基础上学生可以在不同情境中解决新的问题	深度理解 长时记忆 解决问题
美国国家研究委员会(NRC)[11]	深度学习指向学生知识和技能的迁移，即学生能将学习的知识和技能从一种情境应用到另一种情境	情境应对 迁移应用
安富海[12]	深度学习是一种面向理解的学习，以整合的知识为学习内容，学生主动和批判性地学习新知识，将新知识与已有知识连接起来，并能将所学知识迁移到新的情境中去的一种学习	理解整合 主动批判 迁移应用
何玲、黎加厚[13]	深度学习是指在理解的基础上，学习者能够批判地学习新的知识与信息，使新旧知识产生连接，将它们融入原有的认知结构中，并能够将已学知识迁移到新的问题情境中，解决问题并做出决策	批判学习 认知提升 迁移应用

综上所述，虽然研究者们对于深度学习内涵的表述各不相同，但都强调“深度理解”“迁移应用”“批判学习”“认知提升”等关键词。总体来看，深度学习具有以下特征。第一，重视学习者多元能力的提升。与浅层学习不同，深度学习强调学习者在项目探究、活动参与和协作学习过程中，问题解决及创新能力的提升。第二，追求高阶学习目标的达成。深度学习关注学习的内在动机和学习者之间的交互，强调学习者能够在学习过程中激发批判性思维，逐步达成知识的建构整合、内化迁移、创新应用等高阶

学习目标。第三，强调知识深度建构的实现。深度学习指向知识的整合、内化、迁移和创新应用，旨在形成具有较强关联度，并能在复杂的新情境中创新应用的知识图谱。

翻转课堂教学模式的主要目的在于革新已有教学过程，为学生提供多样化学习资源支持、个性化自主学习支持、互动协作学习支持等，关注学生自身的学习需要。翻转课堂强调学生在课前自主地利用多样化资源对新知识进行初步理解掌握、课中主要借助精心设计的学习活动实现知识的内化、二度整合并迁移应用，在课后引导学生进行反思拓展，从课前、课中到课后的整个过程能够支持学生循序渐进地达到深层次学习效果。在学习评价上，翻转课堂以多维度、多元化的评价方式进行评估，结合学习过程、学习结果开展相应的自评、互评、师评等，更加科学地帮助师生对学习中的高阶能力、高阶认知等进行评估及反思。这种深层次的教学效果涵盖多方面的追求，与传统课堂相比更加深入多样，不只停留在表面的理解、记忆与应用。翻转课堂与深度学习所追求的"深度"与"高度"不谋而合，深度学习是翻转课堂的本质追求。

三、深度学习视角下高校翻转课堂教学模式的构建

(一)文献分析及启示

Robert[14]的模型将教学过程划分为课前和课中两部分。课前为学生提供优质的视频资源和练习题；课中包括"快速少量测评—解决问题—总结反馈"三个环节。该模型产生较早，是众多学者开展研究的重要基础。Gerstein 提出的模式具有较强的学科普适性，强调课堂教学的学习者参与、自主探索和汇报展示等课中环节，但对教师在教学过程中的引导作用的关注不够。曾贞的课前课中两阶段模型对比了传统课堂与翻转课堂的教学过程，关注禅意分析，并强调教育技术手段在各个流程阶段的应用。张金磊细化了课中的问题解决和协作学习流程，强调个性化和协作学习环境对知识内化的重要意义，并提出将信息技术和活动学习作为联结课前和课后的途径。钟晓流认为教学是一个双向互动的过程，翻转课堂模型中不能过分重视学生的学。结合太极精髓，学教并重地优化了翻转课堂设计模式。陈怡等[15]的课前课中两阶段教学模式，课前关注到了教师与学生之间的交流互动，课中强调从合作探究到个性化指导再到巩固练习、总结点拨依次进行，与此同时关注到贯通全程的反馈评价。卢强[16]认为翻转课堂不能忽略课后反思。他提出的三阶段模型中，课前明确提出需开展技能巩固类的实践活动(课前着力自学)；课堂教学过程中以实际问题为导向，结合实践活动、自主探究、个别辅导、协作学习等展开学习活动(课中强调内化)；课后强调思维的创新拓展升华(课后关注升华)。潘国清以学习习得的螺旋性特征为基础，关注问题设计，通过问题有效连接课前和课中两个教学过程。学生在整个教学过程中，以问题为导引，在问题探究和解决过程中，实现对新知识的意义建构，并产生更有价值的新问题。该模型清晰地

指明了学习者在学习活动过程中的各个步骤及所需达到的目标，但缺少具体的活动及策略设计。

可以看出，国内外专家学者基于不同的研究视角对翻转课堂教学模式开展了系统的设计研究。现有的翻转课堂教学模型阶段性较为清晰，各类翻转课堂的设计包括二段式、三段式、四段式，具有较强的逻辑性，能够反映出翻转课堂在教学过程上与传统课堂相颠倒的基本特征，对于传统教师在新接触翻转课堂时能够发挥一定的指导性。具体设计过程面向学生学习流程展开，如课前的视频观看、针对性练习，课中的交流讨论、疑难解答、活动参与、产生新问题，课后的参与实践、拓展反思，对于学生在各阶段关注的重点进行系统性阐释。

(二)深度学习视角下的高校翻转课堂教学模式的要素及关系

纵观已有的翻转课堂教学模型，可以看出研究者们在进行翻转课堂设计时，较为注重课前的视频观看，课中的问题解决及课后的综合评价，这些着重点包含的主要设计要素有：资源、活动、评测。总体看来，在具有各阶段清晰明确、面向学习流程和重视学生问题解决等优势的同时，仍存在忽视课前有效学习度、缺乏学习活动策略、师生角色指导性较弱等不足。现有的翻转课堂教学模型均列出了学生在课前所要进行的自主学习阶段，但没有从本质上去针对自主学习的有效学习度进行相应地引导和学习路径设计。众多学者提出应以问题和案例为锚点开展有效学习活动以促进知识内化，但并没有对如何针对不同的学习活动和资源类型开展有针对性的教学设计进行深入研究。笔者尝试以教学设计一般要素为基准点，借鉴经典的翻转课堂“三段式”划分方法，面向深度学习的结果导向，构建翻转课堂的一般教学模型。

我国学者邵瑞珍[17]从教育技术学的角度分析完整的教学过程，提出教学设计过程包括制定教学目标、分析学习任务、选择教学方法和开展教学评价四个基本要素。其中，制定教学目标强调通过教学活动，学生所应掌握的知识、技能和态度；分析学习任务重在明确学生已有学习能力与达成学习目标之间所需获得的能力及层次关系；选择教学方法关注教学媒体和方法、活动的组织设计；开展教学评价重在考查学生学习目标的达成情况。结合翻转课堂的本质及特征，我们在具体模型设计过程中着力关注以下要素设计。

1. 教学目标阶段，着力学习导引。即以“学习目标”的达成为主要目的，教师需要根据教学目标、学习者需求、学习者特征等因素，制定相应的引导性材料。这种导引材料突出体现在课前学习中，如一份本课学习指南、一个课程介绍视频、一个学习建议大纲等，可以使学生了解本课学习中的重难点、建议的学习方式、可能会遇到的困难、需要准备的资料、需要达到的基本程度等，从而使学习者更明确地开始新知识的学习。

2. 学习任务阶段，着力学习资源。与传统课堂上教师讲授全部新知识不同，翻转课堂将部分适合自主学习的知识内容转化为优质视频资源供学生课前学习。教师在进行资源设计时应结合不同类型的知识特点，从学习者的实际需求出发开展有针对性的资源设计。

3. 学习方法阶段，着力学习活动。课堂上活动的组织和开展是达成深度学习结果的主要途径。不同的课程类型对课堂的组织方式及活动的组织方式有较大影响。在课堂活动设计上，教师需要关注课程本身的类型、特点，结合具体教学内容来进行设计。高校课程的分类呈现多样化发展态势，不同的课程类型，如公共课程、专业必修课程等，在实际开展教学时面向的学生群体、课程目标、教学条件都不同。因此，学习活动的设计和组织上也应有着重关注的类别。

4. 学习评价阶段，着力过程评测。包括过程性评测及结果性评测。过程性评测主要贯穿在课堂上教学活动的每一部分，教师对课堂上学生的学习活动开展动态性的分析及调整，以确保学习的顺利开展。结果性评测主要是学生在课前学习新知识后的评测及学生在翻转课堂学习结束后的评测，主要为了检验学生在评测前对于知识的掌握程度及教学目标达成情况，监督和激励学生高效有效学习的同时，也为教师进行下一步教学提供了反思、参考依据。

翻转课堂教学设计的实施层面借鉴课前、课中和课后三段式划分，通过有针对性的学习导引设计、分类别的资源和活动设计，以及个性化的评测设计来强调学习者达成深度学习的循序渐进的思维进阶，实现深度学习的本质诉求。课前基于学习导引和有针对性的优质资源，组织学生开展学习，以强调知识的初步理解整合。课中利用优质学习资源开展多种形式的学习活动，以强调知识转化及迁移应用。课后针对学生在学习活动开展过程中和作业环节的表现进行综合评价，以强调反思拓展在实现深度学习中的重要作用。具体模型如图 1 所示。

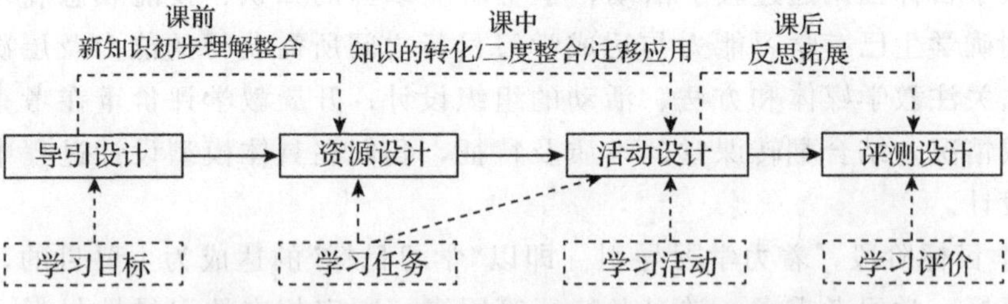

图 1　深度学习视角下高校翻转课堂教学模式的要素关系图

四、核心要素设计及教学实施流程规划

(一)知识类型视角下的学习资源设计

高校的课堂内容多样，涉及丰富的知识类型。笔者基于2001年安德森等人在修改布鲁姆的教育目标分类理论的基础上提出的四种知识分类[18]，设计出具有针对性需求的课前资源类型。知识类型与资源类型的适配关系如图2所示。

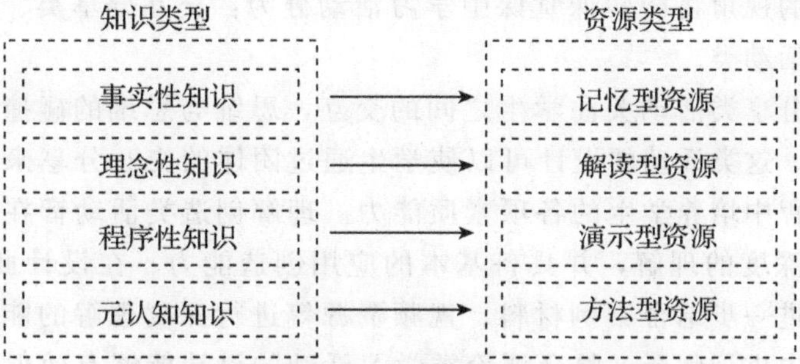

图2 知识类型视角的课前资源类型设计

针对事实性知识，教师更多地需要关注学生对于事实性知识的全面了解和记忆，因此可以在课前提供相应的记忆型资源，例如：实记视频、术语解析资料、联想串讲导图等。针对理念性知识，需要学生在认知过程中投入更多的思考，教师需要帮助学生进行阐释、理解、例证等。针对这类知识，可以在课前为学生提供解读型资源，例如：模型解析动画视频、实验例证视频、梳理解析导图等。针对程序性知识，更多地需要教师进行演示示范，学生进行练习，因此对于此类型的知识，可以为学生提供演示型资源，例如：方法操作录屏、动画模拟演示、案例分享演示等。针对元认知知识，由于学生需要更长的时间习得此类知识，并灵活地内化运用，教师可以为学生提供方法型资源，例如：自我调控法解析、意识及记忆的原理及运用、时间把控法的运用等。

(二)课程设置视角下的学习活动设计

高校专业及课程具有高度的多样化和灵活性，必修/选修，专业/通识等不同课程类型在课程规模、学习者特征、上课时段、课程目标、考核标准等方面具有不同的特征[19]，而这些特征对于翻转课堂的设计产生不同的影响，制约着翻转课堂学习活动的有效开展，因此在进行学习活动设计时，应充分契合所开设的课程类型及特点，以促使学生达成对知识内容的深度学习。在现有研究中，学者们对于学习活动的分类主要集中于在线学习活动上，有学者根据不同的研究视角对于学习活动进行了分类。祝智庭等基于知识构建将学习活动分为理解、创建、分享、评价四种活动；麦克唐纳等人

从教学交互视角将其分为提问反馈、学习者间的交互类、学习者自我互动类；谢幼如等人从教学方式视角将其分为自主学习、协作学习和教师指导[20]；李松等人从学习方式视角将其分为自学、探究、体验、听讲和问题解决五类[21]；刘名卓等人基于多维分类视角将其分为学习指导、理解创建、交互分享、反思评价和学习支持活动[22]。可以看出这些学者对于学习活动分类的关注点在于学习活动本身对于学生学习深度的促进。笔者在前文中对于深度学习的内涵及特征给予了分析，总结出深度学习所具备的人际交互、深度建构、整合评价、迁移应用等特征，结合已有学者们已给出的分类方式，笔者从深度学习的视角将翻转课堂课中学习活动分为：交互分享类、理解创造类、整合评价类、实践活动类。

其中，交互分享类活动关注学生之间的交互，思维与思维的碰撞，不同协作伙伴之间的分享交流。这类活动的设计可以使学生通过团体的交互分享来达到集思广益的效果，并在此过程中培养学生的各项素质能力。理解创造类活动旨在使学生能够对所学课程内容进行深度的理解，并具备基本的应用创造能力。在设计此类学习活动时，要着重关注学生进一步结合案例材料、视频资源等进行深度理解的能力，并使学生在分析应用的过程中进行创造。整合评价类学习活动的设计能够有效促进学习者新旧知识之间的整合运用，形成反思性评价，在学生认知结构中形成较为稳固的知识图谱。学生能够在面对复杂情境时，灵活调取知识，综合分析从而融会贯通。实践活动类则针对实践性要求较强的课程进行着重设计，最终目的是促使学生更好地运用所学知识。对于四类学习活动，笔者分别从活动时长、实施规模、学习者特征、活动目标、考核方式五个方面分析了不同条件下活动的适应度，如表 2 所示。

表 2 活动适应度分析

适应条件		活动类型			
		交互分享类	理解创造类	整合评价类	实践活动类
活动时长	适宜时段	上午	下午	下午/晚上	白天
	适宜时长	10～20min	40～60min	20～30min	不限
实施规模	基础设施	要求度低	要求度高	要求度低	要求度高
	课程人数	限制度低	限制度高	限制度高	限制度高
学习者特征	自我管理能力	低	中	高	高
	课程基础	基础存在差异性	具备一定基础	具备一定基础	具备良好基础
	兴趣	中	高	高	高
	需求度	中	高	高	高

续表

适应条件		活动类型			
		交互分享类	理解创造类	整合评价类	实践活动类
活动目标	侧重达成目标	交际与个人能力 分享资源与成果 知识点内化	深度理解 应用创造	多范围知识 综合贯通	实际应用能力
考核方式	侧重考核方式	以考查为主	以考查为主	以考查为主	以考查为主

翻转课堂的课中学习活动设计应充分考虑不同课程类型的特征因素，对比不同学习活动的各方面适应度来进行选择，以利于高校翻转课堂能够更加具有针对性地有效实施，促进学生在课中学习活动中深层次学习的有效发生。

(三)面向学生实施层面的教学流程设计

学生通过教师所提供的课前向导支架及资源支架，高效地完成新知识的初步理解与整合，为下一步深度学习提供基础条件；在课中学生通过协作支架、活动支架及个性化指导，来进行知识的转化、二度整合及迁移应用；在课后学生通过教师所提供的范例支架进行反思拓展，整个过程相互关联、动态促进。面向学生实施层面的流程设计如图3所示。

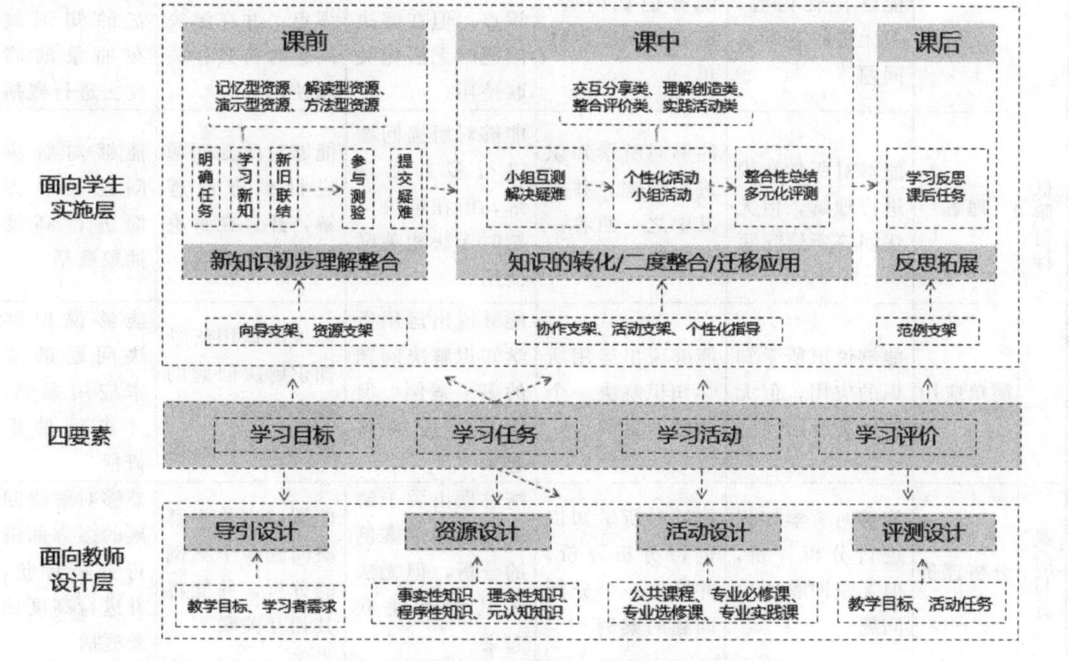

图3 深度学习视角下的高校翻转课堂教学模型

五、实践应用

(一)实践方案

本研究以首都师范大学开展的选修课程“教师课堂教学技能”为例，根据勒温所提出的“计划、行动、观察、反思”螺旋模式的基本框架开展行动研究[1]。授课对象均为师范类学生，共计 38 人，其中男生 18 人，女生 20 人，共包含 4 个专业，其中物理专业 18 人、化学专业 16 人、心理学专业 3 人、英语专业 1 人。所选取的课程为限制性选修课程，总共 48 课时，其中包括首导性课程 3 课时，期末总结及答疑 3 课时，其余 42 课时常规教学均采用翻转课堂教学模式完成教学。研究站在深度学习的视角，从认知目标和学习结果两个维度出发，参考 Anderson 及 Bloom 教育目标分类理论[17]及 Biggs 的 SOLO 分类法[23]，设计了双维评测表，如表 3 所示。

表 3 双维评测表

目标层次		结果层次				
		浅层认知		深层认知		
		前结构	单一结构	多元结构	关联结构	拓展结构
低阶目标	记忆	能够记忆内容，但无法回答所给问题	能够记忆内容，但回答问题方法单一	能够记忆多个知识点，但在解决问题时无法相关联使用	能够记忆多个知识点，并在解决问题时将其相关联使用	能够将所记忆的知识放在抽象的高度去进行概括
	理解	能够对所学知识进行理解，但无法回答所给问题	能够对所学知识进行理解，并用其中之一回答一个问题	能够对所提问题进行多方面理解，但在解决问题时无法相关联使用	能够对所提问题进行多方面理解，并且在解决问题时相关联	能够对解决问题的多方面进行高度抽象概括
	简单应用	能够说出所学知识的应用，但无法回答所给问题	能够说出运用所学知识解决一个问题的案例	能够说出运用所学知识解决问题的多个案例，但无法相互关联起来	能说出运用所学知识解决问题的多个案例，并且能相互关联起来	能够说出解决问题的基本应用案例，并进行抽象概括
高阶目标	分析评价	能够对所学知识进行分析评价，但无法回答所给问题	能够对所学知识进行分析评价，并给出一个分析问题的案例	能够做出关于解决问题多个案例的分析，但无法将其相互关联起来	能够做出关于解决问题多个案例的分析，并能将其相互关联	能够对解决问题的多方面进行分析评价，并进行高度抽象概括

续表

<table>
<tr><td colspan="2" rowspan="3">目标层次</td><td colspan="5">结果层次</td></tr>
<tr><td colspan="2">浅层认知</td><td colspan="3">深层认知</td></tr>
<tr><td>前结构</td><td>单一结构</td><td>多元结构</td><td>关联结构</td><td>拓展结构</td></tr>
<tr><td rowspan="2">高阶目标</td><td>综合应用</td><td>能够写出综合应用知识解决问题的案例，但无法回答所给问题</td><td>能够综合所学知识，给出一个解决问题的案例</td><td>能够综合所学知识给出多个解决问题的案例，但无法将其关联</td><td>能够综合所学知识给出多个解决问题的案例，并能将其关联</td><td>能够将应用于解决问题的多个案例进行高度抽象概括</td></tr>
<tr><td>创新</td><td>能够在所学知识的基础上，突破新思路进行创新设计，但无法回答所给问题</td><td>能够运用所学突破新思路，给出一个解决问题的方案</td><td>能运用所学突破新思路给出一个解决问题的方案，但无法将其关联</td><td>能运用所学突破新思路给出一个解决问题的方案，并能将其关联</td><td>能够运用所学突破思维设计方案解决问题，并进行高度抽象概括</td></tr>
</table>

(二)实施过程

研究选取了其中内容类型、结构关系相似的两个模块——“教师课堂教学技能”“教师信息技术技能”来开展教学研究，两个模块分别为一轮，每轮次 6 课时(3 课时/次)，共计 2 轮。2019 年 8 月—9 月为翻转课堂教学准备阶段，教师准备相应的教学设计、视频资源、活动材料。2019 年 10 月 29 日—11 月 5 日为第一轮实施阶段，对教师课堂教学技能班级学生开展翻转课堂，并收集学生作品，进行课堂观察与总结反思。2019 年 11 月 12 日—11 月 19 日为第二轮实施阶段，在第一轮反思改进的基础上，对教师课堂教学技能班级学生开展翻转课堂，并收集学生作品，进行课堂观察与总结。

(三)实施结果

根据统计结果来看，第一轮与第二轮中的目标均包含“理解”目标，且目标达成度都较高，说明教师在翻转课堂课前部分，针对知识类型来设计相应的学习资源支持学习者进行自主学习具有较强的效果，对于课前未进行完全理解的同学，设置课中开展同伴相互答疑环节，能够进一步大幅度提升学生对于知识点的理解。第一轮行动研究在“分析评价”目标上，达成度属于中等水平，且达到“分析评价”目标的同学中处于深层认知阶段的人数较少，在“综合应用”目标上，第一轮行动研究的达成率较低，经过一轮行动后的反思，认为高阶目标的实现要靠有效地开展课堂活动来进行支持，但第一轮教学设计中，一是没有对课堂活动组织较为详细的安排指引，导致学生的有效参与度较低、交互程度不够深入，二是为学生所提供的优秀案例赏析数量较少，不能够很好地打开学生思维。经过一轮反思改善之后，第二轮行动研究结果显示，在“综合应用”目标的达成度较高，且同时处于深层认知阶段人数比例较高，在“创新”目标上的人数较第一轮而言有增加，但仍旧需要进一步持续提升。

站在深度学习的视角，从认知目标和学习结果两个维度出发，参考 Anderson 及 Bloom 教育目标分类理论[17]及 Biggs 的 SOLO 分类法[23]，设计了双维评测表，如图 4 所示。

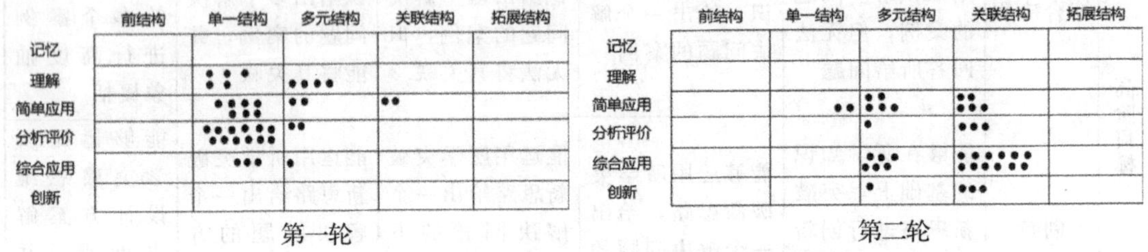

图 4　两轮行动研究学习目标达成的双维评测分布图

认知结果维度的深层认知阶段，属于高目标达成的同时，高认知深度提升，说明所设计的翻转课堂经过细节改善后对于学生深层次的学习具有较好的效果。

六、结论

本研究立足于深度学习视角，采用行动研究法，针对高等教育课程设置和活动开展的特殊性，优化翻转课堂教学模型。该模型以学习目标、学习任务、学习活动和学习评价四个基本要素为中介点，分为面向学生的实施层及面向教师的设计层展开设计。面向教师的设计层，强调要以为学生提供支持和引导为主，着重关注导引设计、资源设计、活动设计、评测设计四个维度。面向学生的实施层分为三个过程：课前，学生通过教师所提供的课前向导支架及资源支架，高效地完成新知识的初步理解与整合，为下一步深度学习提供基础条件；课中，学生通过协作支架、活动支架及个性化指导，进行知识的转化、二度整合及迁移应用。课后，学生通过教师所提供的范例支架进行反思拓展。整个过程相互关联、动态促进。然而，从实践研究中可以看出，若要翻转课堂教学设计模型真正落到实处，实现深度学习结果导向的高阶目标，未来还需要在已有设计模型的基础上，关注各个微观层面的元素分析与设计，开发有针对性的教学设计模板，以更好地指导高校一线教师的教学设计及课堂教学工作。

参考文献：

[1]曾贞．反转教学的特征实践及问题[J]．中国电化教育，2012(7)：114-117.

[2]张金磊，王颖，张宝辉．翻转课堂教学模式研究[J]．远程教育杂志，2012(4)：46-51.

[3]王红，赵蔚，孙立会，等．翻转课堂教学模型的设计——基于国内外典型案例分析[J]．现代教育技术，2013(8)：5-10.

[4]钟晓流，宋述强，焦丽珍．信息化环境中基于翻转课堂理念的教学设计研究[J]．开放教育研究，2013(1)．58-64.

[5]潘国清．一种翻转课堂的螺旋模型及实现[J]．电化教育研究，2015(10)：84-91.

[6]祝智庭．翻转课堂国内应用实践与反思[J]．电化教育研究，2015(6)：66-72.

[7]陈明选，张康莉．促进研究生深度学习的翻转课堂设计与实施[J]．现代远程教育研究，2016(5)：68-78.

[8]李志河，刘丹，李宁，等．翻转课堂模式下的深度学习影响因素研究[J]．现代教育技术，2018(12)：55-61.

[9]张国荣．基于深度学习的翻转课堂教学模式实践[J]．高教探索，2016(3)：87-92.

[10]Bransford J D. How people learn：Brain，mind，experience and school[M]. Washington：National Academies Press，2000.

[11]National Reasearch Council，Division of Behavioral And Social. Education for life and work：Developing transferable knowledge and skills in the 21st century[M]. Washington：National Academies Press，2013.

[12]安富海．促进深度学习的课堂教学策略研究[J]．课程·教材·教法，2014(11)：57-62.

[13]何玲，黎加厚．促进学生深度学习[J]．现代教学，2005(5)：29-30.

[14]Robert T. Inverting the linear algebra classroom[EB/OL]. http：// prezi. com/inverting-the-linear-algebra-classroom.

[15]陈怡，赵呈领．基于翻转课堂模式的教学设计及应用研究[J]．中国电化教育，2014(2)：49-54.

[16]卢强．翻转课堂的冷思考：实证与反思[J]．电化教育研究，2013(8)：91-97.

[17]邵瑞珍．教育心理学：学与教的原理[M]．上海：上海教育出版社，1983.

[18]安德森 L W，克拉斯沃尔 D R，艾雷辛 P W，等．学习、教学和评估的分类学——布卢姆教育目标分类学[M]．皮连生，等，译．上海：华东师范大学出版社，2008.

[19]田水泉．我国高校课程建设存在的问题与建议——从高校中观课程类型、功能及其关系的视角[J]．中国成人教育，2010(12)：131-133.

[20]谢幼如，尹睿．基于网络的协作学习活动形式的质的研究[J]．中国电化教育，2006(1)：13-16.

[21]李松，张进宝，徐诤．在线学习活动设计研究[J]．现代远程教育研究，2010(4)：68-72.

[22]刘名卓，王永玲．MOOCs学习活动分类研究与设计分析[J]．开放教育研究，2016(4)：103-113.

[23]Biggs J，Collis K F. Evaluating the quality of learning：The SOLO taxonomy(structure of the observed learning outcome)[M]. New York：Academic Press，1982.